• Dr. BRUCE MILNE •

Prólogo de J. I. Packer y Samuel Escobar

COMPENDIO DE LA
DOCTRINA
CRISTIANA

- La Biblia • La doctrina de Dios
- La humanidad y el pecado
- Cristología • El Espíritu Santo
- La iglesia • Escatología

EDICIONES puma

Compendio de la doctrina cristiana
Bruce Milne

Título original en inglés: Know the Truth
© 2005   Inter-Varsity Press | 38 De Montfort Street, Leicester LE1 7GP, England

© 2023 Centro de Investigaciones y Publicaciones (CENIP) – Ediciones Puma
Hecho el Depósito Legal en la Biblioteca Nacional del Perú N° 2023-08911
Primera edición impresa, setiembre 2023

Categoría: Teología y doctrina

ISBN N° 978-612-5026-33-0 | Edición impresa

Editado por:
© 2023 Centro de Investigaciones y Publicaciones (CENIP) – Ediciones Puma
Av. 28 de Julio 314, Int. G, Jesús María, Lima
Apartado postal: 11-168, Lima - Perú
Telf.: (511) 423–2772
E-mail: administracion@edicionespuma.org | ventas@edicionespuma.org
Web: www.edicionespuma.org
Ediciones Puma es un programa del Centro de Investigaciones y Publicaciones (CENIP)

Traducción: Elma Flores
Diagramación: Hansel J. Huaynate Ventocilla

CONTENIDO

Parte 1. La Biblia: la autoridad suprema en materia de fe

PRÓLOGO

Poseídos de un sentido de misión y de urgencia, los evangelizadores avanzan por los caminos de nuestra América. No hay tiempo para teorizar ni para lo académico, "pronto la noche viene". ¿No será acaso pérdida de tiempo ponerse a estudiar sistemáticamente la doctrina cristiana? Al fin y al cabo poca cosa hace falta saber para llevar seres humanos a los pies de Jesucristo. ¿No es acaso Juan 3.16 una síntesis completa del Evangelio? Entiendo perfectamente la fuerza de este tipo de argumento, pero no lo comparto. También Jesús y Pablo estaban poseídos de un santo sentido de urgencia y, sin embargo, emplearon buena parte de su ministerio en la enseñanza sistemática de la verdad. Si nos fijamos bien, las Epístolas son exposiciones cuidadosas y ordenadas de la doctrina cristiana, que proveen fundamento al discipulado. Y los Evangelios nos brindan en forma narrativa la base de lo que las Epístolas explican: el hecho fundamental de Jesucristo. No se avanza muy lejos en el camino del Señor si no se comprende la riqueza de la doctrina cristiana.

Cuando empecé mi tarea de evangelista y maestro, allá por los años sesenta, me encontré muchas veces con amigos ecuménicos que me decían: "La acción une, pero la doctrina separa". Le restaban importancia a la comprensión de la verdad cristiana en nombre de un activismo, para el cual hoy se usa la palabra *praxis*. Pronto descubrí que estos amigos tenían siempre un programa de acción que imponían a sus colaboradores, el cual era expresión de una manera particular de entender la verdad cristiana. Fue la comprensión de la verdad lo que me ayudó a forjar una práctica evangélica que no fuese la de ser "tonto útil". En la década siguiente hizo explosión la ola del espiritualismo y se escuchó la frase: "La experiencia espiritual une, la doctrina separa". Percibí luego que aquí también había una falacia, porque tarde o temprano hace falta discernimiento para distinguir los espíritus, y eso sólo puede venir de la verdad revelada, comprendida y aplicada. Lo dijo Pablo con claridad cristalina: *[...] sigue el ejemplo de la sana doctrina que de mí aprendiste. Con el poder del Espíritu Santo que vive en nosotros, cuida la preciosa enseñanza que se te ha confiado* (2Ti 1.13–14).

El libro de Milne que aquí presentamos es una excelente guía para la comprensión de la doctrina cristiana. No sólo se trata de una sistematización de las grandes verdades bíblicas, sino que nos ofrece un resumen histórico de cómo esas verdades han sido comprendidas y expresadas por los grandes teólogos del pasado, y llega a la manera en que esas mismas verdades responden a las grandes preguntas del presente. Pero Milne no nos guía por un *museo* de verdades disecadas, sino más bien por un *jardín*. Nos provee una lista de pasajes bíblicos apropiados y preguntas clave que nos ayudan en nuestro propio diálogo actual con la palabra del texto bíblico que el Espíritu vivifica. El estudiante acostumbrado a una metodología de estudio personal y discusión en grupo, encontrará que la metodología de Milne le permite apropiarse de la herencia del pasado, y también realizar su propia tarea de contextualización, respondiendo a las preguntas y demandas de su situación particular.

Me hubiese gustado disponer de este libro cuando me iniciaba en mi propio ministerio, aunque otras herramientas parecidas me ayudaron en la tarea. Quiera el Señor que los miles de estudiosos que han de recorrer sus páginas se sientan desafiados a profundizar más en el estudio sistemático de la verdad y algunos produzcan un día un manual similar, forjado en la fragua de la vida latinoamericana.

SAMUEL ESCOBAR
Profesor del Seminario Teológico de la
Unión Evangélica Bautista de Madrid, España
Valencia, Enero de 2008

PRÓLOGO

El capellán solía invitar a sus paseos pastorales a los estudiantes que asistían a la capilla; así fue cómo me encontré caminando a su lado aquella cruda tarde de mi primer año. Me instaba a que cursara teología, la asignatura que él mismo dictaba, como complemento de la licenciatura en estudios clásicos en la que me había embarcado. Le expliqué que prefería no hacerlo, pues la teología era peligrosa para el alma. "¡Tonterías! —exclamó, con lo que debe haber sido el bufido más fuerte de la historia—. ¡La teología es la reina de las ciencias!". Luego se quedó callado, y yo hice otro tanto. Con esto terminamos nuestro paseo. Lo creía poco ilustrado. No hay apuntes de lo que él pensó de mí; pero tenía todas las razones para sentirse disgustado. Él estaba en lo cierto, y conocía lo suficiente como para saber que se hallaba en lo cierto, y yo estaba todo lo equivocado que puede estar un ignorante porfiado de 18 años. A lo largo de mi vida he cometido muchas "metidas de pata", pero ninguna tan torpe y descortés como la de aquella tarde.

¿Por qué dije semejante tontería? La espantosa verdad es que, como cristiano de apenas seis semanas solamente, me encontraba repitiendo mecánicamente lo que había oído en el Grupo Estudiantil Cristiano que me nutría. Sin duda había alguna justificación para esas oscuras sospechas. Durante los años de la guerra, la teología de las afamadas universidades de Oxford y Cambridge no se hallaba en sus mejores tiempos, y lamentablemente la experiencia muestra que la mala teología infecta el corazón con ideas falsas e incredulidad, los equivalentes espirituales de la esclerosis múltiple. Muchos que iban bien han ido quedando progresivamente paralíticos por ingerir mala teología, y ese peligro todavía existe. Además, la pericia teológica puede alimentar el orgullo intelectual, convirtiéndolo a uno en una persona que se interesa más en conocer nociones verdaderas en lugar de al Dios verdadero, y eso también es desastroso. Pero esto únicamente muestra cómo se puede arruinar una cosa buena. La corrupción de lo mejor *es la peor corrupción*; sin embargo, *el mal uso no impide el buen uso.* Hago constar con gratitud que por la gracia de Dios, a su debido tiempo comprobé que había estado hablando tonterías, y tras los estudios clásicos acabé cursando teología; una decisión de la cual nunca me he arrepentido, y que no dudaría en recomendar a cualquiera.

Se ha dicho que el hábito del estudio personal de la Biblia hace innecesaria la teología. Pero, al no estudiar ésta, en realidad uno se perjudica como estudiante de la Biblia, ya que la teología (es decir, una comprensión completa de la enseñanza bíblica), enriquece enormemente el estudio bíblico. ¿Cómo? Permitiéndonos ver más de lo que aparece en cada pasaje. Así como el efecto de saber botánica es que uno percibe más flora y fauna en una caminata campestre, y el efecto de saber electrónica es que se vea más de lo que se tiene a la vista cuando se desarma el televisor, así el efecto de saber teología es que, en iguales circunstancias, uno ve más adentro en el significado y la trascendencia de los pasajes bíblicos de lo que podría ver sin ese conocimiento. El contexto definitivo de cada frase escritural es toda la Biblia, con lo que me refiero no sólo a los sesenta y seis libros, sino también a la enseñanza bíblica; y cuanto mejor conocemos las Escrituras en ese doble sentido, más a fondo vemos lo que implican los textos particulares.

Es una verdad reconocida que la buena teología nace como consecuencia del estudio bíblico, y siempre se debe enseñar con referencia a su base bíblica. Menos conocido, pero no menos verdadero, es lo opuesto: que el estudio bíblico recibe información de la teología. Este es el caso también del testimonio cristiano, que en la Biblia significa no solamente relatar una experiencia, aunque la práctica es excelente, sino principalmente proclamar al Creador como Redentor, y a Jesucristo como Salvador resucitado. Lo que debemos decir acerca de Dios y su Hijo proviene de la Biblia, pero el estudio teológico nos permitirá verlo y, por tanto, expresarlo con más claridad de lo que sería posible de otra manera.

Aquí también tiene importancia la teología histórica, ya que aprender de los santos del pasado (y con ellos también) es una dimensión de la comunión en el cuerpo de Cristo, y los grandes estudiosos bíblicos de ayer (Agustín, Lutero, Calvino, Juan Owen, Jonatan Edwards y otros) a menudo tienen una visión más rica de los temas clave que sus equivalentes actuales. Y, como acertadamente se ha afirmado, ya que se halla más allá de la capacidad del hombre inventar una nueva herejía, es de gran ayuda conocer las antiguas, para poder detectarlas cuando reaparecen con un maquillaje moderno.

¿Qué libros de teología nos serán más útiles en estos asuntos? Durante años he obtenido ayuda de la *Institución de la religión cristiana,* de Calvino (1559), el cual desde su segunda edición en adelante estuvo adaptado explícitamente para ayudar a los estudiantes y profesores de la Biblia a vivir y testificar para Dios. Esta aún sigue siendo una obra en forma maravillosa para aquellos que pueden sacarle provecho, pero no se puede negar que no todos los cerebros cristianos pueden asimilar tantísima materia. En cambio, el libro del doctor Milne, en menor escala, difícilmente podría ser mejorado para cumplir ese propósito.

Le deseo larga vida y mucha salida; merece ambas cosas. En relación con *Compendio de la doctrina cristiana,* las palabras *toma y lee* que Agustín oyó por sobre la tapia del jardín y que lo condujeron a un encuentro salvador con la Biblia, son mis palabras para los estudiantes serios. Pruébenlo; les gustará, será de gran provecho. Es un privilegio recomendar un compendio tan inteligente, claro y provechoso de la fe cristiana básica.

J. I. Packer
profesor de teología en el regent college
en vancouver, canadá

PREFACIO A LA PRIMERA EDICIÓN EN INGLÉS

Sería imposible enumerar a todos los que han tenido alguna participación en la preparación de este libro: mis padres, quienes por enseñanza y ejemplo fueron los primeros en señalarme la verdad de Dios; los miembros de mi anterior congregación en Escocia y las iglesias donde he tenido oportunidad de ministrar en este país y en el exterior; los muchos estudiantes a quienes he tenido el privilegio de enseñar en este seminario durante años, así como también los miembros de mis clases en el Departamento de Extensión de la Universidad de Londres; mis amigos y colegas del cuerpo docente del Spurgeon College, y en particular todos aquellos que leyeron el manuscrito en alguna etapa de su producción y ofrecieron comentarios y críticas valiosas. Ninguno de ellos, desde luego, es responsable de las ideas expresadas en este texto, que en definitiva son mías, aunque espero que no sólo mías. También debo mi agradecimiento a *Kingsway Publications* por el permiso para incluir en la Parte 7 material que aparece en forma más completa en *What the Bible Says About the End of the World* (Lo que dice la Biblia sobre el fin del mundo), mi contribución a su programa de enseñanza bíblica. Finalmente, quiero rendir homenaje especial a mi esposa, quien además de estimularme a través de las diversas etapas de la obra, mecanografió dos borradores completos del manuscrito, uno de los cuales fue considerablemente más largo que su forma final.

Es mi fervorosa oración que el Dios Omnipotente se complazca en usar estas páginas para revelar más de la grandeza y el poder de su verdad como se ha dado a conocer en las Sagradas Escrituras, y en consecuencia que Él, nuestro bendito y glorioso Señor, sea ensalzado. A Él sea la gloria por siempre.

BRUCE MILNE
Spurgeon College
Londres, Inglaterra

PREFACIO A LA NUEVA EDICIÓN

Es un placer escribir unas líneas al salir a circulación esta edición revisada de *Compendio de la doctrina cristiana*. Durante los años transcurridos desde su primera aparición en 1982, en la medida en que he viajado a muchas partes del mundo, ha sido enormemente gratificante encontrar que líderes cristianos y estudiantes se me han acercado y manifestado que han encontrado ayuda a través de sus páginas.

Estos años han visto cambios significativos en la comunidad cristiana, y han traído al mundo en general al borde de un nuevo milenio. Esta revisión es un intento de reflexionar acerca de una pequeña parte de ese cambio de contexto.

Para mí, el lapso que va desde su primera publicación hasta ahora, lo he pasado mayormente ejerciendo liderazgo y exponiendo las Escrituras a una comunidad tremendamente cariñosa y enormemente diversa en el corazón de una bella, pero profundamente secularizada, sociedad norteamericana. Las experiencias de estos años han servido precisamente para aumentar mis convicciones en cuanto a la verdad y relevancia de las cosas que *Compendio de la doctrina cristiana* busca expresar. Que el Espíritu Santo se complazca en utilizar esta nueva edición aún más para la gloria de Dios.

BRUCE MILNE

INTRODUCCIÓN

"Claro que no soy teólogo". Cuántas veces he oído ese comentario a través de los años, con frecuencia en boca de aquellos que deberían saber que no se debe decir nada semejante. Generalmente, se supone que pensar seriamente acerca de la fe cristiana y tratar de expresar esa fe en forma organizada es totalmente diferente del cristianismo real, el cual se relaciona con lo práctico: nuestro andar con el Señor, predicar el evangelio y todo lo demás. Aunque los teólogos pueden tener su lugar, el estudio serio de la doctrina es considerado como algo por el cual los cristianos comunes no deben preocuparse, y se piensa que en realidad podría estorbar su vida cristiana si lo toman demasiado en serio.

Este espíritu antidoctrinal del presente está muy lejos del instinto cristiano de los primeros tiempos y se halla profundamente arraigado en la cultura occidental contemporánea. Frente a los tremendos retos y oportunidades a que se enfrenta la iglesia en los albores del siglo XXI, este abandono de la doctrina es, a mi juicio, nada menos que una receta para el desastre.

¿Por qué, pues, es tan vital el estudio de la doctrina?

Primero, la realidad es que todo cristiano es un teólogo. Teología significa literalmente ciencia que trata de Dios, o en forma más completa, toda palabra y toda ciencia que resultan del conocimiento de Dios (*cf.* 1Co 1.5). En virtud de haber nacido de nuevo, hemos comenzado a conocer a Dios y, en consecuencia, tenemos cierta comprensión de su naturaleza y sus acciones. Es decir, todos somos teólogos en cierta manera aunque no nos hayamos sentado a pensarlo.

De manera que, bien entendida, la teología *no* es para unos pocos intelectuales religiosos con aptitud para el debate abstracto: es asunto de todo el mundo. Una vez que captamos esto, nuestra tarea es llegar a ser los mejores teólogos que podamos para la gloria de Dios, ya que nuestra comprensión de Él y de sus caminos se clarifica y profundiza al estudiar el libro que nos ha dado precisamente para ese propósito: la Biblia (2Ti 3.16). Este manual se ha escrito con el sencillo propósito de ayudarlo en ese empeño.

En segundo lugar, lograr entender bien la doctrina es la clave para comprender bien todo lo demás. Si queremos saber quién es Dios, quiénes somos nosotros, y qué espera Él de nosotros, debemos estudiar las Escrituras, es decir, su enseñanza como un todo, y ello implica la doctrina. Esto tiene vigencia para cada esfera de la vida cristiana: la adoración (Jn 4.23), el testimonio (Hch 17.11), el discipulado (Jn 8.31s), las relaciones cristianas (1Co 12.12), el trabajo diario (Ef 6.5–9); en cualquier esfera, el vivir correctamente comienza con el pensar correctamente. Los autores del Nuevo Testamento ejemplifican este principio. Al enfrentar problemas prácticos en la iglesia, siempre buscaban clarificar primero los temas teológicos que estaban en la base del problema, para luego aplicar el remedio práctico. En este profundo sentido, la doctrina es la clave de la vida; el Espíritu Santo usa la verdad de Dios en su obra y por medio de nosotros.

Desde luego, la doctrina correcta en sí misma no es suficiente; es trágicamente posible no llegar a convertir la verdad de Dios en obediencia práctica. Esa es una de las razones por las que a menudo la doctrina no tiene buena fama. Si la doctrina correcta no conduce a vidas maduras, amantes y santas, algo ha ido terriblemente mal. Pero esa no es razón para descuidarla o rechazarla. En un esfuerzo por recalcar este punto, he terminado cada parte de este manual con una sección de aplicación. Estas no son de ninguna manera detalladas; su significado reside en lo que procuran demostrar: que la doctrina correcta es la base para la vida correcta.

En tercer lugar, el estudio de la doctrina es una expresión de amar a Dios con nuestra mente (Mt 22.37). La verdadera meditación y comprensión son tan válidas como expresión de nuestra respuesta a Dios, y tan significativas en traer gloria al Dios de la verdad, como las acciones verdaderas y las palabras verdaderas. En una época en que para muchos la práctica es la prueba de la verdad, hace falta demostrar que la búsqueda de la verdad en sí misma también honra a Dios.

En cuarto lugar, la doctrina es fundamental porque es imposible separar a Cristo de las verdades que las Escrituras revelan acerca de Él. No hay otro Cristo que el Cristo que se conoce a través de las verdades y doctrinas de toda la Biblia. Cristo viene a nosotros, como decía Calvino, "vestido de su evangelio". En consecuencia, la lealtad a su persona inevitablemente implica un compromiso con las verdades acerca de Él. Y, a la inversa, el descuido o la indiferencia de las doctrinas bíblicas es una forma de deslealtad a su nombre y desinterés por su honra.

Estos cuatro argumentos no son alternativos, sino complementarios. Su mensaje combinado es simple e incuestionable: "la doctrina importa". *Esfuérzate por presentarte a Dios aprobado, como obrero [...] que interpreta rectamente la palabra de verdad* (2Ti 2.15).

Este manual trata de las grandes áreas de la doctrina cristiana tal como han sido formuladas a través de los siglos. Está principalmente destinado a los cristianos que piensan, que desean saber más de lo que la Biblia enseña, y un poco de cómo las doctrinas en cuestión han sido expresadas a través de los siglos, y también algo sobre las corrientes actuales.

El interés dominante ha sido exponer la enseñanza bíblica. Los pasajes principales de las Escrituras que tratan cada tema están enumerados al final de cada unidad de enseñanza; algunos lectores preferirán comenzar con dichos pasajes y de allí volver al estudio de la doctrina. Asimismo, al final de cada sección se plantean preguntas para estimular la reflexión y el repaso.

Jesús se dirigió entonces a los judíos que habían creído en él, y les dijo: —Si se mantienen fieles a mis enseñanzas, serán realmente mis discípulos; y conocerán la verdad, y la verdad los hará libres.

Juan 8.31, 32

Me alegré mucho cuando vinieron unos hermanos y dieron testimonio de tu fidelidad, y de cómo estás poniendo en práctica la verdad.

3 Juan 3

BIBLIOGRAFÍA GENERAL

Doctrinal

L. Berkhof, *Systematic Theology* (Banner of Truth, 1959). *Teología sistemática* (Libros Desafío, 2002).

J. M. Boice, *Foundations of the Christian Faith* (IVP, 1986). *Los fundamentos de la fe cristiana* (Editorial Unilit, 1996).

G. Bray (ed.), *Contours of Christian Theology series* (IVP, 1993).

J. Calvin, *Institutes of the Christian Religion.* Institución de la religión cristiana (Fundación Editorial de Literatura Reformada, 1968).

S. B. Ferguson *et al.* (eds.), *New Dictionary of Theology* (IVP, 1988). *Nuevo diccionario de teología* (Casa Bautista de Publicaciones, 2003).

S. J. Grenz, *Created for Community* (Victor/BridgePoint, 1996).

W. Grudem, *Systematic Theology* (IVP, 1994). *Teología sistemática* (Vida, 2007).

T. C. Hammond, *In Understanding Be Men* (IVP, 6th edn, 1968). *Cómo comprender la doctrina cristiana* (Ediciones Certeza, 1978).

C. Hodge, *Systematic Theology* (James Clarke, 1960). *Teología sistemática 1 y 2* (Clie, 2003).

J. I. Packer, *God's Words* (IVP, 1981).

G. Vos, *Biblical Theology* (Banner of Truth, 1976).

Histórico

L. Berkhof, *The History of Christian Doctrines* (Banner of Truth, 1969). *Historia de las doctrinas cristianas* (El Estandarte de la Verdad, 1969).

G. C. Berkouwer, *A Half Century of Theology* (Eerdmans, 1977).

G. W. Bromiley, *Historical Theology: an Introduction* (T. & T. Clark, 1978).

S. J. Grenz and R.E. Olson, *20-Century Theology* (Blackwells, 1992).

J. N. D. Kelly, *Early Christian Doctrines* (A. & C. Black, 5th edn, 1977).

J. G. Machen, *Christianity and Liberalism* (Eerdmans, 1946).

J. Orr, *The Progress of Dogma* (Eerdmans, 1962). *El progreso del dogma* (Clie, 1988).

ABREVIATURAS

Libros del Antiguo Testamento:

Gn, Éx, Lv, Nm, Dt, Jos, Jue, Rt, 1S, 2S, 1R, 2R, 1Cr, 2Cr, Esd, Neh, Est, Job, Sal, Pr, Ec, Cnt, Is, Jer, Lm, Ez, Dn, Os, Jl, Am, Abd, Jon, Mi, Nah, Hab, Sof, Hag, Zac, Mal.

Libros del Nuevo Testamento:

Mt, Mr, Lc, Jn, Hch, Ro, 1Co, 2Co, Gá, Ef, Fil, Col, 1Ts, 2Ts, 1Ti, 2Ti, Tit, Flm, Heb, Stg, 1P, 2P, 1Jn, 2Jn, 3Jn, Jud, Ap.

a.C.	antes de Cristo
AT	Antiguo Testamento
BJ	Biblia de Jerusalén
BLA	Biblia de Las Américas (NT)
ca.	circa, cerca de, aproximadamente, hacia
cf.	Confer, compare
d.C.	después de Cristo
e.d.	es decir
DHH	Versión Dios habla hoy
gr.	griego
heb.	hebreo
IBD	The Ilustrated Bible Dictionary (IVP, 1980)
lat.	latín
lit.	literalmente

LBD	La Biblia al día
NDT	New Dictionary of Theology (IVP, 1988)
NT	Nuevo Testamento
por ej.	por ejemplo
RV60	Reina Valera, revisión 1960
RV77	Reina Valera, revisión 1977
p.	página
pp.	páginas
s	siguiente
ss	siguientes
VLA	Versión latinoamericana
VM	Versión moderna

La Biblia: la autoridad suprema en materia de fe

1

LA AUTORIDAD

"Si la gente no conoce a Jesús, simplemente no tiene conocimiento de Dios y punto. No hay manera de experimentar paz con Dios si no es por medio de Jesús".

"Lo siento, pero con todo respeto debo discrepar con usted. Jesús es el centro de todo, de hecho, pero Dios se ha revelado en muchas otras formas. Tengo una amiga que está metida en lo de la Nueva Era y ella dice que realmente siente que Dios está en ella".

Ideas como éstas se discuten constantemente entre los cristianos hoy en día. Pero en el calor de tales debates podemos pasar por alto un desacuerdo más básico, es decir, la autoridad religiosa. ¿Apelaremos solamente a lo que sentimos personalmente, o a la experiencia que la gente afirma haber tenido? ¿Arrojarán alguna luz sobre este asunto los hallazgos de los estudiosos de religión comparativa o de los psicólogos de la religión? ¿Y qué de la enseñanza bíblica?

Preguntas semejantes podrían plantearse acerca de muchos de los temas que se debaten continuamente; la existencia de Dios, la reencarnación, el hablar en lenguas, la resurrección, el cristiano y el activismo político, pluralismo religioso, etc. La raíz de los diversos puntos de vista adoptados está determinada principalmente por una decisión previa, hecha consciente o inconscientemente, acerca del asiento de la autoridad religiosa. Plantear el asunto de la autoridad tal vez no resuelva los desacuerdos, pero puede clarificar los verdaderos puntos de diferencia y de esa manera evitar innecesarias malas interpretaciones.

Cualquier exposición de la doctrina cristiana básica debe comenzar en este punto. ¿Cómo decidimos cuál es la enseñanza cristiana correcta? ¿A qué podemos apelar para resolver diferencias y conflictos? ¿Cuál es nuestro criterio de verdad? Estas son las preguntas que deben llamar nuestra atención en primer lugar.

EL SIGNIFICADO DE LA AUTORIDAD

La autoridad es el derecho o el poder de exigir obediencia. Hay una crisis de autoridad generalizada en la sociedad contemporánea, donde la única autoridad aceptable para muchos es la que conscientemente se imponen a sí mismos.

Desde la perspectiva de la fe cristiana, Dios tiene todo el derecho y el poder de exigir obediencia porque es el Creador y el Señor de todos. "Sé lo que Dios piensa de esto, pero no siento ninguna obligación de adecuarme a ello" es un sentimiento que ningún verdadero cristiano comparte. Podrán desobedecer la voluntad de Dios, incluso deliberadamente, pero siempre en contra de su propio entendimiento de lo que le corresponde. Su posterior mala conciencia le será un testimonio de que la autoridad de Dios todavía funciona y sigue siendo reconocida. La autoridad reside en Dios.

Cuando el cristiano capta este principio fundamental, el asunto de la autoridad se convierte en el problema práctico de encontrar la voluntad y el pensamiento de Dios con respecto a cualquier asunto. Pero ¿cómo encontramos a Dios y descubrimos su voluntad y su pensamiento? Más exactamente, ¿ha provisto Él alguna fuente desde la cual podamos llegar a su verdad y ponernos bajo su autoridad?

LA FUENTE DE LA AUTORIDAD

A través de los siglos, los cristianos han apelado a una variedad de voces como fuentes de autoridad decisiva.

LOS CREDOS

Estos resúmenes de la verdad cristiana se produjeron en los primeros siglos para afirmar la esencia de la fe en tiempos de confusión teológica. El credo apostólico[1] es el más antiguo y conocido, por tanto, merece mucha autoridad. Efectivamente, proporciona una serie útil

---

1 El título es algo engañoso. Este credo probablemente data del siglo III y era un resumen de la fe que aprendían los candidatos al bautismo.

de puntos de apoyo sobre los que se pueden asentar exposiciones de la fe cristiana, pero no sirve como fuente ni regla final de la verdad cristiana. En primer lugar, es demasiado general. Tiene valor en cuanto a controlar puntos de vista extremos, pero no proporciona una declaración suficientemente completa de las doctrinas en cuestión. Segundo, su reclamo de autoridad descansa en algo anterior y más primitivo: las enseñanzas de Jesucristo y sus apóstoles.

LAS CONFESIONES HISTÓRICAS

Estas declaraciones de la fe cristiana pertenecen al período de la Reforma y años posteriores, por ej., los 39 Artículos (1571) y la Confesión de Westminster (1647). Son mucho más completas que los credos, pero tampoco sirven como autoridad suprema. Primero, se trata de declaraciones "parciales" que reflejan puntos de vista de una rama de la iglesia universal, y, en consecuencia, contienen elementos que no podrían exigir el apoyo de las otras ramas. Además, son también declaraciones "secundarias". Una mirada superficial muestra que justifican deliberadamente sus afirmaciones apelando a la enseñanza bíblica.

EL PENSAMIENTO DE LA IGLESIA

Según este enfoque, la presencia de Dios en la iglesia implica que su voluntad se puede descubrir consultando la tendencia principal de la opinión cristiana, "el pensamiento de la iglesia". Aunque no debemos despreciar sin más las creencias y convicciones de nuestros hermanos cristianos, hay grandes dificultades en adoptar esto como nuestra norma fundamental. El "consenso cristiano" es sumamente difícil de concretar. ¿A quiénes escuchamos: a los teólogos, al clero, a las comisiones eclesiásticas, a la opinión laica común, o a qué? Además, si este "pensamiento" es nuestra autoridad fundamental, cualquier conflicto de opinión nos trae a un callejón sin salida, ya que detrás de eso no hay autoridad. Por otra parte, ¿qué hacemos con el hecho de que a lo largo de los siglos el "consenso" de opinión en la iglesia no ha sido invariablemente fiel a la *[...] fe encomendada una vez por todas a los santos* (Jud 3), ni consecuente con el consenso de otras épocas?[2]

---

2 La Iglesia Católica Romana afirma que Cristo estableció un oficio de enseñanza en la persona de Pedro y sus sucesores como obispo de Roma; por lo tanto, el papado representa la voz de Dios. Algunas de las dificultades arriba mencionadas se aplican a esta pretensión. Las objeciones al planteamiento católico se verán con más detalle en la Parte 6.

LA EXPERIENCIA CRISTIANA

Este enfoque comienza con la experiencia humana concreta acerca de Dios y trata de identificar las doctrinas expresadas mediante esa experiencia. Muchos teólogos influyentes del siglo XIX siguieron este camino. Pero tiene dos grandes dificultades. En nuestra experiencia de Dios, a veces tenemos que distinguir entre la verdad objetiva acerca de Dios, y nuestras propias opiniones subjetivas, limitadas y torcidas. Esta dificultad depende del hecho de ser criaturas caídas con mentes caídas. También limita la verdad cristiana, quitándole todo lo que está más allá de nuestra experiencia inmediata, por ej., la doctrina de la Trinidad.

LA RAZÓN CRISTIANA

Este punto de vista afirma que la verdad cristiana consiste en lo que podemos demostrar acerca de Dios mediante el razonamiento lógico, y tiene sus seguidores desde el siglo III. Pocos excluirían realmente las consideraciones racionales al formular la verdad cristiana; pero de todos modos no sirve como autoridad esencial. La percepción de la verdad de la humanidad caída, especialmente en la esfera moral y espiritual, está severamente limitada: la mente de la criatura no puede abarcar al Creador; y este enfoque nunca puede captar la vitalidad de la religión bíblica auténtica.

LA "VOZ INTERIOR"

Algunos afirman que Dios habla directamente en las profundidades de la conciencia, y que esta "voz interior" es la fuente máxima de autoridad. Esta idea se halla bastante generalizada en la actualidad, y frecuentemente se interpreta como la influencia del Espíritu Santo. Desde luego, incluye un elemento de verdad: el Espíritu Santo cumple un papel fundamental en la comprensión cristiana de la autoridad, pero obra esencialmente por medio de las Escrituras. Cualquier afirmación específica sobre esta influencia debe tratarse con escepticismo instintivo si no hace referencia a la Palabra escrita de Dios o recibe confirmación por la experiencia del grupo o la iglesia. La sinceridad de muchos de los que hacen ese tipo de afirmaciones no debe ocultar el inmenso peligro del engaño de sí mismos en ese sentido. Los informes de muchos consejeros cristianos dan amplia evidencia de los repetidos naufragios espirituales en ese escollo.

LA FUENTE SUPREMA

Ninguna de las fuentes mencionadas es adecuada para señalarnos la voluntad de Dios y ser la fuente autoritativa de la verdad cristiana, pero cada una contribuye. Los credos, las confesiones y el "pensamiento de la iglesia" afirman nuestro lugar en la antigua y universal Iglesia de Jesucristo. Su testimonio ha de tenerse en cuenta. La experiencia cristiana nos recuerda que la doctrina nunca es puramente intelectual, mientras que la razón cristiana insiste en que expresemos la doctrina de acuerdo con nuestras formas humanas de comunicación. Sin embargo, la fuente primordial de autoridad es el trino Dios mismo, como se nos da a conocer a través de las palabras de la Biblia. Esto combina tres verdades.

1. ***Dios ha tomado la iniciativa.*** Aprendemos de Él y nos sometemos a su autoridad directa por su decisión de darse a conocer a sí mismo y a su voluntad. Este proceso se denomina "revelación".

2. ***Dios mismo ha venido a nosotros en Jesucristo, el Dios-hombre.*** Como Palabra y Sabiduría eterna de Dios, Jesucristo es el mediador de todo nuestro conocimiento de Dios (*cf.* Jn 1.1s; 14.6–9; 1Co 1.30; Col 2.3; Ap 19.13).

3. ***Nuestro conocimiento de Dios viene por medio de la Biblia.*** Él ha determinado que se escribiera, y a través de ella nos habla hoy como habló a su gente cuando se expresaron originalmente esas palabras. Debemos recibir la Biblia como las palabras de Dios para nosotros y reverenciarla y obedecerla como tal. A medida que nos sometemos a su autoridad, nos ponemos bajo la autoridad del Dios vivo, que se nos da a conocer principalmente en Jesucristo. Esta declaración concisa sobre la fuente máxima de autoridad se ampliará más adelante.

PASAJES BÍBLICOS

Gn 1.1; Job 40.1–5; 42.1–6; Sal 95.6; Is 40.21–23; 45.9; Ro 9.19s; 11.33–36; Ef 1.11; Ap 4.9–11

PREGUNTAS

1. Exprese el concepto cristiano de la autoridad.

2. Explore la importancia de este criterio para: (a) los cristianos que trabajan en todos los niveles de la educación; (b) asuntos del orden público; (c) el enfoque cristiano de las artes.

3. Resuma los puntos fuertes y débiles de las diferentes posiciones que aseveran ser la autoridad máxima en el campo de la verdad cristiana.

4. Bosqueje el consejo que daría a un cristiano que está tratando de encontrar la voluntad de Dios para un asunto específico.

BIBLIOGRAFÍA

Art. 'Autority' en *IBD* y *NDT*.

D. A. Carson and J. D. Woodbridge (eds.), *Scripture and Truth* (IVP, 1983).

C. F. H. Henry, *God, Revelation and Autority* 1 and 2 (Word Books, 1976).

H. Heppe, *Reformed Dogmatics* (Baker, 1978).

B. Ramm, *The Pattern of Religious Autority* (Eerdmans, 1975).

P. Schaff, *The Creeds of Christendom* (Baker, 1977).

2

LA REVELACIÓN

EL SIGNIFICADO DE LA REVELACIÓN

Revelar significa descubrir algo que estaba oculto, para que se pueda ver y saber en qué consiste. La palabra principal del Antiguo Testamento que expresa este concepto, *galá*, viene de un término que significa desnudez (*cf.* Éx 20.26), pero con frecuencia se usa metafóricamente: en Isaías 53.1, el brazo de Jehová es literalmente *desnudado* en su obra de salvación (*cf.* Is 52.10). En 2 Samuel 7.27 (RV), *[...] revelaste al oído de tu siervo* significa literalmente desnudaste al oído de tu siervo. El equivalente griego, *apokalypto*, se usa en el Nuevo Testamento únicamente en el sentido teológico avanzado de dar a conocer realidades religiosas (*cf.* Lc 10.21; Ef 3.5).

Estas palabras expresan lo que se sobrentiende cada vez que la Biblia se refiere a que Dios habla y se relaciona con los hombres y las mujeres: la religión bíblica es una religión, una fe basada en la afirmación de que Dios ha venido a nosotros y se ha dado a conocer. Si queremos conocer a Dios, la revelación es indispensable por dos razones complementarias:

SOMOS SERES CREADOS

Dios, en el principio, creó [...] al ser humano (Gn 1.1, 27). Estas primeras palabras de la Biblia expresan la diferencia entre Dios y la especie humana. Dios como Creador existe libremente en forma independiente de nosotros; la criatura, en cambio, depende totalmente de Dios para su existencia (*cf.* el hombre y la mujer como "polvo" en Génesis 2.7; 3.19; Salmo 103.14). En consecuencia, Dios y el género humano pertenecen a diferentes categorías del ser[3].

Esta diferencia no es absoluta. Estamos hechos "a imagen de Dios"; Dios se comunica con nosotros (Gn 1.28); Dios se hizo ser humano en el Señor Jesucristo (Jn 1.1, 14); Dios el Espíritu mora en los cristianos y los trae a una relación personal con Dios (Ro 8.9–17). Todos estos factores confirman un grado de correspondencia entre Él y la humanidad. Sin embargo, hay todavía una profunda e irreducible diferencia.

Esta diferencia en el *ser* implica una diferencia en el *conocer: ¿Quién conoce los pensamientos del ser humano sino su propio espíritu que está en él? Así mismo, nadie conoce los pensamientos de Dios sino el Espíritu de Dios* (1Co 2.11). Sólo Dios conoce verdaderamente a Dios. Ya que Él es el creador y el Señor del ser humano, su conocimiento incluye nuestro conocimiento de nosotros mismos (Sal 139.2s); *pero* nuestro conocimiento no incluye el conocimiento que Dios tiene de sí mismo[4]. Nuestra condición de seres creados, en consecuencia, requiere que Dios se revele a sí mismo si hemos de tener un adecuado conocimiento de Él. Incluso el Adán anterior a la caída necesitaba que Dios le hablara personalmente para poder saber la voluntad de Él (Gn 1.28ss; 2.16s).

Somos pecadores

Nuestra necesidad de revelación se intensifica enormemente por causa de nuestro pecado. La caída ha afectado cada aspecto de nuestro ser, sobre todo nuestra percepción de las realidades espirituales y morales. El pecado nos vuelve espiritualmente ciegos e ignorantes de Dios (Ro 1.18; 1Co 1.21; 2Co 4.4; Ef 2.1s; 4.18).

En consecuencia, no hay camino desde nuestra percepción intelectual y moral hacia un genuino conocimiento de Dios. El único acceso para llegar al conocimiento de Dios es que Él se sitúe voluntariamente dentro de nuestro campo de percepción y renueve nuestro caído entendimiento. Por tanto, si queremos conocer a Dios y tener una base correcta para nuestra comprensión y experiencia cristiana, es indispensable la revelación.

---

3   El término técnico para este tipo de distinción es ontológica; una distinción en el ser.

4   El término técnico para este tipo de distinción es epistemológica; una distinción en el conocer.

LA PROBABILIDAD DE LA REVELACIÓN

Si Dios es nuestro Creador, alguna forma de revelación es tremendamente probable, puesto que podemos suponer que Él nos hizo con un propósito. Y como sus criaturas son evidentemente seres sensibles, con tendencias inherentes para relacionarse, también podemos suponer que el propósito de Dios al crearnos implicaba algún tipo de relación y sensibilidad hacia Él mismo. Tal sensibilidad y relación requiere revelación de alguna clase; en consecuencia, la creación misma parece implicar revelación. Efectivamente, ¿sería posible que un Creador a todas luces inteligente y sabio dejara a sus criaturas andar a tientas en la oscuridad en busca de alguna clave de su existencia y no darse a conocer? Tal pensamiento es realmente absurdo.

Si suponemos, además, como hacen vagamente muchos, que el Dios Creador es amoroso, la probabilidad de la revelación se vuelve aplastante. Ningún padre amoroso se mantendría deliberadamente fuera de la vista y campo de referencia de sus hijos para que crecieran ignorantes de su existencia. Aunque no podemos equiparar el amor humano al amor de Dios, podemos suponer un grado de identificación suficiente para interpretar un ocultamiento deliberado y total de Dios como una negación del amor. Debido a la caída, nuestra capacidad para percibir y sacar provecho total de esa revelación está severamente restringida, como veremos a continuación.

LA REVELACIÓN GENERAL

Los teólogos generalmente distinguen entre dos ramas principales de la revelación: la "general" y la "especial". La revelación *general* es la revelación de Dios a todas las personas en todas partes. Tiene varias formas y características.

La creación

En Romanos 1.18–32, Pablo explica el juicio de Dios sobre el mundo gentil (los no judíos) de sus días. Dios *los entregó* (1.24, 26, 28) a las tendencias autodestructivas de su naturaleza caída porque *a pesar de haber conocido a Dios, no lo glorificaron como a Dios, ni le dieron gracias [...]* (1.21), sino que *cambiaron la gloria del Dios inmortal [...] cambiaron la verdad de Dios por la mentira [...] estimaron que no valía la pena tomar en cuenta el conocimiento de Dios* (1.23, 25, 28). Este conocimiento perdido de Dios consistía en que reconocieran *las cualidades invisibles de Dios, es decir, su eterno poder y naturaleza divina, se perciben claramente a través de lo que Él creó [...]* (1.20). Según eso, *[...] nadie tiene excusa* (1.20). Esta revelación de Dios data desde la *creación del mundo* (1.20); en consecuencia, parece que Pablo ve el orden creado como la revelación de Dios a toda criatura para dar a conocer su eterno poder y deidad, lo que las obliga a reconocerlo y darle gloria y gracias (1.20s). En Hechos 14.17, Pablo informa a los paganos de Listra que Dios *no ha dejado de dar testimonio de sí mismo*; esto lo confirma su bondad, *dándoles lluvias del cielo y estaciones fructíferas, proporcionándoles comida y alegría de corazón.* Hechos 17.26s se refiere al orden de Dios en los asuntos individuales y nacionales para que todos los seres humanos *busquen* [a Dios] *y, aunque sea a tientas, lo encuentren.*

La experiencia moral

Romanos 2.14s afirma que *cuando los gentiles, que no tienen ley, cumplen por naturaleza lo que la ley exige [...] muestran que llevan escrito en el corazón lo que la ley exige, como lo atestigua su conciencia, pues sus propios pensamientos algunas veces los acusan y otras veces los excusan.* Es decir que los conflictos de la conciencia humana se relacionan con los resultados del juicio final de Dios (Ro 2.16, *cf.* 1.32). Los profetas del Antiguo Testamento hablan con frecuencia de los justos juicios de Dios sobre las naciones gentiles, aunque estas naciones no habían conocido la ley del Antiguo Testamento (por ej., Jer 46.51; Am 1.6–2.3). El Nuevo Testamento reconoce que la conciencia no cristiana está calificada para juzgar la conducta general de los cristianos (por ej., 1Ti 3.7; 2P 2.12). Efectivamente, el llamado moral del evangelio, su afirmación de que todos han pecado (Ro 3.9–23), su llamado al arrepentimiento (Hch 17.30), su interpretación de la obra de Cristo en términos morales (Ro 3.21–26; 1Co 15.3), todo supone una verdadera continuidad entre la experiencia moral universal y la del creyente; esto, a su vez, implica cierta conciencia de la voluntad de Dios por parte de los no cristianos.

Estas citas bíblicas confirman el hecho de que Dios se ha revelado a todos en los conflictos de su experiencia moral. Ello no se invalida por las discrepancias entre los códigos morales humanos. Aunque Dios se revela a sí mismo en la conciencia del incrédulo, a causa de la caída, el conocimiento de la voluntad de Él que tienen los no cristianos de ninguna manera es perfecto. El pecado causa una torpeza moral que tuerce toda nuestra conciencia de Dios y de su voluntad. Los dictados de la conciencia de los incrédulos no son, en consecuencia, "la voz interior de Dios" en un sentido inequívoco. Nuestra idea limitada, pero esencial, es que "Dios no se ha dejado a sí mismo sin testimonio"; en todos los conflictos morales de la experiencia humana todos tenemos cierta conciencia de que el sentido de obligación de hacer el bien y rechazar el mal refleja la voluntad de un Señor supremo ante quien somos finalmente responsables.

Esto no "demuestra" la existencia de Dios más de lo que puede hacerlo la revelación general por medio de la creación. Más bien las Escrituras afirman que *de hecho* Él da testimonio de sí mismo a todas las personas en estas dimensiones de su experiencia, sea o no posible verificar esto por medio de la deducción racional.

Podemos mencionar brevemente un aspecto adicional de la revelación general, al que a veces se hace referencia, aunque su base bíblica es menos segura.

EL SENTIMIENTO RELIGIOSO UNIVERSAL

El instinto para adorar parece ser un fenómeno humano universal. Los antropólogos todavía no han encontrado ningún pueblo, por muy primitivo que sea, que carezca de un sentido de sobrecogimiento ante lo sobrenatural. Calvino se refiere a "un sentido de deidad", el cual ha sido implantado en el corazón humano, y Lutero afirma que "El ser humano debe tener a Dios o a un ídolo". Se toma a Juan 1.9 como referencia para apoyar esta forma de revelación general (ver también Salmo 139.1–18).

EL FACTOR DINÁMICO

Sin embargo, la revelación de Dios no es imparcial y objetiva como una exhibición de museo. Más bien es una realidad dinámica continua; Él se revela de manera reiterada, el ser humano resiste repetidamente, oscureciendo y haciendo uso indebido de la revelación (Ro 1.21–28). En consecuencia, solamente con una actitud de total sumisión y obediencia se puede encontrar verdaderamente la revelación de Dios. Cuando las personas se niegan a adoptar esa actitud, probablemente cierran la puerta para cualquier futura revelación (Mt 25.29; Lc 8.18; *cf.* Herodes en Mr 6.21–28 y Lc 23.9).

Una persona que resiste repetidamente la revelación de Dios puede con el tiempo volverse incapaz de reconocerla o responder a ella. La Biblia no desconoce a la "persona secular" que no manifiesta interés por la realidad de Dios. Lo que sí afirma es que Dios es justo. Él se revela a todas las personas en algún momento u otro del peregrinaje de su vida. Cuando la persona resiste esa luz y el corazón se endurece contra ella, la luz probablemente será quitada.

Puesto que por ser pecadores todos (en la práctica) reaccionamos constantemente contra la revelación de Dios precisamente de esa manera, y a pesar de la evidencia de la bondad y el amor de Dios para con nosotros, uno de los comentarios más acertados que se pueden hacer respecto a nosotros es sencillamente que somos unos necios (Sal 14.1; Ro 1.22).

SUS EFECTOS

Si la revelación general adolece de tantas limitaciones. ¿cuál será su importancia?

En primer lugar, refleja la bondad de Dios. La estabilidad de la sociedad humana, debido a la sanción de la ley moral, es fruto de la revelación general. Nuestro sentido de obligación moral —por medio del cual distinguimos entre el bien y el mal, el pecado se mantiene a raya, y en general la vida humana funciona tolerablemente sin que continúe sumergida en desaforadas explosiones de maldad— se debe en definitiva a la revelación de Dios, por poco que ello se reconozca.

En segundo lugar, debido al estado caído del ser humano, en la práctica, la revelación general nos hace culpables ante Dios. Él no se ha dejado sin testimonio. A lo largo de la experiencia de sus vidas, se dirige a todas las personas. Si extinguimos la luz que se nos da, la responsabilidad de la oscuridad que le sigue recae sobre nosotros. *Dios siempre es veraz, aunque el hombre sea mentiroso [...]* (Ro 3.4). De ese modo, se cuestiona al pueblo de Listra por haber hecho de la "bondad de Dios" un objeto de idolatría. (Hch 14.11–18).

Esta verdad es particularmente importante para la evangelización cristiana. Cada cual es convocado por Dios y en consecuencia es responsable de toda falta de una verdadera relación con Él. Esta culpabilidad humana universal está implícita en el evangelio. Desde luego, las personas serán juzgadas al final según la luz y las oportunidades que hayan tenido, las que evidentemente no son iguales para todos

(Mt 13.11; Lc 10.13s; *cf.* "El juicio", pp. 413–417). La Biblia, sin embargo, enseña claramente que esa luz llega en alguna medida *a todos*, y todos luego incurren en pecado por desconocer a Dios.

SUS LIMITACIONES

La revelación general era insuficiente aun para Adán antes de la caída; una relación significativa de este con Dios, y con conocimiento de Él, se hizo realidad solamente cuando Dios se dirigió a Adán directamente (Gn 1.28s; 2.17s). El pecado arruinó esta relación y conocimiento, abriendo un abismo entre nuestro pensamiento y experiencia y el ser y la naturaleza de Dios. La revelación general es incapaz de franquear el abismo. Como lo expresa Pablo (1Co 1.21), a pesar de toda su sabiduría, el mundo dejado a sí mismo no conoce a Dios.

De acuerdo a esto, ya que la revelación general no es suficiente, hace falta una revelación más completa y detallada. Si hemos de conocer a Dios, "corresponde a Dios dar testimonio de sí mismo desde el cielo" (Calvino).

En resumen, la Biblia enseña claramente que "Dios no se dejó a sí mismo sin testimonio". Nosotros vivimos en el mundo de Dios como criaturas de Dios; estamos en todo momento "ante el ojo de Dios" (Lutero). A pesar de los efectos enceguecedores del pecado, no podemos alegar total desconocimiento de Él. Por medio de la revelación general, Dios ha manifestado a la humanidad algo de su naturaleza y sus propósitos.

LA REVELACIÓN ESPECIAL

La revelación especial muestra las formas en que Dios se ha dado a conocer con una claridad y plenitud que van mucho más allá de la revelación general. Tiene por centro el milagro de la encarnación y se expresa por medio de las palabras divinamente inspiradas de la Biblia. En consecuencia, la revelación especial asume más de una forma.

JESUCRISTO

La forma suprema de la autorrevelación de Dios se dio cuando se encarnó en la persona de Cristo Jesús (Jn 1.1s, 14). En este "gran milagro" (C. S. Lewis) Dios tendió un puente sobre la brecha que separaba al Creador de la criatura cuando Él mismo *[...] se rebajó voluntariamente, tomando la naturaleza de siervo [...] manifestarse como hombre* (Fil 2.7, 8). En Jesucristo, Dios está presente en persona y su carácter y naturaleza esencial son revelados a nosotros. *[...] El que me ha visto a mí, ha visto al Padre* (Jn 14.9). Esta identidad del Padre e Hijo es decisiva en nuestro conocimiento de Dios. Jesús no es una imagen parcial o transitoria de Dios que necesita complementarse con otras imágenes y cuadros de otros lugares y de otros tiempos. Él es *el resplandor de la gloria de Dios, la fiel imagen de lo que Él es* (Heb 1.3). En Jesucristo, nos confrontamos con el corazón eterno de Dios. Jesucristo es, por tanto, el centro y la cumbre de toda revelación divina.

LAS SAGRADAS ESCRITURAS

Más adelante consideraremos específicamente la Biblia. Aquí simplemente afirmamos su aseveración de que transmite las palabras de Dios a sus criaturas (Jn 10.35; Ro 3.2; 2Ti 3.16). Estas palabras fueron habladas y escritas originalmente a determinadas generaciones, pero por su divina providencia tienen vigencia para todas ellas (Hch 7.38; Ro 15.4; 1Co 10.11).

LA CORRELACIÓN DE ESTAS FORMAS

Estas formas no pueden estar separadas. Cristo, la Palabra encarnada, se da a conocer por medio de la Palabra escrita de Dios: la Biblia. Desde luego, conocer a Cristo es una realidad más rica que la simple familiaridad con las enseñanzas bíblicas acerca de Él. Pero el Cristo que conocemos por la experiencia personal es el Cristo del testimonio bíblico; no hay otro. La respuesta salvadora a Cristo envuelve el compromiso con Él en los términos del testimonio que de Cristo dan las Escrituras.

A la inversa, la Palabra escrita no se puede separar de la Palabra encarnada. Solamente se puede interpretar correctamente la Biblia desde la perspectiva de una fe viva en Cristo, que es su tema central, la culminación y el objeto de toda la revelación bíblica de la persona y los propósitos de Dios.

¿UNA TERCERA FORMA?

Algunos autores hacen referencia a una tercera forma de revelación especial: el testimonio que los cristianos dan del evangelio. Esto abarcaría la predicación formal y toda clase de testimonio o enseñanza cristiana informal. Aunque no se puede poner al mismo nivel que

Cristo Jesús y las Escrituras, el testimonio cristiano sí vincula estas dos formas primarias de revelación especial con nuestra experiencia actual, como lo hizo en los días de los apóstoles (Hch 2.37s; 8.4s, 26s; 11.20). Sin embargo, la predicación y el testimonio cristiano sólo pueden apoyar la revelación de Dios si expresan fielmente su Palabra, tanto encarnada como escrita.

REVELACIÓN REDENTORA

La revelación especial constituye un tremendo avance frente a la revelación general; es mucho más lo que se manifiesta de Dios por medio de la cruz de Cristo que por un cielo encendido de estrellas. Sin embargo, a causa de la naturaleza del ser humano, incluso la revelación especial en Cristo y las Escrituras no es suficiente para darnos un pleno y satisfactorio conocimiento de Dios. Si Adán se hubiera mantenido "justo", la revelación especial habría sido totalmente suficiente como lo era antes de la caída (Gn 2.16). Sin embargo, las criaturas caídas tienen una tendencia inherente a resistir *toda* clase de revelación divina y a alejarse de ella. Muchos judíos de los tiempos de Jesús rechazaron tanto las Escrituras (Mt 15.6; 22.29) como a Cristo mismo (Jn 19.15; Hch 7), y todo testigo cristiano se lamenta por la misteriosa capacidad de las personas para resistir no sólo la revelación general de Dios en la naturaleza y en la conciencia, sino también la Palabra de Dios, escrita, encarnada y predicada. Detenemos o sofocamos la verdad de Dios (Ro 1.18; 2Co 4.4). Si vamos a conocer verdaderamente a Dios, entonces la revelación debe redimir a la vez que informar, al mismo tiempo que enseñar.

Por la maravillosa gracia de Dios, ese es precisamente el carácter de su revelación especial en Cristo y las Escrituras. Estas registran la progresiva revelación de Dios mismo y su plan de salvación para nosotros. Su centro radica en la cruz donde Cristo murió por nuestros pecados (1Co 15.3) para superar la barrera que nos impide conocer verdaderamente a Dios. El Espíritu Santo hace efectiva la redención de Cristo, sometiendo nuestra voluntad rebelde y abriendo nuestros ojos ciegos para que podamos creer el evangelio y así permitirnos entrar al reino de Dios y conocerlo verdaderamente (Jn 3.1ss; 15.26; 1Ts 1.5; Tit 3.5).

En resumen, la revelación de Dios tiene dos partes principales: una revelación general para todos, principalmente por medio de la naturaleza y la conciencia; y una revelación especial por medio de Cristo y las Escrituras. Sin embargo, la revelación especial requiere una división más: algunos la rechazan, pero otros la reciben por el ministerio del Espíritu Santo, que les permite creer en Cristo. En este caso final, podemos hablar de una verdadera revelación, la cual conduce a un verdadero conocimiento de Dios.

PASAJES BÍBLICOS

La revelación en general: Dt 29.29; Is 55.8s; Dn 2.22; Ro 1.18; 1Co 1.21; 2.6–14

Nuestra necesidad de revelación

(1) *como criaturas*: Gn 2.7; Job 12.13–25; 42.1–6; Sal 103.14

(2) *como pecadores*: Job 37.19; Sal 73.22; 82.5; Jer 17.9; Hch 17.23, 30; Ro 1.18–32; 1Co 1.21; 2Co 4.4; Ef 2.1s; 4.18

Revelación general: Sal 19.1s; Jn 1.9; Jer 46–51; Am 1.2–2.5; Ro 1.18–32; 2.14s; Hch 14.17; 17.26s; 2Co 4.2

Revelación especial: Éx 31.18; 2R 22; Sal 19.7–11; Is 55.11; Jer 20.9; Mr 7.13; Jn 1.1–18; 10.35; 14.6; 1Co 1.21, 30; 2Co 4.6; Gá 1.12; Col 2.2s; 2Ti 3.16; Heb 4.12; 2P 1.21

La obra del Espíritu: Jn 3.1–16; 14.25; 15.26; 16.13s; 1Co 2.4–16; Ef 1.17; 1Ts 1.5; 1Jn 2.20, 27; 3.24; 5.7s

PREGUNTAS

1. "Sólo Dios puede dar testimonio adecuado de sí mismo". "Podemos conocer a Dios únicamente cuando Él se pone al alcance de nuestro conocimiento". ¿Pueden apoyarse estas ideas basándose en la Biblia? Investigue la importancia de la manera en que podemos llegar a conocer a Dios.

2. Distinga entre la revelación general y la especial. ¿Es una distinción necesaria? ¿Puede sugerir una terminología alternativa?

3. ¿Cuál es la importancia de la revelación general para: (a) la evangelización; (b) el concepto cristiano de la cultura; (c) la apologética o defensa de la fe cristiana; (d) el concepto cristiano del Estado?

4. ¿Hay algún sentido en que Dios sea conocido en otras religiones del mundo?

5. ¿En qué sentido puede la conciencia ser una guía para conocer a Dios?

6. Explore la relación entre Cristo y las Escrituras en la revelación cristiana.

7. ¿Cuál es la función del Espíritu Santo para que podamos llegar a conocer verdaderamente a Dios?

BIBLIOGRAFÍA

Art. 'Autority' en IBD y NDT.

G. C. Berkouwer, *General Revelation* (Eerdmans, 1995).

J. Calvin, *Institutes of the Christian Religion*, 1–3. *Institución de la religión cristiana* (Fundación Editorial de Literatura Reformada, 1968).

C. F. H. Henry (ed.), *Revelation and the Bible* (Tyndale Press, 1959).

C. F. H. Henry, *God, Revelation and Autority* 1 and 2 (Word Books, 1976).

L. Morris, *I Believe in Revelation* (Hodder, 1976). *Creo en la revelación* (Editorial Caribe-Betania, 1979).

J. I. Packer, *God Has Spoken* (Hodder, 2° ed, 1979) *La voz del Dios Santo* (Editorial Vida, 2008).

B. Ramm, *Special Revelation and the Word of God* (Eerdmans, 1961). *La revelación especial y la Palabra de Dios* (Editorial La Aurora, 1967).

3

LAS ESCRITURAS

LA BIBLIA: LA FORMA MATERIAL
DE LA REVELACIÓN ESPECIAL

La revelación especial de Dios nos viene por medio de la Biblia. Por ella nos enteramos acerca de Jesús y nos encontramos con Él. Es la base y la norma para toda predicación y enseñanza cristiana, y, por tanto, se la puede describir como la forma material de la revelación divina especial. Esto significa varias cosas:

LA CONDESCENDENCIA DE DIOS

Nuestro conocimiento de Dios depende de que Él se haya dignado comunicarse con nosotros. Como un adulto que habla con un niñito, Dios ajusta su lenguaje y forma de expresión a nuestra capacidad. "Como las nodrizas con las criaturas, Dios acostumbra a 'balbucear' en cierta medida al hablar con nosotros" (Calvino; *cf.* 1Ts 2.7). Por tanto, no debemos ofendernos por el lenguaje directo de la Biblia o por su contenido frecuentemente mundano.

POSIBILIDAD DE LA REVELACIÓN VERBAL

La afirmación de que Dios ha hablado por medio de las palabras de la Biblia, corresponde a la suposición cristiana de un Dios personal no creado. Él puede perfectamente comunicarse al nivel de sus propias criaturas racionales y hablantes por medio del lenguaje. Negar la revelación verbal en principio, como hacen algunos, es en efecto negar la realidad de un Dios creador. Aquel que ha formado la boca, ¿no podrá hablar? (*cf.* Sal 94.9).

Verdad analógica

Al darse a conocer al ser humano, Dios usa el principio de la *analogía*, por medio de la cual algo que pertenece a una esfera de la experiencia y el lenguaje, se usa para explicar algo de otra esfera. La revelación especial se relaciona con la esfera de la experiencia de Dios de sí mismo y su propia expresión eterna de esa experiencia, por un lado, y la esfera de la experiencia humana y nuestra expresión de ella, por otro. Dios elige aquellos elementos de nuestra esfera de experiencia y lenguaje que puedan servir como analogías pertinentes de la verdad de su propia esfera de experiencia y expresión de sí mismo. Únicamente Él se conoce a sí mismo, pero como Creador y Redentor también nos conoce a nosotros, y puede, por tanto, establecer soberanamente puntos de contacto donde su esfera de experiencia se refleje verdaderamente en la nuestra. Las Escrituras son la expresión material de esta autorrevelación de Dios.

Es obvio que la cosa análoga no refleja *plenamente* la verdad de lo que es únicamente una analogía. Retenemos nuestras limitaciones humanas; el lenguaje de la Biblia sigue siendo humano. No toda la verdad de Dios puede transmitirse por medio del lenguaje. Las Escrituras mismas distinguen las "cosas secretas" que pertenecen a Dios, de las cosas "reveladas" que *[...] nos pertenecen a nosotros y para nuestros hijos para siempre* (Dt 29.29; Is 55.8–11). Esto de ninguna manera estorba que sean una afirmación totalmente verdadera en todas sus partes. "¿Hay alguna razón para que el Dios personal no creado no pudiera hablarnos verdaderamente de sí mismo, aunque no plenamente?" (Schaeffer). El lenguaje humano es un medio totalmente adecuado para comunicarnos la verdad de Dios. Las afirmaciones de la revelación especial en las Escrituras, cuando se reciben como la palabra fidedigna de Dios, transmiten un verdadero y confiable relato de Dios y sus propósitos.

El propósito de Dios

En su gran sabiduría Dios nos proporciona un relato escrito de su revelación. El teólogo holandés Abraham Kuyper señala cuatro ventajas de un relato escrito: 1. Alcanza durabilidad. Se reducen los errores de la memoria y las alteraciones accidentales o deliberadas a lo largo de un período prolongado. 2. Puede diseminarse universalmente por medio de la traducción y la reproducción. 3. Posee los atributos de pureza y fijeza. 4. Tiene una finalidad y calidad normativa que otras formas de comunicación no logran.

BASES PARA ACEPTAR LA BIBLIA COMO LA PALABRA ESCRITA DE DIOS

Una manera de expresar la convicción de que en la Biblia es Dios mismo quien dice sus palabras directamente a nosotros, es llamarla "Palabra de Dios". Este es un concepto bíblico. Aparece en el Antiguo Testamento en la idea de la palabra creativa de Dios (Gn 1.11; Sal 33.6), la "sabiduría" de Dios personalizada (Pr 8), el vehículo de la actividad de Dios (Is 55.11). Jesús la usa en relación con el Antiguo Testamento (Mr 7.13; Jn 10.35), y los apóstoles también (por ej., Hch 6.4; Ro 9.6; Heb 4.12). A veces se usó respecto del evangelio (por ej., Hch 11.1; 13.46). También se usa en relación con Jesús mismo (Jn 1.1, 14; 1Jn 1.1; Ap 19.13).

En la cultura clásica, el término griego *logos*, que se traduce como palabra, significaba el principio racional de la coherencia en el universo. Fundamentalmente, *logos* transmite la idea del acto en que Dios se da a conocer. Nuestra aplicación del término Escritura como un todo sencillamente intenta reflejar la actitud de Jesús hacia el Antiguo Testamento.

El concepto de Jesús del Antiguo Testamento

Jesús otorgó autoridad divina a las Escrituras del Antiguo Testamento. Citaba el AT de una forma que revelaba su respeto personal por su jerarquía divina (Mt 4.4; Mr 14.27); se refería a ellas como "la palabra de Dios" (Mt 19.4s; Mr 7.11–13; Jn 10.34s) y habló de su inspiración divina (Mr 12.36). Lucas 24.25–27 y 44 indican su concordancia con la totalidad del AT canónico, y en otra parte lo cita apelando a cada una de sus divisiones principales: la ley (Mt 4.10); los libros poéticos/sapienciales (Mr 12.10s); y los profetas (Mr 7.6).

Jesús aceptaba como verdadera la historia del Antiguo Testamento (Mt 22.29, 32; Jn 8.56; Mr 12.26; Lc 11.30–31; Mt 25.35; Mt 12.3; Lc 17.26–28; Jn 3.14). Afirmaba la profecía del AT (Mt 11.10; Mr 7.6), y el carácter normativo de su ética (Mt 5.27s; 19.3–6; Mr 10.9). Decisivamente, Jesús vio las Escrituras del AT como una previsión de su propia e incomparable misión (Lc 24.46ss; Jn 5.30, 45s). Estaba dispuesto a reprochar a aquellos que no creían en ellas (Mt 22.29s; Lc 24.25), o las privaban de su autoridad divina (Mt 15.3).

Es significativo que, aunque como deidad encarnada, Jesús ejerció la autoridad de Dios mismo; en ningún momento opuso su autoridad personal a la de las Escrituras[5]. Se remitió a la autoridad bíblica en dos asuntos centrales: sus enseñanzas y acciones (Mt 12.3–5; 19.4s; Jn 10.35) y su ministerio mesiánico (Mt 26.24, 53s; Lc 24.46).

Esto último es particularmente significativo. Convencido como estaba de que era el Mesías esperado, por medio de quien vendría el reino de Dios, modeló su papel mesiánico en los términos de las enseñanzas del Antiguo Testamento sobre el particular. Fueron las Escrituras las que lo convencieron de lo inevitable de su rechazo y futuro sufrimiento, y las que lo impulsaron en su último viaje a Jerusalén para someterse finalmente al horror de la cruz (Mt 26.24; Mr 8.31; Lc 22.37).

Por supuesto que su comunión incomparable con el Padre le daba una guía para cada etapa; pero esta dirección intuitiva estaba claramente apoyada y completada por el anteproyecto divino para la obra del Mesías, el cual se encontraba en las Escrituras.

Esto es importante para responder a una objeción común a nuestras afirmaciones sobre la actitud de Jesús hacia las Escrituras. Algunos sostienen que apeló a las Escrituras, la autoridad religiosa del momento, sólo porque ello le aseguraría la aprobación de sus contemporáneos. Esta idea queda refutada por la forma en que Jesús permitía que la Palabra escrita dirigiera su misión; por su uso de las Escrituras para resistir a Satanás en el desierto (Mt 4.1–11; Lc 4.1–13); y por la forma en que las citó durante su última agonía en la cruz (Mt 27.46; Lc 23.46). En ningún momento actuó Jesús como un contemporizador. Se sometió a las Escrituras del Antiguo Testamento porque esa era, a su manera de ver, la actitud adecuada, fuera o no en

---

5 Las frases "pero yo os digo [...]" del Sermón del Monte (Mt 5.21–48) no son una excepción. Tienen el objeto de vindicar el verdadero propósito de los pasajes del Antiguo Testamento en cuestión contra las interpretaciones generales de los escribas y los fariseos. "No piensen que he venido a anular la ley o los profetas; no he venido a anularlos sino a darles cumplimiento [...] Todo el que infrinja uno solo de estos mandamientos por pequeño que sea [...] será considerado el más pequeño en el reino de los cielos" (Mt 5.17, 19). *Cf.* D. M. Lloyd-Jones, *Studies in the Sermon on the Mount 1* (IVP, 1959), pp. 180–32.

contra de la trama de las teologías tradicionalistas o radicales de su tiempo (o, para el caso, de nuestro tiempo).

Otros afirman que las convicciones de Jesús en este asunto estaban condicionadas por los patrones mentales de su sociedad y cultura, que en realidad esto iba envuelto en el hecho de ser Él verdaderamente encarnado y que, por tanto, su actitud no tiene particular autoridad en nuestros días. Esta posición, sin embargo, parte de una suposición totalmente gratuita: como *nosotros* estamos condicionados por los axiomas y normas de nuestra sociedad, lo mismo debe haber ocurrido con Jesús. Pero dudo que digamos eso sin reservas acerca de cualquiera de las figuras verdaderamente grandes de la historia, cuyo genio consistía precisamente en desafiar los supuestos de su generación. ¿Fue Jesús inferior a éstos, confinado a conformarse al punto de vista de su sociedad en un asunto tan fundamental como la autoridad religiosa?

Esta perspectiva tampoco tiene en cuenta el testimonio de la Biblia de lo que implicaba el caso de Jesús: no la aparición de una conciencia humana temporal (como en nuestro caso), sino más bien el asumir una naturaleza humana alguien que era la Palabra y Sabiduría eterna de Dios (Jn 1.1–14; 8.58; 17.5; Flm 2.5–11; Col 1.15–20). También pasa por alto su naturaleza humana no caída (Jn 8.46; Heb 4.15; 1P 1.19). Por tanto es un error fundamental de método usar nuestra experiencia de humanidad para medir a Jesús. Él puede ser entendido solamente cuando dejamos de lado las normas de nuestra comprensión caída y fragmentaria, y permitimos que nuestros pensamientos sean moldeados por el testimonio de Dios acerca de Jesús en los evangelios. En consecuencia, no tenemos base para despreciar su actitud respecto a cualquier cosa, menos aun hacia algo tan cercano al centro de su pensamiento y actividad.

Esta posición incluye, además, la dificultad de que declara a Jesús errado, no en alguna cuestión periférica, sino en el centro mismo, en su comprensión de la autoridad, lo que a su vez representaba la base de su comprensión tanto de sí mismo como de toda su misión. Kuyper lo expresó de la siguiente manera:

> ¿Podría haberse equivocado, con respecto a cosas sagradas, en lo que tendría que ser para nosotros la base y la fuente de nuestra fe? En ese caso, ¿podría haberse equivocado también en asignarse un elevado papel mesiánico sobre la base de las Escrituras? Pero

la idea misma es incompatible con la confesión de la naturaleza divina de Jesús. Errar en lo que es sagrado no es una simple falla del intelecto, sino que delata un estado de deterioro de todo el ser interior de uno. Por lo tanto, en el pecador un error es natural, pero no en alguien que es santo [...] El conflicto que se ha originado con el objeto de privarnos de las Escrituras como Sagradas Escrituras, no puede tener otra intención que privarnos de Cristo[6].

En fin de cuentas, más que académico, el problema que confrontamos es moral. Si sobre el carácter divino del AT adoptamos un punto de vista más bajo que el de Jesús, ¿en qué sentido —en realidad, con qué derecho— podemos conocerlo como maestro y Señor (Jn 13.13)?

EL CONCEPTO APOSTÓLICO DEL ANTIGUO TESTAMENTO

Los apóstoles también apelaron directamente a la letra del Antiguo Testamento para dar autoridad a su enseñanza y constantemente presentaban la fe cristiana como el cumplimiento de las Escrituras (Hch 2.16–35; 3.22–25; 4.11; 7.2–53; 13.29–37; Ro 1.2; Gá 3.16–18, etc.). En realidad, era precisamente para este cumplimiento que se habían escrito las Escrituras (Ro 15.4; 1P 1.12). Los apóstoles estaban particularmente preocupados en mostrar las formas en que la vida y la misión de Jesús cumplían con la esperanza de salvación del AT. Así su nacimiento (Gá 4.4; 2Ti 2.8), las circunstancias y estilo de su ministerio (Hch 3.22–26; Heb 7.1–22), y principalmente su muerte, resurrección y exaltación (1P 2.6–8, 22; Heb 8.8–13; 10.5–22; Hch 2.25–36; 4.11, 25–27; 10.37–43; 13.26–37) se anunciaron en las Escrituras proféticas.

No obstante estar conscientes de su autoridad especial como los fundadores electos del nuevo movimiento (*cf.* 2Co 10.8; Gá 1.1) y objeto especial de la autorrevelación de Dios (1Co 2.13; 1Ts 2.13; 1Jn 1.1–3), atribuían constantemente sus enseñanzas al Antiguo Testamento. Pablo, por ejemplo, estaba profundamente interesado en mostrar que su enseñanza sobre la justificación se basaba en las Escrituras (*cf.* Ro 4). Para los apóstoles, así como para su Maestro, el AT era la Palabra escrita de Dios (Hch 4.25; 2Ti 3.16s; Heb 4.3; 10.15–17;

---

6 A. Kuyper. *Principies of Sacred Theology* (Principios de teología sagrada, Eerdmans, 1954), p. 430.

2P 1.21). Enseñaron a los convertidos que no deben *[...] ir más allá de lo que está escrito [...]* (1Co 4.6). Su actitud de siempre hacia el Antiguo Testamento está adecuadamente resumida en la frase de Pablo: *[...] los oráculos de Dios* (Ro 3.2, BLA).

PALABRAS Y ENSEÑANZA DE JESÚS

Jesús creía firmemente en el incomparable poder y autoridad de sus palabras (Jn 6.63; 15.3). No pasarán (Mr 13.31), y debemos escucharlas y obedecerlas (Mt 5.21s; 7.24; Jn 8.31s).

Los apóstoles reconocieron su autoridad divina (Heb 20.35; 1Co 7.10; 11.23s). 1 Timoteo 5.18 es particularmente significativo, ya que combina un versículo del AT (Dt 25.4) con uno del Nuevo Testamento de la enseñanza de Jesús (Lc 10.7). Tomados en conjunto como Escrituras autoritativas, están igualmente investidos con autoridad divina y ambos expresan la manera de pensar y la voluntad de Dios. La reverencia apostólica hacia las palabras de Jesús también está demostrada por la existencia de cuatro evangelios.

LA AUTORIDAD ESPECIAL DE LOS APÓSTOLES

Jesús eligió deliberadamente a algunos hombres para que fueran sus discípulos inmediatos (Lc 5.27; 6.12–16; Jn 17.6) y les dio una dotación especial del Espíritu Santo (Jn 20.22; *cf.* Hch 1.5). Les ordenó que salieran a enseñar en su nombre (Mt 28.18–20; Jn 20.21; Hch 1.8), prometiéndoles que el Espíritu Santo guiaría sus enseñanzas y su testimonio (Jn 14.26; 15.26s; 16.13s).

Los apóstoles afirmaban tener experiencia directa de esta singular autoridad y luz interior (1Co 2.9s). Juntamente con sus compañeros predicadores, proclamaban el evangelio con la confianza de que hablaban *por medio del Espíritu Santo* (1P 1.12), a quien estaban dispuestos a atribuir tanto el contenido como la forma de su mensaje (1Co 2.13). También notamos la preocupación singular en Hechos del rol de los apóstoles como testigos especialmente designados (Hch 1.21–26; 2.32; 4.26, 33; 5.32; 10.41–42; 13.31) y, por tanto, como pregoneros autoritativos (con el testimonio corroborativo del Espíritu, Hch 5.32) del evangelio de Jesús. Hablaban con completa seguridad (Gá 1.7s) y emitían órdenes con autoridad (2Ts 3.6–12). En efecto, el que una persona afirmara tener el Espíritu Santo, se medía por su reconocimiento de la autoridad divina de las enseñanzas de los apóstoles (1Co 14.37).

Este elevado concepto de su enseñanza y predicación se aplicaba plenamente tanto a sus afirmaciones escritas como a las habladas. La prueba de la verdad era *esto que les escribo* o *las instrucciones que les damos en esta carta* (1Co 14.37; 2Ts 3.14). En realidad Pedro clasifica las cartas de Pablo como *escrituras* (2P 3.16); y Pablo manda que la carta a los colosenses se *lea en la iglesia* (Col 4.16).

A veces se alega que el argumento esgrimido en este punto es peligrosamente circular, porque establece la autoridad de las Escrituras apelando a pasajes bíblicos. Parte de la respuesta a este cargo está en nuestra razón final para la autoridad de las Escrituras, la cual exponemos más abajo. Aquí señalamos la dificultad de plantear la afirmación de autoridad máxima salvo haciendo referencia a sí misma; cualquier otra autoridad citada para apoyar nuestra autoridad suprema se convertiría ella misma en autoridad máxima. Este principio se aplica igualmente a otras esferas de la investigación humana. Lo que sí podemos mostrar es la uniformidad con que se presenta la doctrina cristiana de la autoridad a partir de la apelación constante de los escritores bíblicos a las Escrituras. Por tanto, la voz de Dios en las Escrituras es constantemente la autoridad máxima.

DIOS MISMO SE DIRIGE A NOSOTROS EN LAS PALABRAS DE LA BIBLIA

Para muchos cristianos, la razón principal para darle a la Biblia el rango de Palabra de Dios escrita es sencillamente el hecho de que *Dios mismo* se dirige a nosotros por medio de ella. Él habla en las palabras de la Biblia de tal manera que disipa toda duda acerca de su origen, carácter y autoridad divinos. En fin de cuentas, sólo Dios puede ser un testigo adecuado de sí mismo. Todo otro testimonio, como la evidencia histórica o la deducción filosófica, puede tener, en el mejor de los casos, sólo valor secundario.

En cada generación, multitudes de cristianos han testificado que al leer la Biblia y escuchar su exposición, se ven impulsados a reconocer su inherente autoridad. Esto fue planteado por Agustín cuando puso en boca de Dios las palabras: "En verdad [...] hombre, lo que dice mi Escritura, lo digo yo". Calvino vio esto como la obra de Dios el Espíritu Santo dando testimonio divino de las Escrituras; lo llamó "el testimonio interior del Espíritu Santo", que es "más fuerte que toda demostración".

Los cristianos que reconocen la realidad de este "testimonio interior" pueden, como último recurso, sencillamente dar testimonio de que es así. La Biblia viene a ellos con la autoridad y la convicción de la Palabra de Dios que los examina en las profundidades; allí encuentran una majestad, un llamado definitivo e incondicional que sólo pueden describir como la voz y la Palabra de Dios, su Creador y Redentor. Contra la acusación de un peligroso subjetivismo, responden:

1. Aunque es inevitable que esté presente un elemento subjetivo si la autoridad en cuestión ha de ser plenamente personal (Dios se dirige a *mí*), el testimonio del Espíritu nos aleja de nosotros mismos hacia la autoridad objetiva de la Palabra escrita. Por lo tanto, al defender esta realidad, los cristianos no hablan de su propia experiencia interior, sino que citan las Escrituras.

2. Esta realidad no es un asunto privado, sino que es común al pueblo de Dios. La comunidad cristiana constituye un freno contra las inferencias excesivamente subjetivas que provienen de experimentar el testimonio del Espíritu.

3. Este testimonio ha sido común a los cristianos de todos los tiempos y culturas en cualquier nivel de inteligencia. Dios no ha hecho depender la autoridad de su Palabra de las investigaciones de los eruditos; más bien es universal, compasiva y amable, como cabría esperar del Dios manifestado en Cristo Jesús.

4. Esta doctrina de la autoridad es sencillamente la posición cristiana ortodoxa. La apoyan en forma explícita e implícita los escritos de los principales teólogos en casi todos los tiempos.

5. Existen controles objetivos de esta afirmación en la forma de evidencias históricas y otras. Algunos pretenden que es ilógico, incluso irrelevante, aducir evidencias para confirmar la autoridad del testimonio del Espíritu Santo. Sin embargo, el Nuevo Testamento mismo da evidencias históricas racionales para apoyar la afirmación cristiana (Hch 1.3; 2.32; 4.20; 1Co 15.3–11; *cf.* 1P 3.15). Esas evidencias contrarrestan las objeciones de que el testimonio del Espíritu, al ser en definitiva subjetivo, no tiene valor. Los cristianos que no pueden dominar este tipo de evidencia, no están privados de una base adecuada para su fe; pero aquellos que pueden apropiarse de ellas son capaces de mostrar que su fe

se relaciona con el proceso histórico humano y, en consecuencia, está arraigada en un Dios cuyo testimonio de sí mismo es universal (Hch 17.31).

6. La acusación de subjetivismo palidece frente a la completa profundidad y persuasividad del testimonio del Espíritu. Dios ha hablado y continúa hablando por medio de las palabras de las Escrituras. Ninguno que tenga una experiencia de primera mano de la evangelización cristiana y la alimentación de los nuevos creyentes, puede dejar de notar su deseo instintivo de estudiar y obedecer la Biblia (*cf.* la analogía significativa de la leche del niño recién nacido que presenta Pedro en 1P 2.2).

Los críticos de la autoridad bíblica nunca podrán aceptar esto. Por más convincente que sea su argumento, por más sofisticado su razonamiento, todo se viene abajo de golpe por el ministerio soberano del Espíritu al traer a la vida una nueva generación e implantar en sus corazones un sentido de la divina autoridad de las Escrituras.

En fin de cuentas, reconocemos la autoridad de la Biblia como la Palabra de Dios escrita porque no tenemos otra posibilidad. El impulso viene desde más allá de nosotros mismos: sencillamente estamos permitiendo que Dios sea Dios.

LA INSPIRACIÓN

La "inspiración" se refiere a la forma en que la autorrevelación de Dios ha llegado a ser expresada en las palabras de la Biblia. Es una actividad del Espíritu de Dios por medio de la cual supervisó a los autores humanos de las Escrituras para que sus escritos se convirtieran en una expresión normativa en lenguaje humano de la Palabra de Dios para la humanidad. Llamar "inspirada" a la Biblia es sencillamente una manera de decir que es la autorrevelación autoritativa de Dios. En realidad, su inspiración divina produce esa misma autoridad que el Espíritu confirma. Según esto, todos los argumentos usados arriba para establecer la autoridad única de la Biblia como Palabra de Dios también tienen vigencia para apoyar su inspiración.

Todo verdadero cristiano acepta la inspiración de la Biblia en algún sentido. Las discrepancias se centran en *cómo ocurrió* esa inspiración y en las consecuencias de ello para la autoridad y la confiabilidad de las palabras concretas de las Escrituras como las conocemos ahora.

EL MÉTODO DE LA INSPIRACIÓN

La inspiración significa que Dios estuvo directamente comprometido en la escritura de la Biblia. ¿Qué alcance tuvo esta influencia divina?

Tres pasajes importantes del Nuevo Testamento

2 Timoteo 3.16 presenta la idea de la inspiración. Toda la Escritura es inspirada por Dios; en forma más literal, *Toda la Escritura es dada por el aliento de Dios* (BLA)[7]. El "aliento" de Dios es una metáfora familiar y gráfica del Antiguo Testamento para la acción de Dios, particularmente por medio de su Espíritu (Gn 2.7; Job 33.4; Sal 33.6). La afirmación de que la Escritura es inspirada establece su origen y carácter divino, e implica algo más que la palabra española "inspiración". Más acertadamente, las Escrituras son expiradas, es decir, *exhaladas* por Dios. Obsérvese que el objeto de la acción de Dios son las Escrituras escritas; los autores humanos reales no se mencionan. Desde luego, tuvieron parte en ello, pero aquí la formación de las Escrituras se adjudica totalmente a la actividad *de* Dios. Obsérvese también el alcance de la inspiración. "Toda" la Escritura es el producto de la "exhalación" de Dios; en este contexto esto significa la totalidad del Antiguo Testamento.

2 Pedro 1.19–21 confirma y extiende estas afirmaciones. El testimonio de testigos oculares ratifica la *palabra de los profetas,* una referencia al Antiguo Testamento en general. No surgió de las reflexiones privadas de los autores, sino que *los profetas hablaron de parte de Dios, impulsados por el Espíritu Santo.* En Hechos 27.15 las palabras *que nos dejemos llevar* señalan el movimiento de un barco que es *llevado* por una tormenta. No debemos poner demasiado contenido en esta metáfora, pero es, evidentemente, una decidida afirmación de la actividad divina en la producción de las Escrituras, las que, recuérdese, comprenden todo el cuerpo de escritos del Antiguo Testamento.

Juan 10.34–36 registra una discusión sobre el uso de la palabra "dios" en la ley, en este caso el Salmo 82. Jesús sostiene que la autoridad de la ley no puede ser anulada porque "la Escritura no puede ser quebrantada". Expresa la misma convicción cuando equipara las palabras del Antiguo Testamento con las palabras de Dios: *Y dijo* (Mt 19.5).

---

7 La traducción "Toda Escritura inspirada es útil" no es una interpretación natural del griego, y no considera realmente el tema en cuestión: las Escrituras judías (2Ti 3.16).

El reconocimiento de Jesús de la divina autoridad e inspiración de todo el cuerpo de escritos del Antiguo Testamento ha sido documentado anteriormente, junto con la cuestión de extender esta afirmación de inspiración divina al Nuevo Testamento. El propio sentido de autoridad soberana de Jesús y su declaración de hablar las palabras de Dios mismo, su promesa de enviar el Espíritu para iluminar a los apóstoles, la venida del Espíritu sobre ellos, sus propias aseveraciones de iluminación especial en los escritos apostólicos, todo apunta a la misma actividad inspiradora de Dios en el caso del Nuevo Testamento. Por tanto, toda la Biblia se nos presenta con la afirmación de ser inspirada divinamente, un documento exhalado por Dios.

Los profetas del Antiguo Testamento

La idea de cómo esta actividad de inspiración divina se relacionó con los autores bíblicos, se puede obtener de un estudio de los profetas del Antiguo Testamento.

La esencia de la inspiración profética se expresa en Jeremías 1.5–9: *Te había nombrado profeta para las naciones [...] He puesto en tu boca mis palabras* (*cf.* Is 6.8ss; Ez 2). De allí la costumbre de los profetas de introducir sus mensajes con "Así ha dicho Jehová". Continuamente "venía a ellos palabra de Jehová", y sus oráculos con frecuencia están expresados en la forma de una conferencia directa de Dios con su pueblo. Los profetas (que incluyen a Moisés, el dador de la ley, y con frecuencia a los salmistas, Lc 24.25–27) estaban tan controlados y cautivados por Dios y su Palabra que, mediante la inspiración del Espíritu, su mensaje era efectivamente identificable como la manifestación de Dios mismo.

La referencia a los escritos proféticos eficazmente, nos recuerda que debemos reconocer la condescendencia de Dios en la producción de las Escrituras. La verdad de Él llega a nosotros, por su voluntad paternalista, en nuestro lenguaje humano (1Ts 2.7). Al examinarla necesitamos ampliarla a nuestros lenguajes humanos. En el primer nivel se reconoce no sólo el uso del hebreo y el griego, sino también el préstamo esporádico de palabras de otros idiomas como el arameo (*cf.* Mr 5.41; Mt 17.46; 1Co 16.22). En un siguiente nivel, sin embargo, se reconoce que la Biblia consiste en una variedad de géneros literarios. Así, por ejemplo, hay narrativa histórica, poesía, oráculo profético, parábola, etc. La inspiración de Dios del texto de la Biblia significa que esta diversidad de formas literarias no fue anulada en el proceso de composición de las Escrituras. En consecuencia, siendo que todas las Escrituras son igualmente el resultado del ministerio inspirador del Espíritu, la manera en que cada sección, párrafo, oración o palabra se relaciona con nosotros y produce consecuencias para nuestra comprensión y acción, se liga con su forma literaria. Esto nos lleva al punto de las preguntas de la hermenéutica, al cual regresaremos más adelante.

TEORÍAS SOBRE LA INSPIRACIÓN

Se han formulado varias teorías en el intento de describir la forma en que Dios obró en la producción de las Escrituras.

El dictado

En su forma extrema, esta teoría afirma que los autores humanos en realidad fueron pasados por alto en la producción de las Escrituras. Sencillamente funcionaron como teclados de computadora o dictáfonos a través de los cuales la Palabra de Dios pasó camino a su eventual incorporación al canon sagrado.

El "esquema" profético citado arriba, con su acento en la acción de Dios (hemos escrito "controlados y cautivados"), podría evocar la teoría del dictado. Sin embargo, no es totalmente adecuado, ya que no puede acomodar las citas bíblicas que señalan el factor humano: *los profetas [...] hablaron* (2P 1.21; *cf.* Mr 7.6; 12.19; etc). Por consiguiente, aunque verdaderamente ocurrieron fenómenos tales como visiones, trances y voces celestiales, no eran necesarios para la inspiración de las Escrituras. Una teoría adecuada necesita tomar esto en cuenta.

Un modo menos directo de inspiración se menciona en el Evangelio de Lucas, que fue escrito porque *me ha parecido conveniente* (Lc 1.3, DHH). No hay ningún indicio de un estímulo sobrenatural manifiesto detrás de otros pasajes escriturales como el Cantar de los Cantares, la Carta de Pablo a Filemón, o el Testamento de Agur (Pr 30). Además, la ruta por la que los documentos bíblicos llegaron a su forma literaria final es también, en muchos casos, una historia relativamente "humana", que supone la investigación histórica de primera mano (Lc 1.3), una dependencia directa de fuentes anteriores (1Cr y 2Cr), tomar algo de otro libro (2P y Jud), o pasar por varias ediciones (Pr 10.1; 24.23; 25.1). En algunos lugares el lenguaje también aporta clara evidencia del estilo del autor, o incluso su falta.

Así, pues, la forma común de inspiración no dejaba de lado las personalidades o intenciones de los escritores humanos; estos no se convirtieron en teclados humanos. Ello debe ser claramente explicado, ya que muchas veces los cristianos evangélicos han sido acusados injustamente de estar atados a la teoría del dictado. En realidad, esta no la ha sostenido ningún teólogo protestante responsable desde la Reforma hasta la actualidad.

La adaptación

Este punto de vista expresa la idea de que en el proceso de inspiración, Dios se adaptó a las limitaciones de los autores humanos. Los eruditos que sostienen que la Biblia contiene errores de muchas clases, a menudo se apoyan en esta teoría. Afirman que las fallas humanas en las Escrituras son inevitables, porque Dios ha elegido acomodarse a las limitaciones de los escritores. Así como la luz que pasa por un vidrio de color se tiñe en el proceso, la revelación divina aparece en las Escrituras con la coloración de los contribuyentes humanos. Esto contradice directamente el propio concepto bíblico, así como también la seguridad cristiana dada por el Espíritu sobre el origen divino de la Biblia y su confiabilidad.

La supervisión

Esta es una variante de la adaptación, que incorpora las ideas válidas de las alternativas anteriores sin sus ingredientes cuestionables. Para evitar la confusión, preferimos el término distintivo de *supervisión*, en el sentido enfático de "ejercer control sobre". Esta teoría afirma que en el proceso de inspiración Dios supervisó y ordenó soberanamente el historial, las circunstancias y la herencia de los autores individuales. Como resultado, cuando registraron los hechos, las meditaciones o los sermones por escrito, las palabras usadas fueron deliberadamente de su libre composición, a la vez que la Palabra de Dios misma.

En consecuencia, las palabras inspiradas de los autores tienen las marcas claras de ser "de ellos" y se dirigen a su situación inmediata, pero también, en la providencia de Dios, son parte de su Palabra eterna para su pueblo en todos los tiempos. De manera que la ilustración del vidrio de color se aplica también en otra forma. "¿Y qué si los colores de la ventana de vidrio hubieran sido diseñados por el arquitecto con el propósito expreso de dar a la luz que inunda la catedral precisamente el tono y la calidad que recibe de ellos? ¿Qué si la Palabra de Dios que llega a su pueblo es enmarcada por Él en la Palabra de Dios que hemos recibido, la que es precisamente así mediante las cualidades de los hombres formados por Él para ese propósito?" (Warfield).

Se ha objetado que este concepto no tiene en debida cuenta el hecho del pecado humano. ¿Cómo se puede franquear esa gran barrera entre el ser humano y Dios para que ellos lleguen a hablar las mismísimas palabras de Dios?

En respuesta podríamos dar los puntos siguientes: (1) Aquí no estamos tratando de la humanidad "natural"; las personas que Dios usó para transmitir su verdad habían sido renovadas por su Espíritu y llevadas a una relación con Él. (2) Negar que el ser humano común pueda expresar la verdad de Dios equivale a negar que el lenguaje humano pueda, en principio, ser el vehículo de la verdad divina. (3) No hay duda de que los autores bíblicos siguieron siendo pecadores hasta el fin de sus días, pero esto no impidió que fueran los portavoces de la verdad de Dios; los escritores bíblicos fueron particularmente supervisados por la acción del omnipotente Dios a través de su Espíritu en todos los factores que podrían influir en sus mensajes.

Dos términos relacionados
Verbal

Este adjetivo implica que los autores bíblicos fueron inspirados no simplemente en sus ideas, sino también en la palabras que usaron. Esto se debe distinguir cuidadosamente de la teoría del "dictado" en la inspiración. Hablando estrictamente, esta afirmación se ajusta no a las copias que en la actualidad tenemos del Antiguo Testamento, sino a los autógrafos originales, de los que nos han llegado las versiones actuales a través de un proceso de transmisión. Sin embargo, en la práctica, la diferencia entre las copias originales y las actuales es principalmente académica (ver "Como en los escritos originales", pp. 65–66).

Plenaria

Este adjetivo indica que la inspiración afirma extenderse a toda la Biblia. Dios ha determinado que se escribiera *toda* la Escritura, no solamente aquellas secciones que llevan más claras las marcas de la inspiración. Esto no es lo mismo que afirmar que todas las partes son igualmente *significativas* en el desarrollo del mensaje bíblico. Un pequeño detalle de "fondo" en un cuadro es menos importante que la figura central, pero es también un producto del pincel del artista y hace su contribución al cuadro total.

TRES COMENTARIOS FINALES

1. La Biblia enseña que es directa y soberanamente inspirada por Dios y, por tanto, tenemos que someternos a ella como la Palabra viva dirigida a nosotros. Si reconocemos su autoridad, debemos someternos también en este punto: en su doble afirmación de ser la Palabra inspirada por Dios, y en que debemos contemplarla con reverencia y sumisión. Pensar de otra manera es estar en franca oposición a lo que la Biblia enseña claramente.

2. Es claro que siempre habrá un elemento de misterio acerca del modo preciso en que se formó la Biblia. Esto no debe sorprendernos, ya que el misterio acompaña inevitablemente todo el trato de Dios con sus criaturas. La encarnación es un "misterio" similar para nosotros, porque nunca podemos definir con precisión final cómo están unidas la naturaleza humana y divina en la persona de Jesucristo. En ninguno de ambos casos, sin embargo, el "misterio" de la actividad de Dios tiene por qué impedirnos creer en ella y gozar de su verdad.

3. En fin de cuentas, la cuestión de la inspiración vuelve a nuestra doctrina de Dios. Si reconocemos a Dios como [...] *aquel que hace todas las cosas conforme al designio de su voluntad* (Ef 1.11), que hace *todo lo que quiere* (Sal 135.6), notaremos que no hay ninguna dificultad básica. No hay nada ilógico en haber producido un libro que, habiendo surgido de la experiencia de sus criaturas, es también, por medio de su mandato soberano, su Palabra para ellos.

LA CANONICIDAD

La palabra "canonicidad" viene del griego *kanõn*, que significa regla o norma de medida. Aparece en el Nuevo Testamento; por ejemplo: *Y a todos los que anden conforme a esta regla, paz y misericordia sea a ellos* (Gá 6.16, RV60), es decir, para los que viven conforme al evangelio apostólico. Usado en forma general en relación con la Biblia, el canon se refiere a sus límites literarios y se ocupa de cuestiones tales como por qué consideramos solamente esos libros como "inspirados", y por qué se incluyen *todos* en las "Escrituras inspiradas".

Se pueden hacer varios comentarios generales. La idea misma de Escritura nos lleva en principio a la idea de canon: un conjunto autoritativo de escritos con límites literarios precisos. Ciertamente, las Escrituras contienen referencias aisladas a esa idea (Lc 11.51; Col 4.16; Ap 22.18). Los factores históricos externos fueron de importancia fundamental en la decisión sobre la canonicidad; por ejemplo, la autoría o la supervisión apostólica de ciertos libros. Los libros bíblicos auténticos llevan una autoridad inherente; es decir, el pueblo de Dios llegó a reconocer su voz, la cual se dirigía a ellos por medio de esas Escrituras.

EL CANON DEL ANTIGUO TESTAMENTO

Existen algunas indicaciones en el Antiguo Testamento de que sus cinco primeros libros, el Pentateuco, recibieron un reconocimiento oficial en una etapa temprana (por ej., Dt 31.11; Jos 1.7s; 2Cr 23.18). No se conocen las bases para la aceptación del canon en el judaísmo, y, por tanto, nuestra consideración primera debe ser que el Señor y sus apóstoles reconocieron el canon del Antiguo Testamento. Jesús discutía con las autoridades religiosas de su tiempo en varios temas, pero no se registra desacuerdo acerca del canon. En Lucas 11.51 se sobreentiende que el canon usado en la sinagoga del tiempo de Jesús equivalía a nuestro actual Antiguo Testamento.

Parece que hubo poca disputa entre los judíos de cualquier período en relación con el contenido del canon. La versión griega del Antiguo Testamento incluía varios libros apócrifos, pero aparentemente ninguno de ellos fue reconocido en Palestina. No hay evidencias de que el judaísmo oficial haya reconocido o aceptado los libros apócrifos ya sea en Palestina o en Alejandría, y los judíos de hoy todavía consideran sólo nuestros actuales libros del Antiguo Testamento como libros de las Escrituras.

EL CANON DEL NUEVO TESTAMENTO

Toda la extensión canónica del Antiguo Testamento no era una necesidad apremiante en el período apostólico por al menos dos razones: primero, las iglesias poseían un cuerpo considerable de tradición oral acerca de los sucesos y enseñanzas del ministerio de Jesús; segundo, una forma más permanente de enseñanza apostólica era relativamente innecesaria mientras los apóstoles y sus discípulos inmediatos estuvieran en vida. En parte, a causa de la dispersión de la iglesia, la recolección y el reconocimiento de los libros del Nuevo Testamento llevó considerable tiempo.

Sin embargo, incluso en el período apostólico, ciertos factores señalaban la posible aparición de una colección de escritos autoritativos. El interés de la iglesia en conservar las tradiciones acerca de Jesús muestra que reconocían el carácter normativo de la misión de Jesús y, por lo tanto, de la memoria escrita de ella; esto es precisamente lo que está en la base de la escritura de los cuatro evangelios. Además, las iglesias vieron con respeto especial las cartas de los apóstoles. Pablo, por ejemplo, puso su firma para confirmar su autoridad apostólica (1Co 16.21; Col 4.18; 2Ts 4.17) y mandó que sus cartas se leyeran en las iglesias. 2 Pedro 3.16 indica que las cartas de Pablo se consideraban "escrituras" ya en los días de Pedro y Pablo. Apocalipsis 22.18s es otra evidencia de una temprana distinción entre escritos autorizados y no autorizados.

Otro indicio significativo respecto a la aparición del canon del Nuevo Testamento viene de los escritores cristianos del período inmediatamente posterior a los apóstoles y que se conocieron como los padres apostólicos o Padres de la Iglesia. Ellos distinguían claramente entre cualquier autoridad que pudieran poseer sus escritos y la autoridad fundamental que poseían los escritos de los apóstoles.

El primer intento que se conoce de hacer una lista de libros aprobados es el Canon Muratorio de alrededor de 175 d.C. La primera lista completa es la de Eusebio (murió el año 340), quien distinguió los libros universalmente aprobados de aquellos aceptados por la mayoría de las iglesias (seis libros). Las bases para dudar de esos seis libros son importantes: no se pueden atribuir directamente a ninguna fuente apostólica. Esto muestra que la preocupación de la iglesia era asegurar que los libros canónicos dieran un testimonio directo y auténtico de las grandes realidades centrales de la fe. Naturalmente el libro del Apocalipsis fue objeto de dudas generalizadas; su mensaje era velado, y aun entonces los extremistas capitalizaron su simbolismo. Hacia el final del siglo iv, se había logrado unanimidad en las iglesias.

Una lectura superficial de los libros apócrifos del Nuevo Testamento es suficiente para mostrar que en general son muy diferentes del NT mismo. Es importante entender que en el proceso de determinar el canon, la iglesia no aspiró a imponer su propia autoridad sobre algunos de los muchos documentos que circulaban entre los grupos cristianos. Por reconocerlo y definirlo, la iglesia no creó el canon del Nuevo Testamento, más de lo que Isaac Newton creó la ley de la gravedad. En estos escritos y únicamente en estos, la iglesia, por la dirección del Espíritu Santo, oyó (y sigue oyendo) la auténtica voz del Buen Pastor (Jn 10.4s).

OTRAS CUESTIONES

El modo de enfocar la autoridad, y las Escrituras en particular, que hemos bosquejado aquí necesita completarse respecto a una serie de asuntos adicionales.

Si la Biblia es nuestra autoridad suprema, inspirada por Dios hasta en las palabras usadas por los autores originales, ¿qué grado de veracidad y confiabilidad debemos atribuir a sus afirmaciones?

Infalible

Aplicada a las Escrituras, esta palabra implica la cualidad de no llevar a conclusiones erróneas. Esta afirmación significa que todas las aseveraciones de la Biblia son verdaderas y dignas de toda confianza, lo cual establece un contraste con las palabras y declaraciones humanas "falibles". Afirma que las Escrituras no llevan a conclusiones erróneas porque son el testimonio de Dios mismo. El término "infalibilidad" aplicado a las Escrituras tiene que ser bien definido con referencia al fenómeno real de los escritos bíblicos.

La infalibilidad de las Escrituras se refiere a su mensaje considerado *como un todo*. Esto no significa que ciertos pasajes o versículos no sean infalibles, sino que cada afirmación y sección particular es infalible dentro del contexto total de las Escrituras. Si, por ejemplo, citamos en forma aislada la pregunta de Santiago *¿Acaso podrá salvarlo esa fe?* (Stg 2.14), con su respuesta implícita "no", dejaremos de ver la verdad infalible de Dios en la carta de Santiago. Eso se logra solamente cuando se lee dentro del marco total de la carta junto con la enseñanza complementaria de otras partes de las Escrituras, particularmente las cartas de Pablo a los romanos y los gálatas[8].

La infalibilidad de las Escrituras está ligada a la *intención que había en la mente del autor*. El primer capítulo de Génesis, por ejemplo, sería infalible en cuanto a enseñar la construcción del universo físico en seis días de 24 horas, solamente si ese fuera el sentido cosmológico

---

8   Con relación a esto ver más en "la metáfora penal: la justificación", pp. 238–242.

(pertinente al universo) y científico preciso del autor. Si esa no fue la intención, no se debe exigir la infalibilidad de su relato hasta en los detalles cosmológicos (ver "El problema del origen", pp. 115–118). Evidentemente una narración puede ser sólo el vehículo literario para verdades teológicas; un ejemplo obvio son las parábolas de Jesús. Es claro que para declarar la infalibilidad de las palabras de Jesús, no se nos exige afirmar que la historia del buen samaritano fue real. La forma literaria de un pasaje afectará a cómo determinemos su infalibilidad.

En efecto, esos puntos señalan que la Escritura es infalible sólo si está correctamente interpretada. No significa ello que cualquiera o toda interpretación humana de un pasaje de la Escritura, o de la Biblia como un todo, sea infalible, ni que se excluyan los problemas de la interpretación.

El hecho de que entendamos el término de esta manera, ha llevado a algunos que tienen un elevado concepto de la confiabilidad de las Escrituras, a cuestionar el sentido de usarlo. Sin embargo, al hacerlo nos identificamos con la larga corriente histórica de la ortodoxia cristiana y con muchas de las grandes declaraciones de la verdad cristiana a través de los siglos. Además, es difícil encontrar otro término que explique la idea con más efectividad.

La infalibilidad es en realidad la cualidad concomitante inevitable de la autoridad y la inspiración divinas que hemos expuesto anteriormente. Es sencillamente la infalible voz de Dios. Afirmar con Jesús que "la Escritura no puede ser quebrantada" y "Tu palabra es verdad", y apelar a su letra misma como lo hacía Él constantemente, constituye en esencia lo que buscamos expresar con la palabra "infalible".

INERRANCIA

Esta palabra se usa frecuentemente asociada con "infalible"; significa la ausencia de errores. Como la infalibilidad, la inerrancia es un corolario de la inspiración divina. Si la Biblia ha sido supervisada hasta en sus mismas palabras por el Dios de verdad, podemos tener confianza de que estará libre de errores. En consecuencia, cuando la Biblia prescribe el contenido de nuestra fe (la doctrina) o el patrón de nuestra vida (la ética) o registra sucesos reales (la historia), dice la verdad. Aquí debemos aclarar que el grado de exactitud que se afirma en cualquier caso particular es relativo a lo que el texto intenta enseñar. Además, es relativo a la clase de literatura en la cual se expresa. Por lo tanto, por ejemplo, la verdad inerrable de la parábola de Jesús del hijo pródigo no nos impone la necesidad de afirmar que en algún momento haya existido una familia tal en alguna sociedad en particular. Cuando un pasaje de la Biblia se interpreta de acuerdo con la intención del autor y en armonía con otros pasajes bíblicos, su verdad inerrable se percibe claramente.

Varios de los que están comprometidos con una elevada opinión de la inspiración y autoridad de las Escrituras han rehuido el término "inerrancia", y han preferido hablar, por ejemplo, de la Biblia como "enteramente confiable" o simplemente "infalible". Parte de la razón de ello es la tendencia a excluir, con el término "inerrancia", cuestiones interpretativas importantes, como el género literario específico de un pasaje, por ejemplo. Asimismo, esta palabra puede dar la apariencia de suscribir afirmaciones injustificadas en ciertas interpretaciones particulares de pasajes bíblicos. Sin embargo, siempre que se entienda como un corolario de la veracidad del Dios cuya Palabra es la Escritura, la afirmación de que las Escrituras son "inerrables" no carece de significado.

"COMO EN LOS ESCRITOS ORIGINALES"

Esta frase se usa a menudo para reconocer que no tenemos los manuscritos *originales* de la Biblia. La divina providencia que gobernó e inspiró soberanamente la transcripción inerrable e infalible de las mismísimas palabras de Dios a la humanidad, no obró con igual fuerza en la producción de las copias y traducciones que tenemos entre nosotros ahora.

Esto no mina toda la doctrina como la hemos formulado. El estudio de los muchos manuscritos que han llegado hasta nosotros confirma que varían muy poco de sus originales. La copia se realizaba con un adecuado sentido de responsabilidad a la luz del carácter divino de los originales. Un erudito que ha investigado los manuscritos y las versiones bíblicas en considerable detalle afirma que "por el cuidado y la providencia singulares de Dios, el texto de la Biblia nos ha llegado con tal pureza sustancial que incluso la edición con menos sentido crítico del hebreo o del griego, o la traducción menos competente, o incluso la más tendenciosa de tal edición, no pueden oscurecer efectivamente el verdadero mensaje de la Biblia o neutralizar su poder salvador" (F.F. Bruce). Otro ha estimado que los puntos en que hay razón para la incertidumbre respecto a la terminología precisa del original llegarían apenas a una milésima parte del Nuevo Testamento.

Esto agrega una confirmación objetiva al hecho de que el Espíritu no nos lleva a conclusiones erróneas cuando da testimonio en la iglesia actual de la autoridad divina de estas copias. Sin embargo, al usar la frase "como en los escritos originales", evitamos afirmar demasiado acerca de cualquier manuscrito actual y, en consecuencia, estimulamos la búsqueda de un texto aun más confiable y puro en el futuro.

DIFICULTADES

El concepto de las Escrituras que hemos delineado podría manifestarse sin mucha dificultad como la doctrina ortodoxa de la autoridad bíblica que la gran mayoría del pueblo de Dios ha afirmado a través de los siglos, ya sea en forma implícita por medio de la práctica, o en forma explícita por sus confesiones y escritos teológicos.

Durante los últimos tres siglos, sin embargo, este punto de vista ha sido desafiado. Podemos identificar seis esferas donde continuará la discusión: la confiabilidad histórica; la forma en que los autores del Nuevo Testamento citan pasajes del Antiguo Testamento; referencias a fenómenos físicos; asuntos morales; autoría y cuestiones literarias; y la realización de lo milagroso. Claro que una discusión extensa de estos temas y otros relacionados requeriría un libro para cada uno[9]. Aquí nos limitaremos a realizar los siguientes comentarios:

1. Muchas de las dificultades se resuelven sencillamente clarificando los límites dentro de los cuales operan la infalibilidad y la inerrancia bíblicas.

2. Un análisis de la literatura pertinente mostrará que no hay ni un solo punto planteado por los críticos de la infalibilidad bíblica que no pueda recibir, o no haya recibido, una respuesta perfectamente compatible con la infalibilidad bíblica.

---

9   J. Wenham, *The Goodness of God* (IVP, 1974); *Christ and the Bible* (IVP, 1972); C. Pinnock, *Biblical Revelation* (Moody, 1971); *A Defense of Biblical Infalibility* (PRPC, 1967); J. W. Montgomery, ed., *God's Inerrant Word* (Bethany, 1974); N. B. Stonehouse and P. Woolley, eds., *The Infallible Word* (PRPC, 1946); C. F. H. Henry, ed., *Revelation and the Bible* (Tyndale Press, 1959); R. Laird Harris, *Inspiration and Canonicity on the Bible* (Zondervan, 1975); N. Geisler, ed., *Inerrancy* (Zondervan, 1979); J. I. Packer, *Under God's Word* (Lakeland, 1980); D. A. Carson and J. D. Woodbrige, *Scripture and Truth* (IVP, 1983); (eds.); *Hermeneutics, Authority and Canon* (Zondervan, 1986).

3. Es un error imaginarse que estas dificultades fueron todas planteadas por la erudición moderna. Muchas fueron consideradas hace tiempo por los Padres de la Iglesia y posteriormente por los grandes expositores de la Reforma y los puritanos, quienes frecuentemente ofrecieron soluciones satisfactorias.

4. Debemos mantener una reserva adecuada ante las afirmaciones de los eruditos de haber "demostrado ser falsas" las aseveraciones bíblicas. La historia de la crítica bíblica está llena de tales "demostraciones", que una investigación más completa posteriormente ha derribado. Por ejemplo, el arrogante desprecio de algunos a los relatos del Antiguo Testamento acerca de los patriarcas, al tildarlos de fábulas antiguas, ha tenido que retractarse hoy día frente a la sólida evidencia: el Génesis tiene muchas alusiones históricas a la civilización del antiguo Medio Oriente del segundo milenio antes de Cristo, y presenta bastante afinidad con ella.

5. Ocasionalmente un problema queda sin resolver. Aparece un problema sin solución visible, o la que se propone no convence por el momento. En ese caso debemos vivir con la dificultad hasta que aparezca una solución más satisfactoria, como ha ocurrido frecuentemente en el pasado. Mientras tanto, es importante no permitir que cierto problema secundario sin resolver influya en la doctrina bíblica de las Escrituras, ni permitir que ello ensombrezca el testimonio que Dios mismo da de su Palabra por medio del Espíritu.

6. Necesitamos recordar que esta doctrina de la autoridad bíblica es una de las enseñanzas de la fe cristiana. Como tal exige fe; a saber, un compromiso de fe de nuestra parte, una actitud consecuente con la de nuestro Señor mismo y sus apóstoles, y con el concepto histórico de las iglesias. Esto nos ayuda a mantener en perspectiva la doctrina de las Escrituras. No esperamos un informe minuto a minuto de los pensamientos, palabras y acciones de nuestro Señor antes de confiarnos a su impecabilidad y, en consecuencia, a su capacidad de actuar como nuestro Salvador; ni esperamos declaraciones firmadas por testigos oculares imparciales antes de creer y gozar de su resurrección. De la misma manera, no necesitamos exigir la solución de toda posible dificultad antes de confiarnos a la infalible verdad de las Escrituras y someternos a su autoridad.

HERMENÉUTICA: LA CIENCIA DE LA INTERPRETACIÓN DE LAS ESCRITURAS

Hemos procurado mostrar cómo el asunto de la infalibilidad no se puede aislar de la interpretación de las Escrituras. Aquellos que afirman la infalibilidad de interpretaciones dudosas, incluso excéntricas, de la Biblia han provocado gran daño. La Biblia es infalible *si está correctamente interpretada*. ¿Qué principios deben guiar nuestros intentos de interpretar las Escrituras correctamente, o, para expresarlo técnicamente, de usar una *hermenéutica* correcta? Podemos identificar cuatro principios fundamentales:

LAS ESCRITURAS DEBEN INTERPRETARSE LITERALMENTE

Este principio, técnicamente conocido como método histórico-gramatical, considera fundamental el sentido natural y directo de un pasaje o texto. Este planteamiento "literal" se debe diferenciar claramente del "literalista". Este último interpreta las palabras de las Escrituras en forma rígida, sin dar lugar a las imágenes, las metáforas, la forma literaria, etc. Para tomar un ejemplo extremo: *Los ojos del Señor recorren toda la tierra* (2Cr 16.9, bla) enseña la omnisciencia de Dios, pero no que un par de ojos celestiales barren periódicamente todo el globo. Un planteamiento "literal" requiere interpretar las Escrituras:

1. *De acuerdo con el significado original.* La Palabra de Dios es casi siempre inmediatamente pertinente a la situación a la que iba dirigida; en consecuencia, necesitamos descubrir en la forma más completa posible la situación y el sentido original antes de intentar relacionarla con nosotros mismos.

2. *De acuerdo con la forma literaria.* La Biblia se compone de toda clase de literatura: poesía, prosa, parábolas, alegorías (Ez 16), apocalíptica (Ap), fábula (Jue 9.8–15), etc. Siempre se debe tener en cuenta ese hecho. Esto no quiere decir que una sección poética, por ejemplo, no puede incluir material real, pero sí significa que uno no interpretará el material poético o visionario de la misma manera que los pasajes doctrinales o de relatos históricos. También debemos ser sensibles al uso de metáforas y otras figuras retóricas.

3. *De acuerdo con el contexto.* Es fundamental para la interpretación correcta, ubicar cada texto o dicho en la sección y el libro de la Biblia en el que aparece. Con relación a esto se debe observar que las divisiones en capítulos y versículos no son originales.

Las Escrituras deben ser interpretadas por las Escrituras

"La regla infalible para interpretar la Biblia es la Biblia misma, y por tanto, cuando hay dificultad respecto al sentido verdadero y pleno de un pasaje cualquiera, éste se puede buscar y establecer por otros pasajes que hablen con más claridad del asunto" (Confesión de fe de Westminster). Este principio, conocido técnicamente como el principio de armonización, reconoce la unidad y uniformidad de las Escrituras, que derivan de su autor único y divino. Se puede ampliar en una serie de subtítulos:

1. *Interpretar según el propósito de la Escritura.* Esto se refiere a la Biblia como un todo (Jn 20.31; 2Ti 3.15). La Escritura se nos ha dado para darnos *sabiduría necesaria para la salvación*. Calvino afirmó en una oportunidad que "si uno quiere aprender astronomía, o cualquier otro arte recóndito, debe ir a otra parte"[10]. Este principio también se aplica a cada parte de la Biblia; debemos identificar la situación a la que se dirige. Santiago, por ejemplo, escribe a gente que descuidaba la expresión moral y social de la fe; en Gálatas, Pablo se dirige a una situación opuesta: la gente estaba dependiendo de sus propios logros morales y religiosos para merecer el favor de Dios. No es de sorprender que los dos escritores digan cosas diferentes, aunque complementarias.

2. *Interpretar a la luz de otros pasajes sobre el mismo tema.* Este principio lo aplicamos cuando leemos cualquier libro de texto; buscamos para ver si el autor explica un punto difícil en alguna otra parte. De esa manera, por ejemplo, ciertas partes oscuras del libro de Apocalipsis adquieren sentido cuando se relacionan con otras secciones proféticas de la Biblia.

3. *Interpretar lo primero a la luz de lo último y más amplio.* La revelación bíblica se desarrolla a medida que Dios revela más de sí mismo y de sus propósitos para su gente. En particular, el Nuevo Testamento interpreta el Antiguo Testamento. Cristo vino para cumplir la ley (Mt 5.17); por tanto, el AT tiene que interpretarse a la luz de este cumplimiento. Además, las cartas del NT interpretan los evangelios, ya que es desde la perspectiva de la enseñanza apostólica que se puede ver todo el propósito de Dios y su culminación en la

---

10 Comentario sobre Génesis 1.6. Ver Juan Calvino, *Genesis* (Banner of Truth, 1975), p. 79.

muerte y resurrección de Cristo. El comentario de Calvino sobre Romanos es un buen consejo: "Si un hombre entiende [la epístola], tiene el camino abierto para la comprensión de toda las Escritura".

Las Escrituras pueden ser interpretadas sólo por el Espíritu Santo

El verdadero entendimiento no es nuestro por naturaleza; es un don de Dios (Mt 11.25; 16.17) por medio del Espíritu Santo (Jn 16.13s). Esto no nos exime del trabajo arduo, ni supone que podamos aislarnos de otros cristianos en nuestra comprensión de la Biblia. El Espíritu Santo es un Espíritu corporativo, que mora en todo el pueblo de Dios (1Co 12.12s). Es absurdo esperar que Dios nos enseñe por medio de su Palabra si descuidamos los medios ordenados por Él para llegar a la verdad, incluso el don ejercitado por los maestros que Él ha escogido.

Este tercer principio hermenéutico lleva un profundo desafío espiritual. El Espíritu de Dios es *santo*; por tanto, lo que entendemos de su verdad está menos relacionado con la capacidad de nuestro cerebro que con el grado de nuestra obediencia. Hasta donde se puede ver, depende de la altura a la que uno ha subido y no de la forma elaborada en que estemos preparados. *Dichosos los de corazón limpio, porque ellos verán a Dios* (Mt 5.8).

El hábito de acercarse a las Escrituras en una actitud de oración es completamente acertado con respecto a esto. *Ábreme los ojos, para que contemple las maravillas de tu ley* (Sal 119.18) son palabras apropiadas cada vez que escuchamos o manejamos la Biblia. A la larga no estamos tratando tanto con un libro como con un Dios vivo, el que se encuentra con nosotros en y a través de sus palabras inspiradas. No nos preocupa tanto "quién es Dios" (o quién fue, o quién será), como si fuera una tercera persona ajena a nuestra conversación o búsqueda. Más bien, nos preocupa "Quién eres Tú, oh Dios". Estamos interesados en el Dios que está aquí y ahora, ante el que nos postramos en adoración, de cuyo poder y gracia dependemos totalmente en todo momento para la vida y la existencia. ¡Ven, Espíritu Santo!

Las Escrituras deben interpretarse dinámicamente

Este último principio en realidad es una extensión del tercero. El Espíritu de Dios es un Espíritu viviente; usa su Palabra de acuerdo con sus grandes metas para el pueblo de Dios, su regeneración y santificación. La hermenéutica no se puede limitar a aclarar el verdadero significado contextual de la Biblia. La Palabra que hemos extraído de la veta de la verdad eterna de Dios tiene que llevarse a la superficie y ponerla a funcionar en la actualidad. Después de preguntar qué significaba esto en su tiempo y su contexto, y qué significa a la luz de todas las Escrituras, debemos preguntar: ¿qué significa para hoy: aquí y ahora en la vida de esta congregación, de esta persona, y en mi propia vida?

Pasajes bíblicos

La Biblia: Gn 15.1, 4; Éx 20.1; Nm 22.38; Dt 5.22; Jos 3.9; 2S 7.28; Neh 9.13; Sal 12.6; 19.7–14; 119; Jer 1.9; 30.2; Dn 7.1s; 8.15–18; 10.1s; Mt 4.1–11; 5.17–19; 19.4s; 22.31s; 43; 26.53s; Mr 7.6–13; Lc 16.17; 11.49; Jn 3.33s; 10.34s; 17.17; 19.35; 21.24; Ro 3.2; 15.4; 1Co 10.11; 2Co 6.16s; 2Ti 3.15s; Tit 1.9; Heb 4.12s; 10.15–17; 1P 1.12; 2P 1.21; Ap 21.5; 22.6–8.

Las palabras de Jesús: Mt 5.21–24; 7.24; Mr 13.31; Jn 15.26; Hch 20.35; 1Co 7.10, 25; 11.23s; 1Ti 5.18.

La autoridad de los apóstoles: Mt 28.18–20; Jn 14.26; 15.26s; 16.13s; 17.6, 8, 26; 20.21; Hch 1.8; 1Co 2.9–13; Gá 1.7s; Col 4.16; 2Ts 3.6, 12.

El testimonio interior del Espíritu: Jn 14.25; 15.26; 16.13s; Ro 8.15s; 2Co 1.22; Gá 4.6s; Ef 1.13s; 2Ti 1.14; 1Ts 1.5; 1Jn 2.20, 27; 3.24; 5.7s, 20.

El canon: Éx 24.4–7; 31.18; Dt 31.9–26; Jos 1.7s; 24.26; Esd 7.6, 14; Neh 8.1–3; Is 8.16; Jer 36.32; Dn 9.2; Mt 21.42; Lc 24.27, 44; Jn 5.39–47; 1Co 14.37s; 2Co 10.8s; Col 4.16; 2Ts 2.15; 3.17; 1Ti 5.18; 2P 3.16; Ap 1.1–3; 22.8s.

La hermenéutica: Gn 40.8; Neh 8.8; Dn 4.18; Mt 5.17–48; 15.3–9; 22.29–32; Lc 24.27–44; Jn 1.45; 5.39, 46; 16.5–15; Hch 2.16–21; 17.2s; Ro 1.2s; 3.21s; 4.24; 10.4; 16.25; 1Co 10.11; 2Co 1.20; 2Ti 2.15; 1P 1.10–12; 2P 1.20.

Preguntas

1. Distinga los diversos significados de "Palabra de Dios". Explique en términos generales el caso que considera las Escrituras como la Palabra de Dios.

2. ¿Qué concepto tenía Jesús del Antiguo Testamento y qué importancia tiene ello para nuestra actitud actual hacia las Escrituras? ¿Cómo respondería usted a la objeción de que su criterio estaba condicionado culturalmente y, por lo tanto, no nos concierne?

3. ¿Qué es "el testimonio interior del Espíritu Santo", y qué significa para nuestra comprensión de la autoridad de las Escrituras?

4. ¿Qué se quiere decir con "la inspiración de las Escrituras"? Dé una idea general de los diversos conceptos, señalando sus puntos fuertes y débiles.

5. ¿Por qué hablamos de: (a) inspiración *verbal*, y (b) inspiración *plenaria*?

6. Explore el vínculo entre la autoridad de las Escrituras y su inspiración.

7. ¿Qué se quiere decir con el "canon de las Escrituras"? Bosqueje el proceso por el cual se establecieron: (a) el canon del Antiguo Testamento, y (b) el canon del Nuevo Testamento.

8. Examine las bases para la afirmación de que la Biblia es infalible e inerrable. ¿Hasta dónde se extienden la infalibilidad y la inerrancia de las Escrituras?

9. Enumere las consideraciones que deben tenerse en cuenta cuando se confrontan aparentes contradicciones o inexactitudes de las Escrituras. ¿Cómo respondería a la acusación de que "la Biblia está llena de errores" y "las personas inteligentes no creen que la Biblia sea verdadera"?

10. Identifique los principales principios hermenéuticos. Ilustre su significado con ejemplos de errores que surgen por descuidarlos.

11. Discuta la frase "El Espíritu Santo es todo lo que necesitamos para entender la Biblia".

12. ¿Cuál es el papel de las "ayudas secundarias", como apuntes y comentarios, para entender las Escrituras? ¿Cuál es el lugar de la predicación en cuanto a incrementar la comprensión de las Escrituras y cómo la afectan los principios hermenéuticos?

Bibliografía

Arts. 'Canon', 'Inspiration' en IBD y NDT.

F. F. Bruce, *The New Testament Documents* (IVP, ed. rev. 1960). *¿Son fidedignos los documentos del Nuevo Testamento?* (Caribe, 1972).

D. A. Carson and J. D. Woodbridge (eds.), *Hermeneutics, Autority and Canon* (Zondervan, 1986).

D. A. Carson and J. D. Woodbridge (eds.), *Scripture and Truth* (IVP, 1983).

G. D. Fee and D. Stuart, *How to Read the Bible for all its Worth* (SU, 1982).

N. L. Geisler (ed.), *Inerrancy* (Zondervan, 1979).

C. F. H. Henry, *God, Revelation and Autority* 1 and 2 (Word Books, 1976).

C. F. H. Henry (ed.), *Revelation and the Biblie* (Tyndale Press, 1959).

J. I. Packer, *God Has Spoken* (Hodder, 2° ed, 1979). *La voz del Dios Santo* (Editorial Vida, 2008).

M. Silva (ed.) *Foundations of Contemporary Interpretation* (Apollos, 1997).

J. R. W. Stott, *Understanding the Bible* (SU, 1984). *Cómo comprender la Biblia* (Certeza Unida, 2005).

B. B. Warfield, *The Inspiration and Autority of the Bible* (PRPC, 1951).

APLICACIÓN

LA NECESIDAD DEL NUEVO NACIMIENTO

Ya que somos seres creados y pecadores, podemos encontrar la verdad de Dios solamente como un don de su condescendencia que supera nuestra resistencia instintiva hacia Él e ilumina nuestras mentes oscurecidas. En términos bíblicos, no podemos conocer a Dios y su verdad hasta que hayamos nacido de nuevo (Jn 3.2–3).

El milagro del nuevo nacimiento y la iluminación va siempre asociado a una respuesta al evangelio (o "buenas nuevas") que está en la base de la fe cristiana. Este maravilloso mensaje al principio no parece en absoluto "buenas" nuevas, porque nos enfrenta con el pecado, nuestra impotencia, nuestra ceguera intelectual, y el hecho sombrío de la ira de Dios contra nosotros. Pero al mismo tiempo nos asegura de su omnipotente amor por los pecadores expresado en el don de su hijo Jesucristo que murió en la cruz por los hombres y mujeres pecadores. El evangelio nos llama a arrepentirnos de nuestro pecado y a apoyarnos en el favor que Dios nos ha ofrecido en Cristo.

Al responder a ese llamado sencillamente por la fe, experimentamos un nuevo comienzo en nuestra vida, un nuevo nacimiento, y con ello una nueva capacidad de captar y responder a la revelación de Dios. Si somos verdaderamente cristianos, esta primera consecuencia ya será una realidad en nosotros, pero nunca podremos destacar bastante la importancia de este axioma bíblico: "El que no naciere de nuevo, no puede ver el reino de Dios". Este principio opera en toda nuestra vida cristiana. Dios pone su verdad a disposición sólo de los humildes. Si nos allegamos en total dependencia, reconociendo nuestra ignorancia pecaminosa, nuestra ceguera, y nuestra constante necesidad de su iluminación divina, Él se acerca a nosotros en gracia y nos otorga una y otra vez el don de su verdad.

LA NECESIDAD DE ESTUDIAR A FONDO LA BIBLIA

Las Escrituras nos han llegado durante un período que abarca varios milenios como producto de la experiencia de personas cuya cultura desconocemos. Está escrita en idiomas que no son los nuestros. Para entender e interpretar correctamente la Biblia se requiere la severa disciplina de superar estas barreras culturales y lingüísticas que nos separan del mundo y la época de ella.

Es obvio que el Espíritu Santo es un guía indispensable, y debemos cuidarnos de la sugerencia de que el cristiano poco instruido no puede captar con ayuda del Espíritu el mensaje de la Biblia o usarla para su profundo provecho espiritual. Negar esto es desconocer las claras evidencias de la historia; también se acerca peligrosamente a repetir el error de la Iglesia Católica antes de la Reforma, de interponer un intermediario entre Dios y el alma individual (en el caso de la Edad Media, la enseñanza de la iglesia; en la actualidad, los eruditos bíblicos). Tampoco negamos que Dios puede dar aplicaciones prácticas inmediatas de su Palabra, en situaciones específicas, por medio de su Espíritu, aunque es evidente que esa no es la norma y ni siquiera comienza a agotar lo que significa "vivir conforme a las Escrituras".

Mucha de la verdad de la Biblia se revela solamente después de un estudio arduo y exigente. Constantemente se están descubriendo aspectos nuevos y significativos de las culturas en que se escribió la Biblia, que arrojan luz incluso sobre pasajes bien conocidos. Por ello, la vocación del estudio bíblico y teológico es tremendamente importante; sin embargo, aunque, comparativamente, ese llamado especial es para unos pocos, todos los cristianos están llamados a usar sus mentes al máximo y a estudiar la Biblia con toda la capacidad y oportunidades que tengan. Es decir, el estudio arduo de la Palabra de Dios es absolutamente indispensable.

LA NECESIDAD DE PREDICAR Y EXPONER LA BIBLIA

El medio supremo que Dios ha instituido en la iglesia para revelar y diseminar su verdad entre su pueblo es la predicación. Todo lo que hemos tratado en este capítulo sirve para destacar cuán vital es que la predicación sea bíblica en su llamado y su carácter.

Por supuesto, esto no significa simplemente ensartar unos cuantos pasajes bíblicos aislados. En el contexto de una congregación cristiana reunida para la adoración, la predicación debe procurar exponer la Biblia en profundidad y luego aplicarla en forma inteligente y directa a la vida y situación de los oyentes. Todo lo que se ha dicho acerca de la necesidad de estudiar arduamente la Biblia, es particularmente aplicable a la preparación para este tipo de predicación.

Si nosotros mismos no estamos llamados a ser predicadores, podemos cumplir un papel muy importante y significativo por medio de nuestras oraciones y nuestro estímulo a la predicación bíblica. Nada está más calculado para traer renovación a la vida, el vigor y la fe de la iglesia en cualquier generación que el libre curso de la Palabra eterna de Dios en medio de su pueblo por el ministerio de predicadores y expositores ungidos por su Espíritu Santo.

LA NECESIDAD DE OBEDECER LAS ESCRITURAS

Si Dios nos ha revelado su persona y sus propósitos en Jesucristo como lo conocemos por medio de las Escrituras, es evidente que tenemos la obligación total de someter nuestras vidas a la enseñanza de la Biblia. Es una tentación particular de la etapa de estudiante imaginar que la verdad es sólo para la mente; para las Escrituras, "conocer la verdad" implica vivirla en nuestras situaciones particulares. En el Antiguo Testamento la verdad es principalmente una cualidad moral que supone las características de seriedad o fidelidad en acción (Sal 51.6). Esta idea se expresa también en la preocupación de Juan por *hacer* la verdad (Jn 3.21; 1Jn 1.6). Por lo tanto, esta sección final es esencial a la exposición de la doctrina cristiana de la autoridad, porque la verdad cristiana en el sentido más profundo existe únicamente donde haya una mente que se disponga tanto a entenderla como a *obedecerla*. Si nuestra pasión por la verdad no implica una pasión por la obediencia a la verdad, no estamos tomándola en serio.

En definitiva, la doctrina de la autoridad es eminentemente práctica. Nos confronta con un desafío específico: obedecer todo lo que enseña la Biblia, en todo momento. Nada puede ser más penetrante ni más práctico que eso.

PARTE 2

La doctrina de Dios

4

EL SER DE DIOS

LAS BASES PARA EL TEÍSMO CRISTIANO

Las bases para nuestra fe en Dios han sido dadas en principio en la Parte 1: Dios se ha revelado a nosotros. La Biblia no ofrece alguna demostración racional de la existencia de Dios; más bien señala su incuestionable realidad: *Dios, en el principio, creó los cielos y la tierra* (Gn 1.1); *Yo soy el Señor, y no hay otro; fuera de mí no hay ningún Dios* (Is 45.5; *cf.* Ro 11.36). Su existencia y su autorrevelación son las presuposiciones fundamentales de la religión bíblica.

El conocimiento intuitivo del ser humano acerca de Dios está ampliamente confirmado por la antropología social, la que reconoce una conciencia religiosa prácticamente universal. En términos generales, los ateos constituyen una minoría. Calvino describió esta conciencia elemental de Dios como "un sentido de divinidad"; el teólogo norteamericano Charles Hodge (1797–1878) hablaba de la convicción humana universal de que "hay un Ser de quien dependen y ante quien son responsables". Sin embargo, no debemos sobrevalorar esta conciencia innata de Dios porque:

1. La Biblia no la considera una base adecuada para una relación salvadora con Dios.

2. El cristiano podría pasar por alto las dificultades que afrontan los incrédulos para llegar a la fe.

3. La Biblia dice que debemos acercarnos a Dios por medio de la "fe", *ya que cualquiera que se acerca a Dios tiene que creer que Él existe y que recompensa a quienes lo buscan* (Heb 11.6). La conciencia innata de Dios no anula el acercamiento a Dios desde el campo de la fe, aunque la fe, por supuesto, tiene sus propias convicciones. De allí los credos históricos: "*Creo* en Dios..."

"PRUEBAS" RACIONALES DE LA EXISTENCIA DE DIOS

A través de los siglos, muchos pensadores cristianos han tratado de "probar" la existencia de Dios basándose en factores del mundo mismo. Esto se conoce como "teología natural". Apelando a las leyes de la lógica, la realidad del mundo, y ciertas ideas filosóficas comunmente aceptadas, estos pensadores han procurado probar (1) que la existencia de Dios es lógicamente necesaria (la versión más sólida), o (2) que es relativamente probable que Dios exista, o que los argumentos para su no existencia no son convincentes, o que creer en la existencia de Dios no es ciertamente un acto de suicidio intelectual (la versión más débil). Sus principales "pruebas" (o argumentos) son las siguientes:

LA PRUEBA ONTOLÓGICA

Es la más importante filosóficamente. La afirmación clásica, de Anselmo (1033–1109), tiene dos pasos. Primero: Dios es "un ser respecto del cual no se puede concebir nada más grande" ("más grande", en el sentido de "más perfecto"). Segundo: algo que existe sólo en la mente es distinto de algo que existe en la mente y en la realidad. Uniendo los dos pasos: si Dios no existe (esto es: existe sólo en la mente y no en la realidad) es posible concebir un ser más perfecto que el ser más perfecto; esto es una contradicción imposible. Entonces tenemos que aceptar la alternativa: el ser más perfecto existe en la realidad así como en la mente.

El argumento ontológico sufrió un severo ataque a manos del filósofo alemán Kant (1724–1804), quien mostró que ese argumento sólo demostraba que si es que hay un ser supremo, entonces existe. La existencia en sí no agrega nada a un concepto. En consecuencia, según su propia ilustración, un billete real de 100 dólares no tiene más valor monetario que un billete de 100 dólares imaginario (¡aunque algunos de mis colegas escoceses insistirían en que la realidad es preferible!).

Posteriormente Bertrand Russell (1872–1970), que en algún momento se sintió atraído por el argumento, llegó a una conclusión similar luego de analizar la función de la palabra "existe".

En los últimos años el argumento ontológico ha experimentado algo así como un avivamiento en popularidad. Varios filósofos de la religión creen hoy en día que si se acepta que es posible concebir un ser superior, entonces tiene que existir en la realidad.

La prueba cosmológica

Este argumento, clásicamente formulado por Tomás de Aquino (*ca.* 1225–1274), afirma que la existencia del mundo requiere la existencia de un ser supremo. Dirige la atención al hecho de la causalidad: todo suceso tiene una causa, que a su vez tiene una causa, y así se sigue hasta una primera causa, Dios.

Los críticos afirman que este argumento no hace frente a la alternativa de que podría no haber una "fuente" o causa primordial: "el universo sencillamente existe, y eso es todo" (Russell). Sin embargo, sus defensores no creen que el argumento pueda ser tan fácilmente descartado. Actualmente se formula más comúnmente en términos de "contingencia". Las cosas pueden ser "contingentes" (existen, pero igualmente podrían no haber existido), o "necesarias" (tienen que existir). Mientras que la existencia de ciertas realidades contingentes particulares se puede explicar a cierto nivel en referencia a causas contingentes anteriores, el origen de la existencia y la existencia continuada de toda la realidad contingente se pueden explicar únicamente en términos de un ser necesario: Dios.

La prueba teleológica

Este antiguo argumento entró en Occidente por medio de uno de los diálogos de Platón, *Timeo*. Afirma que las evidencias de un plan y propósito en el universo requieren un Diseñador universal. La formulación clásica del argumento se la debemos a William Paley (1743–1805). En su *Natural Theology* (Teología natural, 1802) usó la analogía de un reloj en pleno funcionamiento, el que se encuentra por casualidad tirado en el suelo. Su existencia se podría explicar mediante una convergencia fortuita de fuerzas naturales, lluvia, viento, calor, acción volcánica, etc. Pero esto es mucho menos creíble que el postulado de un relojero inteligente. Por la misma razón, un universo que manifiesta un plan, implica un diseñador.

La principal crítica la formuló el filósofo escocés David Hume (1711–76) en sus *Dialogues Concerning Natural Religion* (Diálogos sobre la religión natural). Dado que el universo es vasto, además del tiempo infinito, la probabilidad por sí sola podría producir un universo como el que habitamos, e inevitablemente manifestaría evidencias de un plan, ya que sería necesario cierto grado de adaptación mutua de sus factores para su existencia y continuidad. El argumento también tiene que enfrentar algunos procesos del universo que parecen relativamente carentes de propósito, al menos en lo que respecta al conocimiento actual.

El abogado norteamericano J. E. Horigan ha intentado rehabilitar este argumento. Afirma que el darwinismo estrechamente antirreligioso desatiende la manera en que la naturaleza inanimada está en armonía con la evolución orgánica; afirma también que la teoría evolucionista no puede explicar el rápido surgimiento del gran cerebro en la especie humana en desarrollo. Claro que muchas personas, cuando ven de cerca el plan que se ve en el universo, por ejemplo, frente a la maravilla de un bebé recién nacido, o frente a la desconcertante complejidad de las células en cono y en bastón del ojo humano, encuentran un tanto académicas las objeciones de Hume; sin embargo, filosóficamente mantienen cierta fuerza.

La prueba moral

Este planteamiento afirma que la experiencia humana universal respecto a la obligación moral, el sentido del "deber", y la incapacidad de cumplir los dictados de la conciencia moral no se pueden explicar adecuadamente en términos de egoísmo disfrazado ni de condicionamiento social. La existencia de estos valores morales objetivos implica la existencia de una base trascendente de valores.

Kant está particularmente ligado a este argumento. Afirmó que Dios (y la libertad y la inmortalidad) son "postulados" de la vida moral, creencias en presuposición que dan cuenta de nuestro sentido de obligación moral incondicional.

El argumento ha sido acusado de suponer precisamente la verdad que pretende demostrar: que la experiencia moral se puede explicar satisfactoriamente sólo en términos religiosos. También tiene que encarar la evidencia de una variedad de códigos morales (la gente posee diferentes conceptos de lo que significa el "bien") y la presencia de dilemas morales. Además, para que se pueda sostener también debe demostrar que las explicaciones alternativas (sociológicas, psicológicas) acerca del surgimiento y la continuidad del sentido moral son inadecuadas. Algunos filósofos de la moral y apologistas cristianos piensan que se pueden superar estas dificultades (C. S. Lewis, *Cristianismo... y nada más*).

La prueba mental

Este argumento afirma que el materialismo puro es incapaz de explicar la capacidad de la mente de pasar lógicamente de las premisas a la conclusión; sólo la existencia de una Mente trascendente explica la operación efectiva de nuestra inteligencia humana o de otras cualidades no materiales de la mente y la imaginación. Si no hay una inteligencia divina, ¿cómo podemos confiar que nuestro pensamiento sea verdadero y, por tanto, qué bases tenemos para confiar en cualquier argumento en favor del ateismo? C. S. Lewis defendió esta posición (*cf. Miracles* [Milagros]), y más recientemente, aunque siguiendo un camino diferente, el filósofo de la religión norteamericano A. Plantinga (*God and Other Minds* [Dios y otras mentes]).

La prueba profética

Está estrechamente relacionada con la prueba anterior. Sostiene que la manera en que las circunstancias de la vida y misión de Jesucristo cumplieron las profecías del Antiguo Testamento, las cuales fueron escritas muchos siglos antes de su venida, desafía cualquier otra explicación que la acción de Dios en todo el proceso bíblico de anticipación y cumplimiento mesiánico.

La prueba cristológica

Este argumento apela a las normas de la probabilidad histórica para demostrar que sólo se puede dar cuenta de Jesucristo satisfactoriamente si suponemos la presencia y la actividad de Dios en Él. Sus defensores citan su carácter personal intachable, sus sorprendentes afirmaciones acerca de sí mismo y su misión, y especialmente la evidencia de su resurrección. En este último caso, se pone atención especialmente en la dificultad de dar alguna otra explicación más adecuada para el surgimiento de la iglesia cristiana después de tan cruel e ignominiosa muerte de Jesús.

Este argumento tiene que hacer frente a las preguntas críticas acerca de la confiabilidad histórica del Nuevo Testamento y también a las dificultades filosóficas originadas por los supuestos milagros.

Sin embargo, actualmente hay eruditos que se unen a los defensores populares de la fe y afirman que estas objeciones tienen respuesta, y que las consideraciones puramente históricas nos llevan a la antesala de la fe.

APOLOGÉTICA PRESUPOSICIONAL

Un campo en el que el pensamiento evangélico ha avanzado en los últimos años es el del intento de alejar del debate, con pensadores y sistemas de verdad no cristianos, las preguntas acerca de la validez de los argumentos cristianos y llevarlo a la validez y congruencia de las posiciones no cristianas. En una serie de escritos, el teólogo Cornelio Van Til ha afirmado que el pensamiento no cristiano no puede dar ninguna respuesta al problema fundamental de la vida y la filosofía, y que toda la filosofía no cristiana es esencialmente un intento encubierto de huir del Dios vivo, la Trinidad ontológica que se da a conocer a todos los hombres.

Más recientemente Francis Schaeffer ha intentado demostrar la necesidad de la presuposición cristiana de la existencia y la realidad del Dios de la Biblia, ya que negar su existencia implica negar toda realidad y sentido. Schaeffer también argumenta que los no cristianos no viven (y en efecto no pueden vivir) de una manera totalmente consecuente con sus presuposiciones no cristianas, que en realidad son inadecuadas para justificar la existencia humana.

EVALUACIÓN DEL ENFOQUE RACIONAL

ARGUMENTOS EN CONTRA DE LAS PRUEBAS RACIONALES

¿Qué debemos entender de la afirmación de que Dios puede ser conocido a través del argumento racional muy aparte de la revelación especial de Él en las Escrituras y en Jesucristo? A lo largo de los siglos, algunos pensadores cristianos han expresado su descontento con todo este enfoque. Aparte de señalar que a menudo los argumentos no logran dar "pruebas", preguntan:

1. *¿Quién es este Dios?* En el mejor de los casos, los argumentos tradicionales hablan de un Poder Soberano, o una Primera Causa, un Garante Moral, etc. No se le reconoce directamente como el Dios de la Biblia, el objeto de la fe y la adoración cristianas. Los argumentos históricos y proféticos, obviamente, están menos expuestos a esta crítica.

2. *¿Cómo se conoce a Dios?* Las Escrituras enseñan que se conoce a Dios verdaderamente por medio de la fe. La apologética racional supone que se puede conocer a Dios sin ninguna revelación especial. Además, como lo demuestra claramente la historia, cuando se le da a la razón ese grado de autonomía, tarde o temprano excede sus límites y usurpa el papel de la fe; esto, a su vez, amenaza el concepto de la gracia redentora y quita valor a la gloria de Dios[11].

3. *¿Dónde se ubica la humanidad con relación a Dios?* El concepto racional supone una continuidad entre el ser humano y Dios, lo que la Biblia niega. Confunde el hecho de que la incredulidad es una forma de enemistad contra Dios, y produce un gran daño al incrédulo al ocultarle este hecho. Además, si el argumento racional no llega a convencer a los no cristianos, bien pueden encontrar confirmación para su incredulidad y quedar menos abiertos a una posterior presentación del desafío moral del evangelio.

4. *¿Qué enseña la Biblia?* Según las Escrituras, el ser humano es consciente de Dios, pero ha rechazado ese testimonio. Nuestra tarea como cristianos es confrontar a los no cristianos con el Dios de quien ya tienen conciencia, *no* la de considerar sus presuposiciones (pecaminosas) de que tal vez Dios no existe. Los hombres y mujeres caídos pueden lograr un pleno conocimiento de Dios sólo mediante el nuevo nacimiento por el Espíritu Santo en respuesta al evangelio.

UNOS COMENTARIOS FINALES NECESARIOS

1. Nuestro juicio acerca del valor de la defensa racional del teísmo cristiano será un reflejo de nuestro juicio sobre el grado en que la caída y el pecado han afectado el conocimiento original y la capacidad del ser humano respecto a Dios. Aquí, como en otras cosas, las doctrinas cristianas tienen zonas de coincidencia.

2. Parecería que hay lugar para la argumentación apologética en la respuesta a los prejuicios antirracionales extremos contra el cristianismo. Sin embargo, es probable que, más que ateniéndose a uno a dar argumentos específicos, esto se consiga mejor mostrando la coherencia total y la superioridad del concepto cristiano como interpretación de la existencia.

---

11 Por ej., el socinianismo de fines del siglo XVI, el unitarismo del siglo XVII, el deísmo del siglo XVIII, el liberalismo clásico (modernismo) del siglo XIX.

3. El enfoque racional, particularmente en su apelación a la evidencia de la divinidad de Cristo y el testimonio bíblico sobre Él, puede ayudar a rechazar la acusación de que la fe cristiana depende de factores subjetivos[12]. Es preciso notar a este respecto que Jesús y Pablo entraron en debate frecuentemente con sus audiencias. El testimonio de Pablo en los centros de cultura griega involucraba la defensa del evangelio contra la crítica racional (Hch 19.9). En Atenas Pablo razonó con sus oyentes sobre la base de su experiencia inmediata (Hch 17.28), y apeló a sus personalidades en apoyo de su posición (Hch 17.28) así como primordialmente al evangelio y la revelación (Hch 17.20ss). Además, los primeros predicadores cristianos apelaron a la evidencia histórica en apoyo de sus afirmaciones, especialmente en cuanto a Jesús y su resurrección (Hch 3.15; 5.31; 1Co 15.3ss).

4. Sin embargo, debemos evitar cualquier acercamiento a los no cristianos que disminuya la naturaleza de Dios y pase por alto u oscurezca el carácter moral de la relación de la raza humana con Dios o la necesidad del arrepentimiento, el perdón y la reconciliación.

5. El Dios de la Biblia es indudablemente un concepto mucho más grande que el del Dios de la teología natural. Como la forma en que se conoce a Dios sólo se puede considerar a la luz de lo que Él es, los cristianos servirán mejor a aquellos a quienes esperan despertar a la fe, planteando lo más adecuadamente posible el Dios de la Biblia, la bendita Trinidad, Padre, Hijo y Espíritu, con toda su grandeza y majestad trascendente, su belleza y su poder, su gracia y su santidad, y demostrando algo de su realidad en sus vidas personales y la comunidad cristiana.

PASAJES BÍBLICOS

Gn 1.1; Éx 3.14s; Job 23.1–17; 37.19; Is 40.25–28; 42.8; 43.11–13; Hch 14.14–18; 17.16–34; Ro 1.18–32; 11.33; 2Co 4.4; 1Ts 1.9; 1Ti 6.16; Heb 11.6.

PREGUNTAS

1. Repase los diversos argumentos filosóficos para la existencia de Dios. ¿Cuál le parece más convincente?

---

12 El punto de vista de Calvino parece ser algo aproximado a esto; *cf. Institución de la religión cristiana* 1.8.

2. Señale el papel de esos argumentos a la luz de: (a) la enseñanza bíblica sobre la naturaleza de Dios; (b) la enseñanza bíblica sobre la naturaleza humana; (c) el testimonio de los apóstoles.

3. ¿Cuáles son las funciones y límites de la apologética al: (a) afirmar la fe de los cristianos; (b) defender la fe contra las críticas; (c) presentar el evangelio a los no cristianos?

4. ¿Cuál es el punto de vista bíblico de la relación entre la fe y la razón humana?

BIBLIOGRAFÍA

Art. 'God' en *NDT*.

G. Bray, *The Doctrine of God* (IVP, 1993).

C. Brown, *Philosophy and the Christian Faith* (Tyndale Press, 1969).

J. Calvin, *Institutes of the Christian Religion*, 1. *Institución de la religión cristiana* (Fundación Editorial de Literatura Reformada, 1968).

C. S. Evans, *Philosophy of Religion* (IVP, 1982).

C. F. H. Henry, *God, Revelation and Autority* 1 and 2 (Word Books, 1976).

C. S. Lewis, *Mere Christianity* (Fontana, 1952). *Cristianismo y nada más* (Editorial Caribe, 1977).

A. McGrath, *Bridge-Building* (IVP, 1992).

F. A. Schaeffer, *Francis A. Schaeffer Trilogy* (IVP, 1990).

J. Sire, *Why Should Anyone Believe Anything At All?* (IVP, 1994).

5

DIOS LA SANTÍSIMA TRINIDAD

¿Cómo es Dios? Una respuesta provisoria general es: "Dios es un Espíritu personal viviente". El Dios de la Biblia es principalmente un Dios *viviente* que hace cosas (Sal 97.7; 115.3s). No es un poder o una energía impersonal, sino un Dios *personal* con carácter y naturaleza inconfundibles. Es un *Espíritu* que trasciende todo el orden mundial, aunque ese orden depende totalmente de Él.

LA BASE BÍBLICA

La Biblia presenta a Dios como tres personas distinguibles, a las que normalmente se refiere como Padre, Hijo y Espíritu. El término técnico para esto, la Trinidad, no aparece en la Biblia, sino que pertenece a esa clase de términos que son bíblicos en el sentido de que expresan enseñanzas bíblicas claras.

El Antiguo Testamento

Para el pueblo de Israel, la unidad fundamental de Dios es un axioma: *Escucha, Israel: El Señor nuestro Dios, es el único Señor* (Dt 6.4). Esta insistencia en la divina unidad era muy importante por causa del politeísmo idólatra y depravado de las naciones vecinas. El Antiguo Testamento, sin embargo, contiene indicaciones de una "plenitud" en la Divinidad que prefiguran la enseñanza trinitaria del Nuevo Testamento.

Primero, hay ocasiones en que Dios se refiere a sí mismo en términos plurales (Gn 1.26; 3.22; 11.7; Is 6.8); el evangelista Juan trata el pasaje de Isaías como una visión de Jesús (Jn 12.41). Luego hay referencias al Ángel del Señor que se identifica con Dios, aunque es distinto de Él (Éx 3.2–6; Jue 13.2–22). El Antiguo Testamento también se refiere al Espíritu de Dios como el agente personal de Dios (Gn 1.2; Neh 9.20; Sal 139.7; Is 63.10–14). Habla de la sabiduría de Dios, particularmente en Proverbios 8, como una expresión personalizada de Dios al mundo, y de la Palabra de Dios, la declaración creativa de Dios (Sal 33.6,9; *cf.* Gn 1.26). También existen profecías que identifican al largamente esperado Mesías con Dios mismo (Sal 2; Is 9.6s).

Evidentemente esto no equivale a la doctrina completa de la Trinidad, pero al presentar una pluralidad dentro de la unidad de Dios, estos pasajes anticipan la enseñanza más completa del Nuevo Testamento.

El Nuevo Testamento

La enseñanza latente en el Antiguo Testamento se deja ver en el Nuevo Testamento. Primeramente, para adaptarse al impacto de la vida y el carácter de Jesús, a sus afirmaciones y milagros, y sobre todo a su resurrección y ascensión, los apóstoles se vieron impulsados cada vez más a adorarlo como a Dios. Segundo, la realidad y actividad del Espíritu Santo entre ellos era claramente la presencia de Dios mismo. En consecuencia el carácter trinitario que Jesús les presentó (Mt 28.19) determinó su propia comprensión del asunto. Dios el Señor era uno solo, pero distinguible en tres: Dios el Padre, Dios el Hijo y Dios el Espíritu.

Varios pasajes del Nuevo Testamento suponen, implican, o afirman la trinidad de Dios (Mt 3.13–17; 28.19; Jn 14.15–23; Hch 2.32s; 2Co 13.14; Ef 1.1–14; 3.16–19).

Se asevera que cada una de las personas de la Divinidad es divina.

El Padre es Dios: Mateo 6.8s; 7.21; Gálatas 1.1.

El Hijo es Dios: Juan 1.1–8; Romanos 9.5; Colosenses 2.9; Tito 2.13; Hebreos 1.8–10.

El Espíritu es Dios: Marcos 3.29; Juan 15.26; 1 Corintios 6.19s; 2 Corintios 3.17s.

La Biblia, por tanto, presenta esta realidad única y misteriosa: un Dios Padre, Hijo y Espíritu.

Una manera de entender las distinciones entre el Padre, el Hijo y el Espíritu es con referencia a sus diferentes funciones. La forma más popular de esta distinción atribuye la creación al Padre, la redención al Hijo y la santificación al Espíritu. Pablo da una forma modificada en Efesios 1.3–14, donde atribuye la elección al Padre (vv. 4, 5, 11), la redención al Hijo (3, 7, 8), y el "sellado" al Espíritu (13, 14). Romanos 11.36 ha dado lugar a otro concepto basado en las presuposiciones usadas para referirse a la actividad de Dios con relación al universo: "*de* Él (Padre), y *por* Él (Hijo) y *para* Él (Espíritu)". Estas distinciones, sin embargo, no deben nublar la verdad fundamental de la unidad divina por la cual las tres personas están implicadas en la actividad de cada una; por ej., aunque la creación puede atribuirse especialmente al Padre (Gn 1.1; Ap 4.11), se puede asociar también con el Hijo (Jn 1.3) y con el Espíritu (Is 40.13).

CÓMO COMPRENDER LA DOCTRINA

La revelación bíblica de que Dios es trino y uno fue investigada cuando la iglesia postapostólica intentó expandir su fe en el contexto de la cultura grecorromana. Las conclusiones de estos primeros debates se expresan en el credo de Atanasio (*ca.* siglo VIII): "Adoramos a un Dios en la Trinidad, y a la Trinidad en la Unidad; no confundimos las Personas, ni dividimos la Sustancia".

Está más allá del alcance de este manual examinar los detalles técnicos de estas controversias; baste referirnos brevemente a cuatro puntos importantes.

LOS LÍMITES DEL LENGUAJE

Es evidente que la vida intertrinitaria de Dios no tiene ningún paralelo en nuestra experiencia. Podemos hablar de este misterio sólo porque Dios mismo lo ha mencionado en las Escrituras. Aquí el lenguaje queda inevitablemente sometido a presión. Por ejemplo, Agustín, al considerar la propiedad del término "persona" en el caso de la Trinidad, señaló: "Cuando se pregunta: ¿tres *qué*? el lenguaje humano trabaja realmente bajo una gran pobreza de términos. Sin embargo damos la respuesta 'tres personas', no porque ello se pueda expresar realmente, sino para que no quede sin explicación". Hizo una acotación similar sobre el uso de la identidad numérica "tres" con relación al ser de Dios: "En esta Trinidad, dos o tres Personas no son más que una de ellas".

La forma en que usamos la palabra "Dios"

Los escritores cristianos usan la palabra "Dios" en dos formas: a veces denotan al Padre en particular, en otras ocasiones significan toda la divinidad. Si "Dios" se usa para referirse únicamente al Padre, es inevitable una subordinación del Hijo y del Espíritu al Padre. Muchas sectas no dan importancia a esta distinción, y así caen en dificultades en las enseñanzas bíblicas acerca de la plena divinidad del Hijo y el Espíritu. Por ejemplo, los Testigos de Jehová no reconocen que en el Antiguo Testamento, Dios el Señor (Yahweh/Jehová) es igual al trino Dios (*cf.* "La divinidad de Jesucristo", Cap. 14, pp. 203ss). La "divinidad" del Padre no es lo que lo distingue del Hijo y del Espíritu. La divinidad es algo que las tres Personas poseen por igual; en virtud de esto es que Dios es una unidad en la Trinidad.

¿Tres qué?

¿Cómo podemos referirnos a los "tres" de la divinidad sin poner en peligro la unidad de Dios? La fórmula clásica tres "personas" es objeto de una creciente tensión, ya que el uso contemporáneo raramente distingue "persona" de "personalidad" con las connotaciones de particularidad e independencia de esta última. Por tanto, en la actualidad "tres personas" casi viene a denotar tres dioses separados. Sin embargo, no ha aparecido ningún otro término alternativo aceptado universalmente, de manera que se mantiene la fórmula tradicional a pesar de sus limitaciones.

¿Tiene la Trinidad alguna analogía en la experiencia humana?

La dificultad de concebir un Dios trino y uno ha estimulado a los pensadores cristianos a través de los siglos a buscar alguna analogía iluminadora de la Trinidad. En la exposición clásica de Agustín, la Trinidad se ilustraba con referencia a la unidad y a las diferenciaciones de memoria, entendimiento y voluntad en el alma humana. Sin embargo, tal concepto tripartito del hombre es arbitrario desde el punto de vista de la psicología moderna; lo que es más importante, la analogía no puede ser paralelo de la unidad única en la divinidad por medio de la cual las tres Personas coexisten y están todas intrínsecamente involucradas en las actividades de cada una.

Bajo el impulso de ciertos conceptos modernos de la personalidad, unos teólogos han revivido la antigua analogía de un grupo de tres personas. Del mismo modo en que la personalidad humana es capaz de mezclarse y unirse con otras personalidades, así las "Personas" de la divinidad coexisten unas con otras y se expresan en la divina unidad. Este punto de vista puede tener cierto asidero bíblico, pues Jesús afirma que en el matrimonio *ya no son dos, sino uno solo* (Mt 19.5s). La "analogía social" arroja una luz valiosa sobre la pluralidad de personas en la divinidad, pero puede hacer peligrar seriamente la divina unidad.

IMPORTANCIA DE LA DOCTRINA

Tales dificultades pueden tentarnos a cuestionar el valor y la necesidad de plantear tales puntos, especialmente frente al gran enigma de que "uno más uno más uno es igual a uno". Sin embargo, en realidad casi todo lo que importa en el cristianismo depende de la verdad de que Dios es trino y uno.

Tomemos el importantísimo tema de nuestro pecado que nos separa de Dios y nos deja sujetos a su ira. En último análisis el pecado se relaciona con dos partes: el pecador que ofende y el Dios ofendido. Por consiguiente, si Jesús no es Dios, mi pecado entonces no tiene ninguna relación con Él. En una oportunidad en que Jesús perdonó el pecado de un hombre lo acusaron de blasfemo, porque sólo Dios puede perdonar pecados (Mr 2.5–7). En cierto sentido sus críticos tenían toda la razón; su error consistía en no ver quién era Jesús. Sólo si Jesús es Dios venido a nosotros en forma humana, puede tratar con nuestros pecados; a la inversa, si Él trata con nuestros pecados, tiene que ser Dios. En consecuencia Dios no es simplemente una unidad indiferenciada de ser.

Lo mismo ocurre con el Espíritu Santo. Los cristianos afirman que el poder regenerador de Dios ha entrado en sus vidas; ahora conocen a Dios y experimentan su presencia; están persuadidos de la autoridad de su Palabra, y reciben fuerzas para vivir por Él, y dones con los cuales servirle. Pero si esto no es Dios mismo obrando en nosotros, las afirmaciones cristianas acerca de la actividad del Espíritu Santo son un engaño, sin relación con la realidad sobrenatural. Sólo si el Espíritu Santo que obra en nosotros es Dios mismo, puede nuestra experiencia validar su afirmación de ser verdaderamente redentora. También sobre esta base decimos que Dios es más que una simple unidad de ser.

En consecuencia, todo el material de la redención cristiana y su aplicación a la experiencia humana depende completamente de que Dios sea trino y uno. Esa es la suprema importancia de la Trinidad.

La trinidad de Dios es también la base de la afirmación fundamental de que Dios es amor. Dios no es un Dios solitario que necesita de la creación como objeto de su amor. Un Dios trino es completo en sí mismo y no *necesita* crear ni redimir. La creación y la redención son actos de pura gracia, expresiones de Dios como amor libre y eterno.

El hecho de que en esta doctrina haya dificultades que surgen de la simple formulación hecha por medio de los pobres elementos de nuestra experiencia humana, es completamente previsible en un sentido, puesto que Dios es el Señor que está por encima de todo lo que existe. Efectivamente, si no encontráramos un profundo misterio en la naturaleza de Dios, habría toda la razón para sospechar de las afirmaciones de la Biblia. Pero a pesar de todas sus dificultades, la Trinidad es sencillamente (!) el precio que debemos pagar por tener un Dios lo suficientemente grande para merecer nuestra adoración y nuestro servicio.

Un último punto relacionado con esto. Reflexionar sobre la trinidad de Dios, Padre, Hijo y Espíritu, en sus personas y funciones distinguibles con su perfecta unidad y armonía en amor mutuo y eterno, es captar una visión de algo tan indeciblemente glorioso, incluso bello y atractivo, que una y otra vez a lo largo de los siglos ha movido a los hombres y mujeres a las alturas de la adoración, el amor y la alabanza.

> *Santo, santo, santo, Señor omnipotente;*
> *¡Dios en tres personas, bendita Trinidad!*

Pasajes bíblicos

Gn 1.2, 26; 3.22; 11.7; Éx 3.3–6; Jos 5.13–6.2; 1R 22.19s; Neh 9.20; Sal 33.6, 9; Pr 8; Is 6.2, 8; 9.6s; 11.1s; Ez 37.24s; Zac 9.9; Mt 3.13–17; 28.19; Jn 14.15–23; Hch 2.32ss; 2Co 14.14; Ef 2.18; 4.4–6; Fil 3.3; 1Jn 5.1–12.

Preguntas

1. ¿Qué afirma la doctrina de la Trinidad?

2. Muestre cómo esta verdad cristiana está basada en las Escrituras: (a) en el Antiguo Testamento; (b) en el Nuevo Testamento.

3. Suponga que está hablando con: (a) un judío (que acepta el Antiguo Testamento); (b) un musulmán (que niega la autoridad bíblica pero acepta la realidad de un Dios). ¿Cómo podría exponer a cada uno de ellos el hecho de que Dios sea trino y uno?

4. Responda a la afirmación de que "la Trinidad es una doctrina inútil y relativamente sin importancia".

BIBLIOGRAFÍA

Art. 'Trinity' en NDT.

Augustine, *On the Trinity, Library of Christian Classics 8* (CSM, 1954).

G. Bray, *The Doctrine of God* (IVP, 1993).

G. A. F. Knight, *A Biblical Approach to the Doctrine of the Trinity* (Oliver and Boyd, 1953).

S. Olyott, *Three Are One* (Evangelical Press, 1990).

A. W. Wainwright, *The Trinity in the New Testament* (SPCK, 1962).

6

ATRIBUTOS
O PERFECCIONES DE DIOS

El trino Dios se ha revelado de tal forma que es posible atribuirle ciertas cualidades o características. Estas no son meras particularidades superficiales de poca importancia. Más bien, "sus atributos coinciden con su ser" (Bavinck). Algunos piensan que en relación con esto, es útil hablar de las perfecciones de Dios en lugar de sus atributos.

Estos se han clasificado en diversas formas. La más importante históricamente distingue los atributos *incomunicables* de Dios (como su existencia independiente, que no tiene analogía en el ser humano), de sus atributos *comunicables* (como el amor o la justicia, que se pueden reflejar en otros agentes morales).

Al exponer las perfecciones de Dios, Calvino nos recuerda que "para mantenernos sobrios, Dios habla apenas de su esencia". En consecuencia, sin omitir ninguna característica de la autorrevelación de Dios, seremos prudentes si evitamos descripciones excesivamente detalladas. También es importante señalar que todas estas perfecciones existen en Dios en una unidad indivisible.

LA GLORIA DE DIOS

Gloria es un conocido término bíblico que generalmente supone la manifestación visible del ser de Dios. Su gloria nos lleva a todo lo que es esencial a su ser como Dios, su divina majestad, su pura calidad de *Dios*. Un término paralelo sería "trascendencia", que se refiere a que Dios "va más allá" de toda realidad finita.

En las Escrituras esta perfección se expresó en la manifestación de Dios en el monte Sinaí (Éx 19–24): *La gloria del Señor en la cumbre del monte parecía un fuego consumidor* (Éx 24.17; *cf.* 19.16–22), y en la abrumadora visión de Dios que tuvo Ezequiel en el río Quebar (Ez 1). Algo similar se refleja en la descripción del Cristo exaltado: *Sus ojos resplandecían como llama de fuego [...] Su rostro era como el sol cuando brilla en todo su esplendor* (Ap 1.14–16). Después de la enceguecedora revelación de Cristo en el camino a Damasco, Pablo testificó haber presenciado *la gloria de Dios que resplandece en el rostro de Cristo* (2Co 4.6; *cf.* Jn 1.14). Esta gloria divina se percibe sólo cuando caemos ante Dios en temor reverencial y adoración.

La gloria de Dios se manifiesta en todas las tres personas de la deidad:

- La gloria del Padre: *[...] Cristo resucitó por el poder del Padre [...]*, escribe Pablo (Ro 6.4).

- La gloria del Hijo: *[...] hemos contemplado su gloria, la gloria que corresponde al Hijo unigénito del Padre [...]*, escribe Juan (Jn 1.14).

- La gloria del Espíritu: *[...] el glorioso Espíritu de Dios reposa sobre ustedes*, escribe Pedro (1P 4.14).

La conexión que hacemos entre la gloria de Dios y su triunidad es, sin embargo, más profunda que una simple lista de textos de comprobación como estos. Hablar de la gloria de Dios es, como hemos visto, una manera de indicar la singularidad de Dios, en virtud de la cual se distingue a sí mismo de todo otro ser y realidad. Su gloria alude a aquello por y en el cual sólo Él es Dios. Pero ello, al final de cuentas, no es otra cosa sino su triunidad, su ser como Padre, Hijo y Espíritu. En su existencia como el Trino y uno, la gloria de Dios se revela altísimamente. No es de sorprenderse que los largos siglos de adoración cristiana hayan resonado con el grito: "Gloria sea al Padre, gloria sea al Hijo, gloria sea al Espíritu". Verdaderamente *en su templo todos gritan: "¡Gloria!"* (Sal 29.9).

Esta perfección puede servir como término abarcador de varios otros aspectos. La gloria de Dios implica:

1. *La infinitud*: Dios no tiene límites. *[...] vive en luz inaccesible [...]* (1Ti 6.16); un Dios de *indecifrables juicios e impenetrables [...] caminos* (Ro 11.33).

2. *La autoexistencia*: Dios no depende de algo más. *Dios, en el principio [...]* (Gn 1.1); *como si necesitara de algo* (Hch 17.25; *cf.* Is 40.13s).

3. *La inmutabilidad*: Dios es siempre consecuente. *Yo, el* Señor, *no cambio* (Mal 3.6); *el Padre que creó las lumbreras celestes, y que no cambia como los astros ni se mueve como las sombras* (Stg 1.17); *Jesucristo es el mismo ayer y hoy y por los siglos* (Heb 13.8). *[...] el fruto del Espíritu es [...] fidelidad* (Gá 5.22), cualidad que refleja la naturaleza íntima del Espíritu. La invariabilidad de Dios se expresa en su confiabilidad y seguridad en sus relaciones con las personas. La idea total del pacto descansa sobre esta perfección.

La gloria de Dios proclama la total prioridad e independencia de Dios. La creación del universo y la raza humana son actos de libre gracia y no requerimientos del ser de Dios. Por consiguiente, nuestro valor y nuestra significación primordial residen en su gloria (*cf.* Ef 1.12).

Este concepto de Dios es anatema para el hombre moderno. También la rechazan aquellos que afirman que un Dios independiente cuya acción va dirigida hacia su propia gloria no merece ninguna adoración. Sin embargo, ello pasa por alto el hecho de que el Dios de gloria es el Dios de gracia que se sacrificó por nosotros en la cruz, para salvarnos. En consecuencia, si bien es cierto que los propósitos de Dios verdaderamente van dirigidos a su gloria y la procuran, también lo es que van dirigidos a nuestro bienestar eterno. El principio fundamental fue expresado por Calvino de la siguiente manera: "Por sobre todas las cosas hemos nacido para Dios, no para nosotros mismos". Estar de acuerdo o no con eso es una línea divisoria y piedra de toque para todo pensamiento humano acerca de Dios.

EL SEÑORÍO DE DIOS

Jehová (el Señor) es el título más frecuente de Dios en las traducciones españolas del Antiguo Testamento; la palabra hebrea es *Yahweh*, íntimamente asociada con el pacto entre Dios e Israel. Es la autodesignación de Dios en respuesta al pedido de Moisés de que Dios dijera su nombre (Éx 3.13–15). Su significado, *[...] Yo soy el que soy [...]*, que también se puede traducir "Seré lo que seré", representa la promesa de Dios de cumplir su propósito declarado de rescatar a Israel de Egipto para establecerlo en la tierra de promisión. El nombre representa la lealtad de Dios a su pueblo y la infalibilidad de sus promesas.

Una convicción similar se expresa en la referencia a la *soberanía* de Dios. Él gobierna en el mundo, y su voluntad es la causa final de todas las cosas, incluso específicamente la creación y preservación (Sal 95.6; Ap 4.11), el gobierno humano (Pr 21.1; Dn 4.35), la salvación del pueblo de Dios (Ro 8.29s; Ef 1.4, 11), los sufrimientos de Cristo (Lc 22.42; Hch 2.23), los sufrimientos de los cristianos (Flm 1.29; 1P 3.17), nuestra vida y destino (Hch 18.21; Ro 15.32), y hasta los detalles mínimos de la vida (Mt 10.29). Dios reina en su universo, exaltado sobre todos los demás pretendientes del poder y la autoridad. Sólo Él es Dios: *No hay ningún otro fuera de mí; Yo soy el Señor, y no hay ningún otro* (Is 45.6; *cf.* 43.11; 44.8; 45.21).

Una vez más es decisivo entender esta perfección del señorío de Dios en términos de la Trinidad. Así:

- *El Padre es Señor*: *[...] bendecimos a nuestro Señor y Padre [...],* escribe Santiago (Stg 3.9);

- *El Hijo es Señor*: *El Dios que da la paz levantó de entre los muertos [...] a nuestro Señor Jesús [...],* dice el autor de los Hebreos (Heb 13.20);

- *El Espíritu es Señor*: *[...] el Señor es el Espíritu [...],* escribe Pablo (2Co 3.17).

Entender el señorío de Dios en términos de la Trinidad nos previene de admitir que la perfección de Dios se degrade a la operación de una voluntad impersonal, una suerte de destino o karma que se cuelga sobre nosotros y que indolente y despiadadamente avanza. Aquel que es el Padre eterno que ama tanto al mundo, el Hijo resucitado en su humanidad sensible y el Espíritu viviente que vino como paloma tanto como viento y fuego —éste es Dios quien es Señor.

El señorío de Dios se expresa en tres perfecciones relacionadas:

1. *La omnipotencia.* Dios es todopoderoso (Gn 17.1). Esto se expresa vívidamente en la pregunta de Dios *¿Acaso hay algo imposible para el Señor? [...],* pregunta hecha después de la promesa a Abraham y Sara de tener un hijo en su avanzada edad (Gn 18.14) y repetida nuevamente con la promesa de restaurar y libertar a Jerusalén frente a su inminente destrucción por el ejército babilónico (Jer 32.27). En ambos casos la promesa de Dios se cumplió al pie de la letra.

En el Nuevo Testamento hay testimonios similares de la omnipotencia de Dios. Se revela como el Dios para quien *[...] no hay nada imposible*, ya sea el nacimiento virginal (Lc 1.37) o la regeneración de la humanidad caída (Mr 10.27).

Aquí reside la esencia del señorío de Dios, la cual reclama una actitud de total confianza en medio de las "imposibilidades" de la historia humana y de las circunstancias personales. Él es Señor: "¿Habrá algo que sea demasiado difícil para el Señor?"

2. **La omnipresencia.** Dios está presente en todas partes. Esto se expresa en el Salmo 139.7–12. Confrontado con la perturbadora e impresionante realidad de la presencia escrutadora de Dios, el salmista comprende que no puede evadir a ese Dios ni en el espacio ni en el tiempo ni en la eternidad. El adulterio de David con Betsabé y su "manejo" de la muerte del esposo de ella pudieron quedar encubiertos en la corte de Jerusalén, pero Dios lo había visto todo y lo podía sacar a luz en cualquier momento (2S 12.11s). La Biblia está llena de estas revelaciones divinas (Gn 3.11; Jos 7.10–26; 2R 5.26; Hch 5.1–11).

   La omnipresencia de Dios puede también ser muy tranquilizadora. Cuando triunfa la maldad y la injusticia y la fuerza bruta gobiernan descontroladas, Dios lo sabe y ve todo (Sal 66.12; Is 43.2; Hch 23.11). Dios no puede ser burlado (Gá 6.7) y ha señalado un día para juzgar al mundo (Hch 17.31). De igual manera somos consolados en momentos de prueba o sufrimiento personal por causa de nuestra fe: *Toma en cuenta mis lamentos; registra mi llanto en tu libro. ¿Acaso no lo tienes anotado?* (Sal 56.8; *cf.* Ap 6.9; 18.24).

   La *eternidad* de Dios es un aspecto relacionado. La omnipresencia respecto al espacio tiene su equivalente en el tiempo. *[...] desde los tiempos antiguos y hasta los tiempos postreros, tú eres Dios* (Sal 90.2). No hay ningún momento anterior a Él ni después de Él.

3. **La omnisciencia de Dios.** Dios lo sabe todo. Esta perfección está estrechamente ligada a la omnipresencia (Sal 139.1–12). Por consiguiente las consecuencias prácticas son similares, perturbadoras y, sin embargo, tranquilizadoras: Dios ve, y por eso lo conoce todo. Esto tiene particular pertinencia para el tema del juicio y se expresa simbólicamente en el "abrir los libros" de Apocalipsis 20.12. El pasado no se ha ido para siempre; para Dios, todo tiempo es el presente. En el juicio final las evidencias excederán con mucho lo que cualquier juez o tribunal humano

jamás haya podido considerar: la "repetición" de toda la vida del acusado, tanto cada acción externa como cada mínima actitud o motivación consciente. El juicio final de Dios será *completamente* justo. Esto pone en perspectiva lo "misterioso" de la vida, eventos que parecen absurdos o sin sentido; puesto que Dios lo sabe todo, estos hechos también están sujetos a su compresión y su voluntad. Con Dios puede haber misterios, pero nunca errores.

Esta perfección no debe ser "sacrificada" para asegurar la libertad humana, como algunos eruditos han sostenido recientemente. Este es un costo demasiado alto. La omnisciencia de Dios es fundamental para la irrevocabilidad de la autorrevelación de Dios. Si Él conociera sólo en parte, su verdad sería únicamente provisoria y Jesucristo, su único Hijo, no sería la revelación definitiva, *la verdad*. El señorío de Dios en su omnisciencia significa que no tenemos que esperar revelaciones posteriores que pudieran reemplazar la revelación de sí mismo en Jesucristo. Como Hijo eterno de Dios, la realidad del eterno Dios, Jesús es la revelación definitiva, la *verdad* en quien están escondidos todos los tesoros de la sabiduría y el conocimiento (Jn 14.6; Col 2.3). La omnisciencia de Dios también es la base para la obra del Espíritu Santo de revelar el pensamiento y la verdad de Dios en las Escrituras, y así garantizar su confiabilidad y su carácter definitivo (Jn 16.13; 17.17).

LA SANTIDAD DE DIOS

El peligro que hemos mencionado antes de separar las perfecciones de Dios surge con más frecuencia con relación a la santidad y el amor de Dios. Muchos sufren una tensión continua entre el santo Dios de la ley y el amante Dios del evangelio. Algunos resuelven esto recalcando excesivamente la santidad de Dios; lo ven como un rigorista austero que impone una carga moral inquietante con la amenaza de un juicio futuro. Otros recalcan excesivamente el amor de Dios, convirtiéndolo en una figura sentimental indulgente, carente de fuerza moral. El Dios de la Biblia es santo y amante *a la vez*, en una unidad inseparable en cada persona de la Trinidad.

La santidad de Dios es central a su ser. Esto es particularmente destacado en el Antiguo Testamento (Lv 11.44; 19.2; etc.; Jos 24.19;

1S 6.20; Sal 22.3; Is 57.15). Su ausencia relativa en el Nuevo Testamento es más aparente que real, en vista del énfasis nuevotestamentario en la persona y la obra del Espíritu Santo. El elemento fundamental del término hebreo *godesh*, que se traduce santo en la Biblia en español, es más probable que signifique separación, con el significado positivo de dedicación a ser la propiedad de. En relación con Dios tiene dos significados:

1. Dios es distinto, separado de todo otro ser; sólo Él es Dios. En este sentido su santidad se relaciona con su gloria. Algo de esto se observa en la visión de Isaías: *Santo, santo, santo es el Señor Todopoderoso; toda la tierra está llena de su gloria* (Is 6.3), que se repite en la visión de Juan casi un milenio después: *Santo, santo, santo es el Señor Dios Todopoderoso, el que era y que es y que ha de venir* (Ap 4.8; *cf.* 1Ti 6.16). Esta divina santidad, además, se refiere al Hijo (Mr 9.2s; Lc 1.35; Hch 9.3s; Ap 1.21s) y al Espíritu (Lc 11.33; Hch 2.4; 4.31; Ef 4.30; Heb 9.8).

2. La santidad de Dios como un concepto ético se refiere también a su separación de todo aquello que se le opone y resiste. "La santidad es aquel atributo en virtud del cual Dios se hace a sí mismo la regla absoluta" (Godet). Esta es la base de toda distinción moral. El bien es la voluntad de Dios; el mal es lo que contradice y se opone a su voluntad, y por ende a su naturaleza.

La santidad de Dios significa que es totalmente puro y perfecto, sin pecado ni maldad; su ser mismo es el reflejo y la expresión de la pureza, la verdad, la justicia, la rectitud, la bondad y toda otra perfección moral. El desafío ético que esto plantea es evidente en ambos Testamentos. Una de las designaciones más frecuentes de Dios en Isaías es *[...] el Santo de Israel [...]* (5.19; 30.12; 43.3; 55.5), el que requiere de Israel que conforme su conducta al carácter de Dios *[...] en medio [...]* de la nación (12.6). En el Nuevo Testamento la morada del Espíritu Santo en el creyente lleva consecuencias éticas escrutadoras: los cristianos han de huir de *[...] la inmoralidad sexual [...]* y vivir como aquellos que están llamados a una vida santa (1Co 6.18s; 1Ts 4.3, 7s).

El no fundamentar la santidad de Dios en su naturaleza esencial es una de las causas principales de que la gente separe equivocadamente la santidad del amor de Dios. Si la santidad es la voluntad de Dios, sus actos de amor y perdón también tienen que ser actos *santos*.

Una vez más necesitamos subrayar la relación de esta perfección con la totalidad de Dios como trinidad:

- *El Padre es santo*: *[...] Padre santo, protégelos [...]*, oró Jesús (Jn 17.11).

- *El Hijo es santo*: *[...] ni permitirás que el fin de tu santo sea la corrupción* proclamó Pedro hablando de Jesús (Hch 2.27; Sal 16.10);

- *El Espíritu es santo*: *[...] Dios, quien les da a ustedes su Espíritu Santo* escribe Pablo (1Ts 4.8).

Así la santidad de Dios nunca puede ser separada de todo lo demás que conocemos de Él, y de ninguna manera puede separarse de su eterna gracia en el don y presencia de su Hijo y su Espíritu.

Tenemos que notar cuatro conceptos relacionados:

1. *La justicia de Dios* en el sentido de *rectitud* es su "santa" conformidad consigo mismo; en el Antiguo Testamento lo observamos en su relación con su creación (Sal 145.17) y con su pueblo (Sal 31.1; Jer 11.20). Incluye la acción que libera y restituye a su pueblo (Jer 23.6); así que lo podemos describir como un *[...] Dios justo y Salvador [...]* (Is 45.21). La falta de esta rectitud o justicia es el embrollo moral del hombre frente a Dios, y es la provisión divina de la rectitud o justicia en Cristo lo que constituye el meollo del evangelio de su gracia (Ro 1.17; 3.21s; 5.17–21).

2. *La justicia de Dios* propiamente tal es su santa voluntad en acción (Dt 32.4; 1Jn 1.9; Ap 15.3). Algunos teólogos han distinguido entre la justicia *gubernativa* de Dios en su gobierno del mundo en general, y su justicia *distributiva* revelada en la distribución de recompensas y castigos. Esta perfección se relaciona con el amor y la misericordia de Dios, ya que en ocasiones su justicia vindica a los necesitados y los arrepentidos (Sal 76.9; 146.7; Is 30.18; 1Jn 1.9).

3. *La ira de Dios* surge de su eterna consecuencia consigo mismo. Su carácter revelado es una expresión inalterable de su naturaleza. A todo el que se le opone, Él resiste con un compromiso total y definitivo. "La ira es la repugnancia santa del ser de Dios hacia lo que entra en contradicción con su santidad" (O. Murray). La ira de Dios *no* es, como se afirma frecuentemente, una muestra cruda de antropomorfismo. Más bien es la respuesta de la persona normativa en su cualidad propia de santidad a la presencia de pecado en su

universo. Sin su ira Dios dejaría de ser verdaderamente santo y su amor se convertiría en sentimentalismo. Su ira tampoco es arbitraria, caprichosa o sujeta a la emoción como en el hombre. La ira de Dios obra a través de la historia a medida que los hombres cosechan el fruto moral y espiritual de su rechazo a la revelación de Dios (Ro 1.18s); esto es apenas una forma preliminar de algo que será revelado al final de los tiempos y de lo cual la cruz de Cristo representa el anticipo más claro y tranquilizador (Sal 78.31; Os 5.10; Jn 3.36; Ef 2.3; 1Ts 1.10; Ap 6.16).

4. *La bondad de Dios* es una perfección que se puede clasificar igualmente bajo la santidad o bajo el amor, y como tal implica la imposibilidad de separar estos dos atributos (Éx 33.19; 1R 8.66; Sal 34.8; Ro 2.4).

EL AMOR DE DIOS

Que *[...] Dios es amor* (1Jn 4.8) es la definición bíblica mejor conocida acerca de Dios. Sin embargo, en el contexto humano el amor cubre una considerable variedad de actitudes y acciones. Con relación a Dios es una idea claramente específica. *En esto consiste el amor [...] en que él nos amó y envió a su Hijo para que fuera ofrecido como sacrificio por el perdón de nuestros pecados* (1Jn 4.10); *Así manifestó Dios su amor entre nosotros: en que envió a su Hijo unigénito al mundo [...]* (1Jn 4.9).

Pero el amor de las tres personas no se expresa sólo internamente dentro de sus propias relaciones mutuas, sino que se desborda en un amor trinitario hacia las criaturas humanas de Dios. Por lo tanto:

- *El Padre es amor:* *[...] tanto amó Dios al mundo, que dio a su Hijo unigénito [...]*, escribe Juan (Jn 3.16);

- *El Hijo es amor:* *[...] el Hijo de Dios, quien me amó y dio su vida por mí*, dice Pablo (Gá 2.20);

- *El Espíritu es amor:* *Les ruego, hermanos, por nuestro Señor Jesucristo y por el amor del Espíritu [...]*, dice Pablo de nuevo (Ro 15.30).

La palabra que se usa aquí, *ágape*, tiene comparativamente poco uso fuera del Nuevo Testamento. El término griego más común, *eros*, habla de un amor que se tiene a un objeto *digno*, mientras que *ágape* es un amor hacia lo *indigno*, hacia alguien que ha perdido todo derecho a la devoción del amante. El Antiguo Testamento da testimonio de este amor en el caso del amor de Dios para con Israel (Dt 7.7s), y en el amor de Oseas para su esposa infiel (Os 3.1s; etc.).

Esto parecería volver a la división que hemos intentado superar entre la santidad y el amor de Dios. ¿Cómo podemos reconciliar a este Dios que obra libremente por amor, con el santo Dios que es celoso de su gloria? Sin embargo, debemos recordar que la santidad de Dios es la base y la fuente de todo bien; de esta manera se puede ver como la presuposición necesaria para su amor. Además, sólo aquel que es libre y plenamente Dios puede condescender libre y plenamente a otro en un amor *ágape*, que está arraigado en el amor eterno y mutuo de las tres Personas de la Santísima Trinidad.

La santidad y el amor se conjugan perfectamente en la persona y la obra de Jesucristo. Por ser Dios, Jesucristo encarna la divina santidad que está separada de todo mal y pecado y los resiste; sin embargo, su venida misma es la respuesta misericordiosa a la culpa e incapacidad humana. La santidad y el amor se unen también en el ministerio de Dios el Espíritu Santo, cuya función esencial es la renovación y santificación del pueblo de Dios en cumplimiento del propósito amoroso de Él.

En consecuencia, el amor de Dios está siempre ligado a la *gracia*, un descender para alcanzar a los indignos. Su amor es su decisión libre y espontánea de rescatar a los hombres y mujeres pecadores en Cristo Jesús, y de renovarlos y santificarlos en el Espíritu Santo; es, por lo tanto, un milagro genuino e incondicional.

Consideremos tres aspectos más:

1. *El amor de Dios, ágape*, se expresa principalmente en la redención de los pecadores y todo lo que ello implica. Pero también se manifiesta en el cuidado de su creación. Generalmente se hace referencia a esto como su *bondad* o *benignidad*, que también es evidente en el mundo natural (Hch 14.17).

2. *La misericordia de Dios* es su amor ante el pecado humano específico. Por misericordia perdona la transgresión del hombre; la misericordia de Dios siempre es costosa porque implica su aceptación de las consecuencias del pecado humano en la cruz (Ef 2.4; Tit 3.5).

3. *El pacto* es un concepto bíblico clave alrededor del cual se concentra mucho de la enseñanza bíblica acerca del amor de Dios.

Se refiere a su amor expresado en su relación con personas. El pacto central del Antiguo Testamento fue con Abraham y alcanza su pleno cumplimiento en el nuevo pacto (lit., nuevo testamento) en Cristo. Con esto Dios se compromete libremente a liberar a su pueblo y a permanecer como su Dios. Las palabras hebreas traducidas para gracia (*jen, jesed*) son términos contractuales que implican amor *leal*, o amor *firme*.

Este aspecto del amor de Dios es la seguridad esencial del cristiano: *Si somos infieles, Él sigue siendo fiel [...]* (2Ti 2.13). Nuestra situación frente a Dios no depende de la medida en que podamos asirnos de Cristo ni tampoco está determinada definitivamente por nuestras respuestas desobedientes y débiles. El corazón todopoderoso de Dios late por nosotros, y en ese hecho encontramos nuestra seguridad y paz definitivas.

El Dios de la Biblia es entonces:

- el Dios glorioso en su inaccesible y exaltada majestad;
- el Señor, exaltado sobre todas las cosas y que pone todas las cosas al servicio de su propósito;
- el Santo, exaltado y separado del pecado y del mal;
- el Dios de amor, eterno, misericordioso y redentor.

PASAJES BÍBLICOS

La gloria de Dios: Éx 19–24; Nm 14.21; 16.19s; 1R 8.11; Sal 19.1; Is 6.1–8; Ez 1.28; Lc 9.32; Jn 1.14; 1Ti 6.16; Ap 1.8–17; 21.11.

El señorío de Dios: Gn 12.8; 17.1; Éx 3.14ss; Sal 135.6; 139.1–12; Pr 21.1; Is 43.11; 45.6; Jer 32.27; Dn 2.20s; Mt 10.29; Mr 10.27; Hch 17.31; Ro 8.29; Gá 6.7; Ef 1.11; Ap 1.7; 4.11.

La santidad de Dios: Éx 3.5; 19.10–25; 28.36; Lv 11.45; 1S 2.2; Is 6.1–3; 57.15; Am 4.2; Zac 14.20; Mt 3.7; Mr 9.2; Lc 5.8; Jn 3.36; Hch 2.1s; 4.27, 31s; Ro 1.18; 3.21–31; 1Co 1.30; 6.19; Col 3.6; 1Ts 4.8; 1Jn 1.5, 9; Ap 4.8; 15.4.

El amor de Dios: Nm 14.18; Dt 7.8; Neh 9.17b; Sal 86.5; 103; 118.29; Os 3.1; Lc 11.42; Jn 3.16; Ro 5.8; 8.35s; Gá 2.20.

PREGUNTAS

1. ¿Qué significan: (a) la gloria de Dios; (b) el señorío de Dios; (c) la santidad de Dios; (d) el amor de Dios? Establezca las bases bíblicas para cada uno.
2. Trate de relacionar cada perfección con todas las personas de la Trinidad.

3. ¿Cómo afectan estas perfecciones: (a) la evangelización cristiana; (b) las prioridades de una iglesia local; (c) nuestro carácter cristiano?

4. ¿Cómo expondría estas perfecciones a alguien que está enfrentando: (a) una severa enfermedad; (b) un fracaso moral personal; (c) la pérdida de un ser querido; (d) la pérdida temporal de la fe; (e) una aguda desilusión; (f) una relación rota?

BIBLIOGRAFÍA

Art. 'God' en NDT.

L. Berkhof, *Systematic Theology*, Part I (Banner of Truth, 1958). *Teología sistemática* (Libros Desafío, 2002).

G. Bray, *The Doctrine of God* (IVP, 1993).

S. Charnock, *The Attributes of God* (1682) (Evangelical Press, 1980).

J. I. Packer, *Knowing God* (Hodder, 1973). *El conocimiento del Dios Santo* (Editorial Vida, 2006).

S. J. Milolaski, *The Grace of God* (Eerdmans, 1966).

A. W. Tozer, *The Knowledge of the Holy* (STL Books, 1976).

7

LA OBRA DE LA CREACIÓN

La creación es aquella obra del trino Dios por medio de la cual creó de lo no existente todas las cosas que existen, tanto materiales como espirituales.

Aparte de los dos primeros capítulos del Génesis, hay claras referencias a la creación en cada sección de las Escrituras. Los Salmos (90.2; 102.25s); los profetas (Is 40.26s; Jer 10.12s; Am 4.13); los evangelios (Mt 19.4; Jn 1.3); las epístolas (Ro 1.25; 1Co 11.9; Col 1.16); el Apocalipsis (4.11; 10.6). Nehemías 9.6 expresa el inequívoco testimonio de la Biblia: *¡Sólo tú eres el Señor! Tú has hecho los cielos, y los cielos de los cielos con todas sus estrellas. Tú le das vida a todo lo creado: la tierra y el mar con todo lo que hay en ellos. ¡Por eso te adoran los ejércitos del cielo!* Es de notar que la Biblia considera que cada persona de la Divinidad ha estado activa en la creación: el Padre (1Co 8.6); el Hijo (Jn 1.3); el Espíritu (Gn 1.2; Is 40.12s). En consecuencia, la creación es una verdad divinamente revelada y, por ello, un artículo de fe (Heb 11.3).

LA CREACIÓN "DE LA NADA"

Dios creó el universo físico y espiritual "de la nada" (en latín: *ex nihilo*). Aunque la frase misma "de la nada" no aparece en la Biblia, la idea está claramente enseñada (Gn 1.1s; Sal 33.6; Jn 1.3; Ro 4.17; 1Co 1.28; Heb 11.3). Esta idea fue particularmente significativa en la lucha de la iglesia primitiva contra el gnosticismo, que consideraba que lo material era malo, como que hubiera tenido su origen en una deidad inferior.

Nuestra experiencia de crear consiste en el reordenamiento de elementos previamente existentes en nuevas formas y modelos; de manera que una "acción" que ponga en existencia tanto el espacio como el tiempo está estrictamente fuera de nuestra comprensión. Sin embargo, recordando la base de esa verdad —la revelación divina— podemos afirmar confiadamente el hecho de la creación, aunque no podamos entenderlo plenamente.

Hay una importante analogía de la creación *ex nihilo* en la redención (2Co 4.6). La nueva vida en el Espíritu Santo no es un trabajo de reparación, sino la creación de un ser radicalmente nuevo (2Co 5.17).

Positivamente, esta doctrina implica la trascendencia libre y soberana de Dios y también la total dependencia de todas las cosas respecto de Él. Negativamente, implica que:

1. ***Dios no hizo el universo de materiales preexistentes***, aunque la idea contraria se remonta en el pensamiento occidental hasta el *Timeo* de Platón. La idea de Platón distingue dos principios que están en la base del mundo: Dios y la materia primaria. Contra tal dualismo, la doctrina bíblica de la creación afirma la causalidad única de Dios.

2. ***Dios no hizo el mundo de la "nada"***. Algunos eruditos han interpretado que la fórmula misma "crear de la nada" implica que "la nada" era una entidad, un negativo original que Dios "superó" en su obra de creación. Esta especulación injustificada no tiene base en los textos bíblicos acerca de la creación.

3. ***Dios no hizo el mundo de sí mismo***. El mundo no es una extensión del ser de Dios; Él le ha dado una verdadera independencia de ser. En consecuencia, la creación *ex nihilo* se opone a todas las formas del panteísmo. Esto tiene profundas repercusiones en nuestra interpretación del mal, ya que si el mundo es una extensión de Dios, entonces o (a) el mal y el bien son igualmente definitivos, o (b) no hay verdadera distinción entre el bien y el mal: todo lo que existe es bueno. La doctrina de Zoroastro acepta la primera tendencia, y el hinduismo la segunda. Esto tiene también consecuencias para nuestra investigación del mundo, como veremos más adelante.

4. "La creación de la nada", lo que podríamos llamar creación primaria, no cubre toda instancia de la creación. La Biblia también usa el término "creación" para lo que podríamos llamar creación secundaria, donde Dios usa materiales previamente creados en su obra de creación adicional, como en la formación del ser humano (Gn 2.7) o de las bestias y las aves (Gn 2.19).

UNA CREACIÓN CONSTANTE

El concepto bíblico de Dios como creador incluye su continua e ininterrumpida sustentación y renovación del mundo. Esto se expresa en la idea de *sostener* (Heb 1.3, *pheron*, lit. llevar; Col 1.17, *sunesteken*, lit. se conservan unidas o tienen consistencia; *cf.* Hch 17.25). Está implícita en los participios hebreos usados en la obra creadora de Dios (*cf.* Job 9.8s; Sal 104.2s; Is 42.5; 44.24; 45.18). "El participio activo (hebreo) indica una persona o cosa concebida como en el ejercicio continuo e ininterrumpido de una actividad" (Gesenius-Kautzsch, *Hebrew Grammar* [Gramática hebrea]). Notoriamente las traducciones españolas no reproducen este aspecto, "un índice del deísmo latente en el pensamiento occidental moderno, que prefiere hablar de una creación de una vez para siempre en el pasado, en lugar de la actividad creadora continua de Dios" (R. T. France).

Esta actividad creadora continua se puede ilustrar por la forma en que la Biblia se refiere a lo que *nosotros* llamamos orden "natural". Las estrellas y las estaciones (Job 38.31–33; Is 40.26; Hch 14.17), los cambios en el clima (Job 38; Mt 5.45), el ciclo de vida de la criatura más insignificante (Job 39; Mt 6.28–30), todo el ciclo de vida humana (Sal 104.27–29, 36) están directamente referidos a la obra de Dios; como también lo están las habilidades humanas como la agricultura (Is 28.24s), la metalistería (Is 54.16) y otros oficios (Éx 31.2–5), sin excluir el arte de la guerra (Sal 144.1).

Dicho de manera más filosófica, Dios ha creado el universo de la nada y, por lo tanto, en cada momento "cuelga" suspendido, por así decirlo, sobre el abismo de la no existencia. Si Dios llegara a retirar su Palabra sustentadora, entonces todo ser, espiritual o material, instantáneamente caería en la nada nuevamente y dejaría de existir. La continuidad del universo de un momento al siguiente es, pues, un milagro tan grande y una obra tan completa de Dios como lo fue su creación al principio. En este sentido profundo, todos vivimos en cada instante sólo por la gracia de Dios.

UNA CUESTIÓN DE IDIOMA

Estos dos aspectos de la creación destacan un aspecto confuso de la diferenciación común entre lo "natural" (donde operan realidades inherentes en términos de causa y efecto inmediatos) y lo "sobrenatural" (donde "está" y opera Dios).

Buena parte de la discusión entre la ciencia y la religión ha sido orientada en este marco de lo natural y lo sobrenatural, con resultados perjudiciales para ambas partes. El Dios de las personas religiosas parece estar activo en los "vacíos" de la explicación científica, donde lo "natural" da lugar a lo "sobrenatural". Los milagros, pues, contravienen claramente la ley natural de que todo evento debe tener una causa; es ahí donde el científico y el creyente entran en conflicto. A medida que el científico acumula explicaciones y cadenas naturales que lleven a la causa original, la esfera de intervención sobrenatural se reduce prácticamente a cero; los creyentes retienen su fe a costa de repudiar la empresa científica, y los científicos retienen su integridad científica a costa de renunciar a la religión bíblica genuina.

"El vocabulario hebreo no incluye ningún equivalente de nuestro término 'naturaleza'. Esto no es de sorprender si por 'naturaleza' queremos significar 'el poder *físico* creativo y regulador que se concibe como operante en el mundo físico y como causa inmediata de todos sus fenómenos'; la única manera de expresar esta idea en el hebreo sería decir simplemente 'Dios'" (H. Wheeler Robinson). En el concepto bíblico, un "hecho natural" como una lluvia y un "hecho sobrenatural" como una "lluvia de codornices" (Éx 16) son *igualmente* acciones de Dios. Para la Biblia la continuidad misma del mundo ya es milagrosa, en el sentido de que es totalmente dependiente de Dios para su existencia continuada. En consecuencia, "[...] no es necesario, ni siquiera deseable, considerar la actividad creadora divina como más milagrosa que el sustento divino de las regularidades de la naturaleza, ni considerar la investigación científica de las actividades creadoras como de menos crédito que la de esas actividades 'sustentadoras'" (R. Hooykaas).

Este punto de vista bíblico se puede seguir por toda la historia de la teología, y se refleja en muchos de los grandes cristianos que fueron los padres de la moderna revolución científica[13]. Por consiguiente,

---

13 Galileo, Kepler, Newton, Asa Gray, por mencionar a los más célebres. *Cf.* R. Hooykas, *Religion and the Rise of Modern Science* (Scottish Academic Press, 1972).

en la mayoría de los casos es mejor reemplazar el modelo de lo natural y lo sobrenatural por una alternativa como lo inmanente y lo trascendente, que tiene una historia mucho más larga y refleja mejor la actividad creadora *continua* de Dios en el universo.

Esta idea bíblica debe distinguirse de un punto de vista no bíblico y filosófico también conocido como "creación continua", que enseña que Dios mismo sigue desarrollándose y evolucionando junto con el mundo.

En resumen, la doctrina de la creación afirma dos cosas: el señorío libre y soberano de Dios en relación con el mundo, y la dependencia total y absoluta de todas las cosas respecto a Dios.

LA EMPRESA CIENTÍFICA

La creación de Dios *ex nihilo* tiene profundas consecuencias para nuestra investigación del mundo. Aunque totalmente dependiente de Dios para su existencia continuada, el mundo es distinto de Dios; Él no lo hizo de sí mismo. En consecuencia, debe ser investigado en sus propios términos inherentes.

La perspectiva cristiana de la empresa científica no radica en encontrar a Dios en las diversas lagunas de las explicaciones, sino en el pavor que surge al ver la "cosa total" como su creación y su don para nosotros. "No debemos ver la mano de Dios en los vacíos de la descripción científica ni más ni menos que en los hechos científicamente explicados" (F. Rhodes). De aquí que la afirmación célebre de Laplace: "No necesito esa hipótesis [de Dios]", en su explicación del universo es, en un sentido, perfectamente bíblica. La naturaleza, el orden inseparable de lo creado, se puede interpretar mirando la naturaleza misma; igualmente, no obstante el testimonio de la creación sobre su poder y majestad (Hch 14.17; Ro 1.20), Dios puede ser entendido solamente mirando a Dios, esto es, enfocando la atención en su palabra escrita y encarnada. Francis Bacon, el gran padre cristiano de la ciencia moderna, dijo: "Dad a la naturaleza lo que es de la naturaleza, y a Dios lo que es de Dios". O sea, la doctrina bíblica de la creación legitima la investigación científica.

Esto es cierto en otro sentido relacionado. Los procesos naturales no son simplemente hechos aislados u objetivos, sino que representan la respuesta de la realidad creada al ordenamiento de un Creador personal racional. "No hay leyes de la naturaleza sino solamente costumbres de Dios" (Kingsley). Pero por esa razón precisamente, la naturaleza es inherentemente confiable y previsible, según la coherencia propia y la confiabilidad del Creador. La uniformidad de las causas naturales, de la que depende la investigación científica, es la consecuencia inmediata de la revelación bíblica. No es un accidente que la revolución científica ocurriera en el Occidente cristiano hacia el final de la Edad Media, ni que tantos de los líderes de la revolución fueran hombres de profunda fe bíblica y cristiana.

LOS MILAGROS

¿Es entonces el cristianismo simplemente una manera particular de ver la naturaleza? ¿Qué pasa con la idea de lo milagroso y las afirmaciones tradicionales respecto a la acción de Dios en el mundo?

En términos de la interpretación cristiana de Dios y del mundo, el universo de Dios está abierto delante de Él; Él es soberanamente libre en cualquier momento para ordenar su mundo de una manera diferente. ¿Lo haría? La respuesta depende de otra pregunta: ¿por qué creó Dios el mundo? Parte de la respuesta, aquí implica que Dios creó una humanidad a la cual se pudiera manifestar, con la que pudiera entrar en relación, y por medio de la cual pudiera ser glorificado.

Por lo tanto, su actuación en determinados puntos de la historia para revelarse claramente y establecer relaciones satisfactorias con la humanidad no solamente es posible, sino tremendamente probable. En estos casos, Dios obra en forma distinta, aunque incluso entonces el proceso inmanente puede ser puesto bajo su acción (por ej., la referencia al viento cuando se abrió el mar Rojo, Éx 14.21). Estos fenómenos son perfectamente compatibles con sus propósitos totales, y en consecuencia no son ni arbitrarios ni demasiado frecuentes, y se centran en su revelación suprema en Jesucristo.

Con este marco básico, los creyentes pueden seguir su vida con segura confianza en la redención milagrosa de Dios en Cristo en el pasado, y en el cuidado personal y la libertad soberana de Dios para responder las oraciones y cumplir sus propósitos redentores en el presente y en el futuro. Al mismo tiempo, tanto cristianos como científicos pueden seguir sus investigaciones con fe en la constancia de Dios, expresada en las regularidades observadas del universo físico en el pasado y observables en el futuro.

El argumento científico en contra de los milagros pareció más fuerte cuando el punto de vista científico del universo y su función fue dominado por la mecánica newtoniana. Para Newton (1642–1727) y sus sucesores el universo era como una gran máquina con sistema de enclavamiento que opera según leyes fijas. Según este modelo, los milagros fueron vistos como interrupciones externas a la observancia de las leyes y la función normal de las cosas.

La teoría de la relatividad de Einstein (1905) malogró el modelo y nació la física moderna. Mientras el universo claramente demuestra orden, no es el orden de una máquina bien aceitada, sino el orden de una constelación de factores y fuerzas infinitamente más complejas. La teoría cuántica, siguiendo los talones de la relatividad, ha llamado la atención sobre la aparente naturaleza aleatoria o incierta en la estructura básica de la existencia material. Todo eso ha ayudado a producir una nueva imparcialidad acerca del universo y menos dogmatismo en cuanto a lo que pueda o no pueda ocurrir. Hoy existen muchas personas que aprecian el lugar de sorpresa y belleza lado a lado con el orden en cualquier cuadro del mundo y su función. Esto no supone que los científicos estén a un paso de ser creyentes. La manera en que la gente construye una "cosmovisión" y las conclusiones a que llegan son impactadas por muchos factores diferentes en su experiencia personal, de los cuales solamente algunos son "científicos" en un sentido limitado. Hoy en día, sin embargo, los factores específicamente científicos están puestos en contra de los milagros con menos frecuencia.

El argumento filosófico en contra de los milagros está clásicamente asociado con David Hume y ha sido actualizado en los últimos tiempos por pensadores escépticos como A. N. Flew. Sin embargo, ninguno de los argumentos presentados por esos autores es convincente; el intento de negar los milagros en principio sólo puede tener éxito dando por supuesta la conclusión como una de las premisas. En definitiva, el caso de los milagros es cuestión de investigar la afirmación en cada caso en sus propios términos y de pesar las evidencias pertinentes. En las presuposiciones bíblico-teístas no puede haber duda alguna de su posibilidad.

EL PROBLEMA DEL ORIGEN

¿Cuál es la relación entre el relato bíblico de la creación (Gn 1, 2) y la explicación provista por la ciencia natural, que en algunos casos niega un "comienzo" o lo ubica en un punto en el pasado infinito?

EL RELATO DE GÉNESIS

Los primeros capítulos de Génesis son totalmente inspirados por el Espíritu Santo, como cualquier otro libro de las Escrituras. Nuestro Señor y los apóstoles los consideraron así terminantemente, y es interesante notar cuántos pasajes del Nuevo Testamento hacen alusión a ellos; por ej., Mateo 19.4s; Marcos 10.6s; 13.19; Juan 1.1; Hechos 17.24; 1 Corintios 6.16; 11.7, 9; 15.45, 47; 2 Corintios 4.6; Efesios 5.31; Colosenses 3.10; Santiago 3.9; 2 Pedro 3.5; Apocalipsis 2.7; 22.2, 14, 19. El origen divino del universo, pues, no se cuestiona; el verdadero problema es la correcta interpretación de la enseñanza bíblica.

Una posición consiste en tomar literalmente el lenguaje del relato: Dios formó el universo de la nada por medio de seis mandatos bien determinados durante seis períodos sucesivos de 24 horas. Una modificación de esto ve esos "días" como eras o "etapas" sucesivas durante las cuales Dios formó el cosmos (*cf.* Sal 90.4; 2P 3.8). Otra creencia se refiere a los "seis días" como un período de seis días en el que la creación le fue *revelada* al autor bíblico o fue posteriormente expuesta al pueblo de Israel. Otros ven la totalidad como figurativa, en la cual los detalles carecen de importancia frente a la afirmación central del pasaje: que Dios creó todo lo que existe en el universo.

En la Parte 1 insistí en que la Biblia debe interpretarse en términos de sus formas literarias (la poesía como poesía, la historia como historia, etc.), y que se debe tener en cuenta la intención del autor. Ello significa preguntar en lo referido a cada pasaje de Génesis: ¿cuál es su género literario?, ¿qué desea comunicar el autor?, ¿es este un pasaje poético-religioso, o es un intento de describir los orígenes cosmológicos del mundo dentro de las imágenes del día?, ¿o es algo de ambas ideas, un relato de sucesos reales expresado en forma poética-religiosa? La presencia de algo cercano a lo "poético" en los relatos de la creación en Génesis ha sido notado por varios estudiosos. Uno de ellos comenta sobre su "lenguaje exaltado y semipoético"; otro se fija en la contraparte rítmica en Génesis 1 entre los días uno y cuatro, dos y cinco, y tres y seis, y describe el pasaje como "no sólo una declaración, sino un cuento". Muchos hablan del pasaje como de un "himno". Pero, ¿eso excluye el hecho de que comunica información genuina acerca de los sucesos?

Al tratar de resolver tales preguntas, es útil examinar otras referencias bíblicas a hechos naturales. Surgen así las siguientes conclusiones:

1. ***El lenguaje bíblico es en general popular.*** La Biblia está interesada en transmitir un mensaje de salvación a todas las personas en todos los tiempos y, por consiguiente, adopta un lenguaje popular, no técnico. Es notable que Génesis 1 fuera leído durante el viaje espacial Apolo 8 sin que pareciera incongruente.

2. ***El lenguaje bíblico es un lenguaje "fenomenológico",*** esto es, se relaciona con lo que aparece inmediatamente y describe las cosas desde el punto de vista del observador. En consecuencia, el sol "se levanta y se pone"; encontramos "estrellas", no asteroides, ni nebulosas.

3. ***El lenguaje bíblico es no teórico.*** La Biblia no teoriza acerca de la naturaleza real de las cosas; no defiende a Einstein contra Newton, o a Copérnico contra Tolomeo. Claro que excluye el dualismo y el panteísmo, pero no enseña ninguna cosmología específica.

4. ***El lenguaje bíblico es cultural;*** comunica su revelación divina principalmente por medio de la cultura de su tiempo. Todos estos factores deben ser pesados cuidadosamente antes de dogmatizar acerca de la correcta interpretación de Génesis 1–2.

Otros puntos

1. ***La creación del tiempo plantea una dificultad particular.*** Agustín lo señaló siglos atrás al observar que Dios no creó *en* el tiempo sino *con* el tiempo. No podemos imaginar estrictamente tal "acontecimiento"; todo nuestro pensamiento surge de una escala de tiempo de pasado/presente/futuro. Por tanto, la inferencia de un pasado es algo que pertenece a todo hecho y siempre será parte y suerte de todo sistema que pueda concebir la mente humana. En este sentido, el acto de la creación no es, en principio, susceptible de investigación científica, ya que un pasado inferible es parte de lo que Dios trajo a existencia en la creación del espacio y el tiempo.

2. ***La creación del universo en un punto particular del tiempo implica un "acontecimiento" de carácter único.*** Representa una categoría fronteriza de la cual nuestro aparato conceptual, formado como es por nuestra experiencia dentro del espacio y el tiempo, se encuentra "en aguas demasiado profundas". Tan sólo esto debería prevenirnos contra la dogmatización al punto de afirmar la significación precisa de los pasajes de Génesis con relación al relato de los físicos sobre el origen del cosmos[14].

---

14 *Cf.* Asimismo, el debate o la teoría de la evolución "El origen de la humanidad", pp. 142–145.

Referimos al lector a diversos escritos que llevan estos temas a mayor profundidad. A la larga hablamos de la creación en el comienzo de los tiempos porque la Biblia habla así. Podemos permitir cierto grado de libertad al interpretar el relato bíblico de los comienzos cosmológicos, pero no debiéramos vacilar al hablar de un genuino acto en el "comienzo" del tiempo por el cual Dios creó el universo de la nada.

CREACIÓN DEL MUNDO ESPIRITUAL

La obra creadora de Dios no está limitada al universo físico observable, sino que se extiende a la creación de un mundo espiritual (Sal 148.2, 5; Col 1.16). En las Escrituras no se afirma el momento de su creación, pero Génesis 1–2 puede implicar que fue creado al mismo tiempo que el universo físico (Gn 1.1; 2.1; aunque *cf.* Job 38.4–7).

Los seres que habitan ese mundo espiritual se describen de diversas maneras: ángeles, espíritus, demonios, querubines, serafines, hijos de Dios, principados, potestades, tronos, dominios (Is 6.2s; Ro 8.38; Ef 6.12s). Hay dos que están identificados: Gabriel y Miguel (Dn 12.1; Ap 12.7). No tienen cuerpos materiales (Heb 1.7) y generalmente son citados como muy numerosos (Dt 33.2; Sal 68.17; Mt 26.53; Mr 5.13; Ap 5.11).

Entre sus funciones están la adoración a Dios (Is 6; Ap 4), la ejecución de la voluntad de Dios (Sal 103.20), y el servicio a favor *de los que han de heredar la salvación* (Heb 1.14). Están particularmente relacionados con el ministerio y la misión de Jesús (Mt 1.20; 4.11; 28.2; Jn 20.12; Hch 1.10s).

Aquí surgen dos peligros. Uno puede desatender casi por completo esta enseñanza, como ocurre en muchos de los escritos teológicos modernos o, por el contrario, darle excesiva importancia, especialmente con relación a lo demoníaco. Ser un cristiano bíblico significa no solamente creer todo lo que enseña la Biblia, sino también mantener un equilibrio escritural de sus variadas enseñanzas. Por consiguiente debemos tomar seriamente la lucha con los poderes espirituales, como lo hicieron nuestro Señor y sus apóstoles; pero esta dimensión no es continua en el Nuevo Testamento, ni debe serlo tampoco en nuestro pensamiento.

El equilibrio de las Escrituras tiene además que ser determinante para nuestra consideración de los ángeles malos. Estos también son criaturas de Dios; Él los mantiene en existencia, y en definitiva están al servicio de sus propósitos. Parece claro que no fueron creados malos (Gn 1.31; *cf.* 2P 2.4). Como en el caso de la humanidad, su caída puede haberse debido al orgullo (Jud 6). Es evidente que tenemos que rechazar el concepto antiguo (basado en una lectura errónea de Gn 6.2) de que cayeron por lujuria sexual. Debemos evitar la especulación en este campo. Satanás (el "adversario") a menudo se menciona como la cabeza de las fuerzas del mal (Mt 25.41; Jn 8.44; 2Co 11.14s; 1Jn 3.8; Ap 12.9). Las Escrituras lo pintan como el *[...] dios de este mundo [...]* (2Co 4.4), que está activamente resistiendo a Dios y su gobierno del mundo. Cristo venció a Satanás y al orden demoníaco mediante su obra de expiación (Jn 12.31; Col 2.15; Heb 2.14), y su victoria será definitivamente actualizada a su regreso (2Ts 2.8s; Ap 20.10).

En años recientes ha habido considerable interés en las agencias espirituales, no sólo entre los cristianos, sino también en la cultura más amplia. Varios factores han contribuido al hecho. Uno es el surgimiento de las ideas de la Nueva Era (*cf.* "La nueva era", pp. 168–169), con el intento de explorar las dimensiones psico-espirituales de la personalidad humana y lograr una integridad trascendiendo la división entre espíritu y materia. Otro factor ha sido la llegada de la era espacial, que ha alimentado las especulaciones populares en cuanto a la vida extraterrestre y la "invasión" de la tierra por seres de otros planetas. En contraste con eso, ha habido una tendencia opuesta en algunas interpretaciones del Nuevo Testamento de reducir la referencia bíblica a agencias sobrenaturales y entender los "principados y potestades" mencionados en las Escrituras como fuerzas políticas simplemente. Todo eso sencillamente subraya el argumento mencionado anteriormente acerca de la necesidad de luchar por un equilibrio bíblico apropiado en esta área.

La existencia de seres creados conscientes, que son diferentes a lo que se llama vida "natural", se ve claramente en la Biblia. El hecho de que son a la vez positivos y negativos también está establecido. Por tanto, el intento de eliminar su realidad es un error. En los evangelios se presenta a Jesús claramente involucrado en una lucha genuina contra un enemigo real e impresionante (*cf.* Mt 4.1–11; Mr 1.21–27; Lc 11.14–28; Jn 12.31; 14.30), y fue apoyado en ocasiones por fuerzas amigables correspondientes (Mt 4.11; Lc 22.43; Jn 20.12). Hay muchas referencias en los escritos de Pablo en cuanto a "Satán" y la guerra espiritual (por ej., 2Co 12.7; Hch 29.18; Ro 16.20; 1Co 5.7; 7.5; Ef 6.10–20; 2Co 10.3–5) así como en los escritos de otros autores nuevotestamentarios (Stg 4.7; 1P 5.8s; 1Jn 5.19). Los libros de Daniel y Apocalipsis investigan las maneras en que los poderes demoníacos pueden infiltrarse dentro de las organizaciones y estructuras políticas, pero no en el sentido en que se reducen a estas fuerzas políticas *per se* (Ap 13.1–18; 20.7–10). Igual que nuestro Maestro, somos llamados a un conflicto que no es solamente *contra sangre y carne* (rv60), sino también *contra fuerzas espirituales malignas en las regiones celestiales* (Ef 6.12).

Sin embargo, existe el peligro de que al enfatizar tanto estos poderes espirituales, dejemos de interesarnos en las realidades de la vida material en este mundo; de este modo, el mundo "real" se convierte en el sistema espiritual oculto, y los asuntos "reales" se deciden en ese nivel. Cuando este punto de vista se lleva al extremo, la gente llega a desprenderse de la vida cotidiana con sus relaciones y responsabilidades y existen en un cuasi-mundo de entidades y encuentros espirituales. Es necesario tener en cuenta constantemente que el centro de los propósitos de Dios radica en la encarnación de Jesús, en que Él tomó nuestra sangre y carne y vivió la vida de un carpintero y predicó, ministrando a gente real en su mundo cotidiano real en medio de sus necesidades cotidianas tangibles. Aunque, por supuesto, un sistema espiritual existe "detrás del escenario", al revelarlo, el Nuevo Testamento no pierde su enfoque en este mundo actual; y aun cuando habla de la esperanza futura gloriosa más allá de las limitaciones de la vida aquí, lo hace en términos de una "nueva tierra" y "cuerpos resucitados".

PASAJES BÍBLICOS

Gn 1.1s; Job 26.13; 33.4; Sal 90.2; 102.26s; 148.2, 5; Is 40.26s; Jer 10.12s; Am 4.13; Mt 19.4; Jn 1.3; Ro 1.25; 1Co 8.6; Col 1.16; Heb 11.3; Ap 4.11; 10.6.

Creación "de la nada": Gn 1.1; 2.4; Sal 33.6; Jn 1.3; Ro 4.17; 1Co 1.28; 2Co 5.17; Heb 11.3.

Su continuo sostén: Sal 104.27–30; Is 42.5; Hch 17.26–28; Col 1.17; Heb 1.3.

PREGUNTAS

1. Exprese la doctrina cristiana de la creación e indique sus bases.

2. Explique por qué los cristianos a través de los siglos han considerado que la creación fue "de la nada". Examine las consecuencias de esta posición: (a) en sentido negativo, esto es, lo que niega; (b) en sentido positivo, o sea, lo que afirma.

3. ¿Qué significación tiene el continuo sostén del universo de parte de Dios para la idea que tenemos de su relación con el mundo?

4. ¿En qué aspectos podría contribuir a la investigación científica la enseñanza bíblica sobre la creación?

5. Enumere las consideraciones que deben tomarse en cuenta al interpretar el relato de la creación en Génesis 1 y 2.

6. Discuta estas ideas: (a) "los milagros no ocurren" (Matthew Arnold); (b) "Antes de poder creer en un milagro hay que experimentarlo".

7. ¿Qué pueden decirnos las Escrituras acerca de los ángeles de Dios? ¿Qué provecho puede sacar el cristiano de estas enseñanzas?

BIBLIOGRAFÍA

Arts. 'Miracles' en IBD y 'Miracle', 'Creation' en NDT.

R. J. Berry, *God and the Biologist* (Apollos, 1996).

H. Blocher, *In the Beginning* (IVP, 1984).

R. Hooykaas, *Religion and the Rise of Modern Science* (Scottish Academic press, 1972).

R. Hooykaas, *Natural Law and Divine Miracle* (Brill, Leiden, 1959).

M. A. Jeeves and R. J. Berry, *Science, Life and Christian Belief* (Apollos, 1998).

C. S. Lewis, *Miracles* (Fontana, 1960). *Los milagros* (Editorial Rayo, 2006).

D. M. MacKay, *The Clockwork Image* (IVP, 1974).

L. Osborn, *Guardians of Creation* (Apollos, 1993).

V. S. Poythress, *Philosophy, Science, and the Sovereignty of God* (PRPC, 1976).

N. H. Ridderbos, *Is There a Conflict Between Genesis 1 and natural Science?* (Eerdmans, 1957).

F. A. Schaeffer, *Genesis in Space and Time* (Hodder, 1972). Génesis en el espacio y en el tiempo (Ediciones Evangélicas Europeas, 1974).

8

LA OBRA
DE LA PROVIDENCIA

La providencia es "aquel continuado ejercicio de la fuerza divina por medio de la cual el Creador preserva a todas sus criaturas, opera en todo lo que tiene que suceder en el mundo y dirige todas las cosas hacia su determinado fin" (Berkhof). La doctrina bíblica toma su nombre de Génesis 22.8 *[...] Dios se proveerá [...]*, y se expresa clásicamente en la historia de José, cuyo secuestro y deportación a Egipto fueron posteriormente considerados como la provisión divina destinada a resolver las necesidades de su familia asolada por el hambre (Gn 45). La definición anterior menciona explícitamente la obra de la providencia como obra del Creador. Calvino habla correctamente de que las dos doctrinas están "unidas inseparablemente". La providencia afirma que Dios, habiendo creado el mundo, lo mantiene, lo renueva y lo gobierna continuamente.

EL ALCANCE DE LA PROVIDENCIA

Las Escrituras dan testimonio del alcance universal de la providencia de Dios, quien obra en *todas* las cosas (Sal 115.3; Mt 10.30; Ef 1.11). Los hechos naturales, como el viento y la lluvia, aunque a veces parezcan desastres (Lc 13.1–5), son parte de su ordenamiento. Incluso el mal está bajo su mano y lo usa para sus propósitos (Gn 50.20; Hch 2.23; Flm 1.17s).

Para aminorar los problemas morales que surgen por esta doctrina, algunos teólogos han afirmado que Dios opera en el sentido general de ocupar un "segundo plano", proporcionando la "energía" esencial para la vida, la que luego funciona según sus propios principios relativamente independientes. Contra esta idea, Calvino presenta todo el concepto bíblico de la providencia: "Dios es llamado Todopoderoso no porque puede actuar, aunque a veces está en reposo, o porque mediante un impulso general continúe el orden que dispuso en la naturaleza, sino porque gobernando con su providencia el cielo y la tierra, Él regula todo de tal manera que nada acontece sino como Él ha determinado en su consejo".

El Dios que actúa en su providencia "manteniendo", "operando", y "dirigiendo" es el trino Dios. Esto es fundamental para distinguir el concepto cristiano de la causalidad o el destino ciego e impersonal enseñado por el estoicismo de antaño y, en la práctica, por el islamismo. El "determinado fin" en vista del cual Dios obra en el mundo es su propósito redentor y santificador centrado en Jesucristo. Por tanto, la afirmación de que *[...] sabemos que Dios dispone todas las cosas para el bien de quienes lo aman [...]* (Ro 8.28) debe entenderse en términos de este bien: la separación y transformación del pueblo de Dios a su imagen (v. 27).

DISTINCIONES NECESARIAS

A veces se hace una distinción entre la causalidad primaria y secundaria de Dios. La primera se refiere a hechos en que Dios obra directamente sin actuación humana, como en la resurrección de Jesús; la segunda se refiere a los hechos en que actúa a través de factores creados, como en la determinación de la grandeza y decadencia de las naciones o en el ordenamiento de los factores en la vida diaria de su pueblo.

Se suele hacer una distinción similar entre la voluntad directiva de Dios y su voluntad permisiva. La primera se refiere a los hechos que dirige soberanamente en sus propósitos de gracia y de juicio; la segunda, a los que permite también soberanamente. Aunque no es siempre fácil de aplicar en la práctica, esta distinción es necesaria para rechazar cualquier sugerencia de que Dios es la causa del mal. Sin embargo, si un hecho tan terrible como la cruz se atribuye a la voluntad directiva de Dios (Hch 2.23), mucho de lo que parece oponerse a sus propósitos puede ser visto, desde la perspectiva de la eternidad, como directamente ordenado por Él.

LA PROVIDENCIA DIVINA Y EL MAL

¿Cómo reconciliamos este gobierno providencial de Dios con el hecho del mal y el pecado en el mundo? El intento de responder a este problema se conoce técnicamente como teodicea; hay obras filosóficas y teológicas que intentan acomodar, sobre bases racionales, el hecho del mal a la convicción cristiana acerca de un Dios bueno y omnipotente.

La Biblia reconoce un misterio fundamental en lo que se refiere al mal y al pecado (2Ts 2.7). Su planteamiento del problema del mal es esencialmente práctico, menos preocupado por explicar su presencia que por dar testimonio de su derrota por medio de Cristo y por traer consuelo y seguridad divinos al creyente que sufre. La religión bíblica no es un idealismo irreal que presenta la vida de fe como libre de perplejidades, angustias o sufrimientos agudos; ubica el mal y el sufrimiento estrictamente en el contexto de su revelación concerniente a *la naturaleza* y *el destino de la humanidad*, y a *la persona* y *obra de Cristo*.

*En lo que se refiere a la **naturaleza humana**,* la Biblia habla claramente de la *caída* de la humanidad en pecado (Gn 3; Ro 5.12s): El mundo tal como lo experimentamos ahora, incluso el mal y el sufrimiento, no es como Dios lo planeó o hizo al comienzo. Aunque la Biblia no revela el origen del mal, destaca claramente que el ser humano fue hecho con capacidad para resistirlo y para afirmar a Dios como único Señor suyo. La desobediencia consciente de Adán "abrió el camino" para el mal y el sufrimiento en la vida humana (Gn 3.14–19; Ro 5.12–21). Como acto de rebelión contra el Creador, el pecado no puede menos que tener las más serias y vastas consecuencias en un universo moral que refleja el carácter santo de su Creador. Esto no implica ninguna correlación directa necesaria entre el sufrimiento personal específico y el pecado personal. En el sentido más profundo, sin embargo, están ligados, porque todo nuestro pecado viene del primer acto desatinado de Adán, que sometió a todo el universo ulterior y retrospectivamente a las fuerzas de decadencia y perversidad cósmica, y en consecuencia a la posibilidad del sufrimiento y la tragedia.

*En cuanto al **destino de la humanidad**,* las Escrituras colocan el sufrimiento y el mal en el contexto del futuro triunfo del propósito de Dios para la humanidad. El pecado, el mal y el sufrimiento nunca fueron parte de su plan original para nosotros, ni serán una característica permanente de nuestra experiencia. Son invasores temporales que no pueden impedir la realización final de su propósito cuando *Dios mismo estará con ellos [...] Él les enjugará toda lágrima de los ojos. Ya no habrá muerte, ni llanto, ni lamento ni dolor [...]* (Ap 21.3s).

En la persona de Cristo, Dios tomó nuestra carne en su vulnerabilidad y debilidad, otra dimensión importante de la respuesta bíblica. Esta identificación con nosotros encuentra su expresión suprema en la *cruz*, donde Dios hizo suyo nuestro sufrimiento y experimentó las profundidades del dolor y la incertidumbre humanos, convirtiendo la agonía del Calvario en el medio de proveer perdón y gozo para todos los que creen.

A la luz de la resurrección, vemos el triunfo de Dios sobre todas las fuerzas del mal y la oscuridad. Además, por medio de la nueva vida en Cristo traída por el Espíritu Santo, entramos al reino de Dios y experimentamos en cierta medida los poderes de la era venidera cuando todas las fuerzas de destrucción desaparecerán. El hecho del cuerpo resucitado de Jesús es importante aquí, porque nos asegura que tenemos un Dios que siempre se identifica con nosotros en nuestro sufrimiento y vulnerabilidad humana. En momentos de dolor agobiante y tragedia que nos deja insensibles, Él sufre *con* nosotros; sus lágrimas se mezclan con las nuestras. Cuando no encontramos sentido o explicación a nuestro dolor, no obstante, podemos encontrarlo a Él, nuestro Dios humano, que se compadece, en medio de todo.

A la luz del regreso de Cristo, reconocemos que el orden presente de pecado y sufrimiento no es la realidad final. El mundo, como lo experimentamos actualmente, no puede proporcionar ningún punto de observación desde el cual se pueda juzgar su naturaleza. La fe cristiana vive con la esperanza segura del retorno de Cristo, cuando las injusticias y sufrimientos de la vida actual serán quitados y todas las cosas aparecerán bajo la luz de la revelación de Dios y del triunfo total de sus propósitos. G. C. Berkouwer, en un comentario sobre la teodicea, sugiere que la perspectiva primordial del cristiano es doxológica, la adoración de Dios por su triunfo sobre todos sus enemigos.

PASAJES BÍBLICOS

Gn 22.8; 45; Dt 8.18; 2R 19.28; Neh 9.6; Sal 76.10; 104.20s, 30; 115.3; 136.25; 145.15; Dn 4.3; Am 3.6; Mr 5.45; 10.29s; Lc 13.1–5; Hch 14.17; 17.28; Ro 8.28; Fil 2.13; Col 1.17; 1Ti 6.15.

PREGUNTAS

1. ¿En qué consiste la providencia de Dios? ¿Qué base bíblica hay para esta idea? Examine la importancia de creer en la providencia para la vida diaria.

2. Discuta lo correcto de la distinción entre la voluntad directiva y la voluntad permisiva de Dios.

3. ¿Cuál es el "problema del mal" y cuáles son los elementos para responder a este problema que derivan de: (a) la caída del hombre; (b) la encarnación; (c) la cruz; (d) el retorno de Cristo?

4. ¿Qué diría en respuesta a alguien que pregunta "¿Por qué no recibo respuesta a mis oraciones para sanar del cáncer?" o "¿Por qué permitió Dios que mi madre muriera en ese accidente?".

BIBLIOGRAFÍA

Arts. 'Suffering', 'Evil' en NDT.

G. C. Berkouwer, *The Providence of God* (Eerdmans, 1952).

J. Calvin, *Institutes of the Christian Religion*, 1. *Institución de la religión cristiana* (Fundación Editorial de Literatura Reformada, 1968).

H. Blocher, *Evil and the Cross* (Apollos, 1994).

D. A. Carson, *How Long, O Lord?* (IVP, 1990).

P. Helm, *The Providence of God* (IVP, 1993).

C. S. Lewis, *The Problem of Pain* (Fontana, 1957). *El problema del dolor* (Editorial Rayo, 2006).

J. S. Whale, *The Problem of Evil* (SCM, 1936).

APLICACIÓN

EL SER Y LA NATURALEZA DE DIOS

"Lo que se nos viene a la mente cuando pensamos acerca de Dios es lo más importante de nosotros". Así expresa A. W. Tozer el tremendo significado de la doctrina de Dios. En un sentido, su aplicación es inmediata y permanente; las convicciones que tenemos acerca de Dios afectarán todo en nuestra vida, si lo hemos visto realmente en la plenitud de su ser divino, Padre, Hijo y Espíritu, perfecto en gloria, señorío, santidad y amor.

HA DE SER ADORADO

Creer en la existencia de semejante Dios implica ser llamados a derramar nuestro ser ante Él en adoración, alabanza y acción de gracias, gozándonos en Él, bendiciéndolo; alegrándonos en su verdad, bondad, belleza, pureza y fidelidad; gloriándonos en su gracia, compasión, bondad y amor constantes; regocijándonos en su libertad soberana y su ilimitado poder; magnificándolo por su majestad y gloria; reconociendo en Él la realidad primordial, la verdad de toda verdad, el gozo de los gozos, el amor de los amores, Padre, Hijo y Espíritu, por siempre adorable Trinidad.

Creer en semejante Dios significa reconocerlo y adorarlo como el trino Dios, Padre, Hijo y Espíritu, eterna e indivisiblemente unidos, perfectamente relacionados, cada uno existiendo y operando en perfecta unidad con las otras personas, siempre uno, siempre tres;

significa reconocerlo y adorarlo en las indescriptibles riquezas y eterna belleza de su divinidad, al lado de la cual todos los demás sistemas de verdad son pálidas y efímeras sombras, ídolos patéticos, totalmente incapaces de compararse al Señor, el todopoderoso Salvador, aquel que es el único Dios.

En nuestra adoración necesitamos meditar en cada una de las perfecciones divinas y adorarlo por cada una de ellas.

Lo adoramos, Padre, Hijo y Espíritu, por la perfección de su gloria. Él es totalmente exaltado sobre todas las cosas, único Dios, en su majestad sin par. Gloria a su nombre.

Lo adoramos, Padre, Hijo y Espíritu, por la perfección de su señorío. Él es el excelso que se distingue de todo otro dios y señor, y afirma su gobierno sobre ellos. Gloria a su nombre.

Lo adoramos, Padre, Hijo y Espíritu, por la perfección de su santidad. Él es el Dios de augusta majestad, exaltado sobre todas las cosas, que se aparta de todo aquello que se le opone. Gloria a su nombre.

Lo adoramos, Padre, Hijo y Espíritu, por la perfección de su amor. Aquel que ha amado desde antes de la fundación del mundo, se digna inclinarse por su gracia para abrazar y redimir a la criatura pecaminosa que lo rechaza o se le opone. Gloria a su nombre.

La Escritura establece esta adoración tanto en la comunidad del pueblo de Dios reunido (Éx 4.31; 2Cr 29.28; 1Co 14.25; Ap 7.11) como en la esfera privada de la comunión personal con Dios (Gn 24.26s; Éx 34.8; Job 1.20), y habla del misericordioso ministerio del Espíritu Santo de Dios en cuanto a inspirar y dar libre curso a la adoración de su pueblo (Ro 8.26s; Ef 5.18; Flm 3.3).

HA DE SER SERVIDO

La única respuesta adecuada para tal Dios es servirlo. La adoración es parte de ese servicio, que se extiende a cada esfera de la vida.

Negativamente, el servicio a Dios implica renunciar a todo derecho sobre nosotros mismos y a entregarle enteramente nuestra voluntad (1Co 6.19; 2Co 5.15; Flm 3.7s; Stg 4.8; 1P 2.1s). Positivamente, significa reconocer que existimos por la voluntad de Dios para Dios, y por consiguiente debemos disponernos deliberadamente a vivir para su gloria y honor en cada esfera de nuestra vida. "Lo grande es esto: estamos consagrados y dedicados a Dios para que en adelante pensemos, meditemos y hagamos únicamente aquello que sea para su gloria" (Calvino).

HA DE SER PROCLAMADO

Parte de nuestra respuesta a Dios al revelarnos su ser y naturaleza es darlo a conocer en un mundo en el que es ampliamente desestimado y rechazado. El mundo no es neutral, sino que está lleno de ídolos, es decir, falsos objetos de adoración. Estos pueden ser líderes humanos, ideologías políticas, clases o grupos sociales, sistemas de pensamiento humanos, incluso agentes demoníacos. Estamos llamados a desafiar a estos usurpadores y hacer frente a estos falsos dioses en el nombre del Dios vivo y verdadero. Esto implica extender el conocimiento de Dios a través del mundo, tanto en sentido geográfico como cultural, mediante nuestras oraciones, la inversión de nuestros recursos y nuestro testimonio personal.

Esta proclamación de Dios no es solamente directa y verbal; también es indirecta y de obras. Implica vivir de tal manera que el Dios que proclamamos con nuestras palabras se manifieste en cada esfera de nuestra vida. Aquí necesitamos mencionar otra vez la provisión de Dios por medio del Hijo y del Espíritu para llevar lo que es una imposibilidad humana al campo de lo posible (Mt 28.19s; Jn 14.15s; Hch 1.8).

Estas tres aplicaciones del ser y la naturaleza de Dios son indisolubles: adorar a Dios es servirlo y proclamarlo; servir a Dios es proclamarlo y adorarlo; proclamar a Dios es adorarlo y servirlo.

LA CREACIÓN

El hecho de que Dios sea creador tiene consecuencias prácticas.

1. *No debemos rechazar el mundo.* El mundo es de Dios, procede de Él. Desde luego que está profundamente dominado por el pecado; pero el pecado no lo ha arrancado de las manos de Dios ni lo ha vuelto totalmente ajeno a Él. Por consiguiente, debemos rechazar la idea de que la existencia en espacio y tiempo no tiene valor, que desde una perspectiva cristiana no tienen sentido los esfuerzos humanos, los intereses culturales, la creatividad artística, el trabajo político o social, los logros deportivos, etc., o que hay algo inherentemente indigno en la sexualidad humana. Tal negación del mundo refleja la falta de reconocimiento de Dios como creador o, alternativamente, una separación errónea entre el Dios de la

creación y el Dios de la redención. "A Dios le gusta la materia; él la inventó" (C. S. Lewis).

2. *No debemos idolatrar el mundo.* El mundo procede de Dios, pero no es Dios mismo. Está implicado en los efectos de la caída y, en consecuencia, no debemos sobrevalorarlo. Nuestra lealtad primordial debe ser reservada para Dios mismo, a quien buscamos más allá de las realidades de seres creados, aunque a veces lo podamos encontrar en el ámbito de las criaturas. Por esta razón, el mundo jamás puede satisfacernos definitivamente. Fuimos creados por Dios para Dios, y por eso, en las palabras frecuentemente citadas de Agustín, "nuestro corazón no descansa hasta encontrar la paz en ti". Entonces, si nuestra experiencia de la vida en el mundo no es definitivamente satisfactoria, si el éxito nos elude, si por alguna circunstancia trágica perdemos la capacidad de apreciarlo, o el arco de nuestra vida en él se ve amenazado, no debemos venirnos totalmente abajo. Dios mismo es nuestra meta y satisfacción; conocerlo aquí y en el futuro es la realización máxima de nuestra existencia.

3. *Tenemos que usar el mundo.* Dios creó el mundo para su propio fin, como el "escenario de su gloria". En este mundo de espacio y tiempo, se ha encarnado y ha manifestado su gloria, y hacemos bien en usar el mundo en ese mismo sentido, adorando, sirviendo y proclamando a Dios a lo largo de nuestras vidas terrenales.

Esta perspectiva cristiana es la base para una correcta apreciación del mundo, para una mayordomía respetuosa de sus recursos, un reconocimiento claro de sus limitaciones, y una vida gozosa, agradecida y libre dentro de ella para la gloria de Dios el Creador

LA PROVIDENCIA

1. La providencia de Dios implica que Él tiene su mano sobre todos nuestros asuntos. No estamos a merced de fuerzas impersonales arbitrarias, sino que en todo en la vida confrontamos a Dios mismo: Padre, Hijo y Espíritu. Por consiguiente, conviene identificar explícitamente los muchos beneficios y las bendiciones particulares que Dios nos extiende, para darle gracias por ello.

La meta suprema de la actividad providencial de Dios, como la de su actividad creadora y redentora, es su gloria y nuestro bien. Más específicamente, Él busca nuestra santificación, tanto individual como colectiva, en la familia, la sociedad, la iglesia, y también la extensión del evangelio y de su reino. Estas metas explican su manera de tratarnos. En ellas Dios usa comúnmente causas secundarias como nuestro "molde natural" de personalidad, las actividades e intereses de los miembros de nuestra familia, los vecinos o compañeros de trabajo, el marco físico, social y económico de nuestra vida, así como también otras intervenciones más directas.

Como Dios obra en su providencia por medio de todos estos factores, no debemos confinar nuestro reconocimiento de su actividad en nuestra vida a los momentos más críticos de decisión; a la vez, tampoco debemos referir continuamente esos factores secundarios de todos los días a la intervención *directa* de Dios. Más bien aceptamos la vida como venida de Él, y con tranquila confianza nos disponemos a vivirla para su gloria, creyendo que en todas las cosas estamos en sus manos y que aquel que nos ha creado y redimido está cumpliendo su propósito en nosotros por medio del ordenamiento diario de nuestra vida.

2. La providencia de Dios debe tener un efecto humillador al enseñarnos que nuestras vidas son totalmente dependientes; por consiguiente, debe disminuir el orgullo por nuestros poderes y logros, a medida que vamos descubriendo nuestra total dependencia de su gobierno y sostén providencial.

3. La providencia de Dios es un profundo consuelo frente a aquellas dificultades y dolores que no se pueden atribuir en ninguna medida a nuestra estupidez o perversidad, ya que no hay ninguna circunstancia de prueba o de tragedia que Dios no la haya permitido soberanamente. Aquel que está interesado en el ciclo de vida de un gorrión, se halla profundamente involucrado en la vida y las circunstancias de aquellos a quienes ha hecho objetos especiales de su amor. Por lo tanto, podemos vivir con confianza incluso frente a tales dificultades, seguros de que la providencia paternal de Dios ha permitido esas cosas para nuestro bien y su gloria, de modo que Él nos sostendrá y cuidará frente a ellas. Aunque estas afirmaciones inevitablemente parecerán trilladas para algunos que se encuentren experimentando agudos sufrimientos, están apoyadas por el testimonio de las Escrituras y confirmadas por la experiencia del pueblo de Dios a través de los siglos.

4. La creencia en la providencia de Dios debe ayudarnos a ver nuestras épocas de júbilo y de éxito en perspectiva, como dones de Dios antes que como simples productos de nuestros propios poderes o capacidades. Esto también nos preparará para la posibilidad de que más tarde nos sean quitados, si así lo considera conveniente Dios en su amante sabiduría.

5. La providencia de Dios nos da seguridad en este mundo inseguro y a menudo violento. El Señor está entronizado sobre todas las fuerzas militares, económicas, políticas y sociales de nuestra generación, y sus propósitos predeterminados y eternos se hallan madurando a través de todo eso. Nada se encuentra fuera de control, ni lo estará. Por consiguiente, podemos vivir día tras día sabiendo que las manos que sostienen nuestra vida son las mismas que soportan todas las cosas.

6. La providencia de Dios significa que el triunfo definitivo de sus propósitos es cosa segura. Todas las fuerzas de oposición a Él, el pecado y el mal, la corrupción y la injusticia, la avaricia y la explotación, y todo lo demás están refrenadas por Dios, mantenidas a raya por su gobierno providencial, y en fin de cuentas su importancia es apenas temporal, no importa lo impresionante que puedan parecer al presente. Él ha señalado un día en que la gloria de su gobierno se manifestará a través de todo el universo, y todo lo que se le opone está destinado al juicio y a la exclusión perpetua de su presencia.

7. El reconocimiento de la providencia de Dios no nos libera de la necesidad de aceptar la responsabilidad personal de nuestras vidas. Las Escrituras enseñan claramente que aunque Dios es el Señor de todas las cosas, nosotros somos responsables ante Él de todo lo que somos y hacemos. Por consiguiente, debemos tener el debido cuidado en todas las decisiones que tomamos, y buscar conscientemente actuar y encaminar nuestra vida lo más cerca que podamos a lo que logramos discernir como la voluntad de Dios para nosotros.

La respuesta cristiana a la providencia de Dios, por tanto, no debe expresarse en un retiro en contemplación pasiva de las responsabilidades humanas o del compromiso con los problemas que enfrenta nuestro mundo y nuestra sociedad inmediata. Más bien, el cristiano que acepta estas responsabilidades tiene la inmensa seguridad de que los valores justos, puros y piadosos que persigue en el mundo diario son reflejo de la esencia del Señor que gobierna y ordena todas las cosas; y además, a pesar de la inmensidad de muchos de los problemas que nos confrontan, estos valores están destinados a prosperar sin oposición en la nueva era del gobierno de Dios que ha de venir.

PARTE 3

La humanidad y el pecado

9

LA ESENCIAL NATURALEZA HUMANA

LA PREGUNTA PERENNE

"¿Qué es el hombre?", preguntó hace siglos el salmista (*cf.* Sal 8.4). Hoy en día esta pregunta sigue atormentándonos, porque a pesar de los avances enormes en la tecnología de nuestra época y el tremendo incremento en nuestro conocimiento de la especie humana a niveles biológico, químico y psicológico, aparentemente no nos acercamos todavía a una respuesta definitiva.

Existe algo que podemos afirmar con confianza: como nunca, la humanidad es una especie en peligro de extinción. Aunque hayamos salido de la Guerra Fría con su amenaza de un holocausto nuclear, la sobrevivencia a largo plazo de nuestra raza sigue siendo problemática. La posibilidad de destrucción nuclear no ha desaparecido a pesar de reducciones grandes en armamentos nucleares de parte de los super-poderes anteriores. Los niveles de población siguen incrementándose de forma alarmante, hecho que se traducirá en más demanda sobre los recursos limitados de alimentos. Nuevos virus mortíferos ya han infligido una gran pérdida de vida humana en muchas partes del mundo. La crisis ecológica continúa en aumento, a pesar de conferencias internacionales para ponerse de acuerdo acerca de los límites de las formas de contaminación más amenazantes. Además están reemplazando las antiguas polaridades de la Guerra Fría con nuevos bloques de poder que se reúnen alrededor de las civilizaciones globales, lealtades movidas frecuentemente por lazos fanáticos de etnicidad y religión. El "valiente mundo nuevo" queda como una quimera recurrente.

En este tiempo de incertidumbre, las preguntas más importantes de la antropología todavía esperan una respuesta: ¿Quiénes somos? ¿De dónde venimos? ¿Qué sentido tiene nuestra vida? ¿Hay alguna importancia en la lucha humana de siempre? Y ¿qué del futuro: a dónde vamos? Notablemente, los antropólogos seculares han fallado en producir respuestas, y a raíz de su fracaso total, han puesto en alto relieve la relevancia de la respuesta cristiana. Porque "la humanidad nunca alcanza un conocimiento claro de sí mismo a menos que primeramente mire a Dios, y luego de contemplarlo, comience a estudiarse a sí mismo" (Calvino). Podemos claramente entendernos a nosotros mismos sólo a la luz de Dios y de su propósito para la humanidad, es decir, a la luz de la revelación divina.

Para las Escrituras, los seres humanos son incuestionablemente criaturas de Dios (*cf.* Gn 1.26; 2.7s; 21s; Sal 8.2; Hch 17.26, 28; etc.). No nos hemos hecho nosotros mismos, ni somos el producto de algún proceso cósmico fortuito. Sea lo que fuere cierto acerca de nosotros, cualquiera fuere la forma en que describamos la relación entre el acto creador de Dios y los procesos causales del nacimiento humano, he aquí lo fundamental de la Biblia: todo hombre y mujer existen únicamente porque Dios los ha creado. Las Escrituras afirman eso en toda su extensión (Gn 5.1s; Sal 139.13s; Ec 12.1; Mal 2.10; Mt 19.4; Ro 1.25; Stg 3.9; 1P 4.19).

En el caso de Adán el proceso fue un acto creador especial con dos aspectos: *Y Dios el Señor formó al hombre del polvo de la tierra, y sopló en su nariz hálito de vida, y el hombre se convirtió en un ser viviente* (Gn 2.7). La acción doble de Dios corresponde a los dos aspectos de la naturaleza del hombre: lo físico y lo espiritual. Sin embargo, conviene no separar en forma demasiado tajante esos dos aspectos. Somos una unidad de cuerpo y espíritu; los dos aspectos se interrelacionan de una manera muy profunda (ver "Unidad de la persona" pp. 148–149). Eva fue hecha de Adán en un acto creador adicional (Gn 2.21), lo que destaca la complementariedad fundamental del hombre y la mujer. Aunque las generaciones posteriores reciben la vida obviamente de una manera diferente de Adán, en última instancia nuestra situación no es diferente de la suya (*cf.* "Una creación constante", p. 111), porque debemos nuestra existencia totalmente a Dios. Las Escrituras retienen un adecuado sentido de admiración y misterio con respecto al surgimiento de la vida humana (Sal 139.13ss; *cf.* Job 10.8–12).

En la creación, el hombre fue dotado por Dios de una dignidad especial, fue designado gobernante del mundo bajo la autoridad de Dios, llamado a poseerlo y dominarlo, y a gobernar a las demás criaturas (Gn 1.27–2.3; *cf.* Sal 8.5s). Nuestra actual situación caída no nos debe volver ciegos frente a nuestra dignidad y exaltación originales.

LA HUMANIDAD EN RELACIÓN CON DIOS

EL ORIGEN DE LA VIDA

Aquellos que niegan un Creador explican el surgimiento de la vida en la tierra en términos del azar. En algún charco primitivo, a lo largo de un vasto espacio de tiempo, una serie particularmente compleja de reacciones y combinaciones eventualmente produjo el protoplasma con propiedades que permitieron que se definiera como "viviente". Los experimentos destinados a reproducir estas condiciones han planteado el problema de si la vida puede ser "producida" en un tubo de ensayo y qué consecuencias tendría eso para la doctrina cristiana de la creación. Sin embargo:

1. Los científicos no están de acuerdo en la posibilidad real de lograr esto alguna vez.

2. Incluso si eso se consiguiera, aparentemente no implicaría ninguna contradicción fundamental con las enseñanzas bíblicas. Evidentemente Dios nos permite percibir sus pensamientos por medio de su autorrevelación e imitar su obra creadora en otros aspectos, por ej., en la producción de nuevas variedades de plantas y animales.

3. Mucho depende de lo que aquí se considere "vida".

4. Las probabilidades que entran en juego en la producción de vida en el planeta "por casualidad" son asombrosas. Un destacado bioquímico y antiguo presidente de la Sociedad Científica Real ha expresado esta improbabilidad llamando al origen de la vida en la tierra el "evento más improbable en la historia del universo" (M. Dixon). Frente a esto, la creencia del cristiano en una creación determinada por la voluntad de un Creador inteligente exige claramente menos esfuerzo a nuestra credulidad.

EL ORIGEN DE LA HUMANIDAD

El problema del origen del hombre ha producido controversia vital y, a veces, encarnizada en los últimos doscientos años. En particular, la publicación del *Origen de las especies*, de Darwin (1859), hizo que el desacuerdo candente entre el relato religioso y el biológico llegara a un punto decisivo. Comenzamos afirmando la total inspiración y la autoridad divina de los pasajes bíblicos concernientes a la creación (Gn 1.20–2.9), y al tratar de interpretarlos nos hacemos dos preguntas: ¿Qué género literario es este? ¿Cuál fue la intención del autor humano?

El punto contencioso ha sido la relación entre estos pasajes y la teoría de la evolución. La evolución orgánica se puede definir en forma general como "la derivación de las especies a partir de diversas especies preexistentes, por un proceso de descendencias con modificaciones". Podemos distinguir cuatro enfoques comprensivos de esta teoría:

1. *El evolucionismo* concede a la teoría de la evolución una explicación total del origen del hombre y rechaza cualquier referencia a la actividad de algún Creador. No debemos ceder ni un milímetro de terreno a este darwinismo ampliado.

2. *El creacionismo directo* cree que la humanidad se ha originado como lo describe Génesis 2.7s; Adán fue hecho del polvo y Eva de su costilla por actos de creación divina especial. Las evidencias paleontológicas con relación al desarrollo dentro de las especies, y la relación de la humanidad con este proceso se explican mediante diversos argumentos: la "teoría del diluvio" sostiene que las repercusiones catastróficas del diluvio de Noé explican los materiales fósiles; la "teoría de los vacíos" sostiene sobre la base de Génesis 1.2 que el acto inicial de creación fue seguido de una catástrofe global que explica las realidades geológicas observadas actualmente, y a su vez esto fue seguido de un nuevo acto de creación que produjo vida en la tierra como la vemos ahora.

3. *El creacionismo progresivo* sostiene que Génesis 1 registra en forma de un bosquejo general los actos creadores sucesivos de Dios; el universo es llevado mediante sus diversas etapas desde el acto inicial *ex nihilo* (Gn 1.1) hasta la aparición de la humanidad (Gn 1.27), la que se considera una etapa nueva y particular de la creación divina. Este punto de vista reconoce cierto desarrollo

evolutivo entre las especies principales, y los vacíos entre ellas indican sucesivos actos creadores; estos pueden no haber ocurrido en el orden preciso de Génesis 1 que, de cualquier manera, difiere de Génesis 2.

4. ***La evolución teísta*** acepta la teoría de la evolución como una explicación general de cómo obró Dios al crear el mundo y producir la vida en él. Con relación al surgimiento del hombre, sin embargo, postula algún factor por medio del cual un antropoide particular fue separado y elevado a un nuevo nivel de conciencia y a una relación especial con Dios.

Al evaluar estos planteamientos, tenemos que considerar los siguientes puntos:

1. Nada debe poner en tela de juicio la creación "de la nada". Considerando los enfoques tres y cuatro, e incluso el dos en cierta medida, tenemos que pensar en términos de un acto inicial de creación de la nada por medio del cual surgió la materia prima del universo. Ello fue seguido de un proceso divinamente orientado, posiblemente interrumpido por otros actos creativos primarios por medio de los cuales se formó el universo que conocemos actualmente. La culminación de este proceso fue la creación especial de la humanidad, ya sea como un producto totalmente nuevo, o por alguna transformación crítica de una criatura ya existente.

2. Aquí el dogmatismo es inapropiado, a menos que podamos demostrar que las Escrituras requieren necesariamente alguna interpretación particular. Expositores bíblicos de indudable probidad, inteligencia y fe apoyan los planteamientos dos, tres y cuatro mencionados arriba; esto habla a favor de una adecuada comprensión entre los cristianos de diferentes convicciones. Aquí tampoco cabe el dogmatismo de parte de la ciencia, pues la evolución sigue siendo una teoría, que en principio es factible de ser reemplazada por otra más adecuada.

3. Los seres humanos se distinguen de todos los demás animales por su naturaleza trascendente. Nuestros poderes racionales, nuestra conciencia moral, la búsqueda de la belleza, el uso del lenguaje, el temor a la extinción, y la percepción espiritual son todos factores que apoyan las afirmaciones bíblicas acerca de nuestra singularidad dentro de la creación. Algunos eruditos cristianos más recientes,

vinculados al mundo científico, consideran que las bases científicas para la evolución son francamente sospechosas en diversos puntos y que el creacionismo directo no sólo concuerda con la Biblia, sino que no necesita entrar en conflicto con la investigación científica más rigurosa acerca del origen del hombre.

4. Para muchas personas, el efecto de la interpretación evolucionista ha sido la reducción del sentido del propósito divino en la creación, y lo ha vuelto a poner dentro de un proceso aparentemente arbitrario propulsado por una habilidad inherente de ciertas especies en particular de adaptarse a los desafíos de su medio ambiente y superarlos. Sin embargo, existen pensadores cristianos que, mientras rechazan necesariamente "el punto de vista total" del evolucionismo, no consideran que una forma modificada de la teoría evolucionista sea adversa en principio a la noción del propósito divino. Por ejemplo, el así llamado "principio antrópico" reconoce la enorme improbabilidad de que la vida humana haya aparecido en esta planeta por pura casualidad. Argumenta que la vida surgió y los humanos aparecieron porque una serie de sucesos físicos y químicos impulsados por un propósito crearon las condiciones dentro de las cuales tal desarrollo llegó a ser posible.

5. Un problema relacionado se refiere a la antigüedad de la humanidad. Esta interrogante surge por las genealogías en el Génesis que relacionan a Adán con Abraham e Israel (Gn 5.1–32; 11.10–27) y llevaron al arzobispo Ussher, en el siglo XVII, a ubicar la creación en el año 4004 a.C. Sin embargo, dichas genealogías han demostrado no ser estrictamente relaciones de padre e hijo. Son condensaciones de generaciones e, incluso, en algunos puntos pueden referirse a dinastías enteras, que a su vez serían una clave para las edades extraordinarias atribuidas a los antediluvianos. Esto significa que Adán y Eva pueden situarse ya sea muy temprano en la escala de tiempo geológico o comparativamente tarde, dependiendo de lo que se ajuste mejor a la evidencia paleontológica y bíblica.

Por otra parte, por supuesto, la evidencia paleontológica en conjunto puede ser cuestionada, como es la opinión de algunos científicos. En ese caso no podía haber ninguna tensión esencial entre los puntos de vista bíblicos y científicos.

6. A fin de cuentas, mucho depende de la forma en que interpretemos Génesis 1–3. ¿Es un mito religioso? ¿Es una descripción francamente histórica, o incluso científica? Una interpretación "religiosa", no histórica, obviamente disminuye el conflicto con las teorías de la evolución aceptadas; tal planteamiento no carece de sinceros defensores cristianos, pero tiene sus dificultades. Resta valor a las referencias sobre el espacio y el tiempo de Génesis 1–3; por ej., la ubicación bastante precisa del Edén (Gn 2.8–14) y la relación histórica de Adán con Abraham y Cristo (Gn 10.1–11, 32; Lc 3.23–38; Hch 17.26). En otras palabras, no hay una ruptura perceptible en la narrativa entre Génesis 1–3 y 4s, o entre Génesis 1–11 y 12s. Además, Génesis 1 y 2 representan un mundo perfecto donde entran posteriormente el sufrimiento, la muerte y el mal como resultado de la desobediencia de Adán. Debemos notar, sin embargo, la presencia de lo que vimos anteriormente como elementos "semipoéticos" en el lenguaje de los tres primeros capítulos de la Biblia. Los cuatro ríos en 2.10–14 representan para algunos un símbolo de la plenitud de agua que da vida, y la exclusión del Edén de los humanos en 3.24, una parábola actuada de la realidad espiritual de la separación humana de Dios debido a su caída.

   En todo esto no debemos olvidar el orden particular de estos sucesos, ubicados en los comienzos de la historia. Nuestra experiencia está decididamente limitada por el pecado y la caída, pero estos acontecimientos están fuera de ese límite. Obviamente hay cierto grado de continuidad: Adán y Eva fueron los mismos después de la caída; pero hay que tener mucho cuidado en asegurar lo que Génesis 1–3 debe o no significar.

7. Finalmente, debemos asegurarnos de que la discusión sobre estos temas no nos prive de las grandes realidades bíblicas centrales; es decir, que la humanidad es creación de Dios, está puesta en el mundo de Dios, se halla singularmente relacionado con Él, y tiene una responsabilidad especial sobre el orden creado.

LA IMAGEN DE DIOS

Se dice que el hombre ha sido creado "a imagen de Dios" (Gn 1.27). El Nuevo Testamento usa la frase en relación con Jesucristo (2Co 4.4; Col 1.15; *cf.* Heb 1.3), y los creyentes cristianos están destinados a compartir la imagen divina por medio de su unión con Cristo (Ro 8.29; 1Co 15.49b; Col 3.10).

La creación a imagen de Dios distingue al género humano de todas las demás formas de vida. Las interpretaciones tradicionales de la "imagen" se refieren a características tales como el conocimiento humano, la conciencia moral, la perfección moral original y la inmortalidad. Algunos eruditos argumentan a favor de un significado físico de la imagen (*cf.* el uso en Gn 5.3), pero el hecho de que Dios es espíritu va en contra de esa interpretación. Otras posibilidades que se han discutido son la presunta constitución trinitaria del género humano (así Agustín, encontró el vestigio de la Trinidad en la memoria humana, el entendimiento y la voluntad), o la imagen como dominio humano (Gn 1.26–28) esperando la renovación de ese dominio en el reino de Dios a través de Cristo, la encarnación de la imagen (*cf.* Heb 2.5–9). Una interpretación más reciente ha hablado de la naturaleza social de la imagen: la experiencia humana de estar en comunidad reflejando el estado de comunidad de Dios. Barth extendió esta interpretación de manera específica a la relación hombre-mujer; (*cf.* Gn 1.27): *Y Dios creó al ser humano a su imagen [...] Hombre y mujer los creó.*

Hay una diversidad de puntos de vista sobre la manera en que la imagen ha sido afectada en la caída. Ireneo (*ca.* 130–200) distinguía entre la "imagen" (heb. *tsélem*), la que identificaba con la razón humana y la libertad moral, y la "semejanza" (heb. *demuth*), identificada con la rectitud original, y pensaba que sólo la "semejanza" se había perdido con la caída. Durante el período medieval se aceptó esta interpretación y contribuyó a su concepto fundamentalmente optimista de la naturaleza humana.

Sin embargo, Lutero vio que Génesis 1.26 era un caso de paralelismo hebreo, es decir, "imagen" y "semejanza" eran sinónimos; lo que valía para uno de los términos, valía para el otro. Por consiguiente, la imagen de Dios se ha perdido totalmente y sólo puede ser restaurada mediante la regeneración por el Espíritu Santo.

Sin embargo, la Biblia no se refiere en realidad a una pérdida *total* de la imagen de Dios y, efectivamente, en varios lugares usa la frase en forma general para referirse a la humanidad caída (*cf.* Gn 9.6; 1Co 11.7; Stg 3.9). En consecuencia, Calvino hablaba de los "vestigios" de la imagen de Dios en la humanidad caída, que si bien no ofrecen ninguna base para la justificación de los seres humanos, sin embargo los distinguen de la creación bruta y explican los indudables dones y logros de los no cristianos. Los eruditos holandeses de la tradición reformada, como A. Kuyper (1837–1920) y H. Bavinck (1854–1921), hablaban en relación con esto de "gracia común [es decir, universal]" por medio de la cual Dios en su misericordia limita los peores efectos de la caída y hace que la vida social sea tolerable para la humanidad.

Sin embargo, la perspectiva bíblica total abarca también el gozoso reconocimiento de la gracia de Dios en Cristo, por medio de quien la imagen de Dios será plenamente restaurada en todos los que creen.

LA HUMANIDAD CON RELACIÓN A SÍ MISMA: LA NATURALEZA DE LA HUMANIDAD

La Biblia distingue varios aspectos en la naturaleza del ser humano: el espíritu (heb. *ruakh*, gr. *pneuma*), el alma (heb. *nefesh*, gr. *psyche*), el cuerpo (sólo en el NT, gr. *soma*), la carne (heb. *basar*, gr. *sarx*). También hay referencias, especialmente en el Antiguo Testamento, a algunos órganos, como el hígado (heb. *kabed*), y las entrañas (heb. *meim*), que están particularmente asociados con ciertas emociones humanas. En las Escrituras, el "corazón" (heb. *leb*, gr. *kardía*) se refiere generalmente a la persona completa entendida desde el punto de vista de su centro de gobierno, la persona esencial, más bien que a la naturaleza emocional como se usa en lenguaje español actual. Hay tres asuntos teológicos que deben considerarse.

¿DICOTOMÍA O TRICOTOMÍA?

Se ha discutido sobre si la persona humana se compone de cuerpo y alma (dicotomía) o de cuerpo, alma y espíritu (tricotomía). Los dicotomistas apelan al hecho de que los términos alma y espíritu son intercambiables en las Escrituras (*cf.* Mt 6.25; 10.28; Lc 1.46 con Ec 12.7; 1Co 5.3, 5). Morir es "salírsele el alma" (Gn 35.18) y "encomendar el espíritu" (Sal 31.5; Lc 23.46); a los muertos se les llama tanto "espíritus" (Heb 12.23) como "almas" (Ap 6.9). Los tricotomistas ponen particular énfasis en Hebreos 4.12 y 1 Tesalonicenses 5.23; sin embargo, ninguno de los dos versículos es concluyente. Hebreos 4.12 dice: *[...] la palabra de Dios [...] penetra hasta lo más profundo del alma del espíritu [...]*, es decir, la Palabra de Dios pone a la persona al descubierto desde cualquier ángulo que se lo considere (*cf.* v. 13); 1 Tesalonicenses 5.23 declara el poder de Dios para santificar a la persona *completa*.

Algunos, incluso Juan Wesley, han postulado que la persona humana es una dicotomía antes de la regeneración, y una tricotomía después de ésta, pero es dudoso que el nuevo nacimiento imparta un nuevo elemento a nuestras personas. Esta posición puede estimular el corolario de que el "tercer elemento" que hay en la naturaleza del creyente es Dios el Espíritu Santo mismo. Teológicamente es una idea precaria, ya que implica la afirmación casi blasfema de que "poseemos a Dios" como parte nuestra; pastoralmente es peligrosa, ya que el individuo puede afirmar sobre esta base que las emanaciones de su espíritu son emanaciones del Espíritu de Dios y así prescindir de las represiones necesarias de las Escrituras y de la iglesia.

Unidad de la persona

Hoy en día el asunto de la dicotomía/tricotomía ha sido abandonado y reemplazado por un énfasis en la *unidad* de la persona. Según las Escrituras, yo no consto de "partes", ya sean dos o tres, sino que soy una unidad psicosomática. Los términos que usa la Biblia, ya sean "cuerpo", "alma", "espíritu", "corazón" o "mente", son sencillamente diferentes maneras de mirar a la persona. Es significativo que las palabras traducidas por "alma" (heb. *nefesh*, gr. *psyche*), aunque a veces se hace referencia a ellas para distinguirlas del cuerpo (1R 17.22s; Lc 16.22s), generalmente se refieren a la persona total (Jos 10.28ss; 1R 19.14; Mt 6.26; Hch 27.37).

Esta unidad bíblica se ve con mayor claridad cuando se compara con el pensamiento griego. Platón veía a la persona humana como dos partes separadas, el cuerpo y el alma; al morir, el alma quedaba en libertad, la chispa de vida divina del hombre pasaba de su vida sombría en la prisión del cuerpo al mundo real más allá de la disolución física. Por contraste, la visión hebrea de la vida más allá de la muerte es la resurrección del cuerpo; podemos entrar a la vida verdadera sólo como seres corpóreos.

Sin embargo, conviene hacer otras observaciones:

1. Aunque nuestra vida real es corpórea, esto no implica que el cuerpo sea absolutamente esencial a nuestra autoexpresión. El Nuevo Testamento, y Jesús en particular, conciben una vida para el hombre ajena a su cuerpo (Mt 10.28; Lc 16.19–31; 23.43). Esto tiene importantes consecuencias para el estado intermedio de los creyentes, entre su muerte física y el retorno de Cristo, cuando recibirán su cuerpo resucitado. Sin embargo, este estado incorpóreo

no es lo ideal (2Co 5.1–10). La meta cabal y correcta para los creyentes se alcanza al regreso de Cristo, *[...] Él transformará nuestro cuerpo miserable para que sea como su cuerpo glorioso [...]* (Fil 3.20s).

2. Nuestra metal final radica en nuestra relación con Dios en un nivel moral y espiritual. Aunque esta relación tiene importancia para nuestra vida en todos sus niveles, incluso el corporal y el social, y también posee una promesa para la renovación definitiva de toda nuestra existencia, estas dimensiones no son de la esencia de la relación. Por eso la regeneración no incluye necesariamente consecuencia alguna para nuestros cuerpos en el presente (*cf.* 2Co 12.7s; 2Ti 4.20; etc.), como tampoco para nuestro rango social o político (1Co 7.17–24).

ORIGEN DEL ALMA

Los debates tradicionales han explorado cómo y en qué punto del proceso del nacimiento entra el alma al ser. Este tema ha vuelto a surgir en el debate del aborto. Se han defendido tres posiciones distintas.

1. *Pre-existencia.* Algunos autores han sostenido que el alma existe aun antes del momento de la concepción. Orígenes (*ca.* 185–*ca.* 254) enseñó algo como esto y aparece en la "Oda a la Inmortalidad" de Wordsworth. Esta teoría altamente fantástica no tiene base bíblica.

2. *Creacionismo.* Los creacionistas afirman que Dios crea directamente el alma de cada individuo en algún punto del proceso de nacimiento. Los textos que se presentan en favor de esta idea no son concluyentes (Ec 12.7; Zac 12.1; Heb 12.9, como también Gn 2.7).

3. *Traducianismo.* Este tercer punto de vista enseña que el alma se hereda de los progenitores humanos junto con el cuerpo, sin que haya ningún acto creador de almas adicional de parte de Dios. En apoyo de este planteamiento, se citan Génesis 2.21, Hechos 17.26, Hebreos 7.9–18, y la enseñanza bíblica acerca de la solidaridad de la especie humana en el pecado (*cf.* Ro 5.12ss).

Estas tres posiciones tradicionales son fundamentadas sobre el supuesto de la distinción fundamental entre el alma y el cuerpo. Hoy en día, el conocimiento más grande del sentido de la unidad de la persona humana encontrado en la Biblia ha reducido la intensidad del debate, puesto que alma y cuerpo se ven más como maneras diferentes de referirse a la persona humana esencial. Sin embargo, cierto sentido de distinción sigue siendo apropiado (*cf.* la referencia de Jesús a que matar al cuerpo es distinto de matar el alma Mt 10.28). También es significante al dar sentido a la esperanza del cristiano que se halla en el estado intermedio (ver "El estado intermedio", pp. 410–412), antes del don de la resurrección del cuerpo cuando regrese el Señor.

LA HUMANIDAD CON RELACIÓN A SU PRÓJIMO

UN ANIMAL SOCIAL

Antes de la caída, Dios declaró *[...] No es bueno que el hombre esté solo [...]* (Gn 2.18). A Eva se le trajo a Adán como complemento y compañera humana; en consecuencia, desde el comienzo "el hombre fue creado como ser social" (Calvino). Esto bien puede reflejar la propia naturaleza de Dios, la divina sociedad eterna de la Trinidad. Esta perspectiva se mantiene a lo largo de toda la Biblia. Toda la historia de las Escrituras gira alrededor de una nación (Israel) y de una comunidad (la iglesia). Aunque la dimensión individual es decisiva en todo sentido, la visión básica de Génesis 2.18 se apoya y llega a su clímax en la santa ciudad, la nueva Jerusalén, al retorno de Cristo (Ap 21). La pregunta de Caín, *[...] ¿Acaso soy yo el que debe cuidar a mi hermano?* (Gn 4.9), recibe un "sí" rotundo en las Escrituras. No estamos solos, ni siquiera fuimos destinados para estar solos; fuimos hechos por medio de nuestro prójimo humano, con él y para él.

HOMBRE Y MUJER

Además de afirmar que la esencia de la vida humana bajo el mandato de Dios es corporativa, la relación de Adán y Eva expresa la conveniencia divina de la diferencia de género (la humanidad como la criatura de Dios existe en la distinción y vida en común de masculino y femenino). El reconocimiento de esto y la exploración de sus implicaciones nos lleva a lo que algunos observadores consideran *el* tema antropológico de nuestro tiempo. Luego de muchos largos siglos durante los cuales la suposición de la superioridad masculina había seguido mayormente indisputable, y la dominación del varón y la explotación de la mujer había sido aceptada como norma en prácticamente toda sociedad conocida, nuestro período ha sido testigo de un despertar sin precedente de la autoconsciencia femenina juntamente con la voluntad de no permitir que las antiguas inequidades y explotaciones continúen. El surgimiento del feminismo ha tenido muchos impulsos que han contribuido a ello, y se ha desarrollado dramáticamente desde la Segunda Guerra Mundial. Su impacto en el Tercer Mundo es todavía irregular, pero en la sociedad occidental su efecto ha sido revolucionario. Hoy en día, las mujeres, como nunca antes en la larga historia humana, están demandando ocupar su lugar correcto como socias completas e iguales (y, en caso del feminismo radical, en algunos sentidos "superiores") del varón en la comunidad humana. Aunque varía el grado en el cual se ha logrado, el feminismo ha impactado todos los sectores de la vida, incluyendo la iglesia.

Los cristianos no pueden sino sentirse agradecidos por la afirmación de la dignidad e igualdad verdaderas que el movimiento feminista ha representado, así como con la llamada al arrepentimiento de actitudes y prácticas jerárquicas y explotadoras. Sin embargo, algunas de sus expresiones más radicales claramente tuvieron efectos menos optimistas, tal como, en algunos casos el debilitamiento del compromiso con el matrimonio y la familia, el reforzamiento de la posición en favor del aborto, y la adopción del antiguo culto a una diosa pagana.

Cristianos que aman la Biblia siguen debatiendo las cuestiones planteadas por este movimiento. Como siempre, la pregunta crítica es: ¿qué enseña la Biblia? Quizás no nos sorprende que al reunir el material bíblico las discusiones no llegan a una conclusión simple; sin embargo, necesariamente es dónde tenemos que comenzar.

En términos generales, podemos distinguir dos puntos en lo que dicen las Escrituras acerca de la relación entre el hombre y la mujer.

1. **La mujer y el hombre son esencialmente y en forma irreductible iguales en cuanto a dignidad, valor y rango.** Para Adán, Eva es *[...] hueso de mis huesos y carne de mi carne [...]* (Gn 2.23). Esta igualdad no es simplemente biológica, porque su Hacedor la describe como una *[...] ayuda adecuada [...]* para él (Gn 2.18), lo que significa "igual y adecuada para él". "La mujer es un ser colaborador en quien, apenas la ve, el varón se reconoce a sí mismo" (Delitzsch). No hay ninguna insinuación de inferioridad; la mujer no es la esclava ni la subordinada del hombre, sino que está en toda su integridad a su lado, ante Dios. En la Biblia su dignidad intrínseca

se percibe con más claridad en los evangelios. Jesús confirió igualdad instintivamente a las mujeres con quienes se encontraba y a las que ministraba, lo que es una de las características más sorprendentes y revolucionarias de su ministerio (Lc 7.36–50, 8.1–3; Jn 4.1–30; 8.1–11; 12.1–8). La afirmación más clara de esta igualdad está en Gálatas 3.28: en Cristo "no hay hombre ni mujer"[15].

2. ***El hombre y la mujer son complementarios en algunos aspectos el uno de la otra.*** Esto se expresa fundamentalmente por medio de los papeles diferentes, aunque complementarios, al producir al hijo que encarna su unión (Gn 3.16). En Efesios, Pablo ve una relación complementaria expresada en el matrimonio cristiano, donde ambos cónyuges tienen la obligación de cierto liderazgo en sumisión y amor, aunque dentro de los parámetros de una sumisión mutua y un amor mutuo, el cual es fundamental en su relación previa y continua como miembros juntos en el cuerpo de Cristo (Ef 5.22–23, *cf.* 5.21; 4.2; 4.32–5.2). En varios lugares hay referencia al "mando de la cabeza" de parte del hombre (1Co 11.3–16; Ef 5.23; *cf.* también 1Ti 2.11–14; 1P 3.1–7). Aquí se discute el significado exacto de cabeza, y se cuestiona por varios motivos el sentido más antiguo de "tener autoridad sobre". "Comienzo", "fuente" o "preeminencia", en el sentido de uno a quien se debe respeto, son ofrecidos como traducciones alternativas.

Sigue mucho debate alrededor de la aplicación de estos pasajes a la vida de la iglesia, los cuales también figuran en algunos otros textos del Nuevo Testamento. En esta coyuntura podemos notar que, al vincular el amor complementario entre los cónyuges al de Cristo y su iglesia (Ef 5.23s), Pablo lleva todo el asunto de la relación entre el hombre y la mujer en Cristo a un plano esplendoroso. La relación adecuada, ordenada para el esposo y la esposa cristiana, representa, débil pero genuinamente, el pacto eterno de Dios con su pueblo. No se puede concebir ninguna dignidad más alta para esta relación.

Algunos incluso afirman que la relación de varón y mujer es la forma normativa de vida humana, es decir, la especie humana sería igual a hombre más mujer. Aquí tenemos una profunda verdad (Gn 2.20–25) con importantes consecuencias para nuestra realización

---

15 Por supuesto, no se anula la diferenciación sexual. El matrimonio heterosexual sigue siendo la forma de relación social fundamental ordenada por Dios.

social, así como para la conveniencia fundamental del matrimonio heterosexual. Sin embargo, no debemos inferir que los solteros quedan excluidos de la verdadera humanidad; Jesús, el hombre normativo, no era casado y el Nuevo Testamento no considera en ninguna parte el casamiento como esencial para una vida cristiana plena.

LA HUMANIDAD CON RELACIÓN AL ORDEN CREADO

Aquí mencionamos otra de las preocupaciones sociopolíticas más importantes de nuestro período. Como nunca antes en la historia, los humanos hoy en día están conscientes de su medio ambiente natural y se hallan comprometidos con su protección y su preservación. No es difícil encontrar el porqué: la continuación de la vida de nuestra especie está en tela de juicio. A menos que podamos dar marcha atrás en las tendencias de destrucción ambiental que han prevalecido durante los últimos siglos, este planeta simplemente dejará de ser un hogar viable para la humanidad. Hay tres factores que contribuyen principalmente a la crisis actual: el crecimiento de la población, el agotamiento de recursos y la tecnología galopante.

Al principio de su relato en cuanto a la vida humana, la Biblia llama la atención sobre nuestra relación con el orden natural (*cf.* Gn 1.29; 2.19). El ser humano está ubicado en un jardín y rodeado por las otras especies (Gn 2.7–20). No obstante, Dios permanece como Señor y foco de la responsibilidad principal de la humanidad. Es decir que el medio ambiente y las otras especies, aunque importantes, no están en el mismo nivel que Dios. A diferencia de otros relatos de la creación promulgados por pueblos vecinos y formas alternativas de pensar acerca de la relación con la naturaleza, el adorador en el Antiguo Testamento es alertado acerca del error y pecado de ofrecer culto a otro dios que no sea Dios mismo. *No tengas otros dioses además de mí* (Éx 20.3), se explica como: no hacer *[...] ningún ídolo, ni nada que guarde semejanza con lo que hay arriba en el cielo, ni con lo que hay abajo en la tierra, ni con lo que hay en las aguas debajo de la tierra [...]* (Éx 20.4, *cf.* 2R 23.5).

La Biblia excluye todo panteísmo (el punto de vista de que Dios está en todas las cosas, y por ello todas las cosas deben ser reverenciadas al punto de rendirles culto). También excluye la virtual deificación de la naturaleza en algunas formas de naturalismo, y la clase de "adoración a Dios al aire libre" que ocasionalmente se propone como alternativa a la adoración de la comunidad cristiana a Dios revelada y encontrada en Jesucristo. Sin embargo, aunque no se le debe rendir culto a la naturaleza, debe ser respetada. El punto simple y obvio de los relatos en Génesis es que compartimos un Creador en común. El mundo de la naturaleza, no menos que el mundo de la humanidad, es el producto de la mano creadora de Dios. Esta es la verdad que debe despertar en el cristiano un sentido de asombro ante la naturaleza. La Biblia da muchos ejemplos (Job 38–41; Sal 19.1–6; 104.1–35; Mt 6.25–39; Ap 4.11).

La relación que Dios nos ha conferido con el mundo se expresa en dos palabras. La primera es *dominio*. Estamos puestos sobre el mundo con sus demás formas de vida (Gn 1.28; 9.2s; Heb 2.8). La especie humana es la cumbre de la creación y es intrínseca al propósito de todo el cosmos, convicción que no queda invalidada por la vastedad del universo (lo que no es ninguna idea nueva, Gn 15.5; Job 22.12). Trágicamente, debido a la condición caída de la humanidad, el dominio que Dios nos dio ha sido extremadamente abusado, como muchos expertos en medio ambiente afirman hoy. La naturaleza ha sido violada por la humanidad durante siglos. Hemos dejado muy atrás nuestras legítimas necesidades de alimentación y abrigo en la explotación egoísta de la tierra, y tristemente el mandato bíblico ha sido citado a veces en apoyo explícito.

Por ende, nunca debemos mencionar el dominio separado del otro término igualmente bíblico, *mayordomía*. Dios es el dueño de todas las cosas, incluyendo la tierra que habitamos y todas sus formas de vida, toda su flora y fauna. *Del Señor es la tierra y todo cuanto hay en ella [...]* (Sal 24.1, *cf.* 1Cr 29.11). "Por consiguiente, nuestra posesión es de arrendamiento y no propiedad" (D. Field). Por tanto, nuestro dominio es un dominio responsable, y al ejercerlo somos totalmente responsables ante Dios. Y un día tendremos que rendirle cuentas (Mt 25.26ss; Lc 12.42).

LA HUMANIDAD CON RELACIÓN AL TIEMPO

El mundo en que vivimos y ejercemos dominio y mayordomía es tanto temporal como espacial. Dios nos "da un tiempo" en el cual cumplir esta mayordomía y disfrutar de la comunión con nuestro Hacedor (Gn 3.8s). Se discute si el tiempo que le fue dado a Adán era ilimitado. ¿Fue la humanidad inmortal por naturaleza, volviéndose mortal sólo como resultado del pecado, o Dios siempre tuvo la intención de que tuviéramos una vida limitada?

Las Escrituras asocian claramente la muerte con el pecado (Gn 2.17; 3.19; Ro 5.12ss). "Si Adán no hubiera pecado, todavía estaría viviendo una vida corporal, hubiera necesitado comer, beber y descansar; hubiera seguido creciendo, incrementándose y generando hasta que Dios lo trasladara a una vida espiritual en la que viviera sin la naturaleza animal, si me permiten expresarlo así [...] y aun así, hubiera sido un hombre de carne y hueso, y no un espíritu puro como los ángeles" (Lutero).

Pasajes bíblicos

El hombre creado por Dios: Gn 1.26s; 2.7, 21–23; 5.1; Job 33.4; Sal 139.13s; Mt 19.4; Mr 10.6; Ro 1.25; Stg 3.9.

El hombre a imagen de Dios: Gn 1.26; 5.3; 9.5s; 1Co 11.7; 15.49; 2Co 4.4; Col 3.10.

La naturaleza humana: Ec 7.29; 12.7; Mt 10.28; 22.37; Mr 8.35; Lc 16.19–31; 1Co 2.14; 5.5; 15.35–37; 2Co 5.1–10; 12.2; Fil 3.20s; 1Ts 5.23; Heb 4.12.

Preguntas

1. Discuta la pertinencia del concepto cristiano del hombre frente a: (a) las amenazas actuales a la supervivencia del hombre; (b) la confusión actual en la antropología.

2. ¿Se puede armonizar la explicación bíblica con la científica sobre el origen del hombre? Exprese los puntos fuertes y débiles de las diversas soluciones propuestas.

3. ¿Qué entiende usted por la frase "imagen de Dios"? Examine las consecuencias de este concepto de la humanidad para: (a) la evangelización cristiana; (b) la vida cristiana; (c) la esperanza cristiana.

4. Según su punto de vista, ¿el ser humano es bipartito, tripartito u otra cosa? Muestre la manera en que su respuesta esté apoyada por la Biblia.

5. "El hombre es hombre-en-comunidad". Examine las enseñanzas bíblicas relativas a esta afirmación y discuta sus consecuencias para: (a) la sociedad; (b) el matrimonio y la familia; (c) la iglesia.

6. ¿Qué significan los términos "dominio" y "mayordomía" con referencia a la respuesta cristiana al medio ambiente? ¿Por qué y hasta qué punto debe ser el cristiano que obedece la Biblia un conservacionista "verde"?

BIBLIOGRAFÍA

G. C. Berkouwer, *Man: the Image of God* (Eerdmans, 1962).

R. J. Berry, *God and the Biologist* (Apollos, 1996).

D. Cairns, *The Image of God in Man* (Fontana, 1973).

B. Davidheiser, *Evolution and the christian Faith* (PRPC, 1969).

J. M. Houston, *I Believe in God the Creator* (Hodder, 1979).

P. E. Hughes, *The True Image* (IVP, 1989).

P. Johnson, *Darwin on Trial* (IVP USA, 1991).

D. Kidner, *Genesis* (IVP, 1967).

J. G. Machen, *The Christian View of Man* (Banner of Truth, 1965). *Visión cristiana del hombre* (El Estandarte de la Verdad, 1969).

J. Orr, *God's Image in Man* (Eerdmans, 1948).

L. Osborn, *Guardians of Creation* (Apollos, 1993).

E. K. V. Pearce, *Who was Adam?* (Paternoster, 1976).

C. Sherlock, *The Doctrine of Humanity* (IVP, 1996).

10

LA HUMANIDAD EN PECADO

El capítulo 9 representa lo que Adán habría sido si se hubiera mantenido justo. El hecho es que cayó: en consecuencia, tenemos que tratar la especie humana en su situación de pecado.

LA CAÍDA DE LA HUMANIDAD

Génesis 3.1–7 relata el primer pecado de la raza humana, pero está lejos de agotar las referencias bíblicas sobre la caída. Aparte de las muchas referencias explícitas, la caída es básica a todo el mensaje bíblico: "La caída es la hipótesis tácita de toda la doctrina bíblica sobre el pecado y la redención" (Bavinck). ¿Cómo debemos interpretar el relato de Génesis?

1. *El punto de vista literal* ve la explicación dada en Génesis como una descripción histórica directa. Esta ha sido la posición más ampliamente aceptada en la iglesia a través de los siglos y sigue teniendo muchos defensores sinceros. Hoy en día está mucho menos extendida, incluso entre aquellos que reconocen incuestionablemente la total inspiración de las Escrituras.

2. *El punto de vista mítico* rechaza *todo* elemento histórico y trata el relato de Génesis como un cuadro religioso que expresa verdades importantes acerca de la humanidad y su condición moral; trata no del origen del pecado, sino de su esencia. Sería un error desechar este enfoque completamente como un uso *suplementario* del relato de la caída. En efecto, Pablo probablemente lo use de

manera similar a ésta en Romanos 1 cuando describe el pecado y la rebelión del mundo gentil de su tiempo. Sin embargo, no sirve como significado *primario* de Génesis 3, ya que el rechazo de todo elemento histórico estaría en desacuerdo con los autores bíblicos posteriores. También socava el concepto bíblico de la redención y deja el pecado humano totalmente sin explicar.

3. **El punto de vista histórico** afirma que Génesis 2 y 3 no deben interpretarse literalmente en cada punto, pues es evidente que informan hechos de espacio y tiempo. La Biblia habla de la caída como un hecho (Ro 5.12s), ubica con bastante precisión el huerto del Edén (Gn 2.10–14), y pone a Adán en continuidad histórica con Abraham e Israel (Gn 4.1; 5.4; 11.27; Lc 3.38). La caída fue un hecho real en nuestra historia moral.

Las siguientes consideraciones pesan sobre nuestra interpretación de este pasaje fundamental:

1. Hay una dificultad en relacionar nuestro lenguaje cotidiano con la situación anterior a la caída, ya que todo *nuestro lenguaje está determinado por nuestra experiencia caída.* De igual manera, cuando los efectos de la caída sean borrados al retorno de Cristo, las Escrituras tienen que volver a usar cierto grado de simbolismo para expresar la situación futura (Ap 21, 22).

2. G. C. Berkouwer ha sostenido que nunca podremos captar adecuadamente la caída hasta que no estemos preparados para confesar *nuestra participación personal* en ese hecho lamentable. Aunque este principio no debe anular cualquier discusión sobre la naturaleza de la caída, proporciona un correctivo benéfico para los planteamientos excesivamente teóricos.

3. Los evolucionistas convictos a menudo rechazan la noción de pecado y los argumentos cristianos relacionados. Pero el creyente puede al menos observar que, una vez reconocido el fracaso moral humano (y en verdad las evidencias empíricas para esto son suficientemente impresionantes), entonces resulta lógico pensar que esa tendencia humana debe haber tenido un punto de origen. *Ocurrió un primer acto singular de rebelión* contra las normas morales conocidas, en este caso la voluntad de Dios. En consecuencia, el origen del pecado se puede ubicar en relación con toda la secuencia de los sucesos humanos.

4. En Romanos 5.12ss (*cf.* 1Co 15.22) Pablo usa la caída como contrapunto para una exposición de la obra redentora de Cristo. Los efectos de ese "solo" (es decir, "primer") pecado de Adán (vv. 16, 18) son anulados por *[...] un acto de justicia [...]* (v. 18, BLA), el de Cristo, al morir por los pecadores, (*cf.* 3.25; 4.25; 5.8s). Es imposible afirmar este *paralelo entre la obra de Adán y la de Cristo* si se niega la caída como un evento en espacio y tiempo.

NATURALEZA Y ALCANCE DEL PECADO

LA NATURALEZA DEL PECADO

La Biblia usa una variedad de términos para referirse al pecado, lo que no es de sorprender, ya que el tema dominante de la Biblia es la rebelión del hombre contra Dios y la misericordiosa respuesta de Él. La lista completa de los términos bíblicos y sus respectivos matices de significado se puede estudiar en un diccionario bíblico. Aquí sencillamente mencionaremos los principales términos del Antiguo y Nuevo Testamento traducidos por "pecado" en las versiones actuales.

El término más común del Antiguo Testamento es *jattath* (por ej., Éx 32.30) y su término afín *jet* (Sal 51.9). Aparece varios cientos de veces en el Antiguo Testamento y expresa la idea de errar al blanco. *Pesha* (Pr 28.13) tiene el sentido de rebelión activa, una ofensa o transgresión de la voluntad de Dios. *Shagah* (Lv 4.13) expresa la idea de extraviarse. *Awon* (1R 17.18) se relaciona con una forma verbal que significa "torcer" y se refiere a la culpa que produce el pecado. La principal palabra para pecado en el Nuevo Testamento griego, *hamartía* (Mt 1.21), también tiene el significado de errar al blanco; abarca las ideas de fracaso, culpa y las malas acciones concretas. *Adikía* (1Co 6.8) expresa las ideas de maldad o injusticia. *Parábasis* (Ro 4.15) se refiere a quebrantar la ley. *Anomía* (1Jn 3.4) expresa en forma similar el desorden y la violencia. *Asebía* (Tit 2.12) refleja el fuerte sentido de impiedad, mientras que *ptaio* alude más a un traspié moral (Stg 2.10).

La principal característica del pecado es que está dirigido *contra Dios* (*cf.* Sal 51.4; Ro 8.7; Stg 4.4). Cualquier minimización de esto, por ejemplo la noción del pecado como egoísmo, subestima seriamente su gravedad. Su expresión más clara es la sugerencia de Satanás de que el hombre puede usurpar el lugar de su Creador: *[...] llegarán a ser como Dios [...]* (Gn 3.5). En la caída, la humanidad trató de arrebatar la igualdad con Dios (*cf.* Fil 2.6s), intentó afirmar su independencia respecto de Él, y cuestionó la integridad del Creador y su amorosa provisión. La gente también negó blasfemamente el amor devoto y la adoración, que es la respuesta adecuada del hombre hacia Dios, y rindió homenaje al enemigo de Dios, así como también a sus propias ambiciones pecaminosas.

ALCANCE DEL PECADO

El pecado es *universal. No hay un solo justo, ni siquiera uno* (Ro 3.10; *cf.* Ro 3.1–10, 23; Sal 14.1ss). Sólo Jesucristo vivió como ser humano *[...] sin pecado* (Heb 4.15). Esta afirmación bíblica está ampliamente corroborada por la antropología social y la experiencia general.

El alcance del pecado es total no en un sentido meramente geográfico, sino también en la vida de cada individuo. El pecado afecta *la totalidad* del ser humano: la voluntad (Jn 8.34; Ro 7.14–24; Ef 2.1–3; 2P 2.19); la mente y el entendimiento (Gn 6.5; 1Co 1.21; Ef 4.17); los afectos y las emociones (Ro 1.24–27; 1Ti 6.10; 2Ti 3.4); igualmente la conducta y expresión externa de la persona (Mr 7.21s; Gá 5.19–21; Stg 3.5–9); y también, a menudo, las condiciones sociales en la forma de sistemas sociales y políticos opresores, como "pecado estructural". El pecado, además de penetrar el corazón del indviduo, puede instalarse dentro de las estructuras políticas de una nación o comunidad (Am 2.4–8; 5.7–15; Ap 13.1–17). No nos sorprende que teólogos hayan expresado este catálogo de los efectos del pecado como *depravación total.* La frase no implica que somos todo lo malvados que podemos ser, lo cual nos haría indistinguibles de los demonios, sino que ninguna esfera o aspecto de nuestra naturaleza ha quedado intacta al pecado; no podemos señalar ni una sola esfera de nuestra personalidad para pretender autojustificarnos moralmente.

El hecho de que a veces pensemos, hablemos o actuemos de una manera relativamente "buena" (Lc 11.13; Ro 2.14s) no refuta la depravación total, ya que esa forma "buena" nunca puede aproximarse a la justicia total y duradera, la única que nos permite estar ante Dios. En la personalidad humana no existe ninguna "reserva natural" en la que se haya preservado intacto el "estado original". Estamos totalmente caídos y, en consecuencia, totalmente necesitados de redención.

La Biblia también afirma nuestra depravación total cuando dice que el pecado ha afectado el meollo mismo de la persona. El *corazón* (heb. *leb*), la persona esencial, ha sido pervertida por el pecado.

Recordemos el juicio de Jesús de que *[...] de adentro, del corazón humano, salen los malos pensamientos, la inmoralidad sexual, los robos, los homicidios, los adulterios, la avaricia [...] Todos estos males vienen de adentro y contaminan a la persona* (Mr 7.21–23; *cf.* Gn 6.5; Jer 17.9; Ro 3.10–18; 7.23).

Además, precisamente porque estamos "totalmente depravados" en este sentido bíblico, somos completamente incapaces de salvarnos a nosotros mismos. La "depravación total" implica la "incapacidad total".

Transmisión del pecado: pecado original

La relación entre el acto de desobediencia de Adán y el pecado humano posterior es el asunto del pecado original, una frase que tiene dos sentidos relacionados. *Primero*, sencillamente se refiere al pecado de Adán en el Edén, el pecado original. *Segundo*, la Biblia enseña que *el* pecado de Adán comprometió a toda la especie humana. En Romanos 5.12, Pablo afirma que a través de la desobediencia de Adán, el pecado y la muerte comprometieron a todos *[...] porque todos pecaron*, es decir, por cuanto todos pecaron en el pecado de Adán (Ro 5.14–19; 1Co 15.22). Tradicionalmente, esto se expresa de dos maneras:

El realismo interpreta el pasaje de Pablo en Romanos 5.12 en forma literal. "En Adán todos pecaron" implica que todos estaban presentes y comprometidos cuando Adán pecó: la naturaleza humana genérica universal, que incluye la naturaleza personal e individual de todos, se hallaba presente de alguna manera "en Adán", de modo que cuando él pecó, todo hombre y mujer pecó con él (*cf.* Heb 7.4–10; Leví estaba presente "en el cuerpo" de su antepasado Abraham). Esto trata de evitar el peligro de la arbitrariedad en la interpretación del pecado original; pero, dejando de lado el problema de dar valor efectivo genuino a esta humanidad genérica, enfrentamos la dificultad de sus consecuencias para la humanidad de Cristo. Si la humanidad de Cristo no fue parte de esta humanidad genérica universal de Adán, entonces su unidad esencial con nosotros se vería amenazada; si estaba incluido, entonces tiene que haber compartido los efectos de la caída.

El federalismo sostiene que, en vista del paralelo entre Adán y Cristo (Ro 5.12–19; 1Co 15.22, 45–49), nuestra solidaridad universal con Adán es del tipo que Cristo tiene con aquellos que ha redimido, es decir, una jefatura representativa o *federal*. El federalismo actual generalmente significa un sistema político determinado; teológicamente el término deriva del *pacto* que Dios hizo con la especie humana en Adán (lat. *foedus*, pacto). Adán violó este pacto (frecuentemente llamado "pacto de obras") con su pecado, con tremendas consecuencias para todos los que él representaba. En Cristo este pacto fue renovado y por medio de Él su perfecta justicia se convierte en el medio de bendición y salvación para todos los que representa (Gn 2.15–17; Jer 31.31s; Ro 3.21–31; 5.12–21; 1Co 11.25).

El principio operativo es el mismo en ambos casos; en virtud de nuestra unión con Adán, nuestro jefe representativo, se nos considera pecadores; en virtud de nuestra unión con Cristo por la fe, se nos considera justos. Para que esto no parezca una arbitrariedad en lo que se refiere a nuestra condenación en Adán, es significativo que la justicia de Dios al considerar culpable ante Él a todo el mundo (Ro 3.19) queda ampliamente demostrada por los pecados notorios o específicos de los judíos y los gentiles (Ro 1.18–3.8) antes de haber hecho cualquier referencia al pecado original "en Adán" (Ro 5.12s). Las Escrituras relacionan universalmente nuestro juicio definitivo con nuestras propias "obras" morales, que están muy por debajo de las normas de Dios, y no en primera instancia con su unión con Adán (ver Mt 7.21–27; 13.41; 25.31–46; Lc 3.9; Ro 2.5–10; Ap 20.11–14).

EFECTOS DEL PECADO

Nuestra caída en pecado tuvo un significado de largo alcance para cada una de las divisiones de nuestro ser que hemos enumerado en el capítulo anterior.

EN RELACIÓN CON DIOS

Esto está en la base de todas las consecuencias del pecado que expondremos a continuación. Con relación a Dios, el pecado significa que:

1. *Somos indignos de estar en la presencia de Dios.* La expulsión de Adán del huerto del Edén dio expresión geográfica a nuestra separación espiritual de Dios, nuestra ineptitud para estar ante Él y disfrutar de la intimidad de su presencia (Gn 3.23). La presencia de Dios se convierte en un lugar de temor; la temible espada que cerraba el paso al Edén representa la terrible verdad de que

en nuestro pecado encontramos la resistencia y la oposición de Dios, es decir, su ira santa (Gn 3.24; Mt 3.7; Ro 1.18; 1Ts 1.10). En comparación con la ira de Dios, todos los demás temores y miedos humanos son apenas pesadillas; cualquier otra necesidad, por más aguda o extensiva, palidece y adquiere relativa insignificancia.

2. ***Somos incapaces de hacer la voluntad de Dios.*** Aunque Dios sigue siendo nuestro Señor, que nos llama y nos ordena, y nos muestra el camino a la vida y la libertad, ya no somos capaces de responder verdaderamente a ese llamado. Nuestra voluntad ha perdido su libertad de adecuarse al propósito divino y se ha vuelto esclava del pecado (Jn 8.34; Ro 7.21s).

3. ***Somos inicuos frente a la ley de Dios.*** Nuestra incapacidad de cumplir la voluntad o la ley de Dios tiene la tremenda consecuencia adicional de que nos convertimos en objetos de la maldición de la ley, la culpa y la condenación que corresponden al infractor de la ley (Dt 27.26; 28; Ro 3.19s; 5.16ss; Gá 3.10).

4. ***Somos insensibles a la Palabra de Dios.*** Dios habla por medio de la creación, por medio de la ley moral interior, por medio de Israel en el Antiguo Testamento, y por medio de la iglesia en el Nuevo Testamento, y sobre todo por medio de su Palabra, escrita y encarnada. En nuestra pecaminosidad, oímos apenas lo suficiente como para no tener excusa por nuestra incredulidad, pero no lo suficiente para entender verdaderamente el camino y la voluntad de Dios. En definitiva, nuestro pecado nos pone en un estado de ignorancia de Dios, incapaces de entender las cosas del Espíritu.

Estos efectos del pecado se manifiestan en el *orgullo* humano. Resistimos el gobierno de Dios y nos constituimos en nuestro propio señor, nos hacemos la norma de la realidad y convertimos nuestra propia razón y experiencia en medida de la verdad. Pretendemos el dominio del mundo y asumimos la responsabilidad del destino de la especie. Su expresión máxima toma la forma de una rebeldía en la que trepamos hacia el cielo al estilo de Babel para echar abajo a Dios (*cf.* Gn 11.1–9; 2Ts 2.4).

En la esfera religiosa ese orgullo se expresa como *autojustificación*. Adoptamos nuestra propia norma del bien y nos justificamos a la luz del mismo, encontrando excusa para nuestros pecados, y nos instalamos confiadamente ante Dios sobre la base de nuestros logros religiosos y morales.

Pero no podemos escapar de Él. La relación rota se manifiesta como *temor* a Dios: no la piadosa autohumillación de la persona de fe (Dt 10.12), sino el terror del fugitivo, que huye de un Dios a quien ha desobedecido. Este temor nos puede llevar a buscar un dios sustituto que no exponga nuestra culpa. Algunos abrazan la negación teórica de Dios, como el ateísmo, y truenan contra las injusticias de la vida; otros se lanzan a alguna causa "justa" o se comprometen en una serie interminable de actividades y responsabilidades; todo con el objeto de esconderse de Dios (como Adán y Eva en el huerto del Edén) y evitar el terror de estar expuestos en su culpa ante Él.

En relación con nuestro prójimo

La brecha abierta en nuestras relaciones con Dios afecta directamente nuestra relación con nuestros congéneres. Adán se volvió contra Eva y la culpó de su propia insensatez (Gn 3.12), y el relato de la caída está seguido de cerca por la historia del asesinato de Abel (Gn 4.1–16). La humanidad contra Dios implica también el ser humano contra su prójimo, el forastero y el enemigo, una amenaza en lugar de un amigo.

El pecado trae *conflictos* y produce las grandes divisiones de la especie humana. Causa prejuicios y antagonismos raciales. Crea los grandes bloques de poder internacional. Provoca divisiones sociales y conduce a conflictos de clase y de grupo, separa a los que "tienen" de los que "no tienen". Produce conflictos en todos los grupos humanos, sean educacionales, comunitarios, sociales, culturales o religiosos. Divide las familias y las iglesias. Paradójicamente, la amenaza planteada por nuestro prójimo nos hace correr en busca de seguridad y establecernos diversas alianzas, a veces inverosímiles.

El pecado también produce la *explotación*; "usamos" a nuestro prójimo. Lo explotamos para reforzar nuestro orgullo, para justificar nuestros planes malvados, y para apoyar nuestra debilidad. Lo convertimos en el "chivo expiatorio" de nuestras frustraciones y sentido de culpa. Esta explotación también se puede expresar en violencia física o psicológica abierta. En la relación entre hombre y mujer, se ha expresado históricamente en la dominación masculina, en el uso de la mujer para los intereses egoístas del hombre, negándole su dignidad e igualdad esencial. Incluso amando a nuestro prójimo, buscamos los beneficios de la respuesta al amor; nuestro dar es un conseguir.

Nuestro rompimiento con el prójimo también se expresa como *temor* de que se nos vea tal como somos en nuestra debilidad, culpa y autodesprecio. En consecuencia tratamos de escondernos de él, por un lado, al proyectar una imagen falsa de nosotros mismos, y por otro, al tratar de extinguir su amenaza poniéndole una etiqueta, convirtiéndolo en una cifra: un "caso", un "estudiante", un "maestro", un "director", un "obrero".

Uno de los frutos más amargos de esta separación de nuestro prójimo es nuestra experiencia habitual del *malentendido*, incluso cuando hay un sincero deseo de conocer y ser conocido.

En relación con uno mismo

El pecado nos pone en contra de nosotros mismos; vivimos en conflicto y división interiores exclamando: *[...] me doy cuenta de que en los miembros de mi cuerpo hay otra ley, que [...] lucha contra la ley de mi mente [...] ¡Soy un pobre miserable! ¿Quién me librará [...]?* (Ro 7.23s). Perdemos la dirección interior clara y nos convertimos en seres ambiguos para nosotros mismos, una legión de impulsos en conflicto. Este efecto del pecado se manifiesta en el "autoengaño". La pérdida del verdadero conocimiento de uno mismo nos conduce ya sea al error de la idealización narcisista del yo o a la condenación neurótica basada en normas irreales. Incapaces de juzgarnos correctamente a nosotros mismos, no logramos entregar todas las cosas a Dios y dejar que Él sea nuestro juez (1Co 4.3s).

Este conflicto interior también se expresa en la *vergüenza*, la incomodidad con uno mismo (*cf.* Gn 3.7– 8). El pecado nos ha privado de la confianza en nosotros mismos, de la seguridad y la autoaceptación como criaturas de Dios; tenemos vergüenza de nosotros mismos.

Todas estas expresiones de nuestro conflicto interior producen en nosotros una *inquietud* irremediable. *[...] los malvados son como el mar agitado, que no puede calmarse [...] No hay paz para los malvados dice mi Dios* (Is 57.20s).

En relación con el orden creado

La humanidad pierde su armonía con el orden natural, y nuestra mayordomía sobre el ambiente conferida por Dios da lugar a un saqueo pecaminoso. Esto se manifiesta en la *explotación*, la destrucción innecesaria del mundo sin tener en cuenta su belleza creada ni su valor intrínseco. También se manifiesta en la *contaminación*, uso egoísta y rapaz de la materia prima, que daña los océanos y la atmósfera misma, con demasiada frecuencia por el interés de la ganancia económica, el lujo y la inmoderación.

En relación con el tiempo

Nuestras vidas perdidas se gastan en tiempo perdido. Con el pecado perdimos la inmortalidad (Gn 2.17; 3.19); nuestros días están contados. El juicio futuro de Dios se prefigura en el juicio de la muerte. Dios nos ha dado un tiempo, pero este camina inexorablemente hacia su fin, cuando todos nuestros planes, propósitos y sueños son finalmente rematados por la mortalidad.

Este efecto del pecado se expresa en el *materialismo* humano y en el hedonismo práctico, que es sencillamente el materialismo aplicado. Nos aferramos al mundo tangible de los sentidos en un esfuerzo por encontrar un ancla en medio de la corriente implacable de la vida. También se hace evidente en el deseo de dejar monumentos conmemorativos, algún medio material de prolongar nuestra memoria más allá de la tumba.

Este límite en el tiempo también produce *ansiedad*. La muerte nos confronta, como ninguna otra cosa, con nuestra insignificancia y debilidad y pone de manifiesto la estupidez de nuestras pretensiones de grandeza. Incluso cuando intentamos enfrentar la muerte con valor, nunca logramos superar la ansiedad completamente; nos domina hasta que finalmente nosotros también nos encaminamos a recibir la paga del pecado.

OTROS ASUNTOS

El pecado imperdonable

Varios pasajes del Nuevo Testamento se refieren a un pecado que es imperdonable, el pecado o blasfemia contra el Espíritu Santo. Jesús habla del mismo (Mt 12.31–32; *cf.* además Heb 6.4–6; 10.26–29; 1Jn 5.16). Algunos han visto este pecado como un acto explícito de blasfemia contra el Espíritu Santo, generalmente en relación con el testimonio que él presenta de Cristo.

La interpretación más reciente ve ese pecado como esencialmente cristológico. Jesús distinguió entre pecado contra el Espíritu y pecado *[...] contra el Hijo del Hombre [...]* (Mt 12.32) *antes* de su muerte y resurrección y el advenimiento del Espíritu en Pentecostés. Antes de la primera Pascua de Resurrección el "Hijo del Hombre" era una revelación enigmática y escondida de Dios. El no reconocer a Jesús durante su misión terrenal (por ej., su propia familia, Mr 3.21) era cosa menos seria que atribuir deliberadamente su misión, y en particular sus buenas obras, a Satanás, de lo cual eran culpables los fariseos. Con Pentecostés desaparece esa división. Jesús se manifiesta como Hijo de Dios con poder en la resurrección, y se predica el evangelio de la cruz con el poder del Espíritu. Rechazar *este* mensaje y al Cristo que encierra es rechazar al Espíritu que presenta testimonio de esa verdad (Heb 10.29). *Este* pecado es imperdonable si se continúa en él, porque lo pone a uno fuera del alcance de la única esperanza de la redención. Juan lo llama *[...] un pecado que lleva a la muerte [...]* (1Jn 5.16, vp).

LA LIBERTAD HUMANA

El asunto del significado y los límites de la libertad humana desde la caída ha venido discutiéndose insistentemente a través de los siglos. Con frecuencia se ha producido más calor que luz, no menos por la tendencia de fusionar los puntos teológicos con el asunto filosófico paralelo, pero diferente, del determinismo y el indeterminismo. Se puede relacionar la libertad con por lo menos tres cosas.

1. Está la experiencia psicológica cotidiana de la libertad: enfrentamos alternativas y tomamos decisiones. Estas van desde lo comparativamente trivial, como "¿Qué diario leeré esta mañana?", a lo definitivamente serio, como "¿Te casarías conmigo?". Esta es la libertad básica para la responsabilidad moral. Las Escrituras consideran que todas las personas, sean o no cristianas, tienen poder para tomar decisiones responsables y voluntarias.

2. Un segundo nivel de significado surge de la pregunta de si nuestras acciones futuras están determinadas por los factores presentes y, en consecuencia, son en principio previsibles. La Biblia no parece afirmar ni negar la libertad al respecto. Ciertamente toma de manera seria la determinación del carácter; las decisiones y acciones pasadas van moldeando la clase de persona en que nos convertimos: *[...] Cada uno cosecha lo que siembra* (Gá 6.7). Las Escrituras no enseñan la eliminación de la responsabilidad humana en este sentido.

3. El aspecto estrictamente teológico de la libertad surge con el asunto de si los incrédulos son libres para cumplir la voluntad de

Dios, y en particular si tienen libertad para arrepentirse de sus pecados y confiar en Cristo como Salvador y Señor. La esclavitud de la voluntad humana por la caída parecería excluir cualquier sugerencia de que somos genuinamente libres para obedecer a Dios. Esta incapacidad para volverse a Él sin su ayuda se refleja en el hecho de que la entrada en el reino de Dios sólo se da mediante la regeneración[16].

DEBATES ACTUALES

Los temas antropológicos son fundamentales en los debates actuales entre cristianos y no cristianos, y no es posible predecir la relación precisa que en el futuro surgirá entre el concepto cristiano del hombre y las interpretaciones científicas, psicológicas y sociológicas contemporáneas. Aquí examinamos brevemente varios enfoques moderadamente actuales.

LA NUEVA ERA

El movimiento de la Nueva Era (MNE) es una red, extensamente dispersa y libremente estructurada, de organizaciones e individuos vinculados por una serie de valores comunes y una visión común de una "Nueva Era" venidera de paz mundial e iluminación: la "Era de Acuario".

El MNE llegó a tener importancia pública durante los años '80, pero sus raíces se remontan hasta los movimientos de contracultura de los años '60. En tanto que su herencia religiosa se encuentra en el pensamiento oriental, especialmente en el hinduismo y budismo zen, las fuentes históricas datan de mucho antes. De hecho, algunos sostienen que no es erróneo entender la Nueva Era como la aparición del hinduismo en el traje cultural occidental. Su convicción fundamental es su visión de la realidad absoluta: "Todo es Uno". El cosmos es energía pura, no diferenciada: una conciencia o fuerza de vida, inmensa, interconectada y, finalmente, impersonal. Los seres humanos no son más que energía solidificada, el Todo en modo autorreflexivo; por lo tanto, "uno crea su propia realidad". Al final esa realidad es ilimitada en su potencial puesto que somos parte de un todo sin límites; y en consecuencia, "nosotros somos Dios". La muerte es una ilusión, desde que el fundamento impersonal de la

---

16 Sobre esto ver también "La regeneración", pp. 289-290.

existencia es imperecedero e inalterable. La moralidad también es una ilusión, en el sentido de que toda distinción moral es relativa y finalmente "irreal". El dilema de la humanidad es una conciencia limitada. A través del condicionamiento social hemos fracturado nuestra percepción de la realidad. Razón y creencia, en particular, son barreras a una percepción verdadera del Uno. Los seguidores de la Nueva Era están convencidos de que un nuevo orden de cosas, la Era de Acuario, está a punto de aparecer con su forma mística de conocimiento. Podemos entrar a ese nuevo orden en la actualidad por medio de un cambio de paradigma en nuestra forma de percibir la realidad, un despertar hacia el Uno; por ej., una visión que trasciende toda dualidad y diferenciación y nos introduce a lo divino como la unificación y armonización de todas las cosas.

Las limitaciones de esta forma de interpretar el mundo y por ej., la experiencia humana deben ser claramente evidentes a los estudiantes de este libro. La Nueva Era no tiene una doctrina de la creación y, por tanto, confunde las tres realidades básicas en la revelación bíblica de la creación: Dios, el orden de la naturaleza, y los seres humanos. La pérdida de Dios como la Trinidad personal, gloriosa, infinita, es especialmente trágica. La pérdida de Dios por fuerza implica una mala comprensión de la condición humana, particularmente la gravedad de nuestro pecado ante Él. El MNE no sólo tergiversa nuestro apuro; tampoco ofrece una solución. No hay un Salvador que limpie nuestros corazones culpables, ningún Dios personal y amoroso para compartir nuestras lágrimas, ninguna esperanza gloriosa haciendo frente a la muerte. A raíz de su visión omnímoda, el pensamiento de la Nueva Era otorga a Jesús un respeto genuino, pero solamente como un maestro espiritual supremo. En esencia, dado que nosotros mismos somos Dios, no podemos atribuir deidad a otro: "El mito del salvador 'allá' se reemplaza por el mito del héroe 'aquí'" (M. Ferguson). Al final, la Nueva Era es una representación moderna de la antigua idolatría del Edén que llevó a nuestra expulsión del Jardín de la presencia de Dios (Gn 3.5 *[...] llegarán a ser como Dios [...]*). Solamente Jesucristo nos puede llevar de vuelta allá; ¡pero ya lo ha hecho! (Ap 2.7; 22.1–5).

LIBERALISMO HUMANISTA

Esta etiqueta puede servir como título general para la antropología que predomina actualmente entre la mayoría de la gente educada del mundo occidental. Sus raíces históricas se encuentran en el siglo de las luces —el siglo XVII y principios del siglo XVIII— un período intrincado pero de enorme influencia en el desarrollo del entendimiento humano que formuló muchos de los instintos dominantes de la autoconciencia moderna. En particular, podemos notar el tema de la autonomía, la aserción de la independencia del espíritu humano de toda restricción, sea de religión o de tradición. Este rasgo encontró expresión política en la Paz de Westphalia (1648), que efectivamente puso fin a las guerras religiosas e introdujo una separación de las esferas de influencia espiritual y secular. Otro rasgo crítico de la experiencia de la iluminación fue la aplicación de las leyes de la física a la interpretación del universo, dando así nacimiento a la ciencia moderna. Todavía otro rasgo fue el surgimiento de la crítica histórica, la forjadura de herramientas intelectuales para capacitar la mente a distinguir entre el presente y el pasado y evaluar a ambos en términos de sus propios principios inherentes. Descartes, Newton, Hume, Voltaire, Rousseau, Gibbon, Lessing y Jefferson expresaron, en una variedad de terrenos, esta mutación extraordinaria en el pensamiento humano. De ahí surgió el individuo "moderno" de la posiluminación, curioso en cuanto al mundo, confiado en sus propias opiniones, escéptico de lo ortodoxo, generalmente rebelde contra la autoridad, orgulloso de su humanidad, consciente de ser distinto de la naturaleza, seguro de sí mismo en cuanto a su propia capacidad intelectual para comprender y aprovechar la naturaleza, y completamente menos dependiente de un Dios omnipotente. Durante el siglo XIX esta perspectiva autónoma encontró expresión adicional en la exploración de la mente inconsciente (Freud) y el despertar al significado de fuerzas sociales (Marx). Ambos, a su turno, cuestionaron la objetividad de los valores, alimentando una incertidumbre que fue profundizada por los escritos de Nietzsche y, desde otra perspectiva, por las investigaciones de Darwin de los orígenes del ser humano y otras especies.

El instinto actual liberal-humanista, que está en clara continuidad de estos puntos de vista de la edad de las luces, puede ser brevemente caracterizado como sigue:

Es secular. Esto significa que enfoca la realidad típicamente en términos de los factores naturales, inherentes, involucrados. Su esquema de referencia primaria es así de mundana. Mientras que agentes sobrenaturales en principio no son descartados, son vistos como periféricos y, por lo tanto, sin dar una contribución significativa al entendimiento o a la acción. Así que, no obstante cuánto su historia le deba al estímulo o apoyo de la cristiandad, la ciencia contemporánea, industria, educación, medicina, comercio y arte operan sin mayor referencia a los valores y creencias cristianas.

Es racional. Mientras el alto racionalismo de los primeros siglos ha tenido que alejarse ante la evidencia abrumadora de la esclavitud de la humanidad a fuerzas sujetivas y emocionales, el instinto modernista todavía lleva frecuentemente, por lo menos en un nivel popular, una fundamental autoconfianza en cuanto a su capacidad de comprender y evaluar información. La razón, aunque herida, no ha muerto. Esta relación persistente con la razón pueda quizás verse reflejada en el posmodernismo (ver "Posmodernismo", pp. 172–175), que, mientras lanza un ataque frontal mayor al mal uso de la razón, sin embargo emplea un debate sofisticado y racional para presentar su caso.

Es científico. La mente moderna siempre queda profundamente impresionada por la habilidad del método científico de decirnos cómo son las cosas en realidad y de producir respuestas. El hecho de que algunos hayan dejado de hacer este tipo de afirmación para la ciencia parece valer menos que los recientes avances asombrosos en la tecnología y las proyecciones de aún más grandes transformaciones que nos esperan en el futuro.

Es liberal. El instinto de la Iluminación de quitar toda frontera sigue impactando la conciencia moderna profundamente. Existe hoy en día una apertura de principios a lo nuevo y a lo que no ha sido explorado previamente. En toda esfera, no solamente en las artes, hay una falta de voluntad de aceptar restricciones de cualquier tipo; todo camino debe ser probado y toda perspectiva abrazada.

Es individualista. Ahondaremos en este rasgo más adelante. Aquí simplemente notamos que el quebrantamiento paulatino de las instituciones tradicionales del orden antiguo de familia, iglesia y gobierno, ha zambullido a la persona moderna en nuevas aguas desconocidas de aislamiento extremo. Mientras que la gente en los mundos clásicos de la pre-Iluminación, se entendió como parte de configuraciones y solidaridades más grandes, a pesar de cuánto esto pudo haber reducido su libertad e inhibido su expresión, el morador urbano típico hoy habita un mundo en el cual la gente es arrojada detás de sí misma, luchando para crear su propia identidad, darse cuenta de sus propias posibilidades y dar forma a su propio sistema de valores sin referencia significativa a otros.

Es relativista. Esta característica fluye directamente de lo anterior; es sencillamente el individualismo radical de nuestro tiempo aplicado a la esfera de valores. Puesto que todo sistema previo que evalúa y dirige la conducta humana tiene que ser rechazado en principio en los intereses de la libertad personal, no hay leyes generales en lo que concierne a la determinación de la conducta. Lo correcto llega a ser lo que yo como individuo estimo correcto en un momento particular. Los valores, por lo tanto, son infinitamente fluidos y relativos en forma irreductible.

Es optimista/pesimista. En el centro de la perspectiva moderna, existe una tensión grande que está sin resolverse. El temperamento de su herencia de la Iluminación refleja un optimismo ilimitado en las capacidades del espíritu humano, especialmente con respecto a las revoluciones tecnológicas en la comunicación, los avances en biología y medicina, la globalización emergente, el amanecer de un nuevo orden político mundial y el avance en la conquista del espacio. En comparación con eso, sin embargo, están las realidades tristes que mencionamos en el comienzo de esta sección en cuanto a la antropología. La vida en este planeta es una planta frágil, y cualquiera de una serie de crisis puede descontrolarse dentro del futuro inmediato y poner fin a la larga historia de la humanidad en forma vergonzosa. Nuestro optimismo está ansioso.

Al concluir esta visión general de la antropología moderna, notamos dos hilos de pensamiento específicos que se ven dentro del liberalismo humanista de nuestro tiempo: el primero en una antítesis tímida, el segundo en la continuidad de varias de sus tendencias esenciales.

Posmodernismo

Este es el nombre dado a una variedad de puntos de vista y expresiones que han aparecido en los talones de los radicalismos de los años '60. Como insinua su nombre, su elemento común es un rechazo parcial de la antropología liberal "moderna", y un intento de ir más allá de ella, cuyas características principales hemos señalado anteriormente.

En un sentido el posmodernismo ha tardado mucho en llegar, dado que la Iluminación (Edad de las luces) nunca fue una empresa total. Voces como la de Nietzsche atacaron el racionalismo tan seguro de sí mismo del modernismo. Sin embargo, ha sido solamente en la época reciente que esa crítica ha cobrado velocidad. La modernidad es criticada en muchos frentes: (a) ha fracasado el intento de encontrar una base para la moralidad y la sociedad sólo sobre la base de la razón; (b) ha resultado ser falsa la creencia de la Iluminación en lo inevitable del progreso; (c) no se puede sostener la creencia de que el conocimiento es intrínsicamente bueno; (d) debe rechazarse la idea de que hay en algún lugar una gran perspectiva primordial que puede actuar como punto de referencia para explicar la historia humana "universal" (una "metanarrativa"); (e) (quizá aún más controversial) está cuestionada, por decir lo menos, la suposición modernista de que la idea de Dios es superflua.

El posmodernismo es mucho más que una serie de posiciones teóricas; en muchos sentidos es una forma de responder al mundo, y por lo tanto se expresa en el arte, el teatro y en la cultura popular tan efectivamente como en la proposiciones teóricas. En un sentido es tanto un estilo como una afirmación. No obstante podemos notar varias características que a menudo, aunque no siempre, están presentes:

1. *Rechaza todas las cosmovisiones universales.* En principio, se rechazan todas las teorías que ponen todas las cosas juntas en una totalidad coherente.

2. *Celebra una diversidad de estilos unidos sin un patrón en general.* Para el posmodernismo cada pieza es distinta y de igual valor.

3. *Enfoca lo particular y específico.* Todo intento de generalizar y unir en totalidades más grandes tienen que ser rechazado. Antes que la sustancia, lo crítico es el estilo.

4. *Privilegia la experiencia personal e inmediata.* Puesto que el intento de la Iluminación de encontrar la objetividad verdadera ha fracasado, la sujetividad debe ser celebrada. Lo que yo siento y experimento en este momento es primario; todo lo demás es secundario.

5. *Está sumamente consciente de los peligros de la racionalización y de la manipulación del conocimiento.* Está alerta a "los juegos de poder" jugados por las élites privilegiadas en nombre de "ideologías" y "explicaciones".

6. *Eleva el sentido de ironía.* Desde que estamos atrapados en nosotros mismos y con otros que, como nosotros, juegan los juegos de poder en todo nivel de la vida, cualquier ideología con sentido es imposible; el significado final está muerto y nos quedamos sólo con la ironía como base de la vida.

No todo posmodernista se adheriría a todas estas doctrinas. Muchas personas viven según estos instintos sin haber escuchado el término. Representa, sin embargo, una expresión antropológica cada vez mayor y significativa

Como un relato de la realidad, las limitaciones del posmodernismo son obvias desde la perspectiva de la fe cristiana. Sin embargo, hay puntos de coincidencia con los instintos bíblicos. La crítica de la razón, en su afirmación pretenciosa de proporcionar una posición de ventaja totalmente objetiva, coincide con el punto de vista cristiano de que el pecado ha afectado toda área de la existencia humana, sin excluir la razón. La verdad primordial de la vida se encuentra, como claramente afirma la Biblia, en un contexto de arrepentimiento personal, compromiso y fe, y no en la razón imparcial. Además, este movimiento sirve para hacernos recordar que mientras nuestra responsabilidad de poner en claro y defender la fe cristiana sigue en pie, la apologética final, como notamos anteriormente, no se encuentra en la solidez de los argumentos o el ordenamiento de la evidencia, sino en la integración de las verdades de nuestra fe en un estilo de vida y comunidad que abraza toda nuestra experiencia humana. De modo similar, el rechazo del posmodernismo a la creencia modernista de lo inevitable del progreso, resuena con lo que nos hace recordar la Biblia: que sólo en dependencia de Dios y su gracia podemos progresar hacia la libertad verdadera y la satisfacción.

En una forma, el posmodernismo también representa una oportunidad para el evangelio cristiano, y esto en varios puntos. El desconsuelo de su individualismo ineludible crea una nostalgia inevitable para experimentar la vida en comunidad. En la iglesia, como una comunidad amorosa unida en el Cristo vivo y su Espíritu, existe una alternativa maravillosamente atractiva a ese aislamiento escalofriante. De nuevo, la preocupación del posmodernismo de abrazar la diversidad y su compromiso con perspectivas globales crea una relevancia significante para la comunidad cristiana internacional que está extendida en todo el mundo e incluye toda nación y cultura.

Las iglesias locales que abrazan la diversidad con coraje, no como una amenaza, sino como un regalo, pueden descubrir receptividad en la gente que está impactada por el espíritu posmoderno.

Finalmente, la desautorización del posmodernismo de la metanarrativa desafía al cristiano a presentar el evangelio de Cristo en toda su envergadura como *la* historia, centrada en Jesucristo, en que nuestra experiencia individual es convalidada, nuestra soledad superada, nuestra culpabilidad mitigada, nuestro medio ambiente afirmado, nuestras responsabilidades sociales hechas válidas, nuestra realidad histórica asegurada, nuestra imaginación, y nuestras vidas liberadas para un nuevo propósito eterno.

INDIVIDUALISMO DEL MERCADO LIBRE

Como hemos visto, una de las marcas principales de la perspectiva moderna es su individualismo. Las autoridades antiguas son arrasadas; el individuo se decide por sí mismo. Las acciones son correctas no solamente porque otros sostienen que es así, sino porque nosotros mismos estimamos que es de ese modo. En el posmodernismo, como vimos, se lleva este individualismo a sus límites; estamos encarcelados dentro de nuestra perspectiva personal y todos nuestros juicios son inevitablemente torcidos. La realidad, al final, es *mi* realidad, la realidad que yo creo para mí mismo.

Este individualismo profundamente arraigado se refleja hoy en día también en la esfera de la economía. La revolución en comunicaciones originada por la invención de la computadora personal y sus accesorios tecnológicos ha transformado la imagen de la actividad económica, inicialmente en Occidente, pero cada vez más como un fenómeno global. "El gran tema unificador al concluir el siglo xx fue el triunfo del individuo", escriben Naisbitt y Aburdene, y lo ven expresado en particular en la nueva tecnología que permite al individuo llegar a ser un empresario personal, capaz de participar en el mercado global.

El nuevo globalismo que ha sido engendrado por la Internet tiene posibilidades enormemente significativas a nivel del intercambio de información y el desarrollo de redes de amistades y entendimiento mutuo que atraviesan separaciones políticas y culturales. Estas redes incluso pueden llegar a ser las precursoras de esa conciencia global, lo único que puede ayudar a la humanidad a superar la crisis mundial de nuestro tiempo, y de los tiempos venideros.

Hay, sin embargo, la posibilidad, ya notada por varios observadores, de que el resultado primario de la tecnología de la computadora sea el establecimiento de la economía como la lente fundamental a través de la cual se considere la realidad. Según este punto de vista, la actividad económica en pos de riqueza personal llega a ser la fuerza impulsora en la conducta humana, y las consideraciones del mercado anulan cualquier otra consideración. Esto no significa que no se de importancia a los valores menos tangibles como la belleza, la justicia o la fe. Sin embargo, se argumenta que la economía, como la realidad más inmediata y accesible, hace que las otras actividades sean posibles. Al final, somos seres económicos, y nuestro bien absoluto es el bienestar económico. Sin ello, todo otro bien deja de ser alcanzable.

Además, la forma de vida económica que promueve la maximización de esta meta es la economía del libre mercado, que ha sido característica, con algunas modificaciones, de las naciones occidentales en buena parte de los últimos cien años. Es imprescindible, por lo tanto, que las barreras restrictivas al comercio libre y al flujo e interacción de la actividad económica sean eliminadas. ¡Que caigan y que los individuos sean libres para hacer su jugada, desarrollar su inversión, comercializar su producto, y con optimismo hacer su fortuna!

Claramente, ningún cristiano debe titubear frente al elogio de la expansión importante de la oportunidad personal que todo esto representa. Además, si el desarrollo de la economía internacional nos lleva a mejores relaciones entre pueblos, y adicionalmente promueve la expansión de la fuente de recursos en toda la comunidad internacional, entonces no debemos admitir de mala gana. Existen, sin embargo, algunas preguntas que debemos plantear desde un punto de vista cristiano:

1. La economía es tremendamente importante, pero no es de suma importancia. La esperanza de que la economía haga frente y supere los problemas críticos de nuestro tiempo es un camino hacia la desilusión. No es distinto a la falacia de la Iluminación al imaginar esta que la razón, o la educación universal, tendría un efecto benigno similar.

2. La suposición de que el libre flujo de la actividad económica a través de la economía global sea el garante de la prosperidad, muestra una fe infundada e ingenua en la operación de la economía. Estamos entrando en aguas desconocidas en cuanto concierne a estos

progresos. Históricamente, a menudo los mercados financieros y el comercio internacional han actuado en formas imprevisibles y aun desastrosas.

3. La actividad económica, como toda actividad humana, es la función de seres humanos que hacen elecciones morales, y en quienes existe la posibilidad probada, que la Biblia identifica como el corazón pecaminoso, de actuar a partir de motivaciones puramente egoístas. Una respuesta a esto sostiene que la belleza del sistema del mercado libre está precisamente en su habilidad de amortiguar los efectos del egoísmo humano, pues el interés personal también maximiza las ganancias y, por ende, promueve el bien de todos. Al argumentar así, sin embargo, no logramos aprender las lecciones fundamentales de la historia. Las consideraciones económicas en sí no harán caso, por ejemplo, a las preocupaciones ecológicas. ¿Por qué poner límites a la rentabilidad a causa de una presunta contaminación química? Las preocupaciones ecológicas no son periféricas y pueden superarse solamente si las fuerzas del mercado se controlan. Es más, la acumulación de la riqueza personal *puede* contribuir a la base de recursos de la comunidad global, pero es extremadamente ingenuo creer que eso sea probable en la práctica. Creer que la riqueza acumulada se dirigiría a las manos de los pobres y desamparados del mundo es anticipar un milagro a escala global. La economía ejercida por humanos caídos, inevitablemente tiene efectos caídos. El verdadero acto de compartir los recursos y el control de la actividad económica mundial en beneficio de la comunidad mundial acontecerá sólo cuando exista un espíritu universal de sacrificio. Hasta la fecha, la única fuerza histórica que ha promovido tal espíritu de sacrificio con regularidad ha sido el evangelio de Cristo Jesús. Para decirlo de otra forma, la actividad de la economía no restringida del mercado libre ejercida por individuos inevitablemente reflejará todas las limitaciones del individualismo desinhibido. Sin embargo, no somos individuos independientes. Somos miembros de la familia humana que necesitamos de otros para lograr nuestra plenitud. Somos hechos para el amor, y la plena satisfacción se puede experimentar solamente en un amor que trasciende nuestro individualismo egoísta.

4. Finalmente, la economía de *laissez-faire* (ausencia de control del mercado) no tiene nada que decir ante las grandes interrogantes de la existencia humana. ¿De dónde venimos? ¿Qué o quiénes somos?

¿Adónde vamos? ¿Para qué es la vida? Frente a estas preguntas, la economía está callada. Pero estas interrogantes no pueden ser dejadas de lado. No importa cuán profundamente cubiertas estén en distintos períodos de la vida de individuos y sociedades, tarde o temprano se abren paso a la superficie una vez más. Las únicas respuestas que satisfacen plenamente se encuentran en la revelación del Dios Creador-Redentor de la Biblia.

RESUMEN

Las Escrituras enseñan dos cosas fundamentales acerca de la humanidad. Primero, somos criaturas de Dios, hechas a su imagen; ni un accidente cósmico, ni una cifra burocrática, el ser humano estuvo alguna vez resplandeciente ante su Hacedor. Segundo, somos pecadores, estamos caídos y separados de Dios y su destino para nosotros, y vivimos en rebelión implícita y explícita contra Él. Pascal combinó estas verdades cuando habló de la humanidad como un monarca destronado, arrojado de su existencia anterior, derrotado y depravado, y, sin embargo, nunca realmente capaz de olvidar lo que alguna vez estuvo destinado a ser.

Esta explicación bíblica de la humanidad como criatura y pecador, justifica su verdad contra todas las antropologías alternativas, antiguas o modernas.

PASAJES BÍBLICOS

La caída: Gn 3.1–7; Dt 32.8; Job 31.33; Ec 7.29; Is 43.27; Os 6.7; Lc 3.38; Ro 5.12ss; 1Co 15.22s; 2Co 11.3; 1Ts 2.13s; 1Ti 2.13; Jud 14.

Naturaleza y alcance del pecado: Gn 3.6; Sal 14.1–3; 51.4; Is 64.6; Jer 17.9; Mr 7.21s; Jn 8.34s; Ro 3.9–20; 5.10; 7.14–24; 8.7; Gá 5.19–21; Ef 4.17s; Stg 3.5–9; 2P 2.19.

Efectos del pecado: Gn 3.17–24; 4.14; 19.1–12; 1S 31.1–6; Sal 90.5–10; Ec 1–2; Is 5.8–23; Ro 1.18–32; 8.19–23; Ef 2.1–3; Stg 5.1–6; 2P 3.5–10.

PREGUNTAS

1. ¿Qué interpretación de la caída le parece más acorde con las Escrituras? ¿Por qué no es adecuado el planteamiento mítico?

2. Comente la frase: "La caída es la hipótesis tácita de toda la doctrina bíblica del pecado y la redención".

3. ¿Qué significa la "depravación total"? Considere la importancia de esta idea para los métodos y el mensaje del evangelista.

4.   ¿Qué entiende por la afirmación de Pablo de que *[...] por la desobediencia de uno solo muchos fueron constituidos pecadores [...]* (Ro 5.19)?

5.   Identifique los principales efectos del pecado en nuestras relaciones con: (a) Dios; (b) nuestro prójimo; (c) nosotros mismos; (d) nuestro medio ambiente; (e) el tiempo. Busque ejemplos de estos efectos en la biografía bíblica y en el diario local.

6.   Considere los efectos del pecado en nuestras relaciones con nuestro prójimo en: (a) las relaciones internacionales; (b) su propia sociedad; (c) su vecindario inmediato; (d) su lugar de trabajo o estudio; (e) su iglesia o grupo cristiano; (f) su propia vida.

7.   Suponga que está hablando con: (a) un seguidor de la Nueva Era; (b) un posmodernista; (c) uno que cree en la economía del mercado libre; ¿cómo les presentaría el evangelio de Cristo a cada uno de ellos?

BIBLIOGRAFÍA

G. C. Berkouwer, *Sin* (Eerdmans, 1971).

H. Blocher, *Original Sin* (Apollos, 1997).

G. Carey, *I Believe in Man* (Hodder, 1977).

D. Cook, *Blind Alley Beliefs* (IVP, 1996).

D. Groothuis, *Confronting the New Age* (IVP, 1993). *El movimiento de la nueva era* (Patmos, 2002).

O. Guinness, *The Dust of Death* (IVP, 1973).

M. Luther, *The Bondege of the Will* (tr. J. I. Packer and O.R. Johnston) (James Clarke, 1957).

D. M. MacKay, *Human Science and Human Dignity* (Hodder, 1979).

J. A. Middleton and B. J. Walsh, *Truth is Stranger than it Used to Be* (SPCK, 1995).

C. Plantinga, *Not the Way It's Supposed to Be* (Apollos, 1995).

C. Sherlock, *The Doctrine of Humanity* (IVP, 1996).

J. R. W. Stott, *Your Mind Mastters* (IVP, 1972).

R. Venning, *The Plague of Plagues* (Banner of Truth, 1965).

D. Wells, *God in the Wasteland* (IVP, 1994).

D. Wells, *Losing our Virtue* (IVP, 1994).

11

LA HUMANIDAD EN GRACIA

No hay nada en la humanidad que pueda extender su historia más allá de la creación y la caída. *[...] muertos en sus transgresiones y pecados* (Ef 2.1), así como no podemos efectuar nuestra propia resurrección, tampoco podemos prolongar nuestra autobiografía.

JESUCRISTO, EL DIOS-HOMBRE

La extensión de nuestra historia más allá de nuestra condición caída es completamente en virtud del milagro de la gracia de Dios. Por la encarnación, Dios se unió a la existencia humana y se movió en el tiempo y en el espacio como nuestro compañero humano. Pablo describió a Jesús como el postrer o el segundo Adán (Ro 5.12s; 1Co 15.22, 47s), por medio del cual se recupera la situación del Edén; aquí nuevamente hay uno que está ante Dios en plena humanidad, sin pecado, verdadero hombre, como fue su propósito original.

Aunque la Biblia no presenta una biografía completa de Jesús, en los evangelios existe suficientes elementos para que podamos ver la perfección de su humanidad expresada en los cinco aspectos antropológicos señalados en los dos capítulos anteriores.

CON RELACIÓN A DIOS

Jesús vivió en continua e ininterrumpida comunión con el Padre, en total obediencia a su voluntad (Mt 26.39, 42; Mr 1.11; Lc 9.35; Jn 4.34; 8.29). En Él un ser humano llevó una vida verdaderamente dedicada a la gloria de Dios (Jn 12.28; 17.4). Evidentemente, ciertas dimensiones que estaban presentes en el caso de Jesús no lo estaban en Adán, incluso antes de la caída, ya que Jesús fue simultáneamente humano *y* la segunda persona eterna de la Trinidad. Sin embargo, en virtud de la realidad de su encarnación, ocupó verdaderamente el lugar de Adán, y en consecuencia fue un ser humano normativo, la humanidad con Dios.

CON RELACIÓN A SU PRÓJIMO

Jesús personificó perfectamente el mandamiento de amar al prójimo (Mt 9.36; Jn 13.1, 34; 15.12-16). Como hombre "para los demás", no se retuvo para sí mismo, sino que se dio completamente para sus congéneres, hombres y mujeres. En ningún otro lado se manifiesta mejor su entrega que en su muerte (Mr 10.45; Ro 5.8; Gá 2.20; 1Jn 3.16).

CON RELACIÓN A SÍ MISMO

Las citas sobre la vida interior de nuestro Señor son limitadas, pero bastan para mostrar que, aunque experimentó la realidad de la tentación (Mt 4.1-11; Mr 8.33) y, en relación con la llamada del Padre a sacrificarse, una lucha agonizante para someterse (Lc 22.42-44), no se dieron las tensiones, confusiones, y conflictos interiores producidos por la caída y la culpa (Mt 22.46; Mr 3.4s; Jn 19.8-11). Él está ante nosotros como alguien unificado en su conciencia de sí mismo con relación al Padre, y en su compromiso incondicional de cumplir la voluntad del Padre y establecer su reino. Aquí se halla un ser humano cumpliendo plenamente su potencial inherente ante Dios (Mt 11.28s).

CON RELACIÓN AL ORDEN CREADO

Aunque nuevamente las evidencias son escasas, Jesús manifestó verdadera sensibilidad respecto al orden creado que lo rodeaba, reconociéndolo como obra de Dios (Mt 6.26-30). Jesús también expresó el dominio sobre el orden creado, del cual la humanidad fue dotada en un comienzo (Mt 13.3-9; Lc 5.4s; 15.3-6).

CON RELACIÓN AL TIEMPO

Jesús estuvo libre del pecado que trae consigo la muerte. Él tiene dominio sobre la muerte (Lc 7.11-16; 8.49-56; Jn 11); sin embargo, al final el mismo Jesús se sometió a ella, no por ningún derecho que tuviera sobre Él, sino para luchar contra la muerte y derrotarla para nosotros. Que siguió siendo vencedor sobre ella y no quedó definitivamente sometido a la muerte, se demostró inequívocamente en su resurrección triunfante (Mt 28; Jn 5.21–29; 20; 2Ti 1.10; Heb 2.14s).

EL CRISTIANO, LA NUEVA CREACIÓN EN CRISTO[17]

Este aspecto final de la antropología bíblica se expone mejor bajo dos términos: regeneración y santificación. La *regeneración* es esa obra del Espíritu Santo que permite a los pecadores caídos volverse, creer en Cristo Jesús como su redentor, y volver de la muerte espiritual a una nueva vida (*cf.* Jn 1.13; 3.1–8; 1P 1.3, 23; Tit 3.5), unidos con Cristo en la muerte, la resurrección y la vida exaltada (Ro 6.1–11; Ef 2.5s). Desde esta perspectiva es posible entender toda la maravilla y el significado de la humanidad perfecta de Cristo, ya que los creyentes, mediante su unión con Cristo, comparten los frutos de esa humanidad perfecta en todos los niveles del ser.

Desde el punto de vista de Dios, esta unión con Cristo se cumple en el momento de la regeneración; desde el nuestro, en el acto de un arrepentimiento consciente del pecado y de poner la fe en Cristo. Es seguido de un período durante el cual los beneficios de la unión de fe con Cristo se van cumpliendo progresivamente, un proceso que comúnmente se conoce como *santificación*. Así, la nueva persona, bajo la gracia, es una que ha sido regenerada y ahora está en el proceso de ser santificada; esto afecta a cada esfera de nuestro ser.

CON RELACIÓN A DIOS

La barrera del pecado se elimina mediante la fe en Cristo. Nos reconciliamos con Dios, cuya santa ira se aleja (Ro 5.9s); nos justificamos ante Dios, cuya santa ley ha sido totalmente satisfecha en Cristo (Ro 3.24s; Gá 3.13); nos redimimos de la esclavitud del pecado y el mal (Ef 1.7); y somos iluminados en la verdad divina por el Espíritu Santo (1Co 2.10s). Los cristianos son adoptados en la familia de Dios mismo, comparten la vida de Dios, y espontáneamente se dirigen a Él como Padre celestial (Lc 11.2), usando la misma palabra *Abba*, que usó Jesús (Ro 8.15).

---

17 Estos puntos se tratan con mayor profundidad en la Parte 5.

CON RELACIÓN A NUESTRO PRÓJIMO

La unión con Cristo implica unión con su pueblo, el cuerpo de Cristo (Ro 12.4s; 1Co 12.13). Así como Jesús el Mesías cumplió su misión divina en amante solidaridad con el pueblo mesiánico representado en sus discípulos, la humanidad que Él nos imparte es una humanidad de *comunión*, que se extiende cada vez más y abarca a todos aquellos que están verdaderamente "en Cristo" con nosotros. Los cristianos, como su Señor, son "gente para los demás" y su verdadero ser se expresa en el servicio humilde para con su prójimo, y todo lo que eso implica en todas las esferas.

CON RELACIÓN A NOSOTROS MISMOS

Además, recuperamos una verdadera conciencia de nosotros mismos en relación con Dios y una creciente liberación de nuestras ideas equivocadas acerca de nosotros mismos. Con nuevo realismo y nueva humildad, nos vemos tal como somos, y, al entrar en sintonía con el propósito total de Dios, hallamos una nueva libertad respecto de la preocupación por nosotros mismos. Esto debería acompañarse de un mayor respeto a nosotros mismos, porque a pesar de la depravación que se nos va revelando, nos reconocemos como criaturas e hijos de Dios, objetos de su asombroso amor. También reconocemos nuestras capacidades innatas y nuestros dones espirituales; al irlos dedicando a Dios y empleando activamente, se va desarrollando un sentido cada vez mayor de autorrealización.

CON RELACIÓN AL ORDEN CREADO

Adquirimos una nueva consideración y sentido de responsabilidad por el mundo creado y sus especies. Obviamente el grado de esto será afectado por factores culturales, temperamentales y educacionales, pero todo cristiano será llevado en alguna medida hacia el tipo de relación que conoció Adán en el Edén como señor y mayordomo de la naturaleza.

CON RELACIÓN AL TIEMPO

La regeneración nos hace pasar por una crisis que según la Biblia es como compartir con Cristo su muerte en la cruz (Gá 2.20; Col 2.12). Por consiguiente, la nueva persona ya ha pasado más allá de la tumba. Aunque en un sentido físico y temporal todavía sufriremos la disolución del cuerpo, hemos dejado atrás para siempre el terror y el juicio de la muerte como paga del pecado. Esta verdad se refleja significativamente en las referencias al don divino de la *[...] vida eterna* (Jn 3.16, 36; etc.), que significa no sólo la vida en el cielo, sino también una nueva clase de vida que comienza ahora y continúa en el más allá.

Para los cristianos el tiempo no es un enemigo que se les escapa inexorablemente entre los dedos, empujándolos minuto a minuto hacia el inevitable final. Los cristianos tienen tiempo, no para gastarlo, sino para usarlo en el servicio que Cristo les señale. Esta dimensión final del nuevo ser nos saca de los límites de la existencia mortal hacia la cuarta división principal de la antropología bíblica: la humanidad en gloria.

12

LA HUMANIDAD
EN GLORIA

Este tema lo trataremos mucho más a fondo en la Parte 7. Aquí sencillamente diremos que este es el cumplimiento de la renovación y la restauración del pueblo de Dios, comenzado por gracia en nuestra era; la humanidad será elevada nuevamente a las alturas de las que ha caído. Las Escrituras se refieren a esto en términos de ser hechos completamente de nuevo a la imagen de Cristo (Ro 8.29; 1Co 15.49b; Col 3.10). Así, la imagen de Dios en la que fuimos creados originalmente es la imagen con que estaremos delante de Dios en la nueva era inaugurada al regreso de Cristo (2P 3.13; Ap 22.1–5).

Por tanto, las cinco dimensiones distinguidas a lo largo de esta parte como marco para la exposición serán perfeccionadas. En la gloria estaremos perfectamente relacionados con Dios (Ap 21.3; 22.4); con nuestro prójimo (Ef 4.13; Ap 21.10); con nosotros mismos (Ap 21.4); con nuestro ambiente (Ro 8.21–23; Ap 22.1s); y con el tiempo (1P 1.3s; Ap 21.4).

PASAJES BÍBLICOS.

Jesucristo, el Dios-hombre: Mt 1.23; 9.36; 10.27; 11.28s; Lc 5.4s; 9.35; 12.24–28; Jn 1.14; 4.34; 5.30; 6.38; 10.11, 18; 15.12–16; 1Co 15.47s; Ef 5.25; 1Ti 3.16; Heb 2.14; 10.7.

El cristiano, la nueva creación: Jn 1.12; 3.1–8; Ro 6.1s; 8.15; 1Co 13; Gá 2.20; 5.22; Col 3.1s; 1Ts 4.9; 2Ti 2.11; 1P 1.3–5.

La humanidad en gloria: Is 2.1–4; 11.1–9; Mt 22.30; Jn 11.24; Ro 8.18–30; 1Co 15.35–57; 2Co 5.1–10; Fil 3.20; 1Jn 3.1s; Ap 21–22.

PREGUNTAS

1. ¿Qué se entiende en la referencia a Cristo como el "segundo Adán"? Examine las consecuencias de este título.

2. Enumere las evidencias bíblicas que apoyan la afirmación cristiana de que Jesús fue el ser humano perfecto y normativo.

3. ¿En qué puntos la humanidad perfecta de Cristo desafía con mayor agudeza las actitudes y experiencias actuales en: (a) su iglesia local o grupo cristiano; (b) su propia vida?

4. Considere las formas en que la futura glorificación de la humanidad debe afectar nuestras actitudes actuales.

5. Examine las consecuencias de la enseñanza bíblica acerca de la humanidad en cuanto a: (a) las actitudes sociales y políticas cristianas; (b) la discriminación racial; (c) el desarrollo económico en el Tercer Mundo; (d) el movimiento de liberación de la mujer; (e) el aborto, la eutanasia y el transplante de órganos; (f) las campañas en favor de la conservación del ambiente y la protección de las especies en peligro de extinción.

BIBLIOGRAFÍA

C. S. Lewis, *Mere Christianity* (Fontana, 1955). *Cristianismo y nada más* (Editorial Caribe, 1977).

D. M. Lloyd-Jones, *Life in the Spirit* (Banner of Truth, 1974). *La vida en el Espíritu* (Libros Desafío, 1998).

R. Macaulay and J. Barrs, *Christianity with a Human Face* (IVP, 1979).

O. O'Donovan, *Resurrection and Moral Order* (2da ed. Apollos, 1994).

C. Sherlock, *The Doctrine of Humanity* (IVP, 1996).

J. R. W. Stott, *The Contemporary Christian* (IVP, 1992). *El cristiano contemporáneo* (Libros Desafío, 2001).

J. R. W. Stott, *Issues Facing Christians Today* (Marshall, Morgan and Scott, 1984). *La fe cristiana frente a los desafíos contemporáneos* (Libros Desafío, 2002).

APLICACIÓN

LA NATURALEZA HUMANA ESENCIAL

LA DEPENDENCIA

La creación afirma nuestra total dependencia de Dios. Todo lo que somos y tenemos viene de Él; cada respiro es literalmente un don de Dios. En consecuencia, nuestra actitud apropiada es la verdadera humildad ante Él, tanto en sentido explícito en nuestros actos de adoración, como implícito en toda nuestra manera de vivir.

LA AFIRMACIÓN

Ya que la humanidad y el mundo son creación de Dios, los cristianos aceptan y afirman la realidad creada en todas sus formas, incluso (1) *ellos mismos*. A veces en las Escrituras Dios realmente manifiesta cierta "impaciencia" con los que no lo hacen (*cf.* Éx 4.10–14; 1S 15.17; Jer 1.6s). Dios nos afirma como criaturas suyas, y en Cristo como sus mismos hijos, y nos invita a hacernos eco de esta afirmación. De igual manera, Jesús vio a sus discípulos en términos de su potencial futuro (Mt 4.19; 16.17s; Hch 9.5s, 15).

Esta autoafirmación incluye las características singulares y particulares de nuestra personalidad, el "yo" esencial que tiene su significado propio irreemplazable en relación con Dios y sus propósitos (*cf.* 1Co 12.14–26). También incluye nuestro cuerpo, que viene de Dios y que, en consecuencia, no debe despreciarse bajo ningún punto de vista (1Co 6.13s; Ef 5.29; 1Ti 4.8); el trabajo y la fatiga excesivos, el descuido de la higiene o de los ejercicios, los riesgos físicos innecesarios, todo eso niega la santidad del cuerpo que Dios ha creado y del cual ha hecho el santuario de su Espíritu. También incluye nuestra sexualidad con sus deseos e impulsos. Aunque siempre serán necesarias la vigilancia y la autodisciplina (Mr 9.43s; 1Co 7.1-6), debemos mantener el carácter de don divino y, por ende, la bondad de nuestros instintos sexuales. Pero es cierto que la Biblia reconoce que la expresión plena de estos instintos en el matrimonio heterosexual monógamo no es para todos; algunos son llamados al celibato y se les promete gracia para las disciplinas y oportunidades especiales de ese llamado (Mt 19.11s; 1Co 7.7, 32-35).

Los cristianos aceptan y afirman (2) *su sociabilidad* (Gn 2.18s; Mt 22.39). Esto significa que debemos tomar la vida familiar como de Dios y reconocer plenamente las responsabilidades que ello implica. Las Escrituras reprenden firmemente a los que descuidan esta obligación (1Ti 5.8), aunque las exigencias del reino siempre son lo fundamental (Lc 14.25s). Esta responsabilidad se aplica a los hijos e hijas, a los padres y cónyuges (Jn 19.26s; Ef 5.21-6.4), como está documentado con frecuencia en las biografías bíblicas.

También debemos tomar la vida en sociedad como de Dios. El monasticismo niega la existencia creada y minimiza la oportunidad de amar al prójimo; la ciudadanía responsable y su equivalente en la universidad, el colegio, la fábrica, la oficina y el vecindario dan expresión práctica a la creencia en esta doctrina bíblica. Asimismo debemos afirmar la vida social en otras esferas culturales, como la literatura, la música y otras formas del arte, el deporte y todo lo demás. Aunque no debemos negar los gustos personales —y tenemos que discriminar cuando encontremos efectos de la caída—, el principio bíblico es que *Todo lo que Dios ha creado es bueno, y nada es despreciable si se recibe con acción de gracias [...] en Dios, que nos provee de todo en abundancia para que lo disfrutemos* (1Ti 4.4; 6.17).

La humanidad que Jesús manifestó y santificó para nosotros lo confirma. Amigo de estafadores y prostitutas, bienvenido en las reuniones sociales (Lc 15.1s; 5.27-32; 7.36-50; Jn 2.1-11), no era conocido sólo por sus enseñanzas, aunque incluso ellas contienen un auténtico toque de humor (Mt 23.24; Lc 7.31-34). Hay una dimensión de humanidad cálida, viva y alegre que es propia de la vida cristiana en el mundo, y que no es incompatible con la profunda sensibilidad hacia el sufrimiento o la depravación del corazón humano. La cocreación a imagen de Dios también es un argumento a favor del amor para con el prójimo, que se expresa en una sincera preocupación comprometida con el bienestar social en todos los niveles.

La doctrina de la creación también nos lleva a aceptar y afirmar (3) *el mundo de la "naturaleza"* como de Dios, a aceptar su mandato de ejercer una mayordomía responsable y a ir en contra de todas las formas de contaminación y destrucción ambientales innecesarias (Gn 1.26–2.20).

La confrontación

El hecho de que nuestro Dios es el creador de todas las cosas significa que ninguna parte de nuestra vida, e incluso de la vida de todo el cosmos, está fuera de su cuidado o es ajena a su presencia. Por consiguiente, los cristianos tendrían que ser serios y responsables en la vida, en todos sus aspectos, ya que Dios es con quien nos relacionamos en cada momento, en el trabajo, en el hogar, en la sociedad, en la iglesia, en las diversiones y en todo lo demás.

El propósito

Dios creó todas las cosas con un propósito. En consecuencia somos seres con propósito, destinados a buscar en todo la gloria de Él, el bien de nuestro prójimo y nuestra propia realización en Dios.

LA HUMANIDAD EN PECADO

Nuestro concepto del mundo (por ejemplo, la sociedad humana organizada)

El hecho de que todos somos seres caídos, libera al cristiano del optimismo irreal. Le permite reconocer la inutilidad de todos los esfuerzos de mejoramiento de la moral humana que apelan solamente a nuestra capacidad humana para llegar al autodominio y lograr verdadera comunidad. No es de sorprender que los esquemas de mejoramiento social fracasen cuando los "grandes hombres" o las "grandes mujeres" muestran que tienen pies de barro; incluso en los círculos cristianos debemos resistir la tentación de idealizar indebidamente a nuestros pastores y otros destacados siervos de Dios.

La condición caída del mundo también significa que éste se ha convertido en el dominio de un poder tenebroso usurpador. Aunque ya ha sido quebrada por la victoria de Cristo, esta autoridad satánica mantiene un dominio tenaz dondequiera que no se recibe el evangelio. Es decir que la caída ha hecho del mundo un lugar de conflicto y batalla para todos los que se identifican con Jesucristo; en consecuencia, la afirmación cristiana del mundo a la que nos hemos referido arriba, siempre debe acompañarse de una actitud discernidora y de ojos abiertos. El mundo no es un territorio neutral para el cristiano, aunque eso no es razón para huir de él. El cristiano que tiene en cuenta la caída estudiará las Escrituras para aprender acerca del enemigo espiritual: cómo se manifiesta en el mundo, el tipo de ataques que lanza contra los hijos de Dios y la obra de Dios, y cómo esgrimir las armas de Dios en esta guerra espiritual (2Co 20.3–5; Ef 6.10–18).

Reconociendo la condición caída del mundo y la situación difícil de sus contemporáneos, los cristianos anhelarán hacer conocer al mundo el único mensaje que puede salvarlos y liberarlos: las buenas nuevas de Jesucristo. La motivación para evangelizar es algo más rico que la mera compasión, pero incluye también ese elemento (Mt 9.36). Sabiendo que en fin de cuentas los hombres y mujeres son espiritual y moralmente impotentes, imploramos a Dios que en su misericordia y gracia despierte esta generación a su necesidad, para que volviéndose a Él, pueda experimentar su eterna misericordia y salvación.

Nuestro concepto de nosotros mismos

La doctrina de la condición caída de la humanidad debe producir un espíritu de humildad y penitencia, viendo que por nuestra locura y rebelión contra Dios no podríamos ser salvos de ninguna otra manera que por la cruz. Aunque nuestras culpas han sido perdonadas por Él, todavía llevamos la naturaleza caída. Todo pecado es contra Dios, y su propósito pleno para nosotros no puede cumplirse hasta que todo pecado sea erradicado de nuestra vida. De modo que en todo cristiano hay una tarea de renovación moral que debe cumplirse, un curso completo, de toda la vida, de reconstrucción del carácter. Luego estamos llamados al autoexamen a la luz de la Palabra de Dios para identificar nuestros pecados, para que nos arrepintamos y alejemos de ellos. En esto debemos ser práctica y bíblicamente realistas, reconociendo cuán profundamente se ha arraigado en nosotros el pecado, y cuán extensiva debe ser la obra de renovación, y no desanimarnos si la obra de gracia en nosotros parece lenta y fragmentaria.

En esta renovación podemos esperar que Dios use circunstancias de nuestra vida, incluso eventualidades dolorosas o difíciles, como desilusiones, frustraciones, enfermedades físicas o emocionales, o cosas por el estilo. Por supuesto eso no significa que no debemos buscar el alivio de ellas; al contrario. Pero cuando vienen sin haberlas invitado, o incluso como resultado de nuestra propia estupidez o desobediencia, a menudo podemos ver la mano de Dios disciplinándonos *para nuestro bien, a fin de que participemos de su santidad* (Heb 12.10).

Todo esto es sólo el lado negativo de la obra de Dios en nosotros. Está también el lado positivo, la experiencia de las bendiciones de la vida cristiana a través del Espíritu Santo y nuestra manifestación, en alguna medida, de los frutos del Espíritu (Gá 5.22).

LA HUMANIDAD EN GRACIA

LA ADORACIÓN

La historia de la humanidad no tendría ningún resultado final si hubiéramos sido abandonados a nuestra suerte. Existen hombres y mujeres bajo la gracia sólo porque hay un Dios de gracia vivo. Cuando comprendemos eso, no podemos sino alabarlo y adorarlo.

LA ESPERANZA

A pesar de los reveses del crecimiento cristiano —los asaltos del maligno y los períodos de sequedad— las personas de gracia nunca se desesperarán totalmente, porque [...] *el que comenzó tan buena obra en ustedes la irá perfeccionando* [...] (Fil 1.6). Mirarán una y otra vez a Cristo y verán allí lo que ellos también están en camino de ser: perfectamente relacionados con Dios, con su prójimo, consigo mismos, con el mundo y con el tiempo. "El gran apoyo del creyente no es la gracia de Dios que mora en él (ese es un manantial que a veces se seca), sino la gracia de Dios que está fuera de él, la gracia que está en Cristo, que es una fuente continua, de la que el creyente nunca saldrá defraudado" (Boston). Al mirar a Cristo en esperanza, aprendemos a ver los mandamientos de las Escrituras como gloriosas promesas: "Haced..." quiere decir que un día usted lo hará. En otras palabras, reconocemos los preceptos como promesas en embrión.

La esperanza del cristiano también se expresa en su actitud hacia los no cristianos; porque si Dios ha cambiado nuestra vida por su gracia soberana, hay esperanza para cualquiera.

LA COMUNIÓN

La obra de gracia de Dios sigue en la comunión viva de su pueblo, donde las limitaciones y debilidades de cada individuo se complementan mutuamente, y el pueblo de Dios crece juntamente hacia la madurez en Cristo (Ef 4.12–16). Nuestro deseo de renovación y crecimiento en nosotros mismos se verá expresado entre nosotros mediante un compromiso cada vez más profundo con la iglesia local a la que pertenecemos.

LA HUMANIDAD EN GLORIA

Aquí encuentra su plena expresión la esperanza cristiana. Un día la humanidad será plenamente renovada y estará ante Dios como estuvieron Adán y Eva antes de la caída. Muchos cristianos han recibido un lavado de cerebro de parte de la crítica moderna de la religión y el tono materialista de nuestra cultura, y prácticamente descartan la perspectiva del cielo, hasta que se ven realmente enfrentados con la muerte y el más allá.

Los autores del Nuevo Testamento no tenían inhibiciones en este sentido, ni tampoco los cristianos de épocas anteriores. Calvino veía en la meditación sobre la vida futura, una de las marcas fundamentales del cristiano. Sólo adoptando deliberadamente esta perspectiva eterna, podremos ver la existencia humana en este mundo en la proporción correcta, y la muerte como la puerta por medio de la cual pasaremos a la vida eterna de la nueva era. Además, el carácter moral perfecto que tendremos en el mundo venidero es en sí mismo un gran incentivo para persistir en la obra de santificación.

Por encima de todo, esta perspectiva nos despertará a nuevas profundidades de la adoración. Así daremos gloria a Dios por todo lo que ha logrado en cuanto a levantar la humanidad caída de los abismos de la corrupción y permitir que nos presentemos ante Él como aquellos respecto de quienes Dios volverá a pronunciar las palabras dichas sobre Adán al principio: que era *muy bueno* (Gn 1.31; Is 42.1; Mt 17.5; Lc 3.22; Ap 21.1–4).

Cristología: la persona y obra de Cristo

13

LA HUMANIDAD
DE JESUCRISTO

En los evangelios existe extenso material para establecer la verdadera humanidad de Jesús. En realidad este es uno de los pocos puntos en que todos los que estudian los evangelios están de acuerdo actualmente.

Los evangelios comienzan ubicando a Jesús en la corriente de una genealogía humana (Mt 1.1–16; Lc 3.23–38). Sin considerar los medios de su concepción, su nacimiento fue humano y normal (Mt 1.25; Lc 2.7; Gá 4.4). Fue un feto que se desarrolló en el vientre de María y vino al mundo por un conducto natal humano al finalizar un período normal de gestación y de parto. Su vida transcurrió como la nuestra, "desde la cuna hasta la tumba" (Kierkegaard). El nacimiento de Jesús fue seguido de años de crecimiento y desarrollo aparentemente normales (Lc 2.40–52; Heb 5.8) en el seno de un hogar y una familia (Mr 6.1–6).

El Jesús de los evangelios estuvo sujeto a las limitaciones físicas normales: cansancio (Jn 4.6), hambre (Mt 21.18), sed (Jn 4.7). En sus horas finales sufrió intensa agonía de alma y cuerpo antes de su muerte física (Mr 14.33–36; Lc 22.63; 23.33).

Experimentó toda la gama de emociones humanas; por ejemplo, gozo (Lc 10.21), pena (Mt 26.37), cariño (Jn 11.5), compasión (Mt 9.36), admiración (Lc 7.9), enojo (Mr 3.5). "Los que piensan que el Hijo de Dios estuvo exento de pasiones humanas no lo reconocen real y verdaderamente como hombre" (Calvino). Un estudio de las palabras usadas en el Nuevo Testamento griego revela la profundidad e intensidad de sus emociones humanas; por ejemplo, "sacudido por una pena incontrolable" (Lc 19.41); "consternado por un desaliento horroroso" (Mt 27.46; *cf.* Jn 12.27); "fuerte indignación que [...] lo consume como fuego" (Jn 2.17)[18].

SU VIDA RELIGIOSA

Hablar de la vida religiosa de Jesús puede parecer extraño, ya que Él mismo es el objeto de nuestra adoración. Sin embargo, las condiciones de la encarnación involucraron claramente a Jesús en la actividad religiosa.

Jesús participaba en el culto público (Lc 4.16); y es claro que estudió y meditó en las Escrituras y las explicó (Mt 4.4s; 19.4; Lc 2.46; 24.27). Aparte de su comunión interior continua con el Padre, Jesús se entregaba con frecuencia a la oración en voz alta (Jn 17.1ss); y a veces seguía en oración durante toda la noche (Lc 6.12). El Evangelio de Juan en particular da testimonio de su vida de total sumisión y subordinación al Padre que lo había enviado (Jn 4.34; 6.38; 12.49, etc.). Aunque su relación con el Padre difería claramente de la nuestra (Lc 10.21s; Jn 20.17), es apropiado llamar a Jesús *[...] el autor* [de nuestra] *fe [...]* (Heb 12.2, rv60).

SU CONOCIMIENTO LIMITADO

Esta es una esfera difícil de definir con certeza, porque es evidente que el conocimiento de Jesús nunca fue sencillamente equivalente a nuestra mentalidad caída y limitada. Por eso conocía el pasado oculto de las personas (Jn 1.47; 4.29) y los pensamientos de los enemigos (Lc 6.8) y de los amigos (Lc 9.47). Además, entendía el Antiguo Testamento de una manera sin precedentes (Mt 22.29; 26.54, 56; Lc 4.21s; 24.27, 44s). Sin embargo, necesitamos poner al lado de estos pasajes otros como Marcos 5.30; 6.38; 9.21; Lucas 2.46, donde Jesús aparece haciendo preguntas sencillamente para disipar su falta de conocimiento de algo. En particular confesó desconocer el *[...] día y la hora [...]* de su regreso (Mr 13.32). No obstante, el desconocimiento no equivale al error. Significativamente, este versículo está inmediatamente precedido por una afirmación sorprendente

---

18 B. B. Warfield, "The emotional Life of our Lord", *The Person and Work of Christ* (prpc, 1950).

sobre la infalibilidad de sus enseñanzas: *El cielo y la tierra pasarán, pero mis palabras jamás pasarán* (Mr 13.31).

La distinción entre el desconocimiento y el error es fundamental. El pensamiento, la experiencia y la percepción humana constituyen una continuidad ininterrumpida. Por consiguiente, es imposible pensar que Jesús pudiera haber estado equivocado en algún punto fundamental de sus convicciones, o que enseñara deliberadamente como verdaderos los conceptos erróneos de su tiempo, y a la vez mantuviese la idea de que no obstante podía actuar como nuestro intachable representante y portador de pecados[19]. Las Escrituras presentan aquí un delicado equilibrio: un entendimiento único y claro del Padre y su voluntad (Lc 2.49) coexiste con la búsqueda de mayor conocimiento (Lc 2.46).

LA TENTACIÓN

La humanidad de Jesús se confirma, además, porque fue tentado a pecar (Mt 4.1–11; 27.42; 8.32s; Lc 11.15–20). El testimonio de los evangelios aparece resumido en Hebreos: *[...] ha sido tentado en todo de la misma manera que nosotros, aunque sin pecado* (Heb 4.15).

Una objeción frecuente es que las tentaciones de Jesús no fueron reales, ya sea porque no era pecador y entonces el pecado y el diablo no tenían poder sobre Él, o porque como *Dios* hecho humano jamás habría podido pecar. La afirmación de que la tentación tuvo carácter de charada no concuerda con el lenguaje de las Escrituras al respecto. Además, Adán, antes de la caída, es un caso bien claro de naturaleza humana sin pecado que estuvo sujeta a una tentación muy real (Gn 3.1s). Por supuesto, en cierto sentido sería inconcebible pensar que Jesús como Divinidad encarnada sucumbiera ante la tentación; pero eso no excluye ni minimiza en ningún sentido la realidad de su confrontación con los ataques de Satanás en relación con su obediencia a la voluntad del Padre.

Cuando un ejército ataca a otro, tal vez no posea un batallón infiltrado detrás de las filas enemigas, listo para desorganizar al enemigo en el momento crítico. Sin embargo, esto no implica necesariamente que el ataque será menos severo, o que tenga menos posibilidades de éxito; un ataque puramente externo puede ser eficaz, mientras

---

19 *Cf.* "El concepto de Jesús del Antiguo Testamento", pp. 47–50.

que uno con ayuda interna puede fracasar. El factor determinante en cualquiera de los casos será la intensidad total del ataque. Aplicado a Jesús, el hecho de que la tentación careció de un apoyo interno "detrás de las filas" (lo que con toda claridad ocurre en el caso nuestro), *no* implica necesariamente que no se enfrentara a un ataque equivalente o mucho más fuerte. El comentario de Pablo, de que Dios refrena el poder de la tentación para que no seamos tentados *más allá de lo que* [podamos] *aguantar. Mas bien* [Él nos] *dará también una salida [...]* (1Co 10.13), viene al caso aquí: la tentación que nosotros enfrentamos pasa por el filtro de la mano protectora de Dios. Pero en el caso de Jesús fue retirado el filtro. ¿Quién entre *nosotros* puede hablar de cuarenta días y cuarenta noches de ininterrumpida tentación (Mt 4.1s)?, ¿o de sudar sangre en la lucha por cumplir la voluntad de Dios frente a la tentación (Lc 22.44)? Sólo quien haya resistido totalmente la tentación ha experimentado su poder total. Jesús no compartió el pecado original con nosotros y se mantuvo intachable toda su vida, pero como verdadero hombre soportó el peso y la influencia de la tentación hasta un grado que nosotros nunca experimentaremos.

DESPUÉS DE LA RESURRECCIÓN

El período entre la resurrección y la ascensión de Jesús pertenece más bien a las evidencias de su deidad. Sin embargo, sus encuentros con María (Jn 20.11–18), Tomás (Jn 20.24–29) y Pedro (Jn 21.15–19) expresan la sensibilidad y compasión humanas más profundas, como si su sufrimiento en la cruz lo hubiera ligado mucho más con sus compañeros humanos.

Las evidencias hasta aquí se han limitado principalmente a los cuatro evangelios. El resto del Nuevo Testamento también da testimonio de la verdadera humanidad de Jesús (Hch 2.22; Ro 8.3; Fil 2.8; Col 1.22; 1Ti 2.5; Heb 2.14; 1P 4.1). La enseñanza bíblica es clara: "Cualquiera otra cosa que fuere, Jesús es un hombre" (Hoskyns y Davey).

Pasajes bíblicos

Mt 1.1–16, 25; 4.1–10; 9.36; 11.19; 21.18; 27.43, 46; Mr 3.5; 6.1–3; 9.21; 10.21; 13.32; Lc 2.7, 40–52; 4.16s; 7.9; 19.41; 22.41–44; 24.41s; Jn 1.14; 4.6; 6.38; 7.16; 12.27s; 15.14s; 19.28, 34; Hch 2.22; 13.38; 17.31; Ro 8.3; Gá 4.4; Fil 2.8; Col 1.22; 1Ti 2.5; 3.16; Heb 2.14; 5.7s; 12.2; 1P 2.21–24; 4.1.

PREGUNTAS

1. Resuma las evidencias del Nuevo Testamento sobre la verdadera humanidad de Cristo. ¿Qué aspectos le parecen los más convincentes, y por qué?

2. ¿Cómo responder a la acusación de que: (a) las tentaciones y (b) las confesiones de desconocimiento de Jesús fueron irreales o irreconciliables con su divinidad?

3. Considere las consecuencias teológicas de la verdadera humanidad de Cristo para: (a) la doctrina cristiana de la humanidad; (b) la doctrina cristiana de la redención.

4. ¿Cómo procuraría usar el hecho de la verdadera humanidad de Cristo para ayudar a alguien que está experimentando: (a) una aguda tentación; (b) la sensación de haber sido abandonado por Dios; (c) intenso sufrimiento físico?

BIBLIOGRAFÍA

R. T. France, *The Man they Crucified* (IVP, 1975).

G. W. Grogan, *Wath the Bible Says about Jesus* (Kingsway, 1979).

D. Macleod, *The person of Crist* (IVP, 1998).

J. R. W. Stott, *Christ the Controversialist* (Tyndale Press, 1970). *Las controversias de Jesús* (Ediciones Certeza, 1975).

B. B. Warfield, *The Person and Work of Christ* (PRPC, 1950). *La persona y obra de Jesucristo* (Clie, 1993).

14

LA DIVINIDAD
DE JESUCRISTO

Aquí llegamos a la asombrosa verdad que constituye el centro de la religión cristiana: que Jesucristo, si bien era verdadero humano, también era verdadero Dios. Esta es una de las particularidades del cristianismo. Los judíos y musulmanes también reconocen un único y supremo Dios, y veneran a los patriarcas y profetas del Antiguo Testamento, pero en las afirmaciones sobre Jesús, el cristianismo está solo.

Aunque en el análisis final una confesión verdadera de la deidad de Cristo es posible solamente por medio del ministerio sobrenatural del Espíritu Santo en el corazón (*[...] nadie puede decir: "Jesús es el Señor" sino por el Espíritu Santo;* 1Co 12.3; *cf.* Mt 16.17; Lc 10.22), el Espíritu utiliza las Escrituras para revelarnos esta verdad. Por consiguiente, recurrimos primeramente a sus enunciados claros.

AFIRMACIONES DIRECTAS
SOBRE LA DIVINIDAD

Los pasajes que afirman la divinidad de Cristo, como es de esperar, están entre los más discutidos de todo el Nuevo Testamento. En algunos, las pruebas gramaticales requieren circunspección antes de interpretarlos como afirmaciones de dicha divinidad. Pero al menos en nueve pasajes, el peso de las evidencias pertinentes apoya nuestra interpretación como afirmaciones directas de la divinidad de Cristo:

[...] Cristo, quien es Dios sobre todas las cosas. ¡Alabado sea por siempre! [...] (Ro 9.5).

Pero con respecto al Hijo dice [Dios]: *Tu trono, oh Dios, permanece por los siglos de los siglos [...]* (Heb 1.8).

En el principio ya existía el Verbo, y el Verbo estaba con Dios, y el Verbo era Dios [...] (Jn 1.1, 2).

A Dios nadie lo ha visto nunca; el Hijo unigénito, que es Dios y que vive en unión íntima con el Padre, nos lo ha dado a conocer (Jn 1.18).

[...] la gloriosa venida de nuestro gran Dios y Salvador Jesucristo (Tit 2.13).

—¡Señor mío y Dios mío! —exclamó Tomás (Jn 20.28).

[...] Por la justicia de nuestro Dios y Salvador Jesucristo [...] (2P 1.1).

[...] la iglesia de Dios, la cual Él compró con su propia sangre [...] (Hch 20.28, bla).

[...] Jesucristo. Éste es el Dios verdadero y la vida eterna (1Jn 5.20).

El Nuevo Testamento contiene otros muchos pasajes que posible, aunque no concluyentemente, implican la divinidad de Cristo (por ej., Mt 1.23; Jn 17.3; Col 2.2; 2Ts 1.12; 1Ti 1.17; Stg 1.1; 1Jn 5.20). Los nueve versículos citados más arriba son suficientes para establecer la posición bíblica fuera de duda; sin embargo, hay mucho más material que considerar.

LA IDENTIDAD DE JESÚS CON YAHWEH/JEHOVÁ

El Nuevo Testamento atribuye a Jesús muchas de las perfecciones de Yahweh (o Jehová), el Dios creador redentor del Antiguo Testamento. Existen siete puntos principales de identidad.

EL NOMBRE DE DIOS

Cuando el Antiguo Testamento fue traducido al griego en los siglos II y III d.C. (la Septuaginta o LXX), el nombre sagrado de Dios, YHWH, generalmente expresado como Yahweh o Jehová, se tradujo por la palabra griega *Kyrios* (*Señor*); hay aproximadamente 7000 casos de esto. Este título exaltado y sagrado se atribuyó directamente a Jesús (Ro 10.9; 1Co 12.3; Fil 2.11; etc. *cf.* también *Señor de señores*, 1Ti 6.15; Ap 17.14; 19.16). En realidad, la confesión *Jesús es el Señor*, es probablemente la primera confesión de fe (Ro 10.9;

1Co 12.3; 2Co 4.5). En varias oportunidades los escritores del Nuevo Testamento aplican pasajes del Antiguo Testamento donde se relaciona con Yahweh directamente a Jesús (Hch 2.34s; Ro 8.34; Heb 10.12s; 1P 3.22 aplican el Sal 110.1; Ro 10.13 aplica Jl 2.32; Fil 2.9–11 aplica Is 45.23; Jn 12.41 aplica Is 6.10; Ef 4.8 aplica el Sal 68.18). Estos pasajes identifican claramente a Jesús con Yahweh.

Otro lazo lo proporcionan las autodesignaciones de Dios adoptadas por Jesús o aplicadas a Él. Altamente significativo es el YO SOY (Éx 3.14; *cf.* Jn 8.58; 6.35; 8.12, 24; 11.25; 14.6; 18.5s; Mr 14.62). Otros son *esposo* (Is 62.5; Jer 2.2; Ez 16.8; *cf.* Mr 2.19s; Jn 3.29; 2Co 11.2; Ap 19.7); *pastor* (Sal 23.1; 80.2; Is 40.11; Ez 34.15; *cf.* Jn 10.11–16; Heb 13.20; 1P 2.25; 5.4), *el primero y el postrero* (Is 44.6; 48.12; *cf.* Ap 2.8; 22.13).

La gloria de Dios

La gloria de Dios es la manifestación visible de su majestad (Éx 24.15–18; 40.34s; Lv 9.6, 23s; 2Cr 7.1–3; Is 6.1–4; Ez 1.28). En el judaísmo servía como sustitutivo reverencial del nombre sagrado. La gloria de Dios es incomunicable (Is 42.8; 48.11), sin embargo el Nuevo Testamento habla de Isaías 6.1s como la manifestación de la gloria de Jesús (Jn 12.41), y de Jesús como la manifestación de la gloria de Dios (1Co 2.8; 2Co 4.4; Heb 1.3; Stg 2.1; *cf.* Jn 17.5).

La adoración de Dios

Adorar a cualquier otro ser que no fuera Dios (Yahweh) era inconcebiblemente ofensivo para los judíos, el pecado fundamental (Éx 20.3–6; Dt 6.4s, 13–15). Sin embargo, los primeros discípulos, judíos sin excepción, adoraban a Jesús. Este es el hecho que, a pesar de su poca frecuencia comparativa, hace que las atribuciones de divinidad a Cristo en el nuevo Testamento sean tan abrumadoramente impresionantes.

Se atribuyen doxologías a Cristo (Ro 9.5; 2Ti 4.18; 2P 3.18; Ap 1.5s); dos se dirigen tanto al Padre como al Hijo (Ap 5.13; 7.10). Se dirigen oraciones a Cristo (Hch 7.59s; 9.13s; Ap 22.20). Los pasajes de adoración del Antiguo Testamento se transfieren de Yahweh a Cristo (Is 8.13s en Ro 9.33; 1P 2.7s; 3.15; la versión griega de Dt 32.43 en Heb 1.6). Se usa la adoración con relación a Cristo: en la Septuaginta, la traducción común de *shajah* (adorar, inclinarse) es *proskuneo*. En la enseñanza de Jesús describe la actitud que debemos adoptar solamente con Dios (Mt 4.10). Sin embargo, los evangelistas usan la palabra para describir la actitud de las personas para con Jesús (Mt 2.2, 8, 11; 14.33; Mr 5.6; Jn 9.38). En consecuencia, la reacción de los discípulos al Cristo resucitado es típica: *[...] lo adoraron [...]* (Mt 28.17; Lc 24.52), una reacción repetida por la compañía angélica del cielo: *[...] ¡Digno es el Cordero, que ha sido sacrificado, de recibir el poder, la riqueza y la sabiduría, la fortaleza y la honra, la gloria y la alabanza!* (Ap 5.12), una afirmación inequívoca de divinidad.

LA CREACIÓN DE DIOS

Para la fe del Antiguo Testamento, era axiomático que Yahweh había creado todas las cosas y, en consecuencia, era el Señor de todo (Gn 1.1s; Sal 33.6–9; 148.5s; Is 42.5; 48.13; 51.9–16). Sin embargo, los autores del Nuevo Testamento adjudican libremente esta función divina a Jesús. La obra creadora de Dios tiene cuatro aspectos: a) en el principio Dios creó el mundo; b) Él preserva y sustenta todas las cosas; c) conduce el universo creado hacia su meta final; d) producirá una nueva creación. Los cuatro aspectos se refieren también a Jesús. Por medio de Él fueron hechas todas las cosas (Jn 1.1, 3; Heb 1.3; *cf.* Col 1.16; 1Jn 1.1); Él es el sustentador y protector de todas las cosas (Mt 28.18; 1Co 8.6, Col 1.17; Heb 1.3); por medio de Él el universo será llevado a su destino final (Ro 11.36; Ef 1.9s; Col 1.16); y la "nueva creación" no es otra cosa que la realización del propósito de Dios en Cristo Jesús (Is 65.17; 66.22, [yo Yahweh] *estoy por crear un cielo nuevo y una tierra nueva [...], cf.* Jn 3.5; 20.22; 2Co 5.17; Fil 3.20; Col 3.10; 2P 3; Ap 21 y 22).

LA SALVACIÓN DE DIOS

Yahweh es un Dios salvador, otra piedra fundamental de la fe antiguotestamentaria. A diferencia de otros dioses, sólo Él tiene poder para salvar: *Yo, yo soy el Señor, fuera de mi no hay otro salvador* (Is 43.11; *cf.* 45.21; Jer 3.23; 11.12). Su liberación venía frecuentemente mediante "salvadores" humanos (Jos 10.6; Jue 2.16, 18; 6.14s), mas perdonar los pecados y resucitar de la muerte a vida eterna son prerrogativas exclusivas de Dios. Sin embargo, el Nuevo Testamento las atribuye a Jesús. En su nacimiento fue aclamado como el que *[...] salvará a su pueblo de sus pecados [...]* (Mt 1.21). Afirmó el poder de otorgar perdón (Mr 2.7–10; Lc 7.48), y es considerado el salvador de los pecadores (Jn 3.17; Hch 4.12; 5.31; 15.11; Gá 1.4; Ef 5.23; Heb 7.25; Ap 1.5). Resucitó a los muertos

(Mr 5.35–43; Lc 7.11–17, 22; Jn 11) y por medio de él todos los que creen en él reciben vida eterna (Mr 10.21; Jn 3.16; 5.24; 1Jn 5.11s) que será plenamente experimentada por ellos en el futuro (Mr 10.30; 1Co 15.22s, 54; 1Ts 1.10; 2Ti 1.10).

EL JUICIO DE DIOS

Para el Antiguo Testamento Yahweh es el único juez. Su santidad y majestad se expresan esencialmente en sus justos juicios (Dt 32.4; Sal 99; Is 5.16). Algunas formas de juicio divino se llevaban a cabo mediante agentes humanos (Dt 1.16s; Is 10.5; 45.1), pero el juicio final era la prerrogativa propia de Dios (Dn 7.9s; Ec 12.14; Jl 2.31). Una vez más estas funciones singularmente divinas son afirmadas por Jesús y libremente atribuidas a Él (Mt 25.31–46; Mr 8.38; Jn 5.22–30; Hch 17.31; 2Co 5.10; 2Ts 1.7–10; Ap 14.14–20). En el último día Jesús someterá a juicio divino definitivo *[...] los secretos de toda persona [...]* (Ro 2.16).

EL TESTIMONIO DE DIOS

Notemos un lazo final de unión entre Jesús y Yahweh. En el Antiguo Testamento Dios encarga a su pueblo: *Ustedes son mis testigos afirma el SEÑOR [...]* (Is 43.10); y, en Hechos 1.8 Jesús envía a sus apóstoles con las mismas palabras: *[...] serán mis testigos [...].*

Aunque hemos visto claramente que los autores del Nuevo Testamento en ciertas oportunidades afirman directamente que Jesús es Dios, su manera de pensar mayormente judía expresa la misma convicción con mayor naturalidad en términos de que Jesús hacía lo que sólo Dios podía hacer correctamente. Su atribución de divinidad a Jesús, pues, se expresa menos frecuentemente en declaraciones metafísicas ("Jesús es Dios") que en aseveraciones de su participación en atributos y funciones estrictamente incomunicables de Dios. Así es cómo se revela la sorprendente verdad: Jesús, el hombre que caminó por las calles de Nazaret, sudó en el Getsemaní, y murió en una cruz en el Calvario, ha de identificarse como Yahweh, el Dios creador y redentor.

CITAS TRINITARIAS

La deidad de Cristo se confirma con pasajes que la identifican con el Padre y con el Espíritu en la Divinidad (Mt 28.19; Jn 14.15–23; 1Co 12.4–6; 2Co 13.14; Ef 1.3–14; 2.18, 22; 3.14–17; 4.4–6; Ap 1.4ss).

OTRAS EVIDENCIAS DE LOS EVANGELIOS

LA RESURRECCIÓN

La resurrección es básica a toda la revelación bíblica, y hay numerosas referencias a ella en todo el Nuevo Testamento. Negarla es vaciar la fe de todo contenido y valor (1Co 15.14). A causa de esto la resurrección ha sufrido una descarga sostenida de crítica.

Crítica a los textos del evangelio

Ésta se ha concentrado en dos líneas de ataque: a) supuestas discrepancias en los relatos sobre las apariciones de Jesús resucitado; b) la afirmación de que el relato de la "tumba vacía" fue agregado después a la tradición original sobre las apariciones de Jesús. Los relatos de las apariciones, sin embargo, son perfectamente capaces de acomodarse entre sí,[20] y la afirmación de que la tumba vacía no era parte del testimonio original de los apóstoles es arbitraria y no comprobada. De las apariciones de Jesús los apóstoles obviamente habrían derivado inferencias sobre el cuerpo sin vida, que sus seguidores habían visto sobre la cruz y luego depositado en la tumba (Mr 15.47). Además, la tumba vacía está claramente implícita en la primera afirmación del evangelio cristiano (Hch 2.22–32; 1Co 15.3s). Sencillamente los apóstoles no habrían podido convencer a nadie de su fe centrada en la resurrección, estando en Jerusalén (Hch 5.28) a unos dos kilómetros de la tumba de Jesús, sin que el hecho de estar vacía fuera una consideración de peso para ellos y sus oyentes, para no hablar de sus enemigos. Además, los relatos mismos combinan los dos elementos de la tumba vacía y las apariciones sin ninguna dificultad ni incongruencia (Mt 28.1–9; Jn 20.1–18).

La crítica teológica

Sobre la base de una distinción filosófica entre realidad y significado, algunos han sostenido que el factor crucial del Nuevo Testamento es la fe, fundamentada en la resurrección, de los discípulos: su convicción de que Cristo había vencido a sus enemigos y de que los había elevado a ellos a una vida nueva de esperanza y significado. Si detrás de esa fe había una resurrección real de la tumba es secundario, dicen, y en definitiva imposible de determinar. Algunos sencillamente afirman que la resurrección es totalmente imposible frente al hecho

---

20 *Cf.* E.F. Kevan, "Note on the Resurrection Appearances of our Lord", *New Bible Commentary*, 1ra ed. F. Davidson (IVF, 1953), p. 864.

universal de la muerte. La distinción entre realidad y significado, sin embargo, pertenece a la filosofía de Kant (1724–1804) y se reflejó en el concepto positivista de la historia, del siglo xix, de la que muchos de los críticos en cuestión se han empapado. Hoy se sabe que no podemos separar las dos cosas de esa manera, y de todos modos la distinción es claramente inadecuada para explicar el surgimiento de la fe en la resurrección. Implica creer que la tradición de la realidad de la resurrección deriva de la *fe* de los discípulos en la resurrección, y no viceversa. Las circunstancias en las que murió Jesús hacen que esta interpretación sea totalmente arbitraria.

Evidencias históricas

Hay tres hilos de evidencias que se niegan obstinadamente a desaparecer, es decir, cualquier interpretación escéptica de ellos es mucho más difícil de sostener que la explicación del Nuevo Testamento de que Jesús se levantó de la muerte. Son las siguientes: que la tumba estaba vacía, que Jesús fue visto vivo, y que los discípulos fueron transformados. Este tercer factor, basado en los otros dos, fue el que exaltó a la iglesia en el mundo, donde, pese a todas sus debilidades, sigue todavía en pie y da testimonio de Cristo. En este sentido la evidencia de la resurrección de Jesús es tan irrefutable como la estructura del templo más cercano. Sin la resurrección, sencillamente no habría habido comunidad cristiana alguna para sostener y proclamar el evangelio durante veinte siglos. Teniendo en mente las circunstancias en que murió Jesús, la resurrección sigue siendo la única explicación creíble del nacimiento de la iglesia con la vitalidad y la convicción que todavía podemos investigar y experimentar a partir de su patrimonio literario las Escrituras del Nuevo Testamento. "La existencia de la Iglesia Cristiana, la existencia del Nuevo Testamento: estos dos fenómenos sin par en la historia humana se quedan sin explicación adecuada o convincente si se niega la resurrección de Jesús"[21].

La resurrección y la deidad de Jesús

Se ha afirmado que la resurrección, incluso si fuera verdadera, no prueba la divinidad de Jesús, ya que Jesús mismo resucitó a otras personas de la muerte sin que se afirme que eran divinas. Sin embargo, esto deja de lado completamente a) que esas "resurrecciones" se llevaron a

---

21 Denney, *Jesus and the Gospel*, p. 112.

cabo con la autoridad de Jesús, lo que es muy significativo (la verdad es que en ninguna sociedad del mundo hay muchas personas que pueden resucitar cadáveres); b) que en la resurrección de Jesús no nos interesa únicamente la restauración de la vida física. Jesús no se presentó a los discípulos después de la resurrección como un cuerpo temporariamente resucitado; lo que produjo espontáneamente su adoración fue nada menos que la derrota de la muerte por uno que había luchado con el temible enemigo y lo había hollado (Ro 6.9; 2Ti 1.10).

En el Antiguo Testamento dar vida es prerrogativa de Dios (Gn 2.7, 1S 2.6). Jesús afirmó ser el dador de vida (Jn 5.21; 11.25) y lo demostró resucitando de la muerte (1Co 15.45). Considerada aisladamente, la resurrección puede parecer carente de pruebas de divinidad, pero en el contexto total de las afirmaciones y el ministerio de Jesús, es difícil ver cómo podamos interpretarla excepto como una abrumadora vindicación de sus aseveraciones divinas. Pablo dice otro tanto, teniendo en mente el lazo entre *Señor* y *Yahweh* en el Antiguo Testamento: *[...] fue declarado Hijo de Dios con poder, conforme al Espíritu de santidad, por la resurrección de entre los muertos: nuestro Señor Jesucristo* (Ro 1.4, bla).

La ascensión

La ascensión de Jesús (Mr 16.19; Lc 24.50s; Hch 1.1–11) se ha criticado como la expresión de un concepto mitológico anticuado del mundo: el "universo de tres niveles". En efecto, la ascensión sólo se puede entender adecuadamente en el contexto total del ministerio redentor de Cristo. Después de su resurrección, Jesús apareció entre sus discípulos durante un período de cuarenta días para completar su enseñanza y darles total seguridad de su conquista de la muerte y de la venida del reino de Dios por medio de Él. Esta situación excepcional tenía que llegar a su fin y requería una manifestación culminante que la expresara. Cuando recordamos el significado de la nube en el Antiguo Testamento (Éx 40.34; 1R 8.10s; *cf.* Lc 9.34s) como manifestación de la gloria y la presencia de Dios, y la preocupación del Señor resucitado por convencer a sus discípulos de que ahora reinaba sobre el universo (Mt 28.18; Hch 2.33), tenemos la base lógica para explicar la ascensión como un hecho real en el espacio y el tiempo. Los apóstoles vieron al Señor recibido en una nube para luego desaparecer de su vista. Como lo reiteran constantemente las epístolas del Nuevo Testamento, la ascensión de Jesús representa una confirmación muy significativa de su naturaleza divina; porque significa nada menos que su participación de la gloria divina y del ejercicio del gobierno de Dios en el cielo y la tierra.

Su conciencia de sí mismo y sus afirmaciones

La autoconciencia de Jesús no tiene paralelo histórico y representa una evidencia de mucho peso en cuanto a su naturaleza singular. Se manifiesta especialmente en su relación con el Padre. A los doce años de edad reveló un notorio sentido de unidad con el Padre y de responsabilidad para con Él (Lc 2.42–50). Hizo frecuentes referencias a esta relación especial (por ej. Jn 4.34; 5.17–24; 10.30), distinguiendo claramente entre su propio sentido de ser hijo divino y aquel en que lo veían otros (Mt 11.27; Mr 12.6s). Esta relación singular se expresa en sus oraciones; con la única excepción del grito de desamparo en la cruz, se dirige a Dios en una forma singular y característica: *Abba*, el nombre íntimo que el niño usaba para su padre: "papá querido", incluso "papito". No hay paralelo en el Antiguo Testamento, ni en la abundancia de las oraciones y liturgia judías del primer siglo. En este punto Jesús está solo. Esta singularidad no se disipa por el uso del término por parte de los primeros cristianos (Ro 8.15). Su derecho a usar ese término íntimo viene sólo porque la singular condición de Hijo, que tuvo Jesús, es compartida con ellos por la gracia de Dios, por el *[...] Espíritu de su Hijo [...]* (Gá 4.6).

Jesús también tenía conciencia de su preexistencia, de haber vivido con el Padre antes de su vida encarnada en la tierra (Jn 8.58; 17.5). Incluso aceptaba la adoración (Lc 5.8, Jn 20.28), en agudo contraste con Pablo en similares circunstancias (Hch 14.11–15).

Jesús se veía a sí mismo como el cumplimiento de toda la esperanza redentora del Antiguo Testamento (Mr 1.14s; 12.35; Lc 11.13s). Los títulos de Jesús en los evangelios aclaran este punto. Estudiaremos los cuatro más sobresalientes, que en grado variable también expresan la identidad de Jesús con Dios.

El Mesías (gr. *Xristós*)

Como el "Cristo" en español, este título se ha convertido en la designación común de nuestro Señor. Significa literalmente el ungido (heb. *mashiaj*). En el Antiguo Testamento se usa particularmente con relación al rey (1S 9.16; 24.6), pero también puede referirse a los profetas (1R 19.16), a los sacerdotes (Lv 8.12), e incluso a un rey pagano (Is 45.1).

Con el cautiverio judío en Babilonia las promesas al rey se comenzaron a ver en términos de un nuevo y futuro reinado (Sal 72; 89.3s), ejercido por un futuro descendiente de David (Ez 37.24s). Esta esperanza se convirtió, en el período entre el Antiguo y el Nuevo Testamento, en una expectativa general, teñida de colores fuertemente nacionalistas, de un rey Mesías político.

Algunos se han preguntado si Jesús mismo se consideraba el Mesías, a juzgar por su poca disposición a usar el titulo, particularmente al comienzo de su ministerio. Esto se explica mayormente por la mala interpretación fundamental del sentido mesiánico en sus días, tanto por parte de los judíos (Jn 6.14s) como de los gentiles (Mr 10.42s). Hay claras pruebas de que estaba consciente de ser el Mesías, particularmente su conocimiento de que su persona y su misión eran fundamentales para el surgimiento del reino (Mt 12.28; Mr 1.15; Lc 17.21). También existen ocasiones que demuestran claramente su derecho al título: la entrada triunfal (Mr 11.1–10) y su testimonio durante su juicio (Mr 14.61s). Además, lo aceptó de parte de sus discípulos íntimos (Mr 8.29). Es claro que la última parte del Nuevo Testamento no vacila en usar el título (1Co 1.1ss; Heb 3.6; 1P 4.1). Jesús es el ungido de Dios que hereda la promesa hecha a David (Lc 1.32) y por medio de Él vendrá el glorioso día prometido del reinado de Dios.

Hijo del Hombre

Esta es la autodesignación preferida de Jesús. Proviene primeramente de Daniel 7.13s, donde el Hijo del Hombre, una figura celestial, viene al final de la historia como señor y juez de todo y hereda los reinos del mundo. Aunque su uso tal vez no tenga siempre el mismo peso, muchas referencias evidentemente tienen gran significación (Mt 9.6; 12.40; 16.27; 26.24; Mr 8.31; Lc 19.10; Jn 3.14). Marcos 14.62 es importante, porque aquí Jesús llega más allá del título mesiánico propuesto para Él y afirma cumplir el papel del Hijo del Hombre celestial de Daniel 7. Para Jesús, el Hijo del Hombre está particularmente ligado con el juicio (Mt 25.31–46; Jn 5.27). Este significado del título "Hijo del Hombre" debe aclarar el hecho que es inútil pensar que el título "Hijo de Dios" se refiere a la deidad de Jesús, y que el primero se refiere a su humanidad. El último mencionado es un título exaltado con claros matices de deidad.

El concepto paulino de Cristo como el postrer Adán (Ro 5.14; 1Co 15.45s) puede reflejar una identificación en el judaísmo del primer siglo entre el Hijo del Hombre y Adán, el hombre original.

Hijo de Dios

En la cultura griega de los tiempos del Nuevo Testamento este título se usaba para gobernantes, emperadores, y hacedores de prodigios. En el Antiguo Testamento tiene tres usos. Al pueblo de Israel se le llama de esa manera (Éx 4.22; Os 11.1); se usa para referirse a reyes (2S 7.14); y al Mesías en los salmos reales (Sal 2.7). El Nuevo Testamento también lo vincula con el Mesías (Mt 16.16; Mr 14.61). Común a todas estas hebras son la elección y obediencia que el título requiere en respuesta (Mal 1.6).

Está asociado a Jesús en su bautismo (Mt 3.17) y tentación (Mt 4.3, 6). Su derecho al título se relaciona generalmente no con los milagros, sino con la obediencia a su tarea designada, particularmente su sufrimiento (Mt 16.16; Mr 15.39). Cierto, implica unidad con Dios; los judíos tomaban su uso del título como una pretensión blasfema de divinidad (Jn 10.33, 36). La iglesia primitiva se refería frecuentemente a Jesús con este título (Hch 9.20; Ro 1.4; Heb 1.1s; 1Jn 4.15), que expresa tanto su vida de obediencia como su relación única con el Padre, con distintos matices de su deidad como el eterno Hijo de Dios.

Señor (gr. *kyrios*)

Este título se usaba en los tiempos del Nuevo Testamento en el sentido general de amo o dueño y también era una designación general aplicada a los dioses (1Co 8.5). En relación con el emperador se refería tanto al poder político como a la divinidad. A veces se designaba así a los rabinos judíos, como señal de mucho respeto (Mt 7.21); pero el uso principal de "Señor" (heb. *Adón*) era en lugar del nombre de Dios, que se consideraba demasiado sagrado para pronunciarlo. Por eso el equivalente griego de Señor (*kyrios*) se usó para traducir YAHWEH en la Septuaginta, y después de la resurrección se adjudicó al Cristo reinante (Hch 2.36).

Jesús es ahora el Señor del universo (Hch 4.24), [...] *Señor de señores* (1Ti 6.15); en este sentido el título es similar a rey. El Nuevo Testamento también hace uso frecuente del Salmo 110.1 con su referencia al Señor (Hch 2.34s; Ro 8.34; Col 3.1, Heb 1.13; 1P 3.22);

aquí es un título poderoso y exaltado, que afirma la divinidad de Cristo (Is 45.21–23; *cf.* Fil 2.9–11; Jl 2.32; *cf.* Hch 2.21–36).

Reclamaciones indirectas

El llamado de Jesús a seguirlo, por su total radicalidad, es un eco del llamado de Dios en el Antiguo Testamento (Dt 1.36; Jos 14.8s; Mr 1.17, 20). No es simplemente un llamado a seguir sus enseñanzas, sino que en esencia exige una total entrega a su persona (Mt 10.38; Lc 14.26). Tampoco se puede dejar de ver la forma en que se ponía en el centro del trato de Dios con la humanidad; todo el propósito de Dios para la especie humana depende de su persona y su misión. Según la manera en que respondamos a Jesús, seremos juzgados en el día final (Mt 25.31–46; Jn 5.25–29).

La observación de William Temple está completamente justificada: "El único Jesús de cuya existencia tenemos alguna evidencia es la figura gigantesca que hacía afirmaciones asombrosas". Estas afirmaciones y la revolucionaria autoconciencia que las apoya, cuando se ponen al lado del impacto moral que Jesús hizo en sus contemporáneos presentan una dimensión de la persona de Jesús que nunca se ha explicado adecuadamente en términos humanos.

Los milagros

A lo largo de su vida nuestro Señor ejerció un poder particular sobre la enfermedad, la naturaleza y la muerte. No es de sorprender que esto haya sido puesto en duda con frecuencia. El moderno concepto científico del mundo ha convertido a los milagros en un problema incómodo para muchos. Generalmente se rechazan sin más y se adjudican a la imaginación creativa de los autores del evangelio o de la iglesia primitiva, o se salvan algunos que puedan admitir una explicación naturalista (por ej., el factor psicosomático en algunas de las curaciones milagrosas). Pero en un sentido estricto, tal enfoque *no* es científico, porque se basa en suposiciones claramente indemostrables acerca de la que sería posible. A base de la presuposición cristiana del Dios creador y omnipotente, los milagros no solamente son posibles, sino inherentemente probables. Sin embargo, el Nuevo Testamento no estimula una fe basada simplemente en la señales milagrosas (Mt 16.1–4; Jn 6.30s). Se puede aducir que los milagros ofrecen evidencias de la divinidad de Jesús, pero se entienden mejor como señales del advenimiento y carácter del reino de Dios por medio de Jesús (Mt 11.4–6; Lc 4.18s; 11.20).

El nacimiento virginal

El nacimiento de Jesús de una virgen está claramente expuesto en la Biblia (Mt 1.18; Lc 1.35). Marcos y Juan no la mencionan porque sus relatos de la vida de Jesús comienzan con su ministerio público, aunque el prólogo de Juan hace retroceder los comienzos hasta la preexistencia de Jesús (Jn 1.1s). Pablo probablemente refleje un conocimiento del hecho (Gá 4.4), y es claro que nada en el Nuevo Testamento la niega en ningún sentido. Mateo en particular encuentra una referencia al mismo en el Antiguo Testamento (Is 7.14). Sigue el debate acerca del significado preciso de la palabra hebrea *almah*, usada por Isaías, pero no se ha demostrado que su significado no pueda incluir "virgen". La interpretación de Mateo nos da clara autoridad para aceptar la traducción tradicional. La evidencia textual en apoyo a los relatos de Mateo y Lucas sobre el nacimiento es tan sólida como para cualquier otra sección importante de los evangelios, y es imposible leerlos salvo como relatos con intento de ser históricos.

Algunos críticos desechan el nacimiento virginal, afirmando que es una doctrina docética (es decir, que niega la verdadera humanidad de Jesús); sin embargo, esa parece una conclusión innecesaria. Si sostenemos que desde el principio el Hijo eterno estaba completamente unido a una naturaleza verdaderamente humana, no hace falta inferir ninguna negación de su humanidad.

Por otra parte, existe riesgo de poner demasiado énfasis en el nacimiento virginal; todo lo que implica es que la naturaleza humana de Jesús no derivó, como en el caso nuestro, de un padre humano. Las Escrituras, sin embargo, no ponen en ninguna parte a Dios el Padre en el papel de progenitor que aporta los cromosomas masculinos para la formación del feto. Un momento de reflexión muestra lo refutable de esta posición, ya que un ser producido de esa manera no sería verdaderamente un Dios-hombre, sino un híbrido semihumano. Una idea similar acerca de Jesús surgió en el siglo v, que se declaró herética (*cf.* "El eutiquianismo", pp. 224–225). También abre las puertas para seguir a Ireneo (uno de los padres apostólicos) en cuanto a establecer un paralelo injustificado entre Eva y María, llevándonos al umbral de considerar a María una corredentora. Oídos sensibles a la verdad bíblica pueden tomar esto sólo como una negación blasfema de la suficiencia única de la mediación de Cristo.

También ha llevado al pensamiento católico a una desequilibrada exaltación de la virginidad.

El misterio de la unión de la naturaleza divina del Hijo de Dios y una naturaleza verdaderamente humana con sus limitaciones y sus necesidades en una persona auténtica no disminuye significativamente por el nacimiento virginal. Ya que Dios escogió esa manera, debemos concluir reverentemente que cualquiera otra hubiera sido menos útil para sus propósitos. ¿Cuál, entonces, es su significación?

1. Proclamaba el carácter singular del niño que nacería. En las Escrituras los niños especiales generalmente tienen nacimientos especiales (Gn 21.1–7; Lc 1.5–23).

2. Demuestra la intervención de lo sobrenatural en la encarnación. Por esta razón las objeciones biológicas son completamente ajenas al asunto. Sobre la presuposición de un Dios omnipotente, el nacimiento virginal es algo totalmente posible.

3. La venida del Espíritu sobre María declaraba que en Cristo, Dios entraba completa y plenamente en nuestra experiencia humana desde el momento mismo de la concepción.

4. Está completamente de acuerdo con la enseñanza de Pablo (Ro 5.12ss; 1Co 15.22) de que Cristo es el segundo Adán en quien tiene lugar un nuevo comienzo para la historia moral de la raza humana. No hay ninguna insinuación de que el pecado original se evitaba por la ausencia de relaciones sexuales, como si el pecado se contagiara genéticamente, lo que de todas maneras habría podido heredar tanto de María como de José. Tal punto de vista lógicamente requiere que María fuera intachable, sobre la base de que un niño sin pecado tiene que nacer de una madre sin pecado. El catolicismo romano no ha dudado en afirmar y autorizar este dogma totalmente no escritural: la inmaculada concepción de la virgen María. Más bien, el nacimiento virginal proclama el rompimiento soberano de Dios de la antigua esclavitud y corrupción producida por la participación de la especie en la caída de su cabeza representativa: Adán.

5. Está de acuerdo con la preexistencia de nuestro Señor. En nuestro caso el acto de concepción es la puesta en existencia de una nueva persona; en su caso, la Palabra eterna existe antes de su concepción. Esto se expresa en los enunciados bíblicos: *[...] el Espíritu*

Santo vendrá sobre [...] María y la [...] cubrirá con su sombra [...] (Lc 1.35).

6. Presenta una analogía con la redención, descrita en otras partes como el "nuevo nacimiento" (Jn 1.12; 3.3ss; 1P 2.2; Tit 3.5). El dejar de lado a José expresa de una manera vívida la impotencia, y en este sentido el juicio, de la humanidad frente a la obra redentora de Dios.

El Cristo colectivo

Los escritores del Nuevo Testamento, particularmente Pablo, se refieren a Cristo en términos más que personales. Los cristianos están *unidos a Cristo Jesús* (Ro 8.1; 16.7; 1Co 15.22; 2Co 5.17); la iglesia *[...] es un solo cuerpo en Cristo [...]* (Ro 12.4s; 1Co 12.12; Ef 3.6) y es *[...] un templo santo en* [Cristo ...] (Ef 2.21; 1P 2.4s); la muerte de Cristo es *[...] por todos nosotros [...]* (Ro 8.32; 1P 2.21; 1Jn 3.16) o *[...] por nuestros pecados [...]* (Gá 1.4; 1P 3.18). Por supuesto, estos primeros testigos sabían que Jesús había vivido entre ellos en Palestina, como un ser humano individual, singular y total. Sin embargo, estos términos colectivos "reflejan una experiencia de Cristo que implica dimensiones que el teísta adjudicaría a Dios mismo" (Moule).

LA CONCLUSIÓN DE ESTE TESTIMONIO

Las evidencias que hemos estudiado señalan abrumadoramente a Jesucristo como el eterno Hijo de Dios encarnado para la redención de los pecadores. Es la segunda persona de la Trinidad, Dios manifestado en carne.

Además de estas evidencias incontrovertibles, la deidad de Jesucristo es la presuposición esencial del carácter definitivo de la revelación cristiana y la validez de la redención cristiana. Si Jesús no es Dios mismo venido a nosotros, la revelación que trae no es de la Divinidad; en consecuencia no es revelación definitiva y puede ser superada. La negación de la deidad de Jesús derriba de un solo golpe toda la afirmación cristiana de la verdad y volvemos a quedar donde estábamos antes de la venida del evangelio, tanteando en la oscuridad de nuestra propia razón no iluminada.

Si Jesús no es Dios mismo venido a nosotros, la redención que trae no tiene poder para perdonar ni para salvar. Hemos agraviado a Dios, y sólo Él puede redimir. Si Jesús no es Dios, sencillamente no tiene parte en nuestra relación con Dios; entonces su muerte y expiación son finalmente inaplicables a nuestro estado moral ante Dios, nuestros sentimientos de paz y perdón obtenidos por medio de él no son más que pura emoción, y una vez más estamos destinados a la tarea interminable e imposible de justificarnos nosotros mismos ante Dios.

Afortunadamente podemos dejar fuera de nuestra mente estas dos pesadillas. Podemos despertar nuevamente a la realidad: Jesús es Dios, y por ello la verdad definitiva se revela por medio de Él, y por medio de Él obtenemos la redención definitiva.

Pasajes bíblicos

Jesucristo es Dios: Mt 28.19; Jn 1.1s, 18; 20.28; Hch 20.28; Ro 9.5; 1Co 12.4–6; 2Co 13.14; Ef 1.1–15; 2.18, 20–22; 4.4–6; Col 1.15–19; 2.9; 2Ts 1.12; Tit 2.13; Heb 1.8; Stg 1.1; 2P 1.1; 1Jn 5.20; Ap 5.13.

Jesús, Yahweh: Mt 24.30s; Mr 2.1–12, 19s; 8.38; 14.62; Jn 1.1–3; 5.22–30; 6.35; 8.12, 24, 58; 10.9, 11s; 11.25; 12.41; 14.6; 15.1; 17.5; 18.5s; Hch 1.8; 2.34s; 7.59s; 9.13s; 17.31; Ro 8.34; 9.5; 10.9; 1Co 2.8; 12.3; 16.22; 2Co 4.4s; Ef 1.9s, 20; 4.8; Fil 2.9–11; Col 1.16; 3.1; 1Ts 3.11s; 2Ts 3.5; Heb 1.1–13; 13.20s; Stg 2.1; 1P 2.7s; 3.15, 22; 2P 3.18; Ap 1.5s; 2.8; 5.12, 21.

Otras evidencias del Nuevo Testamento: Mt 3.17; 7.21s; 9.2; 11.2–6, 27; 16.16; 25.31–46; Mr 1.17; 4.41; 10.21; 12.6s; 13.32; 16.1–8; Lc 1.35; 5.8, 21; 7.14s, 47; 11.20; 24.1–52; Jn 3.31; 5.17–24; 8.46; 10.29–38; 11; 13.13; Hch 2.24–33; 8.36–38; Ro 1.3s; 8.1, 34; 16.7; 1Co 15.1–20, 45; 2Co 5.15; Gá 2.20; 3.28; Ef 1.10–23; 3.8s; Col 3.1; Heb 1.1s; 3.6; 4.14; 1P 1.19s; 3.18, 22; 1Jn 3.5; 4.15; Ap 17.14; 19.16.

Preguntas

1. Bosqueje su respuesta a la afirmación de que "El Nuevo Testamento no afirma en ninguna parte que Jesús es Dios". (Sería conveniente memorizar los principales pasajes del Nuevo Testamento donde se afirma su deidad).

2. Organice las principales evidencias bíblicas de la identificación de Cristo con Yahweh.

3. ¿Cuáles son las inferencias para la persona de Jesús, de: (a) sus afirmaciones, (b) su nacimiento virginal, (c) su resurrección?

4. ¿Por qué es importante insistir en la resurrección corporal de Cristo?

5. Investigue las inferencias de la divinidad de Cristo para: (a) la búsqueda humana de la verdad; (b) la búsqueda de la salvación.

BIBLIOGRAFÍA

Art. 'Christology' en NDT.

J. N. D. Anderson, *The Evidence for the Resurrection* (IVP, 1950).

J. Harris, *Jesus as God* (Baker, 1992).

G. E. Ladd, *I Believe in the Resurrection* (Hodder, 1975). *Creo en la resurrección de Jesús* (Caribe, 1977).

D. Macleod, *The person of Crist* (IVP, 1998).

I. H. Marshall, *The Origins of New Testament Christology* (IVP, 1976). *Cristología del Nuevo Testamento* (Ediciones Sígueme).

L. Morris, *The Lord from Heaven* (IVP, 1958).

C. F. D. Moule, *The Origins of Christology* (CUP, 1977).

J. Owen, *The Glory of Christ* (*Works, 1*) (Banner of Truth, 1965).

G. Vos, *The Self-Disclosure of Jesus* (Eerdmans, 1954).

15

UNA SOLA PERSONA

Los datos bíblicos nos llevan a dos afirmaciones fundamentales con relación a la persona del Señor Jesucristo: es verdadero hombre y es verdadero Dios. La forma en que estas dos realidades se combinan en una sola persona auténtica será siempre un misterio. Sin embargo, eso no debe estorbar el intento de estudiar la encarnación con mayor profundidad. Si descuidamos esa tarea, otros la intentarán por vías que conduzcan al error y la confusión. En la doctrina de la persona de Cristo, tanto como en cualquier otra esfera de doctrina cristiana, los pastores descuidados invitan a los lobos depredadores (Jn 10.11–13). Por este motivo, ahora consideraremos los temas más importantes de este campo, conocido técnicamente como cristología.

LOS PRIMEROS DEBATES

Aunque las discusiones teológicas anteriores al año 500 d.C. son históricamente remotas, siguen siendo importantes porque en el curso de las mismas hicieron su aparición la mayoría de las principales opciones cristológicas. Las discusiones que culminaron en la fórmula aceptada en Calcedonia en el 451 representan las bases de toda reflexión posterior. En las primeras generaciones los creyentes probablemente se conformaban con una fe sencilla. La carta de Plinio al emperador Trajano al comienzo del siglo II describía a los cristianos como los que "cantaban un himno a Cristo como a Dios mismo". Sin embargo, no tardaron en aparecer algunas ideas heterodoxas.

EL EBIONISMO

Este vástago del cristianismo judío resolvió el problema de la relación entre la humanidad y la divinidad de Cristo negando en efecto la divinidad. Jesús era simplemente el Mesías humano, aunque divinamente señalado, que estaba destinado a volver al final del tiempo para reinar sobre la tierra con el poder soberano de Dios. En realidad esto dejaba sin superar el abismo entre Dios y la humanidad.

EL DOCETISMO

Este movimiento data de los tiempos apostólicos. A diferencia del ebionismo, resolvió el problema eliminando la humanidad de Cristo. Jesús sólo *parecía* humano (del gr. *doceo/dokein*, parecer). Sus raíces descansan en las convicciones greco-orientales de que la materia es inherentemente mala y que Dios no puede estar sujeto a los sentimientos u otras experiencias humanas. El docetismo es inaceptable porque corta el puente entre Dios y el hombre en el otro extremo; Dios no ha venido realmente a *nosotros*, en consecuencia no ha ocurrido ningún sacrificio eficaz por nuestros pecados.

EL GNOSTICISMO

Todavía se discute la fecha precisa de su origen, aunque la suposición de que era esencialmente precristiano se ha demostrado equivocada. El mundo conceptual del gnosticismo está atestado de especulaciones extrañas, y no está claro hasta qué punto era un sistema unificado de pensamiento. Algunos autores gnósticos ven a Cristo como uno que descendió de la estratósfera celestial o "plenitud" (gr. *pleroma*); se unió por un tiempo con un personaje histórico, Jesús, cuyo cuerpo estaba formado de una sustancia psíquica, estando los dos elementos apenas ligados en él. El gnosticismo reflejaba una tendencia fuertemente docética. En efecto, cortó el puente en ambos extremos: ni verdadero Dios ni verdadero hombre, Cristo no podía ser el mediador.

EL ARRIANISMO

Estos primeros debates no afectaron sustancialmente a la iglesia como un todo. Pero no se puede decir lo mismo de las discusiones posteriores, particularmente aquellas que giraban alrededor de los conceptos de Arrio (256–336), un presbítero de Alejandría, que había sentido la influencia del gran maestro Orígenes. Arrio llegó a sostener que "el Hijo era creado". Se había empapado de la división platónica entre el mundo tangible de la experiencia sensorial y el mundo intangible de las ideas. Dios, la absolutamente única fuente sin origen de todas las cosas, pertenecía al segundo de esos mundos y estaba radicalmente separado del mundo creado. Una vez aceptada esta base, obviamente hay una gran dificultad en ubicar al Hijo (*Logos*, el Verbo, Jn 1.1) en el cuadro. Arrio concluyó que el *Logos* debía pertenecer al lado creado del ser; en consecuencia no es eterno, sino un ser creado: "hubo un tiempo en que él [Cristo] no existía". Ciertamente Cristo era la criatura más exaltada, pero sólo eso y nada más.

El debate continuó insistentemente durante buena parte del siglo IV. Después de que el emperador Constantino profesó la fe cristiana en el año 312, las políticas imperiales se convirtieron en un factor importante en el vaivén de la controversia, que incluso en sus términos teológicos tenía frecuentes confusiones. Constantino, preocupado por la unidad de la iglesia, llamó a un concilio en Nicea en el 325 para resolver estos problemas; pero fue en el concilio de Constantinopla en el año 381 donde se resolvió significativamente el debate.

La oposición a Arrio la dirigió Atanasio (296–373), quien, criado en la escuela episcopal de Alejandría, había mantenido contacto con la tradición bíblica y hebrea. Había sido profundamente tocado por el martirio de los cristianos en tiempos del emperador Diocleciano, lo que había acontecido durante su juventud. Rechazando el dualismo absoluto de su oponente, procuró entender a Jesucristo basándose en el testimonio que la Biblia da de Él. Es difícil sobreestimar la posición heroica y a veces casi solitaria de Atanasio. Con gran claridad de visión, reconoció que cualquier cosa que no fuera un Salvador completamente divino sería insuficiente para resolver nuestra necesidad; por consiguiente, se aferró tenazmente a la posición de que Cristo era "una sola sustancia" (consubstancial, *homoousios*) con el Padre, posición que se afirmó en Nicea y Constantinopla.

Las cristologías del tipo arriano no han desaparecido. Los Testigos de Jehová, los cristadelfios y muchos otros niegan la verdadera divinidad de Jesucristo, con frecuencia en sofisticados términos filosóficos y teológicos. Esta herejía no bíblica debe ser rechazada tan decisivamente en todas sus formas ahora como lo fue en el siglo IV, ya que niega el evangelio y priva a nuestro Señor Jesucristo de su gloria y majestad.

Aunque Nicea y Constantinopla dejaron sentado que Cristo no era un ser creado y aclararon su relación con el Padre, no resolvieron otros asuntos relacionados. El período siguiente centró la atención sobre la persona de Jesús mismo, preguntándose cómo se combinaban en su persona los elementos divino y humano. Se sostuvieron tres posiciones, que a su vez también debieron ser rechazadas.

EL APOLINARISMO

Apolinario (310–390), un defensor de Atanasio excesivamente entusiasta, sostenía que en Jesús, la Palabra eterna (*Logos*) hacía las veces del alma humana. En la encarnación, Dios el Hijo se instaló en un cuerpo humano, de manera que en realidad Cristo no tenía una naturaleza plenamente humana. La posición, obviamente de tendencia docetista, fue rechazada, ya que en efecto niega que Dios se hizo verdaderamente hombre.

EL NESTORIANISMO

Nestorio fue designado arzobispo de Constantinopla en el año 428. Con el objeto de preservar la plena humanidad del mediador, el nestorianismo enseñaba la separación de dos naturalezas en Cristo hasta el punto de volver cuestionable su auténtica unidad personal; esto eliminó la encarnación y puso en peligro la salvación. Muchos eruditos hoy en día creen que Nestorio mismo no sostenía muchas de las ideas que le atribuían sus oponentes "ortodoxos". Depuesto de su oficio en el 431, pasó el resto de su vida en las más enérgicas labores misioneras.

EL EUTIQUIANISMO

Eutiques, un abierto oponente del nestorianismo, defendió la unidad de la persona de Cristo y afirmó que, aunque había dos naturalezas antes de la encarnación, después de ella había sólo una naturaleza compuesta. Esto implica que Jesús es un tercer tipo de ser, ni verdadero hombre ni verdadero Dios, y por tanto incapaz de actuar como mediador. Eutiques fue condenado en el sínodo de Constantinopla en el año 448, pero fue reintegrado, en forma algo irregular, en Éfeso en el 449.

Era evidente que las cosas no podían continuar de esta manera, y se convocó a un gran concilio en Calcedonia en el 451 para resolver esos debates de una vez por todas. La definición del concilio de Calcedonia, que estuvo influida por la teología más pragmática de Occidente, no pudo satisfacer a todas las partes, pero desde entonces ha sido la base para las formulaciones ortodoxas de la persona de Cristo. Su cláusula central afirma "[...] debemos confesar que nuestro Señor Jesucristo es uno y el mismo Hijo [...] perfecto en su divinidad [...] perfecto en su humanidad [...] de una sola sustancia (*homoousios*) con el Padre en la divinidad, *homoousios* con nosotros en su humanidad [...] se dio a conocer en dos naturalezas (*physeis*), sin confusión, sin variación, sin división, sin separación [...] preservando la propiedad de cada naturaleza y combinándose en una persona (*pros ōpon*) y una subsistencia (*hipóstasis*)".

OTROS CONCEPTOS IMPORTANTES

La unión hipostática

Este es el término teológico para expresar lo que involucraba la encarnación: la unión en una sola persona (gr. *hypostasis*) de una naturaleza humana plena y una naturaleza divina plena. En Calcedonia, la iglesia expresó los términos de esto en un cuidadoso equilibrio: las dos naturalezas están unidas en esta unión hipostática (es decir, "personal"), "sin confusión, sin variación, sin división, sin separación".

Anhipostasia y enhipostasia

Esta terminología fue acuñada en el siglo vi por Leoncio durante las discusiones sobre la identidad del centro personal, el "yo" autoconsciente, de Jesús. Si este "yo" autoconsciente era la Palabra divina, la naturaleza humana asumida carecía de una autoconciencia humana; esto tenía un parecido peligroso con la negación de Apolinario de la verdadera humanidad de Cristo, y por tanto de su capacidad de actuar como nuestro redentor. La teoría contraria, de una autoconciencia humana plena en Cristo, junto al Logos e independiente de él, amenazaba la integridad de la encarnación como un acto por el cual el preexistente Hijo de Dios se hizo hombre, y también daba lugar a otra persona junto al Logos, e independiente de él, es decir, Jesús de Nazaret, que no sería entonces el eterno Hijo de Dios y no podría revelar a Dios ni traernos su salvación.

Leoncio propuso que, en sentido negativo, el "yo" autoconsciente humano no tenía existencia independiente; existía sólo en unión hipostática con el Logos (gr. *an*=sin, por lo tanto, *anhypostasia*).

En sentido positivo, propuso que esa conciencia era real y estaba presente sólo *en* (gr. *en*) el "yo" divino (por ende, *enhypostasia*). Esto permite afirmar la plena humanidad de Jesús, pero retiene el reconocimiento bíblico de que la individualidad esencial del Dios hombre es la del eterno Hijo y Verbo de Dios que eficazmente revela a Dios y trae salvación divina a la humanidad.

LA COMUNIÓN DE LAS PROPIEDADES

Esta antigua fórmula afirmaba que, mientras las dos naturalezas de la unión hipostática mantenían cada una de sus propiedades esenciales, había una verdadera comunión entre ambas, de manera que las propiedades de cada una estaban realmente comunicadas con las de la otra. Intentaba evitar atribuir artificialmente ciertas acciones de Jesús a su naturaleza divina (resucitar a los muertos, multiplicar el pan y los peces) y otras, a su naturaleza humana (el cansancio, desconocimiento del momento de su retorno).

EL "AGREGADO CALVINISTA"

Denominada así porque fue defendida por el grupo reformista durante los debates del siglo XVI, esta fórmula afirma que ni durante el curso de su ministerio terrenal ni posteriormente al retener su naturaleza humana como el Señor ascendido, el Verbo eterno renunció a sus funciones y atributos divinos. Siguió sosteniendo todas las cosas (Col 1.17; Heb 1.3) y continuó siendo cabeza sobre los ángeles (Mt 26.53). Llevada demasiado lejos, esta idea podría transformarse en una división nestoriana de la persona de Cristo. Pero tanto la "comunión de las propiedades" como "el agregado calvinista" parecen necesarios para tratar debidamente las evidencias bíblicas.

UNA CRISTOLOGÍA DE DOS ESTADOS

La Reforma trajo un nuevo sentido de la realidad viviente de Cristo, visto en la historia a través del evangelio de su gracia. Esto condujo a los reformadores a enriquecer la definición de Calcedonia, que aprobaban decididamente, con una cristología complementaria de dos estados. Aquí se enfoca la persona de Cristo en términos del movimiento dinámico de una persona desde un estado de humillación en la carne, que culmina en su muerte en la cruz, hacia un estado de exaltación en su resurrección y ascensión (Hch 2.22–36; 2Co 8.9; Fil 2.5–11). Este planteamiento se combina satisfactoriamente con la fórmula de Calcedonia; esta sería como un perfil horizontal de la persona de Cristo, mientras que el enfoque de los dos estados se asemejará al corte vertical.

LA KENOSIS

Esta teoría cristológica desarrolla la cristología de los dos estados al afirmar que en su curso como ser humano la Palabra eterna se despojó de muchos de sus atributos divinos (generalmente especificados como omnipotencia, omnisciencia y omnipresencia). Apelaba a Filipenses 2.7 como base bíblica, y a la afirmación de que Cristo "se despojó a sí mismo" (gr. *ekenosen*). Con esto procuraba preservar la total humanidad de Cristo, incluso la franca admisión de sus limitaciones humanas, junto con la tradicional confesión de su deidad. En formas modificadas sostenía que los atributos divinos sencillamente estaban "latentes", o que los "ejercía sólo intermitentemente, o incluso que la kenosis se refería a la conciencia de Cristo más que a su ser".

Es verdad que hubo alguna forma de condescendencia involucrada en el hecho de que el Verbo eterno aceptara la unión con la naturaleza humana asumida en el seno de María. Sin embargo, es dudoso que la kenosis sea una forma particularmente provechosa de expresarlo. El apoyo bíblico es decididamente inseguro, ya que Filipenses 2.7 se refiere a la renuncia no de poderes y atributos divinos, sino de la gloria y la dignidad divinas. "Se hizo insignificante", es el sentido real de la frase.

En el nivel teológico la kenosis parece moverse en una dirección equivocada. Su ecuación básica es: la encarnación = Dios menos algo; la ecuación bíblica es más bien: la encarnación = Dios más algo. Al encarnarse, el Verbo divino no abandonó su deidad; le agregó algo, si se puede expresar así, asumiendo una plena naturaleza humana en unión hipostática con el Verbo. Además, si el Hijo encarnado carecía de algún atributo divino esencial, inmediatamente nos falla en tres puntos fundamentales: la revelación (siendo menos que Dios, no puede revelar verdaderamente a Dios), la redención (siendo menos que Dios, no puede reconciliarnos con Dios), y la intercesión (si la unión con la naturaleza humana necesariamente minimiza la naturaleza divina, el Señor resucitado no podría "presentar en el cielo un semblante humano"; su intercesión como sumo sacerdote queda inmediatamente invalidada). Finalmente, el arzobispo William Temple preguntó: "¿Qué ocurría con el resto del universo durante el período de la vida terrenal de nuestro Señor?". Si la segunda persona de la Trinidad estaba completamente encerrada en el bebé de Belén, ¿quién cumplía el papel de la Palabra sustentadora del universo? Apelar a la idea de la inherencia de las personas de la Trinidad no ayuda, ya que es precisamente una separación de las personas lo que requiere la teoría kenótica.

LA INTERPRETACIÓN MODERNA

CRISTOLOGÍAS FUNCIONALES Y CRISTOLOGÍAS ONTOLÓGICAS

Hoy en día una serie de autores procuran reemplazar la "cristología ontológica" (la persona de Cristo interpretada en términos de *su ser* y *sus naturalezas*, generalmente igual a la fórmula de Calcedonia) por la "cristología funcional" (la persona de Cristo interpretada en términos de su *función activa* dentro del propósito de Dios). La distinción entre ambas es suficientemente válida mientras las consideremos no como alternativas, sino complementarias. No se puede dejar de lado lo ontológico sin reducir la persona de nuestro Señor y, en consecuencia, su capacidad para mediar, y el concepto no encuentra apoyo en las Escrituras. Una afirmación tal como *[...] la palabra se hizo carne [...]* (Jn 1.14) responde a preguntas acerca del ser y la naturaleza del mediador (*cf.* Jn 1.1–18; 2Co 8.9; Fil 2.5–11; Col 1.15–20; Heb 1.1–3).

Además, el concepto bíblico de la realidad, su distinción entre diferentes tipos de ser con naturalezas fijas (Dios, la humanidad, los ángeles, etc.), y las categorías universales básicas a su interpretación de la redención ("en Adán", "en Cristo") proporcionan ese marco de sustancias y entidades; sencillamente no se puede prescindir de lo ontológico. La fórmula de Calcedonia misma no está en la Biblia; luego, en principio es susceptible de revisión y reemplazo. Algo así parece inevitable al momento de hacer preguntas acerca de la presentación bíblica de Cristo. La cristología debe ser tanto ontológica como funcional.

LA ENCARNACIÓN COMO "MITO"

Apareció en los años '70 cuando algunos autores cristológicos afirmaron que hablar de Jesús como el Dios encarnado es una manera mítica o poética de expresar su significado para nosotros: fue sencillamente "alguien aprobado por Dios", abierto a Dios de una manera especial y singularmente consciente de la realidad divina. En esencia, este parecer revive una línea de pensamiento surgida del ebionismo en el período posbíblico inmediato. Resuelve el problema cristológico eliminando lo divino y reduciendo a Jesús a ser simplemente humano: un ser humano muy especial, sin duda, pero sólo humano.

Esta reafirmación moderna no es más aceptable ni convincente que sus antecesores históricos. El intento de encontrar un "Jesús original" meramente humano detrás de la figura exaltada del Nuevo Testamento, en verdad se ha hecho con demasiada frecuencia en el pasado, con notable fracaso. Lejos de ser un agregado a la comprensión original de Jesús, la creencia en su divinidad apoyaba la posición de la iglesia desde el comienzo. Además, la evidencia bíblica sustancial para la deidad de Cristo, expuesta anteriormente, sigue inconmovible.

Esta cristología humana implica: a) la negación del Dios cristiano: Jesús no es divino, luego Dios no es trino, al menos de una manera que podamos entenderlo; b) la eliminación de la adoración cristiana: no hay oración ni alabanza a Jesús o por medio de Él; c) la destrucción de la convicción cristiana: no existe revelación final en Cristo, dejándonos agnósticos respecto a Dios y en definitiva respecto a todo; d) la invalidez de la redención cristiana: ya que Cristo no es Dios encarnado, nada tiene que ver en nuestra relación con Dios; e) lo peor de todo, la denigración del honor y la gloria de Dios en Cristo. Ningún cristiano que estima en mucho la gloria de Dios se sentirá inclinado a tolerar esos puntos de vista.

COMENTARIOS FINALES

Una clave para la mayor comprensión de la encarnación podría encontrarse en el Evangelio de Juan[22]. Algo básico a su presentación de Cristo es su total dependencia del Padre (4.34; 6.38, 44; 7.16; 8.26, 50, 54; 10.18). El Verbo eterno de Dios comparte la naturaleza divina en la medida más plena, y, como Hijo eterno, está eternamente surgiendo del Padre; y expresa esa misteriosa generación divina, al vivir bajo las condiciones de una humanidad divina en total

---

22 *Cf.* J. N. D. Anderson, *The Mystery of the Incarnation* (Hodder, 1978), Cap. 6; J. I. Packer, "Jesus Christ the Lord", *Obeying Christ in a Changing World*, 1, *The Lord Christ* (Fountain Books, 1977).

y adoradora dependencia del Padre. En cada momento o detalle todas las prerrogativas y perfecciones de la divinidad son suyas a pedir de boca; sin embargo se somete a la voluntad del Padre en todas las cosas: el conocimiento, la palabra, la acción, los conflictos, el sufrimiento.

En fin de cuentas la encarnación, siendo de un tipo único, apenas puede interpretarse sobre la base de la analogía con la experiencia humana. Es verdad que las analogías humanas tienen cierta validez ya que Cristo fue Dios hecho hombre, y la humanidad se hizo a imagen de Dios; pero tienen límites necesarios, ya que sencillamente no sabemos lo que significa ser humano y divino a la vez. Más allá de cierto punto la persona de Jesús se puede entender sólo en términos de su propio testimonio de sí mismo, es decir, en términos del testimonio divinamente inspirado de las Escrituras. *[...] es grande el misterio de nuestra fe: Él se manifestó como hombre [...]* (1Ti 3.16). La cautela del apóstol no invalida los intentos reverentes de investigar el misterio, especialmente con el interés de refutar el error, ni implica vacilación acerca de la realidad fundamental de Cristo como verdadero Dios y verdadero ser humano; pero nos recuerda los límites de nuestro entendimiento de estas realidades y que la persona de nuestro Señor revela sus secretos más profundos a aquellos que se acercan como los pastores de Navidad, en humilde fe y adoración reverente.

PASAJES BÍBLICOS

Jn 1.1–18; 10.30, 38; Hch 2.22–36; Ro 1.4; 2Co 8.9; Fil 2.5–11; Col 1.15–20; 2.9; 1Ti 3.16; Heb 1.1–3; 1Jn 1.1s.

PREGUNTAS

1. Exprese las principales herejías relativas a la persona de Cristo. ¿Puede identificar algunas expresiones contemporáneas de esos errores?

2. "Ninguna cristología puede retractarse de la fórmula de Calcedonia". Discuta esta afirmación.

3. ¿Qué significa la kenosis? ¿Hasta qué punto ese concepto ayuda o estorba la comprensión de la persona de Cristo?

4. Considere la importancia de una cristología correcta para: (a) nuestra comprensión de Dios; (b) el evangelio de la redención; (c) nuestro concepto de la humanidad; (d) nuestro enfoque de las Escrituras.

BIBLIOGRAFÍA

Arts. 'Incarnation' en *IBD* y 'Christology' en *NDT*.

J. N. D. Anderson, *The Mystery of the Incarnation* (Hodder, 1978).

M. Green (ed.) *The truth of God Incarnate* (Hodder, 1977).

D. Macleod, *The person of Crist* (IVP, 1998).

I. H. Marshall, *The Origins of New Testament Christology* (IVP, 1976).

E. L. Mascall, *Theology and the Gospel of Christ* (SPCK, 1977).

C. F. D. Moule, *The Origin of Christology* (CUP, 1977).

16

LA OBRA DE CRISTO: ENSEÑANZA BÍBLICA

La frase "obra de Cristo" abarca todo lo que hizo Cristo para traer salvación al mundo. Un término muy cercano es *expiación*. Se refiere a la reconciliación entre Dios y la humanidad; señala el medio por el cual el distanciamiento entre los dos se supera y la armonía y concordancia entre Dios y la humanidad se restablece. Debido a que esta sección se extiende un poco más que examinar lo que ocurrió en la cruz, el término "obra de Cristo" es probablemente mejor como un título general.

LA EXPIACIÓN EN EL ANTIGUO TESTAMENTO

Aunque se admite que encontramos el mismo Dios en ambos Testamentos, muchos piensan que mientras la religión del Nuevo Testamento es la gracia (somos aceptados sobre la base de nuestra respuesta a lo que Dios hizo por nosotros en Cristo), la religión del Antiguo Testamento es la ley (nuestra aceptación respecto a Dios depende de nuestra obediencia moral). En consecuencia, debemos comenzar con la afirmación clara de que en el Antiguo Testamento la salvación es sin duda alguna por libre gracia y misericordia de Dios, al igual que en el Nuevo Testamento. La base de la relación del pueblo de Israel con Dios, y de su esperanza de salvación, descansaba sobre su gracia efectiva (Gn 12.1–7; Éx 3.6–10; Dt 6.21–23; Is 41.8s), realizada por medio del pacto con Abraham y sus descendientes (Gn 15.18; Éx 6.6–8; Sal 105.8–15, 42–45; Is 51.1–6; Ez 37.25s; Lc 1.32s, 54s;

Hch 13.17–23). Esta gracia requería una respuesta de fe o confianza (Gn 22.17s; Sal 33.16–20; Is 31.1). Sobre la base de este pacto, la ley apareció como la exigencia de Dios de que su pueblo viviera de acuerdo con su carácter santo (Éx 20.1s).

Este entendimiento de la ley, sin embargo, fue comprendido sólo parcialmente. Fuentes rabínicas dejan en claro que, formalmente hablando, su cumplimiento se vio como la manera de quedarse dentro de la comunidad del pacto más que un camino para entrar a la comunidad. Pero es incierto el grado en que eso se comprendió popularmente. Hubo varios hilos dentro de la religión del judaísmo alrededor del período del Nuevo Testamento, algunos de los cuales se reflejaron precisamente en la polémica contra el legalismo y fariseísmo que presentó Jesús (Mt 6.5ss; Lc 18.9–14; Mt 23.1–15), y que Pablo reiteró en su día (Ro 3.19–22; Gá 2.15ss; 3.10–14). Este legalismo que enseñó que nuestro cumplimiento de la ley nos ganaba justicia ante Dios, era la distorsión de la religión antiguotestamentaria, no la religión misma del Antiguo Testamento. Allí la salvación y la expiación están arraigadas no en la ley, sino (como en el Nuevo Testamento) en la gracia de Dios.

Una consonancia similar con la enseñanza del Nuevo Testamento sobre la expiación se expresa en el sistema sacrificial judío. Los sacrificios eran de diferentes tipos. Las ofrendas expresaban homenaje y acción de gracias; los holocaustos generalmente involucraban la comunidad como un todo (Éx 29.38–42; Nm 28s; Dt 33.10; Jue 6.21). Las ofrendas por el pecado y la culpa eran particularmente significativas para la expiación. Se relacionaban con las ofensas no intencionadas contra Dios por las que el adorador buscaba perdón (Lv 4, 5). Las más importantes se hacían el día de la expiación (*Yom Kippur*) cada año. Mientras el pueblo adoraba, el sumo sacerdote, únicamente en esta ocasión, entraba al lugar santísimo detrás del velo con un sacrificio de sangre para expiar todos los pecados cometidos por el pueblo de Israel (Lv 16). El aspecto central de todo el sistema era el derramamiento de sangre en la muerte de una víctima sustitutoria.

Estos sacrificios inculcaban una conciencia de la santidad de Dios y enseñaban que las violaciones de la voluntad de Dios (las infracciones a su ley) necesitaban la muerte de un sustituto ritualmente limpio para asegurar la reconciliación con Él. Cuando se ofrecían con fe obediente, sin considerar ninguna acumulación de méritos, y con confianza en la sola gracia de Dios, los sacrificios permitían apropiarse de las bendiciones del pacto. Una vez más, el Antiguo Testamento reconoce claramente que los sacrificios *en sí mismos* eran completamente incapaces de expiar el pecado (Os 6.6; Mi 6.6–8). El Salmo 51 es particularmente elocuente en este sentido; la culpa moral no puede ser borrada por los sacrificios (v. 16), sino sólo por la libre gracia de Dios (v. 1) en respuesta al sincero arrepentimiento del pecador (v. 17). El punto queda bien en claro en el comentario del Nuevo Testamento sobre los sacrificios del Antiguo Testamento, en Hebreos 9.9s.

El punto de referencia definitivo de la gracia divina también es idéntico en los dos Testamentos: la persona y obra de Cristo. Mientras que para nosotros hoy en día la obra del Calvario es proyectada hacia adelante, en el caso de los creyentes del Antiguo Testamento es proyectada hacia atrás (Mt 8.16s; Lc 2.38; Jn 3.14s; 8.56; Ro 4.1–25; 10.11–13; 1Co 5.7; Heb 9.15; 10.12–14; 1P 1.18s). Tanto para ellos como para nosotros la expiación, considerada en sentido definitivo, es por la sangre de Cristo.

JESÚS EL MESÍAS

Mesías, como hemos visto, "significa ungido de Dios". En Israel se establecieron tres oficios en los que los hombres se designaban por ungimiento con aceite: los reyes (1S 16), los sacerdotes (Lv 8) y los profetas (quizás en este caso espiritualmente, más que literalmente, Is 61.1). Generaciones de teólogos han hablado del "triple oficio de Jesús", con lo que desean significar que Jesús fue ungido por Dios (Hch 10.38; Heb 1.9) para cumplir en forma perfecta y normativa el triple oficio de sacerdote, profeta, y rey para el pueblo de Dios. El uso del singular (*oficio*) es importante. Se trata de tres facetas distinguibles de una sola realidad indisoluble, la obra de Jesucristo el mediador.

EL OFICIO PROFÉTICO

El profeta es uno que habla en lugar de otro (Éx 7.1s; Dt 18.18s). Su oficio presupone la ignorancia y la ceguera del pueblo respecto a la voluntad y el propósito de Dios, errores que los profetas, como portavoces del Todopoderoso, procuran disipar. La función del profeta se expresó clásicamente en la persona de Moisés, y las figuras posteriores como Isaías, Amós, Oseas y Jeremías. La esperanza mesiánica del Antiguo Testamento incluye este papel profético: *El Señor tu Dios levantará [...] un profeta como yo. A Él sí lo escucharás* (Dt 18.15). La iglesia primitiva vio esta profecía cumplida en Cristo (Hch 3.22s; 7.37).

Sus contemporáneos aclamaron primero a Jesús como profeta (Mt 21.46; Mr 8.28; Lc 7.16; Jn 9.17). Él mismo aceptó el título (Mr 6.4; Lc 13.33), aunque con cierta reserva (Mt 11.9–11); en el sentido tradicional ese título no era adecuado para describir el papel que Jesús reclamaba para sí mismo (Mr 9.1–8; Jn 10.30; 14.6). Jesús forma parte de la larga lista de héroes proféticos que llevaron la Palabra de Dios; pero se destaca sobre ellos porque también es la Palabra que lleva (Jn 1.1–14). Este lazo fundamental entre la obra de Cristo y su persona está explícito en Juan 1.14, DHH, *[...] la Palabra se hizo hombre [...]*. En Jesús la palabra profética de Dios encuentra su expresión definitiva como una verdad no sólo de su enseñanza, sino también de su mismo ser. Luego el Nuevo Testamento amplifica esta dimensión; Jesús es la sabiduría de Dios encarnada (1Co 1.30), *en quien están escondidos todos los tesoros de la sabiduría y del conocimiento* (Col 2.3).

La función profética de Cristo consiste, pues, en que trae a la humanidad ignorante y oscurecida por el pecado la mismísima verdad de Dios. Es su revelación a nosotros de Dios mismo (Jn 14.9); Jesús es el supremo Maestro cuya palabra tiene autoridad y a quien debemos someternos en todas las cosas (Mt 7.24–29; Mr 1.22s; Jn 13.13s). Jesús proclama y encarna lo que Dios exige de nosotros, así como la gracia divina por medio de la cual únicamente podemos entrar en el reino del Dios de la verdad (Mr 1.14; Jn 1.17; 10.9).

EL OFICIO SACERDOTAL

La presuposición de la función sacerdotal es nuestro alejamiento pecaminoso de Dios. El sacerdote es el mediador señalado por Él por medio del cual se supera esa separación (Heb 5.1). Este hilo esencial de la religión antiguotestamentaria (Éx 28; 29) era particularmente personificado por el sumo sacerdote, cuyas funciones incluían la ofrenda del día de expiación en el lugar santísimo del templo (Lv 16; Heb 9.1–8). La obra de Jesucristo se interpreta en términos de su cumplimiento del oficio sacerdotal, principalmente en la Epístola a los Hebreos, que lo vincula con el sumo sacerdote del Antiguo Testamento en dos puntos.

Primero, su identidad: *Todo sumo sacerdote es escogido de entre los hombres [...] para representarlos delante de Dios [...]* (Heb 5.1, DHH). Como hombre verdadero, Cristo era capaz de actuar a nuestro favor en relación con Dios (Heb 2.7–17; 4.15; 5.1–3; 10.5–9). Esta solidaridad con nuestra humanidad, básica para su mediación sacerdotal, está representada en la idea del *go-el*, o pariente redentor, del Antiguo Testamento. En ciertas circunstancias un pariente cercano podía actuar de *go-el* a favor de otro para librarlo de un problema particular (Lv 25.48s); la acción de Booz respecto a Rut (Rt 4.1–13) es el ejemplo clásico del Antiguo Testamento. Este título también se aplica a Dios (Éx 6.6; Is 41.14). En Cristo, Dios ha hecho de nuestro pariente redentor, tomando nuestra carne (Jn 1.14) y actuando a nuestro favor para salvarnos de la maldición y el dominio del pecado.

Segundo, su inmolación: *A todo sumo sacerdote se le nombra para presentar ofrendas y sacrificios [...]* (Heb 8.3). Cristo no sólo fue el sacerdote que hizo la ofrenda sino también la víctima sacrificial; en indecible amor y gracia entró al lugar santísimo y se ofreció a *sí mismo* sobre el altar de la cruz (Heb 1.3; 9.12–14; 10.10–22; 13.12). Que Jesús entendía su misión en términos sacerdotales es claro al considerar su libre uso del lenguaje sacrificial (Mr 10.45; Lc 22.20; Jn 10.11, 15; 15.13).

Sus alusiones al Siervo sufriente de Isaías refuerzan esta idea. Los pasajes sobre el Siervo (Is 42.1–4; 49.1–7; 50.4–11; 52.13– 53.12) se interpretaban de diversas maneras en el tiempo de Jesús, pero prácticamente no había ninguna tendencia a interpretarlos mesiánicamente porque eran aparentemente irreconciliables con el tema del Mesías como rey. El vínculo de Jesús con el Siervo lo estableció el Padre en su bautismo (Mr 1.11; *cf.* Is 42.1) y hay varias referencias en los evangelios (Mt 8.16s; *cf.* 12.18–21; Jn 1.29) que se repiten en otros libros del Nuevo Testamento (Hch 3.13; 8.32s; 1P 2.21s). Otro indicio de apropiación del oficio sacerdotal por parte de Jesús podría verse en Marcos 14.62, donde Jesús se atribuyó el Salmo 110.1 y en consecuencia, por deducción, también el Salmo 110.4. El oficio sacerdotal abarca toda la obra salvadora de Cristo en su muerte. Con el objeto de descubrir su pleno significado, tenemos que exponer las tres principales metáforas del Nuevo Testamento usadas para interpretar la muerte de Cristo.

La metáfora penal: la justificación

El pensamiento hebreo tocante a la justicia o rectitud tiene un sentido invariablemente legal (forense). El hombre justo es *[...] aquel a quien el* SEÑOR *no toma en cuenta su maldad [...]* (Sal 32.2). Pero todos estamos en estado de culpa pues hemos violado la ley moral de Dios (Sal 14.1–3) y estamos bajo su maldición o condenación (Dt 27.26; Sal 1.5s). Tampoco hay salida en términos de que Dios sencillamente relaje su ley y pase por alto la transgresión humana. La ley[23] no es una serie arbitraria de exigencias que Dios decide imponer sobre la conciencia humana; en su esencia es nada menos que la exigencia del carácter de Dios de que debiéramos conformarnos a su Ser y tomar partido con Él contra todo lo que lo amenaza y se Le opone (Lv 11.44s; Is 1.4). Es la ley de Dios, santa, justa y buena (Ro 7.12, 22).

Cualquier violación de la ley moral, pues, equivale a un ataque directo contra Dios. Desde el momento en que la cometemos, se convierte en parte integral de ese movimiento de resistencia al que Él, al afirmar su divinidad, ha de tomar en cuenta y oponerse.

El hecho de que Dios "tome en cuenta" el pecado dirige la atención a la *culpa* que inevitablemente acompaña todo nuestro pecado. En el momento en que lo cometemos, el pecado entra en el pasado inalterable. Ser pecador implica ser una persona con pasado; su expediente está marcado y manchado. No podemos volver a comenzar porque el pecado de ayer sigue en nuestra cuenta, retando inexorablemente a Dios, oponiéndose a su majestad y su divinidad. "Tenemos la extraña ilusión de que el mero tiempo invalida el pecado. He oído a otros, y a mí mismo, contar maldades cometidas en la adolescencia como si no tuvieran ninguna importancia en el presente del relator, incluso tomándolo a la risa. Pero el mero tiempo no hace nada al hecho, ni a la culpa del pecado" (C. S. Lewis). El pasado permanece; el tiempo no resuelve esa brecha; no lo puede hacer.

---

23 Por "ley" entendemos aquí las prescripciones morales fundamentales del Antiguo Testamento resumidas en el Decálogo (Éx 20.1–17; Dt 5.1–21). Las leyes ceremoniales del Antiguo Testamento han sido superadas en el sentido de que Cristo las ha cumplido; la legislación social del Antiguo Testamento ha dejado de ser normativa en el sentido de que la iglesia ha reemplazado a la teocracia de Israel. Pero los principios que sirven de base tanto a las leyes sociales como a las ceremoniales siguen teniendo pertinencia y aplicación.

¿Qué se puede hacer, entonces? En un sentido, nada. Frente a nuestra culpa somos impotentes y no podemos hacer otra cosa que esperar el juicio venidero, que es la consecuencia inevitable del pecado en este mundo de Dios.

En este punto preciso, ante nuestra impotencia, las Escrituras nos dirigen hacia la maravilla de la gracia de Dios en Cristo: la obra de Cristo. Como ser humano *[...] nacido bajo la ley [...]* (Gá 4.4) y obedeció plenamente todos los mandamientos de Dios (Jn 4.34; 8.29), incluso *[...] hasta la muerte [...]* (Fil 2.8). En su muerte *[...] nos rescató de la maldición de la ley al hacerse maldición por nosotros [...]* (Gá 3.13). En consecuencia, en la muerte de Cristo los pecados de su pueblo fueron juzgados (Ro 3.23–26) y olvidados (Heb 8.12), y *por* [su] *acto de justicia resultó la justificación de vida para todos los hombres* (Ro 5.18, BLA). El juicio y la maldición de nuestra desobediencia pasaron a Cristo en la cruz. La justificación es un acto de gracia totalmente inmerecida de la justicia de Dios (2Co 5.21).

Este acto por medio del cual Dios remite los pecados de hombres y mujeres culpables, considerándolos justos sobre la base de la obediencia representativa y la muerte redentora de Cristo, se llama en las Escrituras *justificación* (Lc 18.14; Ro 3.24; 4.25; 1Co 6.11; Tit 3.7). En ninguna manera es una recompensa por nuestros esfuerzos de rectitud, ni tampoco es asunto de nuestra cooperación con Dios para hacer alguna contribución moral a nuestra justificación. La justificación es un acto de gracia totalmente inmerecida de parte de Dios.

Debemos considerar el glorioso lado positivo de la justificación (Ro 4.1–12; Fil 3.9) ya que frecuentemente se le da un énfasis inadecuado. Nuestra justificación no es sencillamente cuestión de que Dios pase por alto nuestra culpa; nuestra necesidad sólo se puede resolver si se nos adjudica un carácter justo, plena e íntegramente santo. Este es el asombroso don de la gracia. El cumplimiento de la ley por Cristo y su perfecta justicia son nuestros por la fe en Él (1Co 1.30; Fil 3.9). No es simplemente que se pasó por alto nuestro tremendo fracaso en el examen de vida moral, sino que pasamos con la mejor calificación y con ¡diploma de honor! Bien puede Atanasio hablar de un "intercambio admirable" por medio del cual, como lo expresa Calvino, "el Hijo de Dios, siendo purísimo y libre de todo vicio, sin embargo ha tomado sobre sí y se ha revestido de la confusión y afrenta de nuestras iniquidades, y de otra parte nos ha cubierto con su santidad y justicia".

Al justificar a los pecadores en Cristo, Dios actúa con justicia, porque no pasa por alto el pecado o lo condona (Ro 3.25s). Él lo juzga y castiga en la cruz, y así afirma su santa y eterna oposición al mismo. De la misma manera, en lo que se refiere a los pecadores, Dios no rebaja las exigencias: los recibe sólo sobre la base de la perfecta justicia de Cristo, que se les adjudica por su unión de fe con Él. Ser justificado significa que estamos aceptados ante Dios sin miedo; que podemos venir ante Él verdaderamente y podemos experimentar ser abrazados por Él y ser declarados sus propios hijos queridos. Ser justificado significa que podemos cantar con Carlos Wesley:

> *Ya no temo a la condenación;*
>
> *¡Jesús, y todo en Él, mío es!*
>
> *Vivo en Él, mi cabeza viviente,*
>
> *vestido de divina justicia,*
>
> *Con valor me acerco al trono divino*
>
> *y por medio de mi Cristo, la corona reclamo.*

Estudios recientes de la idea han llamado la atención a la dimensión comunal de la justificación. La preocupación de Pablo en Gálatas en particular es la pregunta: ¿quiénes son los verdaderos hijos de Abraham? Y por lo tanto, ¿quiénes conforman el pueblo verdadero de Dios? En respuesta dice que la membresía pertenece a todos los que creen en el evangelio de Jesús, por ej., todos los que han sido justificados (Gá 2.15–21; 3.6–14). Así que la justificación debe ser elevada de lo simplemente individual y personal. Es nada menos que la puerta que da entrada a formar parte del pueblo de Dios del nuevo pacto, donde *Ya no hay judío ni griego, esclavo ni libre, hombre ni mujer [...]* (Gá 3.28).

En resumen, la Biblia enseña que el centro de la obra de Cristo consiste en que Él llevó en nuestro lugar y a favor nuestro el castigo que merecemos por nuestro pecado, y nos trajo perdón y reconciliación con Dios en justicia. Generalmente se alude a esto como la "sustitución penal" y ha sido el centro de la enseñanza y prédica evangélica sobre la expiación desde la Reforma. El punto es a menudo atacado por los críticos, quienes sostienen que: a) el uso de terminología legal (Dios como juez que impone castigo, los seres humanos como criminales, etc.) despersonaliza seriamente nuestra relación con Dios; b) el Dios de esta teoría, que exige castigo, no puede ser el Dios de amor que perdona libremente; c) toda la idea de sustitución es injusta, incluso inmoral, en este contexto, ya que implica que el inocente es castigado y el culpable queda libre; o alternativamente, la justicia de Dios parece más fácilmente satisfecha que la nuestra, ya que en el pensamiento humano no hay justicia hasta que los culpables pagan por sí mismos su crimen.

Sin embargo, la sustitución penal puede ser fácilmente defendida contra esas tres críticas.

Primero, y en forma general, recordamos que está claramente enseñada en la Palabra de Dios; no es un invento humano sino parte de lo que Dios mismo enseña acerca de la cruz. En forma particular, contra el cargo de despersonalización, es evidente que la Biblia no contrapone lo personal a lo legal de esa manera. Los escritores de la Biblia gustaban evidentemente de las metáforas legales, y apelaban una y otra vez a los procesos legales para explicar el trato de Dios con la humanidad. "Negar que el Nuevo Testamento hace uso de las imágenes legales para describir la obra de Cristo por nosotros, es negarse a enfrentar la realidad" (L. Morris). Seguir esta línea de crítica implica casi invariablemente no interpretar la ley de una manera bíblica, es decir, como el inmutable carácter de Dios que afecta nuestra existencia.

En cuanto al segundo cargo, que objeta la noción de que Dios exige el castigo, la alternativa propuesta: el Dios que sencillamente pasa por alto el pecado, es simplemente un producto de la imaginación humana que no aparece en ninguna parte de las Escrituras. Está claro que ese no es el Dios del Antiguo Testamento y, por ende, tampoco el Dios en quien Jesús creía. Tampoco es el Dios que Jesús mismo reveló, como se manifiesta por sus frecuentes y solemnes advertencias de los peligros de seguir impenitente (Mt 11.20–24; Lc 13.1–5; 16.19–31) y por el lugar que tenía su muerte inminente en la comprensión de su misión (Mr 8.31; 10.45; 14.24; Jn 10.11; 12.24).

En cuanto a la tercera crítica, de injusticia, está el aspecto obvio de que la sustitución penal involucra a la Trinidad y la encarnación, es decir, la unión del Padre y el Hijo en la Divinidad, y de Cristo y nosotros en la humanidad; en consecuencia, es apropiado fundamentalmente que Cristo tomara nuestra culpa bajo la ira del Padre.

En forma más sustancial, J. I. Packer ha señalado[24] que es un error presionar las categorías bíblicas, como la sustitución penal, más allá de sus límites. Básicamente son modelos de pensamiento que Dios nos ha dado para instruirnos acerca de sí mismo y sus actividades. Al ser dados por Dios, deben tener nuestra total confianza, y en realidad sólo sometiendo a ellos nuestras mentes y reteniéndolos tenazmente podemos estar seguros de acercarnos lo más posible a la verdad sobre la expiación.

Cuando se ve de esa forma, la sustitución penal puede ser plenamente defendida (suponiendo que podamos demostrar su base bíblica) sin que tengamos que justificarla en cada punto apelando a la práctica legal común o a las normas generales de relaciones personales. Aunque no dejamos de lado livianamente nuestro instinto moral general, ya que Dios es el creador tanto como el redentor, tampoco podemos hacer de nuestras normas caídas la determinación final y el juez de la acción de Dios. Por supuesto, existe una profunda justicia expresada en el hecho de que Dios perdona a los pecadores condenados e impotentes por medio de la cruz: la justicia del amor redentor de Dios (Ro 3.21–26).

La metáfora de culto: reconciliación/propiciación

En cierta medida esto se combina con la metáfora anterior, exponiendo más los medios de nuestra justificación. Un resultado de nuestra desobediencia a la ley de Dios radica en nuestra ineptitud para estar en la presencia de Dios y expuesto a su ira santa; el camino de regreso al Edén está cerrado por una espada encendida (Gn 3.24). La humanidad, alejado de Dios, es ahora su enemigo. Una vez más vemos en términos severos la total impotencia de la humanidad en pecado. En este contexto las Escrituras nos dirigen nuevamente a la maravilla del amor de Dios en Cristo.

Reconciliación significa la abolición de la enemistad entre dos partes que han estado reñidas. Se usa con relación a la salvación cristiana en varios pasajes importantes del Nuevo Testamento (Ro 5.10; 2Co 5.18–20; Ef 2.16; Col 1.20). Un concepto relacionado es tener paz o hacer la paz (Ro 5.1; Col 1.20). La humanidad es realmente enemiga de Dios (Ro 5.10; Col 1.21; Stg 4.4), y no simplemente casi amiga de Él. La reconciliación se efectúa quitando la causa de la

---

24 "What did the Cross Achieve", Tyndale Bulletin 25, 1974.

pugna (en este caso, nuestro pecado) lo que Dios ha hecho en Cristo, particularmente mediante su muerte. Por consiguiente, Cristo es *[...] nuestra paz [...]* (Ef 2.14); somos reconciliados por *la muerte de su Hijo [...]* (Ro 5.10), mediante *[...] la sangre que* [Cristo] *derramó en la cruz* (Col 1.20).

La enseñanza bíblica se tergiversa seriamente cuando se confina la reconciliación a nuestro lado de la relación, como si fuera simplemente nuestra actitud la que requiere en cambio. Aunque se puede tergiversar gravemente, la ira de Dios es una realidad bíblica solemne (Éx 22.24; Sal 78.31; Os 5.10; Lc 3.7; Jn 3.36). Sugerir, como lo hacen algunos, que la cruz simplemente demuestra el amor de un Dios que ya está reconciliado con nosotros es desestimar la ira de Dios y no captar el verdadero propósito de la cruz. En realidad, la cruz demuestra el amor de Dios sólo dentro de este significado teológico más profundo: es un amor que encarna sacrificialmente las consecuencias de nuestro pecado (Jn 3.16; 1Jn 4.9s). Sólo una interpretación así hace justicia al concepto nuevotestamentario de la cruz como un acto decisivo de redención, únicamente por medio del cual somos librados de la ira divina. En consecuencia debiéramos hablar de un "cambio de la ira a la gracia en la esfera histórica" (Berkouwer).

El medio de esta reconciliación se expresa con más precisión mediante un término íntimamente vinculado, la *propiciación* (Ro 3.25; Heb 9.5; 1Jn 2.2; 4.10). Se refiere a quitar la ira mediante la presentación de una ofrenda. La de Cristo, sin embargo, no fue una ofrenda impersonal ni arbitraria; ni fue Él un tercero introducido desde afuera de la relación de la humanidad con Dios: *[...] en Cristo, Dios estaba reconciliando al mundo consigo mismo [...]* (2Co 5.19). Cristo no es otro que Dios mismo tomando sobre su propio corazón santo y eterno las consecuencias de su propia ira. Obviamente hay aquí un misterio impenetrable, pero todos los términos de esta ecuación están claramente presentes en la interpretación nuevotestamentaria de la obra de Cristo, particularmente en el concepto de la propiciación.

Para evitar cualquier idea de "aplacar una divinidad airada", algunos autores prefieren hablar de "satisfacción" en vez de propiciación. La satisfacción implica "eliminación de culpa", sin ninguna explicación particular sobre cómo se efectúa esto. Es difícil ver cómo esto pueda conducir ya sea a una mayor claridad o a una mejor comprensión de la Biblia. La culpa en cuestión no se puede reducir a los sentimientos de culpabilidad subjetivos; Dios se nos resiste objetivamente en nuestro pecado. La eliminación de esa aversión divina personal es lo que está implícito en nuestra reconciliación y lo que la constituye. Pero eso a su vez implica que Dios cambia de alguna manera su trato con el pecador, que su ira dé lugar a su gracia, sobre la base de la inmolación de Jesús. Eso es precisamente lo que significa la propiciación.

La verdadera razón por la que algunos prefieren la satisfacción es la inseguridad acerca de la ira de Dios. Si la idea de satisfacción está ligada a una negación de la ira, entonces se descubre su carácter no bíblico; si no va ligada así, es difícil ver por qué se ha de preferir en vez de propiciación.

En este contexto cabe el término *sacrificio* (1Co 5.7; Ef 5.2; Heb 7.27; 8.3; 9.23–28; 10.10–26; 13.10–13). El Nuevo Testamento se inspira en varios aspectos del sistema sacrificial del Antiguo Testamento para exponer el sentido de la muerte de Cristo: Él es el cordero inmolado (Jn 1.29s; 1P 1.18s); el cordero pascual (1Co 5.6–8; *cf.* Éx 12.1–12); la ofrenda por el pecado (Ro 8.3; *cf.* Lv 5.6s); las ofrendas del día de expiación (Heb 9.1–10; *cf.* Lv 16); el cumplimiento de los sacrificios del pacto (Mr 14.24; *cf.* Éx 24.8). El tema básico del sistema sacrificial del Antiguo Testamento era la propiciación: se evitaba la ira de Dios cuando se pagaba un precio por la culpa y el pecado del pueblo.

Otro elemento fundamental de la obra de Cristo que surge en este cuadro es la *sustitución*. No se puede obviar esto cuando se tiene a la vista el contexto del Antiguo Testamento. La muerte del animal ritualmente limpio (que es a lo cual se refiere el derramamiento de sangre) era esencialmente sustitutoria: el animal sacrificado moría en lugar del culpable (Lv 1–5; 16). La sustitución también está en el centro del ministerio del siervo (Is 53.4–6, 10–12). De la misma manera, cuando Cristo derramó su sangre en la cruz, fue una muerte sustitutoria, "por nosotros", en nuestro lugar, para que pudiéramos escapar de la muerte que nuestro pecado nos había acarreado (Mr 10.45; Jn 11.50s; Ro 5.8; 1Co 15.3; Gá 3.13; 1Ti 2.6; Tit 2.14; 1P 2.21, 24; 3.18).

A veces se insiste en que la sustitución debe abandonarse en favor del término *representación*, para transmitir mejor la relación entre Cristo y los pecadores en su obra de expiación. La palabra es bastante aceptable, especialmente para expresar nuestra unión con Él en su muerte y resurrección (Ro 6.1s; Gá 2.20; Col 2.12; 3.1s; 2Ti 2.11);

también abarca la idea de Cristo como el postrer Adán (Ro 5.12s; 1Co 15.22s). Sin embargo, en cuanto a la expiación, el término representación no puede contar la historia completa, porque implica que el representante es proporcionado y presentado por aquellos a quienes representa. En este punto el término es básicamente engañoso; no presentamos nosotros mismos a Cristo a favor nuestro. Somos impotentes y estamos condenados, *[...] separados de Cristo [...] y sin Dios en el mundo* (Ef 2.12); la suya es una obra completamente de gracia. Actúa por nosotros en el sentido radical de ir en nuestro lugar a donde no podemos ir, de hacer en nuestro lugar lo que no podemos hacer. La *sustitución* es la manera obvia, en realidad la única manera, de expresar ese factor esencial que es la base de la expiación.

La metáfora dramática: la redención

Redención es un término que tiene dos niveles de significado. Se usa como un sinónimo general para la obra de salvación, a menudo asociada a la creación (Sal 19.1, 14; Is 43.14s; Heb 9.12). También tiene un sentido más preciso, relacionado con nuestra esclavitud al pecado (Jn 8.34; Ro 7.14; 2P 2.19) y el mal (Ef 2.2; 1Jn 5.19). En su gracia Dios nos trae redención en nuestra condición desesperada.

La redención incluye la idea de liberación mediante el pago de un precio (Sal 49.7; Is 43.3; Mr 10.45; 1P 1.18s). Hay varios ejemplos en el Antiguo Testamento. Éxodo 21.30 habla de rescatar la vida de un hombre mediante el pago de una suma de dinero. El acto central de la redención en el Antiguo Testamento fue la liberación de Israel de Egipto (Éx 6.6; 13.13s). Aquí el precio del rescate fue la sangre de los animales sacrificados por Israel. En el Nuevo Testamento la esclavitud al pecado y al mal se enfoca según el dicho de Jesús: *[...] todo el que peca es esclavo del pecado [...]* (Jn 8.34). El precio del rescate es la muerte de Cristo: *En Él tenemos la redención mediante su sangre [...]* (Ef 1.7); *[...] la redención que Cristo Jesús efectuó [...] como sacrificio de expiación que se recibe por la fe en su sangre [...]* (Ro 3.24s). Este último pasaje une perfectamente las figuras de justificación, propiciación y redención.

Ha habido ciertas dudas respecto al precio del rescate. ¿Por qué Dios habrá necesitado pagar un rescate? ¿Y a quién? Algunos evitan estas dificultades reduciendo la redención a un sinónimo de liberación, pero esto es engañoso e inadecuado. La redención que expone la Biblia como parte de nuestra salvación se logró por la inmolación de Cristo en el Calvario. El sentido de la idea del pago de un rescate es que la salvación es costosa. Dios no puede librar a la humanidad por un acto arbitrario de poder; hay un precio que pagar y este es nada menos que la vida de Cristo, el Dios-hombre.

EL OFICIO REAL

Este oficio está arraigado en las profecías antiguotestamentarias del trono y reinado perpetuos de David (2S 7.12s; Sal 89.3s). De esa manera el Mesías se preveía en términos de realeza (Is 9.6s; Jer 30.8ss; Ez 37.21s; Zac 9.9). La presuposición de la realeza es nuestra débil y rebelde sumisión al pecado y las tinieblas, que nos deja desamparados bajo el reinado del pecado y sus aliados, los poderes demoníacos, la muerte y el juicio (Lc 4.6; Ro 5.17s; 7.14–24; Ef 2.1ss; 1Jn 5.19).

En su nacimiento Jesús es recibido como el que cumple la esperanza del Antiguo Testamento (Mt 1.1; 2.2; Lc 1.31). Él es el Rey venido para restaurar el destino del pueblo de Dios y ejercer el gobierno de Dios en la tierra. El título tiene una relación muy estrecha con "Señor". Una vez más, Jesús estaba poco dispuesto a usar el título por temor al malentendido por parte de los que la rodeaban (Jn 6.14s; Hch 1.6). Sin embargo, está implícito en el tema central de su predicación, el reino de Dios que estaba cerca (Mt 1.15), porque Él, su instrumento y personificación, estaba cerca (Mr 12.34; Lc 17.21). Su entrada triunfal (*¡Bendito el Rey [...]!*, Lc 19.38) y su juicio (Mr 14.61s; Jn 18.33–37; 19.14–22) son testimonios claros de su cumplimiento de ese papel mesiánico, y el resto del Nuevo Testamento la repite (Hch 17.7; 1Ti 6.15; Ap 17.14).

Su realeza está significativamente ligada al Calvario, porque allí luchó con los esclavizantes poderes de las tinieblas (Jn 12.31; Col 2.14s; Heb 2.14s). Su resurrección selló su triunfo, *[...] designado con poder Hijo de Dios [...]* (Ro 1.4), Rey y Señor sobre todas las cosas (Mt 28.18; Hch 2.33s; 7.55s; Ap 1.5). En las Escrituras este oficio está estrechamente relacionado con tres momentos particulares de la misión de Jesús: su resurrección, su ascensión y su glorioso retorno. Estos constituyen el punto culminante de su obra.

La resurrección

Ya hemos comentado la resurrección desde el punto de vista de la luz que arroja sobre la persona de nuestro Señor. Aquí examinaremos su trascendencia para la obra de Cristo.

Cumple su obra sacerdotal. La mediación sacerdotal de Cristo consistió en ir a la cruz para padecer los juicios penales y la ira santa de Dios para traernos justicia, reconciliación con Dios y libertad del poder del pecado. En la resurrección, Dios el Padre efectivamente pronunció su divino *[...] Amén [...]* sobre la obra sacerdotal de su Hijo (2Co 1.20). Declaró abiertamente su eficacia; había logrado una expiación real y en consecuencia trajo la justicia, la reconciliación y la libertad a los pecadores (Ro 4.25). Además, en el Cristo resucitado vemos preservada y afirmada nuestra humanidad de carne y sangre ante Dios, más allá de la condenación, la ira y todos los ataques del mal. Aquí está la humanidad fuera del alcance del juicio. En consecuencia, frente a todos los ataques de nuestra conciencia o del diablo, podemos responder con un desafío: *¿Quién acusará a los que Dios ha escogido? Dios es el que justifica. ¿Quién condenará? Cristo Jesús es el que murió, e incluso resucitó [...]* (Ro 8.33s).

Manifiesta su obra real. En la cruz Jesús confrontó a los antiguos enemigos de nuestra desgraciada humanidad: el pecado, la muerte y los poderes de las tinieblas. Su resurrección proclama su victoria sobre los tres. Ha vencido al pecado (Heb 9.28) y a los principados y potestades de las tinieblas (Ef 1.20s) y ha destruido a la muerte misma (2Ti 1.10). El Jesús resucitado es la evidencia de la victoria de Dios en Él, sobre todos los desafíos a su señorío y gobierno, y por lo tanto demuestra el establecimiento del reino de Dios.

Personifica la promesa de su reino futuro. Cuando los discípulos encontraron al Jesús resucitado estaban contemplando virtualmente el fin del mundo: el triunfo final de Dios en la creación de un cielo y una tierra nuevos y justos (Is 65.17–25; 2P 3.13; Ap 21 y 22). Pablo vincula el triunfo de Cristo en su resurrección con su triunfo final y con su reino venidero y visible sobre todas las cosas en *[...] el fin [...]* (1Co 15.20–25). El Jesús resucitado es "las primicias" de la futura cosecha de los muertos a su retorno en gloria.

La ascensión

El oficio real de Cristo se manifiesta en su ascensión a la diestra de Dios.

Proclama el triunfo de Cristo. Está [...] a la derecha de Dios, y a quien están sometidos los ángeles, las autoridades y los poderes (1P 3.22). Está [...] coronado de gloria y honra [...] (Heb 2.9) y [...] Dios lo exaltó hasta lo sumo [...] (Fil 2.9). Llevó a muchos cautivos en su séquito (Ef 4.8; Sal 68.18, LBD). La ascensión confiere a Jesucristo el gobierno soberano sobre el cosmos que el Antiguo Testamento adjudica al Señor Jehová (Sal 8; 115; Is 40.28). El hombre de Nazaret es ahora Señor sobre todas las cosas (Mt 28.18; Ef 1.22s). Su reino no está limitado a la esfera de la iglesia, no está suspendido hasta su regreso final. El Nuevo Testamento es absolutamente claro en que Jesucristo es *ahora* Señor y Rey sobre todo.

Establece las condiciones conforme a las cuales la iglesia está llamada a servir. Vivimos, trabajamos, oramos, creemos, testificamos, servimos, adoramos, obedecemos y morirnos a las órdenes de un Señor que ahora está exaltado como cabeza en el cielo y en la tierra. Este era el secreto del celo inquebrantable y el confiado optimismo de los primeros cristianos frente a la persecución y la oposición violenta. He aquí el secreto de la paz de la iglesia en un mundo convulsionado y sus recursos para un ministerio y servicio efectivos para un mundo caído: Jesús, su cabeza, está exaltado sobre todas las cosas y envía su bendito Espíritu a la iglesia, como una corriente de vida que emana de la cabeza exaltada a los miembros del cuerpo sujetos a la tierra, comunicándoles por medio de ello el poder de su victoria.

El ministerio sacerdotal de Cristo es también el gran aliciente de la iglesia. Cristo llevó su humanidad a la presencia de Dios cuando ascendió. De esa manera es capaz de identificarse compasivamente con nosotros y ministrar su gracia a su pueblo en la diversidad de sus sufrimientos y necesidades humanas (Heb 4.14–16). Este ministerio lo es también de intercesión (Ro 8.34; Heb 7.25), en el que comparece en la presencia de Dios como nuestro abogado celestial (1 Jn 2.1).

Garantiza el gobierno futuro y definitivo de Cristo en gloria. Su ascensión es su toma de poder en el universo. Nada existe que pueda detener la culminación de su triunfo. En consecuencia, Dios *[...] ha fijado un día [...]* (Hch 17.31; *cf.* Mr 13.32); Cristo está destinado a reinar *[...] hasta poner a todos sus enemigos debajo de sus pies [...]* (1Co 15.25).

El retorno de Cristo

Este aspecto del oficio real de nuestro Señor constituye la Parte 7. Aquí es necesario mencionar algunas cosas para completar la presente exposición. Cualquier relato de la obra de Cristo que descuide la dimensión futura no puede pretender suficiencia. El reino futuro de

Cristo en gloria es la perspectiva desde la cual debe enfocarse todo lo demás, cuando Él reunirá todas las cosas bajo sí mismo, y reinará abiertamente sobre un cosmos completamente redimido (Ro 8.21–23).

Esta es la suprema expresión del oficio real de Cristo, porque en su glorioso retorno será *manifestado* como Rey y cabeza sobre todo, Rey de reyes y Señor de señores (Fil 2.9–11; Ap 19.11–21; 21.22–27).

Pasajes bíblicos

La expiación en el Antiguo Testamento: Gn 11.31; 12.7; 15.17s; Éx 3.6–10; 12.1–27; Lv 16; Sal 51; Is 52.13; 53.12; Jer 31.31s; Ez 37.26; Mi 6.6–8.

Cristo el profeta: Dt 18.15–18; Is 61.1s; Mt 7.29; 11.9s; Mr 1.14; 6.4; Lc 7.16; 13.33; Jn 1.1–14; 7.15–18; 13.13s; Hch 3.22s; 7.37; 1Co 1.30; Col 2.3.

Cristo el sacerdote: Sal 110.4; Mt 8.16s; 12.18–21; Lc 4.18; Ro 8.32; Heb 4.14; 5.10; 7.23–28; 8.11–14, 23–26; 10.11–18.

La justificación: Sal 32.2; Lc 18.9–14; Ro 3.21–4.25; 1Co 1.30; 6.11; 2Co 5.21; Gá 2.15; 3.29; Fil 3.9; Tit 3.7.

La propiciación: Jn 1.29s; 3.26, 36; Ro 1.16–18; 3.25; 5.1, 8–11; 8.3; 15.3; 2Co 5.18–20; Gá 3.13; Ef 2.14–16; 5.2; Col 1.19ss; 1P 3.18; 1Jn 2.2; 4.9s; Ap 5.6–12.

La redención: Éx 6.6; 13.13s; Job 19.25; Sal 49.7s; Mr 10.45; Lc 1.68; Jn 8.34–36; Ro 3.24–25; 6.17s; 1Co 1.30; 6.19s; Ef 1.7; Col 1.14; 1P 1.18s; Ap 5.9.

Cristo el Rey: 2S 7.12s; Sal 2; 89.3s; Is 9.6s; Ez 37.21s; Zac 9.9; Mt 2.2; 28.18; Lc 1.32s; 17.21; 19.38; Jn 6.14s; 12.31; 18.33–37; 19.14–22; Hch 2.33s; Ro 1.4; 1Co 15.24s; Ef 1.20–22; Fil 2.9s; Col 2.10; Ap 17.14.

Preguntas

1. ¿Cuáles son los puntos de continuidad y de discontinuidad entre el Antiguo y el Nuevo Testamento en cuanto a la enseñanza sobre la expiación?

2. ¿Qué se entiende por el oficio profético de Cristo? "Yo soy la verdad"; "en [Cristo] están escondidos todos los tesoros de la sabiduría y del conocimiento". Investigue las implicancias de estas citas bíblicas para: (a) el discipulado cristiano; (b) la doctrina cristiana; (c) la investigación humana en las artes y las ciencias; (d) las formas de organización política y social; (e) la cultura humana; (f) la vida familiar y del hogar.

3. ¿Por qué es Cristo nuestro "gran sumo sacerdote"? ¿Cuáles son sus consecuencias para: (a) la limpieza del pecado; (b) una conciencia llena de remordimiento; (c) la tentación y otras clases de pruebas; (d) la adoración cristiana; (e) la comunión cristiana? Busque y estudie pasajes sobre cada una en la Epístola a los Hebreos.

4. Exprese con la mayor precisión posible el significado de la justificación, apoyando su definición con las Escrituras. ¿Por qué no puede Dios simplemente "pasar por alto" el pecado?

5. ¿Qué se entiende por "la justicia imputada o acreditada de Cristo"?, y ¿cuáles son sus consecuencias para la actitud cristiana respecto al fracaso?

6. ¿Cómo se puede defender la "sustitución penal" contra la sugerencia de que es injusta?

7. ¿Qué se entiende por propiciación? Apoye su respuesta con pasajes bíblicos. ¿Es la "satisfacción" un factible término alternativo?

8. Examine el lugar de: (a) la sustitución y (b) el pago de un rescate en la expiación. Apoye su conclusión con pasajes bíblicos.

9. ¿Qué se entiende por el oficio real de Cristo? ¿Cómo se relacionan: (a) la resurrección y (b) la ascensión, con la idea de la expiación? Examine la importancia de este oficio para (a) la iglesia y su misión; (b) la vida y la evangelización cristianas; (c) el compromiso cristiano en la sociedad; (d) la esperanza cristiana.

10. ¿Cuáles son los puntos de contacto entre la encarnación y la expiación?

BIBLIOGRAFÍA

Art. 'Atonement' en NDT.

F. F. Bruce, *What the Bible Say About the work of Christ* (Kingsway, 1979).

J. Calvin, *Institutes of the Christian Religion*, 2, 15–16. *Institución de la religión cristiana* (Fundación Editorial de Literatura Reformada, 1968).

R. E. Davies, 'Christ in our Place', *Tyndale Bulletin 21* (1970).

J. Denney, *The Dead of Christ* (Tyndale Press, 1951).

M. Green, *The meaning of Salvation* (Hodder, 1965).

C. Kruse, *Paul, the Law and Justification* (Apollos, 1996).

R. Letham, *The Work of Christ* (IVP, 1993).

D. M. Lloyd-Jones, *Romans 3.20–4.25 – Atonement and Justification* (Banner of Truth, 1970).

L. Morris, *The Apostolic Preaching of the Cross* (Tyndale Press, 1955).

J. R. W. Stott, *The Cross of Christ* (IVP, 1986). *La cruz de Cristo* (Certeza Unida, 1996).

17

LA OBRA DE CRISTO: PERSPECTIVAS HISTÓRICAS

No podremos más que bosquejar algunos de los puntos de vista más importantes sobre *cómo* ha efectuado Cristo la redención de su pueblo. Estos puntos se pueden clasificar según el énfasis que se pone en el logro objetivo de la redención por parte de Cristo, o, por contraste, en nuestra respuesta subjetiva a la que Cristo ha hecho.

INTERPRETACIONES OBJETIVAS

ANSELMO (1033–1109) Y LA TEORÍA DE LA SATISFACCIÓN

Anselmo (arzobispo de Canterbury) se propuso demostrar que Dios no podía sencillamente pasar por alto el pecado; el pecado lo había privado de su honor, dejándole las alternativas del castigo (lo que habría frustrado sus propósitos) o de recibir una adecuada satisfacción por tal afrenta cometida contra Él. Lamentablemente, en el segundo caso, nunca podríamos proporcionar la satisfacción requerida; aunque pudiéramos vivir en la perfección desde ahora hasta la muerte, nuestra anterior deshonra a Dios seguiría en pie. Sin embargo, el hombre tiene que realizar una reparación por haber cometido la ofensa. Por lo tanto, sólo Dios puede proporcionar esa reparación, y sólo un humano puede hacerlo verdaderamente. La solución, pues, radica en alguien que sea tanto Dios como hombre. Debido a su vida perfecta, Cristo no necesitaba morir; su muerte es, por tanto, un acto de mérito infinito puesto a nuestra disposición como el medio de dar satisfacción por nuestro pecado. Anselmo no dice mucho de la forma en que nos apropiamos de ese mérito.

Hay ciertos aspectos artificiales de su teoría, como la cuantificación del mérito, o la idea de que Dios confrontó un dilema. Otras debilidades son el castigo como alternativa para la satisfacción, en lugar de ser el medio esencial de la misma, la referencia inadecuada al amor divino como la base y el motivo para la expiación, y la falta de una doctrina de unión de fe con Cristo como medio de apropiación. Sin embargo, tiene algunos puntos muy significativos, lo que indujo a Denney a llamar al libro de Anselmo *Cur Deus Homo* "el mejor libro sobre la expiación que se haya escrito"; está allí el arraigo de la expiación en el carácter moral de Dios, el profundo sentido de majestad y señorío de Dios como determinante de su trato con sus criaturas, la tremenda gravedad de un solo pecado, y el reconocimiento de lo imprescindible de la cruz para la redención de la humanidad.

LUTERO (1483-1546) Y EL CONCEPTO PENAL

Martín Lutero es verdaderamente uno de los nombres más esclarecidos en la historia de la iglesia. Toda su vida proclamó la suprema necesidad de una verdadera doctrina de la expiación y los desastres que sobrevienen a la iglesia cuando pierde contacto con el evangelio bíblico. Como monje agustino, Lutero luchó durante años con el problema de su propia salvación esforzándose denodadamente por merecerla mediante diferentes penitencias, oraciones, sacramentos y buenas obras que prescribía la Iglesia Católica. Sólo cuando investigó las Escrituras y las enseñanzas de Pablo sobre la justicia por fe en Cristo (la justificación, Ro 1.17), descubrió la luz y encontró paz. Sus grandes lemas —sólo por fe, sólo por gracia, sólo por las Escrituras— produjeron directa confrontación con las autoridades eclesiásticas, de manera que la protesta contra el escandaloso comercio de las indulgencias se convirtió en una controversia en gran escala sobre el evangelio mismo. La cristiandad se dividió y surgieron las grandes iglesias protestantes históricas que reafirmaron el evangelio bíblico de la gracia.

En la siguiente generación, Calvino construyó sobre la base de la posición heroica de Lutero y expuso la teología de la Reforma en términos más sistemáticos. La Reforma veía el pecado como una contravención a la ley moral, que definitivamente es correlativa con el carácter eterno de Dios. La expiación es un acto de amor redentor por medio del cual Dios lleva sobre sí mismo en Cristo el castigo y el juicio de nuestro pecado, obteniendo así para nosotros el perdón de toda culpa y el don gratuito de la justicia ante Dios por medio de la fe en Cristo, quien llevó nuestros pecados. Las alternativas de Anselmo del castigo o la satisfacción se unen, pues, en una expiación mediante la satisfacción penal.

Los reformadores también procuraron contrarrestar el peligro de sobreobjetivar la obra de Cristo. Lutero, por ejemplo, insistió en que mientras "la fe sola justifica, nunca va sola"; siempre va seguida de obras de amor. Calvino le dio una base teológica más amplia, mostrando la fe como una "unión de fe" con Cristo (ver "La fe", pp. 290–291). Nuestra justicia es total y únicamente la de Cristo, acreditada a nosotros; no ponemos nada de nuestra parte. Pero los creyentes en Cristo están unidos a Él, de manera que la justificación está indisolublemente unida a la santificación: el pueblo de Dios es moralmente renovado por medio de su unión de fe con Cristo.

INTERPRETACIONES SUBJETIVAS

Estos puntos de vista dan escasa atención a la obra de Cristo que encara nuestros pecados por medio de la cruz, concentrándose más bien en su impacto sobre nosotros. Ya que en forma explícita o implícita niegan la obra objetiva de Cristo, apenas es correcto llamarlas doctrinas verdaderamente cristianas. Pero debemos considerarlas porque todavía circulan, a veces asociadas a alguna interpretación clásica. Este enfoque generalmente se remonta a Abelardo.

ABELARDO (1079–1142) Y EL CONCEPTO DE LA INFLUENCIA MORAL

Para Pedro Abelardo, Dios, que es todo amor, no tiene necesidad del sacrificio de Cristo. El pecado no es una barrera objetiva entre Dios y la humanidad, sino un estado mental subjetivo que es superado por el amor despertado en el corazón del pecador a causa de la muerte de Cristo. "La redención es ese grandísimo amor encendido en nosotros por la pasión de Cristo". Este amor despertado en nosotros nos redime al permitirnos vivir en libre obediencia a Dios por amor a Él. A pesar de su valor en recordarnos que la gratitud es una respuesta correcta al tremendo acto expiatorio de Dios en Cristo, como teoría de la expiación resulta seriamente inadecuada. No dice nada acerca de las bases sobre las que el pecador puede ser reconciliado con Dios, en tanto que la santidad y la majestad de Dios y la gravedad del pecado ante Él virtualmente se pasan por alto y son reemplazados por un concepto algo sentimental de su profundo amor.

SCHLEIERMACHER (1768–1834) Y EL PUNTO DE VISTA MÍSTICO

Mientras que Abelardo estaba preocupado por una respuesta moral a Cristo, el teólogo alemán Schleiermacher, en su "Evangelio para el hombre moderno", procuró la comunicación a nosotros de un sentido místico de unión con Dios. Schleiermacher veía a Jesús como el humano arquetípico, la cabeza espiritual de la especie, el ser humano perfecto cuya singularidad y perfección consistió en su ininterrumpido sentido de unidad con Dios. La expiación consiste en que Jesús comunica a los pecadores una experiencia interior de conciencia de Dios como la suya. "El redentor asimila a los creyentes al poder de Su conciencia de Dios, y ésta es su actividad redentora". Esto también deja de lado completamente la gravedad del pecado y la culpa que este implica ante Dios. No considera debidamente el testimonio claro de las Escrituras acerca de Jesús, no simplemente como humano perfecto sino como Dios encarnado, y por eso rebaja su papel de mediador. Inevitablemente deja de lado el testimonio bíblico sobre la muerte de Cristo como el acto que redimió de una vez para siempre a los pecadores. Como enfoque de la influencia moral, no es en realidad una teoría de la expiación, sino un intento de explicar ciertos elementos psicológicos de la experiencia humana acerca de Cristo.

INTERPRETACIONES MODERNAS

AULÉN (1879–1978) Y LA TEORÍA CLÁSICA

En el libro del teólogo sueco Aulén, *Christus Victor*, la esencia de la obra de Cristo es su triunfo sobre el pecado y el diablo. Cristo viene como el defensor de la humanidad para librarnos de la esclavitud por su victoriosa resurrección. En un sentido, esto equivale simplemente a exponer la idea bíblica sobre la redención. El libro de Aulén se caracteriza porque hace de esto la categoría central de la expiación, e intenta mostrar que ha sido básico en el pensamiento sobre la expiación a lo largo de la historia de la iglesia, de ahí su nombre de teoría "clásica".

Parte de su atractivo radica en su simplicidad y carácter dinámico, comparado con otros planteamientos algo abstractos y judiciales. Su apreciación de la realidad de la esclavitud de la humanidad respecto del pecado y los poderes demoníacos, también apela a la conciencia contemporánea. Además, es evidente que no se puede desmerecer en sentido bíblico; la redención de la esclavitud del pecado y de los poderes demoníacos es una gran metáfora bíblica de la expiación. Su inadecuación radica en su pretensión de exclusividad. El pecado no sólo es esclavitud; es también la desobediencia que nos vuelve injustos y nos condena, la impureza moral que nos pone a merced de la ira divina. En otras palabras, nuestro problema incluye la *culpa pasada*: "El problema del pasado no encuentra respuesta en el tema clásico de la expiación" (Berkouwer).

LA INTERPRETACIÓN POLÍTICA

En años recientes se ha despertado sumo interés, especialmente en los contextos del tercer mundo, interpretar la obra de Cristo y el discipulado cristiano en términos esencialmente sociopolíticos. Esto surge en parte de la teología radical de comienzos de la década de 1960. Una fuerte reacción a la idea de un Dios "allá afuera", independiente del mundo y conocido por medio de la revelación, hizo surgir un Dios "aquí abajo", inmerso en el proceso humano y emplazado en los sucesos del diario vivir. En forma más específica el movimiento fue engendrado por las líneas de desarrollo del Concilio Mundial de Iglesias, cuyo creciente interés por interpretar la misión de la iglesia en términos sociopolíticos cristalizó en Upsala, Suecia, en 1968. Aquí se expresó la meta de la misión como la "humanización" antes que la evangelización; con ciertas variaciones, esa sigue siendo la posición del concilio. Una fuente primaria para esa posición es sencillamente las realidades sociales y culturales, especialmente en el tercer mundo, la endémica pobreza, injusticia y dependencia económica, y el aparente fracaso de las iglesias para hacer frente a esos problemas.

Una clave para ese planteamiento teológico es el término marxista *praxis*, que declara la indisolubilidad de la teoría y la práctica. Las afirmaciones teológicas son inevitablemente ideológicas, y reflejan el compromiso sociopolítico del teólogo. En consecuencia, la teología debería comenzar con la realidad sociológica, el compromiso sociopolítico actual de la iglesia y del teólogo cristiano, interpretados con los medios de las ciencias sociales. A partir de este análisis de la praxis, surge una nueva norma para comprender las Escrituras y la tradición de la iglesia.

El segundo componente es la idea del reino de Dios entendido como el orden político y social ideal, que es la meta prometida del propósito de Dios en la tierra. Este orden futuro es el juicio de todos los regímenes y modelos sociales injustos de la actualidad, así como la inspiración para todos los esfuerzos por reorganizar la vida humana.

¿Y qué de la obra de Cristo? Ésta se interpreta de acuerdo con el concepto "clásico" de la expiación. Cristo personifica el propósito de Dios para el mundo, y en su vida y su muerte confronta las fuerzas del mal en el universo, con lo cual promete el nuevo orden venidero. Las fuerzas que Cristo "vence" no son tanto el pecado personal y el mal, sino "el mundo" entendido como las estructuras políticas y sociales, en especial las fuerzas de reacción, injusticia, opresión, desigualdad, prejuicios, etc.

Las teologías políticas, y en particular la teología de la liberación (un movimiento relacionado fundamentalmente al tercer mundo), han continuado su evolución. En cuanto a la teología de la liberación, su expresión siempre se encuentra primordialmente dentro del catolicismo latinoamericano. Luego de una fase inicial de confrontación con la jerarquía de la Iglesia Católica Romana se ha desarrollado una postura mutuamente más tolerante, posiblemente debido a que el liderazgo del movimiento ha pasado más y más de las manos de los académicos a las Comunidades de Base, pequeños grupos de laicos de base.

Del lado positivo esta interpretación de la obra de Cristo debería prevenirnos del peligro real de que los compromisos políticos y sociales puedan condicionar la manera en que escuchamos el evangelio y respondemos a la Palabra de Dios. Sin lugar a dudas, la iglesia y los cristianos individuales a menudo han fracasado, o se han negado abiertamente a aplicar el juicio crítico de las Escrituras y la ley de su santo Dios a la base política y social de su propia sociedad. En consecuencia, estos teólogos pueden ser como un eco de Santiago, que llama a la iglesia a expresar su fe en *[...] obras [...]* pertinentes al mundo actual y a los prójimos actuales (Stg 2). Sin embargo, uno no puede dejar de preguntarse si muchos de estos teólogos políticos y de la liberación no caen ellos mismos en este peligro de culturizar el evangelio por su aceptación sin sentido crítico de las categorías marxistas para reformar el mensaje cristiano.

Nuevamente del lado positivo, aunque tenemos que evitar una identificación simplista de "los pobres" de las Escrituras con el proletariado oprimido de la filosofía marxista, Dios tiene un particular interés en los pobres y los oprimidos, como se reitera constantemente en las Escrituras (1S 2.8; Sal 35.10; 113.7; 140.12; Is 10.2; 41.17; Am 5.12; Zac 7.9s; Mt 11.5; Lc 1.46–55; 6.20; Gá 2.10; Stg 2.3ss). En consecuencia, debemos ser muy sensibles, como lo es evidentemente Dios, al grito de los desdichados y los oprimidos.

Además, la polarización creciente de los ricos y pobres en el mundo, y el sencillo reconocimiento de que la mayoría de los cristianos y pueblos no evangelizados alrededor del mundo se encuentra entre los pobres, echa una gran responsabilidad sobre cualquier teología que presume tener impacto alguno en el nuevo milenio de mostrar profunda sensibilidad ante los temas de la pobreza y la injusticia.

Sin embargo, algunos interrogantes importantes quedan por contestar. Para entender la verdad *no* comenzamos con la experiencia humana en cualquier forma, sino con Dios como se revela a sí mismo en su Palabra encarnada y escrita; en realidad no sabemos nada en cuanto a la humanidad, excepto lo que Dios mismo nos dice. Cuando se abandona este principio básico, inevitablemente, como los siglos cristianos testifican elocuentemente, perdemos el entendimiento de nuestra propia naturaleza, y tenemos que depender de nuestra propia perspicacia prejuiciada, la cual es resultado de la caída.

En su concepto de la necesidad de la humanidad, la teología política es particularmente inadecuada. La difícil situación humana no se puede reducir a un alejamiento político y social, incluso suponiendo que podamos estar seguros de su raíz y de los medios políticos y sociales correctos de enfrentarla, lo que es en sí mismo, no pocas veces, un punto engañosamente subjetivo. Nuestra necesidad más profunda es infinitamente más grave que la privación política y social. Como enseñó Jesús mismo, el punto más bajo de las necesidades humanas radica no en el cuerpo, sino en el alma (Lc 12.4s): la ira de Dios contra nuestro pecado. La teología política no toca esta dimensión. Cuando menciona nuestra liberación respecto del pecado generalmente adopta la verdad del universalismo: todos ya son salvos del pecado, de manera que el asunto de nuestra posición eterna ante Dios se puede dejar de lado y quedamos libres para concentrarnos en la salvación en términos sociopolíticos de este mundo. Esa suposición es trágicamente errónea, pero un punto de vista no bíblico de ese tipo no es sorprendente cuando se relega la Biblia a un papel secundario.

Si bien el reino de Dios se vincula con los oprimidos sociales en algunas de las enseñanzas de Jesús (Mt 11.5; Lc 6.20), es claro que no se interpreta abiertamente en términos sociopolíticos. El movimiento zelote procuraba el derrocamiento violento de la sociedad opresora, Roma, pero Jesús rechazó francamente ese camino. Interpretaba el reino en términos esencialmente espirituales y morales, haciendo hincapié en la fe, el perdón, y el arrepentimiento para con Dios (Mt 6.12ss; 9.2ss, 22; 11.20; 15.28; Lc 7.47s; 13.3; 18.42). Esto se ve confirmado por la importancia que tenía para Él su muerte inminente y las categorías en que la interpretaba (el rescate, el nuevo pacto, su sacrificio por el rebaño de Dios, etc.), y también por la manera en que vinculaba el reino con el Espíritu Santo (Mt 12.28; Jn 3.3–8). Esta tendencia continúa en las enseñanzas de los apóstoles. La entrada al reino es por medio del Espíritu Santo en el contexto de una fe personal en Cristo (Ro 14.17; Gá 5.21s; Col 1.13). No hay otro reino fuera de aquel al que se entra por el sometimiento personal a Cristo el Rey (Hch 8.12; 20.20–25; 28.23; 1Co 6.9–11; 15.24; Ef 5.5; 2P 1.11; Ap 1.9; 11.15).

La preocupación particular de Dios por los pobres y su juicio sobre los opresores son ciertamente énfasis bíblicos. Sin embargo, debemos tener cuidado de no exagerarlos y lastimar una de las glorias supremas del evangelio, a saber, su llamado universal. Dios ofrece su gracia a todos, sin consideración de su historia moral, estado económico o compromiso político. Aunque la manifestación de la depravación humana puede ser mayor en ciertos grupos sociales que en otros, haciendo así más radicales las consecuencias éticas de creer en el evangelio, no debemos ocultar el hecho de que Dios también ama a los opresores, que Cristo murió también por los ricos, y a la inversa, que los pobres y oprimidos también enfrentarán el futuro juicio de Dios si continúan en su actitud impenitente.

Finalmente, la ausencia de un énfasis claro en la necesidad de la regeneración significa que la promesa de liberación de estas teologías será siempre muy restringida, incluso en el nivel social. Aunque nunca se debe descuidar toda oportunidad de mejorar las condiciones sociales, en fin de cuentas nada que no sea la regeneración por obra del Espíritu Santo en el contexto de la fe personal en el evangelio de Cristo puede romper el poder del pecado y el egoísmo arraigado en el corazón humano, y producir los hombres y mujeres que puedan ser la materia prima para una sociedad verdaderamente liberada.

PLURALISMO

Una de las marcas más claras del instinto religioso actualmente es el pluralismo religioso. Este es el punto de vista que dice que no hay una sola religión que pueda afirmar que tiene posesión exclusiva de la verdad. Mientras que anteriormente algunas veces se hizo el intento de tratar de combinar todas las religiones más importantes en el mundo en una sola fe (conocido como el sincretismo), el pluralismo reconoce la integridad de cada religión y pide que se reconozca a todas en sus propios términos.

El atractivo del pluralismo ha sido promovido por el resurgimiento en nuestro tiempo de las creencias del mundo antiguo como parte del general desafecto global del materialismo. También ha sido estimulado por la migración global de pueblos, que ha traído a lo que previamente se consideraban como religiones "extranjeras" y sus partidarios devotos a las vecindades de muchas comunidades occidentales. La influencia primordial en extender el pluralismo, sin embargo, ha sido indudablemente la manera en que responde al carácter de nuestro tiempo (ver "Posmodernismo", pp. 172–175). El clima hoy en día es profundamente tolerante e inclusivo. La verdad se encuentra en la afirmación de todos los puntos de vista, más que ser la posesión de uno solo. Reclamar exclusividad, especialmente en la esfera religiosa donde están todas nuestras ideas, así se afirma, es necesariamente fragmentario; es visto por consiguiente como prácticamente igual a la intolerancia fanática.

¿Cómo debe responder el cristiano? ¿Es Jesús el único camino hacia Dios? ¿No hay verdad en los caminos de otras religiones?

Comenzamos con la persona de Jesús mismo. Punto básico en la presentación de Jesús en el Nuevo Testamento es la afirmación intransigente y alucinante que Dios, el Creador y sustentador de todo lo que hay, vino a nuestro mundo en persona en Él (ver "La resurrección y la deidad de Jesús", pp. 209–210). Jesús no fue solamente un hombre santo especial, un gran maestro religioso, un maestro espiritual o milagrero, o aún el más grande de cualquiera de estas categorías. Fue nada menos que Emanuel, Dios mismo con nosotros. Necesariamente, por supuesto, si eso es verdad (y todo el mensaje del NT se predica basado en esa verdad), Jesús se distingue. Agrupar a Jesús con Mahoma o Buda o Krishna o cualquier otro líder religioso, es fallar en entenderlo, y de hecho es restar valor de su propia gloria. Aquí los cristianos no tienen elección; reconocer la premisa del pluralismo es, en realidad, negar a su Señor.

Pero hay un segundo punto de distinción, en términos de la obra de Cristo. Jesús viene entre nosotros no sólo para revelar el corazón de Dios, y lo hace, sino para volver a la humanidad a Dios. Para la fe bíblica, la condición humana es de profunda gravedad. Nos hemos rebelado contra nuestro Creador y separado de Él, llegando a ser los objetos de su justa ira. No hay cantidad de práctica religiosa o devoción ante cualquier altar y dentro de cualquier tradición religiosa (incluyendo la cristiandad) que puede en sí expiar nuestros pecados y restaurarnos a una relación correcta con Dios. Somos impotentes: no podemos salvarnos a nosotros mismos. En su misericordia infinita, Jesús, como Dios encarnado, asume nuestra necesidad Él mismo. En la cruz, Él asumió la responsabilidad por toda la extensión e implicaciones de nuestro pecado. Murió por nosotros. Por ese acto de expiación ha hecho posible que pecadores puedan ser perdonados y reconciliados en su relación con Dios como sus propios hijos. Por necesidad, puesto que Él solamente pudo hacer un sacrificio por nuestros pecados, y desde que su sacrificio es la única manera por la cual pecadores pueden ser perdonados y reconciliados, Jesús es el único camino a una relación salvadora con Dios. Como Él mismo afirmó, *Yo soy el camino [...] nadie llega al Padre sino por mí* (Jn 14.6). Pedro lo afirma de igual manera: *[...] en ningún otro hay salvación* [sino en Jesucristo], *porque no hay bajo el cielo otro nombre dado a los hombres mediante el cual podamos ser salvos* (Hch 4.12).

Finalmente, Jesús resucitó de la muerte. Él está vivo. Por la fe, lo conocemos ahora en una relación viva y continua. Un cristiano es sencillamente una persona que está en una relación personal con Jesucristo. Esto quiere decir que, en la humanidad continua de Jesús, Dios comparte nuestra vida. Diferente a los otros fundadores y maestros religiosos, Jesús está aquí todavía, vivo y entre nosotros.

Así que en tres puntos —el pesebre de Belén cuando nace entre nosotros, la cruz del Calvario donde muere por nosotros y la tumba vacía en Jerusalén donde resucita de nuevo— Jesús se distingue. Él es único. Sólo Él es Dios; sólo Él trae a Dios hasta nosotros y a nosotros ante Dios.

Desempacar a la enseñanza del NT en esta forma, sin embargo, no implica que todos los otros caminos religiosos están desprovistos de verdad, o que Dios no puede obrar dentro de ellos. Dios *[...] no está lejos [...]* de todas sus criaturas; los sostiene a todos en la vida (Hch 17.27–28; Heb 1.3; Col 1.17). En virtud de la creación, todos los pueblos somos sus "vástagos" que *[...] en Él vivimos, nos movemos y existimos [...]* (Hch 17.27–28).

No podemos olvidar, por supuesto, que hay un instinto profundamente arraigado en el corazón humano de levantar un ídolo en lugar del Dios vivo, y de resistir su juicio y su gracia al tratar de justificarnos ante Él. La religión (inclusive la cristiandad donde está desprovista de una fe viva en Cristo) es una manera principal de intentar esa evasión. Estos otros caminos religiosos no escapan los peligros dobles de la idolatría y la santurronería. Pero Dios, para quien *[...] no hay nada imposible* (Lc 1.37), y en quien *[...] no hay favoritismos* (Hch 10.34), y quien *[...] quiere que todos sean salvos y lleguen a conocer la verdad* (1Ti 2.4), puede obrar dentro de los corazones de aquellos que siguen estos otros caminos, como lo hizo en el corazón del centurión romano Cornelio en Hechos 10, para llevarlos a escuchar las buenas nuevas de Jesucristo, y encontrar la salvación al clamarle a Él.

PREGUNTAS

1. Discuta el lugar relativo de las teorías objetivas y subjetivas de la expiación. ¿Por qué es indispensable lo objetivo?

2. "La verdad, pero no toda la verdad". ¿Es ese un juicio acertado sobre la teoría clásica de la expiación?

3. Analice los pro y contra de las teologías políticas y de la liberación respecto a la obra de Cristo.

4. ¿En qué sentido es Jesús "el único camino a Dios"?

5. ¿Cuáles serían las características indispensables para una "teoría de la expiación para la actualidad"?

BIBLIOGRAFÍA

Art. 'Atonement' en NDT.

Anselm, *Cur Deus Homo*.

G. Aulen, *Christus Victor* (SPCK, 1970).

G. C. Berkouwer, *The Work of Christ* (Eerdmans, 1965).

J. Denney, *The Christian Doctrine of Reconciliation* (Hodder, 1918).

J. A. Kirk, *Theology Encounters Revolution* (IVP, 1980).

R. Letham, *The Work of Christ* (IVP, 1993).

D. F. Wells, *The Search for Salvation* (IVP, 1978).

APLICACIÓN

LA PERSONA DE CRISTO

El hecho de un Dios encarnado supone la más profunda aplicación a toda nuestra actitud con respecto a la vida en este mundo. En forma más particular implica:

AFIRMACIÓN

[...] el verbo se hizo carne [...] (Jn 1.14). Dios ha venido directamente a nosotros en Jesús y ha puesto nuestra carne y nuestra sangre, nuestro espacio y nuestro tiempo en unión consigo mismo. Por este hecho, la importancia del mundo y la vida humana como consecuencia de ser Dios el creador adquiere un relieve extraordinario. A pesar de los poderes usurpadores de las tinieblas, el orden terrenal sigue en las manos de Dios y no es tan ajeno a Él como para que no pueda asumir un lugar real dentro del mismo. Por la venida de Jesús, sin embargo, Dios santifica nuestra vida en la carne. Su interés y preocupación no se pueden limitar al aspecto interior y espiritual, ya que el aspecto exterior y material también ha sido puesto en unión con Dios por medio de Cristo. Mediante la encarnación Dios ha puesto su mano sobre la totalidad de nuestra vida. "No hay un ínfimo detalle sobre el que Jesús no diga: eso es mío" (A. Kuyper). Entonces, el hogar, el empleo, las amistades, la vocación, los estudios, la vida social, la cultura, la recreación, todo lo que hace al contenido de nuestros días, es parte de lo que Él reclama para sí y que podemos dedicarle.

CONDESCENDENCIA

[...] se despojó a sí mismo [...] (Fil 2.7, RV60). En la encarnación, Dios mismo ha condescendido a ministrar a la necesidad de sus criaturas (Jn 13.1–16): ¡un Dios siervo! Este asombroso evento tiene consecuencias de largo alcance y profundo significado para los discípulos de Cristo: una básica humildad de corazón que renuncia a la ambición egoísta y a la vana presunción, y una preocupación sincera y compasiva por los intereses de otros, considerándolos mejores que nosotros (Fil 2.1–5); nada menos que un reflejo en nosotros de la manera de sentir de Jesús.

CONCENTRACIÓN

Les he puesto el ejemplo [...] (Jn 13.15). La vida entera de nuestro Señor, como se describe en los evangelios, representa una intensa dedicación, ya que Él es nuestro redentor y nuestro ejemplo. Tenemos que ser como Él en su firme preocupación por la gloria de su Padre (Jn 8.49s), su vida de comunión con su Padre (Mr 1.35), su inquebrantable obediencia (Jn 8.29), su preocupación por la necesidad humana (Mt 9.36), su consagración a su cometido (Mr 1.38). Nuestro estudio y meditación personal de las Escrituras debe incluir regularmente un pasaje de los evangelios para que diaria y deliberadamente concentremos en Él nuestra mirada. *Fijemos la mirada en Jesús [...] consideren a aquel que perseveró [...]* (Heb 12.2s).

LA MUERTE DE CRISTO

Aquí radica el centro de toda la fe y la compresión, la predicación y la vida, el servicio y la muerte de los cristianos. Debe producir en nosotros:

ADMIRACIÓN

[...] el Hijo de Dios, el cual me amó y se entregó a sí mismo por mí (Gá 2.20). La cruz es más que una teoría sobre la expiación que la mente puede abarcar, aunque cuanto más concuerde nuestra comprensión de la cruz con la enseñanza bíblica, mayor será nuestro sentido de asombro al contemplarla. A lo largo de los siglos, nada en la experiencia humana ha afectado el corazón y la mente de la gente, ni los ha movido a la admiración, el amor y la alabanza como lo acontecido en el Calvario. Y así es cómo debe ser, porque realmente no hay nada que se le pueda comparar. Aquí, sobre todo, está el lugar de guardar silencio, de taparnos la boca, de quitarnos el calzado.

> *Sentémonos, pues, junto a su cruz*
> *la corriente sanadora, gozosos a captar;*
> *por pérdida, todo, salvo Él, contar*
> *y nuestro corazón a Él entregar;*
> *de otra cosa no pensar ni hablar*
> *salvo mi Señor, mi Amor, en la cruz está.*

UN DESAFÍO

[...] Cristo murió por nuestros pecados [...] (1Co 15.3). El evangelio bíblico de la expiación por el pecado mediante la muerte de Cristo ya ha sido expuesto. En cuanto a la aplicación, no podemos evitar preguntarnos: "¿La muerte de Cristo ha traído la expiación para *mí*? ¿He visto mi pecado y mi culpa depositados sobre Cristo en el Calvario, juzgados y castigados allí en Él? ¿Le he pedido que me salve? ¿He hallado la gracia para confiar en su obra consumada en la cruz, para darme perdón, paz y justicia?". Si no, es hora de venir a Él. *Vengan a mí todos ustedes que están cansados y agobiados [...] al que a mí viene, no lo rechazo* (Mt 11.28; Jn 6.37).

AGRADECIMIENTO

[...] Al que nos ama y por cuya sangre nos ha librado de nuestros pecados [...] ¡a Él sea gloria y el poder por los siglos de los siglos! [...] (Ap 1.5s). Si hemos experimentado la salvación por medio de la cruz, lo más profundo de nuestro ser debe expresar agradecimiento y alabanza, reconociendo que nuestro perdón y justificación, y todas las bendiciones que de ello emanan, derivan totalmente de la gracia eterna de Dios para con nosotros en Cristo, y en particular del amor que lo llevó finalmente al Calvario. *Digno es el Cordero, que ha sido sacrificado [...]* (Ap 5.12).

CONFIANZA

Así que [...] mediante la sangre de Jesús, tenemos plena libertad para entrar en el Lugar Santísimo [...] Acerquémonos, pues [...] (Heb 10.19, 22). El hecho que el Señor Jesús llevó nuestro pecado, su sacrificio expiatorio en toda su plenitud y suficiencia, significa que la barrera del pecado entre nosotros y Dios, como el velo de separación en el templo (Mr 15.38), se rasgó en dos, de arriba abajo para siempre y fue eliminado. Por lo tanto, podemos acercarnos al Dios vivo en toda su santidad deslumbrante y su majestad imponente y decir "*Abba*, Padre", y estar seguros de ser abrazados, bienvenidos y afirmados.

Somos "aceptos en el Amado", estamos eternamente en casa en el corazón de Dios.

Consagración

[...] tomando en cuenta la misericordia de Dios, les ruego que cada uno de ustedes, en adoración espiritual, ofrezca su cuerpo como sacrificio vivo (Ro 12.1). A la luz de la entrega de Dios a favor de nosotros en la cruz, no tenemos derecho a reclamar nada para nosotros mismos. En efecto, si resistimos la voluntad de Dios y nos negamos a consagrarnos a Él, sencillamente estamos expresando nuestra falta de captar lo que significa la cruz.

> *El mundo entero no será*
> *presente digno de ofrecer:*
> *amor tan grande y sin igual*
> *a cambio exige todo el ser.*

Misión

El amor de Cristo nos obliga [...] "En el nombre de Cristo les rogamos que se reconcilien con Dios" (2Co 5.14–20). El haber nosotros mismos venido a la cruz y experimentado allí el milagro de la libre justificación, propiciación y redención, es estar bajo la obligación de compartir el mensaje de la cruz con los demás pecadores, con la confianza de que la poderosa gracia que nos ha salvado a nosotros es suficiente para salvar a todo el que confía en ella, por grande que sea su necesidad o por profundo que sea su pecado. Esta última aplicación afectará toda nuestra manera de vivir, nuestra conversación, el uso de nuestro tiempo, la mayordomía de nuestro dinero, el tema y el alcance de nuestras oraciones, así como nuestra participación en el testimonio evangelístico de nuestra iglesia o grupo cristiano local, incluso cómo y dónde realizar nuestra vocación.

LA RESURRECCIÓN DE CRISTO

El Jesús resucitado significa para el cristiano, entre tantas cosas:

Gozo

Ustedes lo aman a pesar de no haberlo visto; y aunque no lo ven ahora, creen en él y se alegran con un gozo indescriptible y glorioso (1P 1.8). Saber que Él está aquí con nosotros, amándonos con su amor profundo e infinito, es el gozo de los gozos para el corazón cristiano.

PAZ

Él [...] resucitó para nuestra justificación (Ro 4.25). El Jesús resucitado es la garantía de que su sacrificio expiatorio realmente nos ha beneficiado: nuestro pecado se ha ido, y somos aceptados delante de Dios en Él.

ADORACIÓN

[...] designado con poder Hijo de Dios por la resurrección [...] (Ro 1.4). La resurrección confirma aún más la Divinidad eterna de Jesucristo y, por tanto, lo correcto que es adorarlo. Cual los primeros discípulos, enfrentamos al Jesús resucitado con la confesión: *¡Señor mío y Dios mío! [...]* (Jn 20.28). *[...] lo adoraron [...]* (Mt 28.17).

ESPERANZA

[...] Cristo ha sido levantado de entre los muertos, como primicias de los que murieron (1Co 15.20). La muerte ha sido vencida. Jesús es la primicia de la futura cosecha de muertos, el primogénito de los hijos e hijas de la resurrección. Porque Él ha resucitado, nosotros también viviremos más allá de la tumba en el nuevo orden de Dios. La resurrección extiende los horizontes de nuestra existencia hasta los límites de la eternidad, y esto tiene innumerables consecuencias en toda área de nuestras vidas. No necesitamos intentar aferrarnos a la vida aquí, estamos libres para dedicarnos al servicio de los demás, porque todo esto no es más que el comienzo de la vida eterna que nos espera más allá de la muerte y que efectivamente ya es nuestra en Él.

VICTORIA

[...] Se me ha dado toda autoridad en el cielo y en la tierra (Mt 28.18). La victoria sobre el pecado y el mal ha sido realmente ganada. Las fuerzas de las tinieblas y la desesperación han hecho todo el mal que pudieron y ahora han caído bajo los pies vencedores de Cristo. A pesar de todas las evidencias contrarias, ya está decidido el destino del pecado, porque el gobierno y el reino de Dios pertenecen a nuestro bendito Salvador.

LA ASCENSIÓN DE CRISTO

La ascensión fue una realidad muy significativa para los primeros discípulos cristianos. Ha perdido mucha de su importancia para los creyentes modernos, pero está llena de significado para nuestra vida cristiana.

Seguridad en un mundo inseguro

[...] Se me ha dado toda autoridad [...] (Mt 28.18). La ascensión proclama el reinado de Cristo. Dondequiera que estemos, y cualesquiera sean nuestras circunstancias, Él es Rey y Señor sobre ellas. El mundo, incluso ahora, está dentro de los límites de su autoridad. Nada nos puede afectar o afligir, sino con su permiso.

Consuelo en nuestro sufrimiento

[...] tenemos un gran sumo sacerdote que ha atravesado los cielos (Heb 4.14). Cristo ha llevado su humanidad al mismo ser trascendente de la Divinidad. Ahora hay un ser humano en la Divinidad: la ascensión significa que Dios tiene para siempre un corazón humano. Esta verdad se expresa gráficamente en la visión del Cordero inmolado en el trono (Ap 5.6). En el cielo, sus heridas no son señales de fracaso en superar su estado físico quebrantado, sino de su compasiva identificación con nosotros en todas nuestras luchas y dolores.

Una misión en el nombre de Cristo

[...] Se me ha dado toda autoridad [...] Por tanto vayan [...] (Mt 28.18s). El Señor que ha ascendido envía a la iglesia a predicar el evangelio a toda criatura, a enseñar, a sanar, y a ministrar toda necesidad del hombre en el nombre de Cristo. Esto no es para hacer que Jesús sea el Rey del mundo, sino porque el Rey del mundo nos ha enviado.

Los recursos para nuestra vida y servicio cristianos

Cristo *[...] habiendo recibido del Padre el Espíritu Santo prometido* [Él] *ha derramado [...]* (Hch 2.33). El Jesús exaltado en gloria envía el Espíritu Santo a la iglesia; de esa manera el Espíritu vincula el cuerpo de Cristo en la tierra con su cabeza exaltada, y a través de Él la vida victoriosa de la cabeza llega a los miembros. El Jesús ascendido otorga los dones del Espíritu (Ef 4.8–12) y unge con poder y autoridad a sus testigos (Hch 1.8). La ascensión pone a disposición de la iglesia nada menos que el poder que resucitó a Jesús y lo puso a la diestra de Dios en gloria (Ef 1.19s).

La promesa del reinado venidero de Cristo

Porque es necesario que Cristo reine hasta poner a todos sus enemigos debajo de sus pies (1Co 15.25). La resurrección y ascensión señalan irresistiblemente el futuro retorno de Cristo en gloria, cuando vendrá a juzgar a todos y a establecer el reino eterno de Dios en el nuevo cielo y la nueva tierra en donde morará la justicia. Conocer, adorar y servir a Cristo aquí es vivir en la expectiva de su gloriosa aparición y gobierno eterno en gloria. Esto parecerá un concepto algo etéreo; pero, correctamente aplicado, arrojará luz sobre toda actividad de nuestra vida.

PARTE 5

El Espíritu Santo

18

LA PERSONA DEL ESPÍRITU

LA ENSEÑANZA DEL ANTIGUO TESTAMENTO

La palabra hebrea traducida espíritu, *ruakh*, también significa viento o aliento (Sal 148.8; Ez 1.4). Sin embargo, la expresión el "Espíritu de Dios" o "de Jehová" siempre denota la gestión personal de Dios y se refiere a Dios en su actividad en el mundo (Gn 2.7; Jue 11.29; Sal 139.7). El Antiguo Testamento espera una nueva era, la era del Espíritu de Dios (Is 11.2; 44.3; Ez 36.27s; Jl 2.28s).

LA ENSEÑANZA DEL NUEVO TESTAMENTO

El término griego traducido como espíritu, *pneuma*, también implica viento y aliento (Jn 3.8; Ap 11.11). En el Nuevo Testamento, con el inicio de la era mesiánica, el Espíritu Santo entra mejor en foco y se destaca en los eventos relacionados con el nacimiento de Cristo (Mt 1.18; Lc 1.35, 41, 67s; 2.27s). En el bautismo de Jesús aparece *[...] en forma de paloma [...]* (Mt 3.16, bj) y está relacionado en varios puntos con su misión (Mt 4.1; 12.28; Lc 4.14, 18; Heb 9.14).

En su mensaje de despedida a sus discípulos, Jesús se refiere al Espíritu como el *[...] Consolador [...]* (Jn 14.16, 26; 15.26; 16.7). La palabra griega castellanizada, paracleto, significa básicamente un abogado que se hace cargo del caso de uno, o un aliado que pelea de parte de uno: alguien que nos da fuerza y nos alienta. La nueva era, establecida por medio de la muerte y resurrección de Jesús, trajo el derramamiento prometido del Espíritu (Hch 2.1) e hizo surgir la iglesia y le confirió poder en su misión al mundo. La vida cristiana en este período entre las dos venidas de Cristo es una vida en el Espíritu (Ro 5.5; 8.1–17; 1Co 12–14; Gá 5.16–26).

Un ser personal

El Espíritu Santo no es una fuerza o poder impersonal, sino una persona divina. Aunque el sustantivo griego para espíritu es neutro, el Nuevo Testamento griego siempre dice "él", al referirse al Espíritu Santo (Jn 16.13).

El término *paracleto* es esencialmente personal y se refiere a un agente personal (Jn 14.16, etc.; *cf.* 1Jn 2.1). En Juan 14.16 Jesús habla del Espíritu como de *otro paracleto* además de Él mismo; es difícil ver cómo ese paralelo se podría trazar significativamente sin investir al Espíritu de cualidades totalmente personales. De manera semejante Pablo habla de "contristar" al Espíritu (Ef 4.30, rv60); uno puede resistir un poder, pero sólo se puede contristar a una persona.

Un ser divino

Las Escrituras testifican claramente de la deidad del Espíritu Santo. Es miembro de la Divinidad (el siempre bendito objeto de nuestra adoración, amor y alabanza) y comparte la misma naturaleza divina con el Padre y el Hijo (Mt 28.18s; 2Co 13.14; Ef 4.4–6).

El Espíritu es *el Espíritu del Señor [...]* (*yahweh/kyrios*) (Jue 3.10; 2Co 3.17). Frecuentemente se alude a él como Dios en su acción creadora y redentora (Job 33.4; Sal 51.10s; Ez 37.14; 2Co 3.3). Jesús habla del pecado contra el Espíritu Santo como mayor que el pecado contra el Hijo del Hombre (Mt 12.28–32). Como el Hijo del Hombre —Jesús— es divino, esto es un testimonio más de la divinidad del Espíritu. Además, como que sólo se puede conocer verdaderamente a Dios por medio de Dios mismo, el Espíritu tiene que ser divino porque por medio de él Dios se ha revelado a nosotros (1Co 2.10s; 1Jn 5.7–9). Por último, los pasajes trinitarios quitan cualquier duda persistente (Mt 28.19; Jn 14.15–24; 2Co 13.14; Ef 1.13s; 2.18; 2Ts 2.13s; 1P 1.2s). En estos pasajes, el Espíritu se presenta ante nosotros en unidad indisoluble con el Padre y el Hijo en la Divinidad.

Pasajes bíblicos

Jue 3.10; 11.29; Job 33.4; Sal 63.4; 139.7; Is 11.2; 54.21; 61.1; Ez 37.1–4; Hag 2.4s; Zac 7.12; Mt 3.16; 12.28–32; 28.18; Lc 1.35; 4.18; Jn 3.8; 14.16, 26; 15.26; 16.7–15; Hch 13.1; Ro 8.9s; 1Co 6.11; 12.3; 2Co 3.3, 17; 13.14; Ef 1.13s; 2.18; 4.4–6, 30.

PREGUNTAS

1. Exponga las evidencias bíblicas a favor de la deidad del Espíritu Santo.

2. Investigue la importancia de la divinidad del Espíritu: (a) para la autoridad de la Biblia; (b) para la persona de Jesucristo que da el Espíritu; (c) para la autenticidad de la existencia cristiana.

BIBLIOGRAFÍA

Art. 'Holy Spirit' en NDT.

G. D. Fee, *God's Overpowering Presence* (Paternoster, 1996).

G. D. Fee, *Paul, the Spirit and the People of God* (Hodder, 1997). *Pablo, el Espíritu y el pueblo de Dios* (Vida Publishers, 2007).

S. B. Ferguson, *The Holy Spirit* (IVP, 1996).

M. Green, *I Believe in the Holy Spirit* (Hodder, 1975). *Creo en el Espíritu Santo* (Editorial Caribe, 1977).

J. Owen, *Works, 3* (Banner of Truth, 1966).

J. I. Packer, *Keep in Step with the Spirit* (IVP, 1984). *Hacia el conocimiento del Espíritu Santo* (Editorial Peniel, 2006).

19

EL ESPÍRITU
DE LA PROMESA

EL ESPÍRITU ANTES DE LA VENIDA DE CRISTO

La obra del Espíritu en este período se puede agrupar en torno a tres temas principales.

LA VIDA

Se menciona al Espíritu generalmente respecto a la creación del cosmos. Génesis 1.2 se puede interpretar así: *[...] el Espíritu de Dios cobijaba la haz de las aguas* (VM), como el pájaro que se cierne sobre sus polluelos (Dt 32.11; *cf.* Sal 104.30; Is 40.12s). El hecho de producir vida de la nada en el comienzo es un importante anuncio de la obra nuevotestamentaria del Espíritu, de dar vida al pueblo de Dios, la regeneración. El Espíritu también da vida al hombre (Job 27.3; 33.4; Sal 104.29s); de manera que así como dependemos totalmente del constante sustento de la Palabra (Col 1.17; Heb 1.13), así también dependemos de la continua energía vivificante del Espíritu Santo.

EL CONOCIMIENTO

El Espíritu ilumina la mente con el conocimiento de Dios y su verdad (Dt 34.9; Sal 143.10), particularmente en la intuición profética (1S 10.10), pero también en una capacidad general de comprensión (Gn 41.38s). Una forma elemental de esto es la producción de las Escrituras del Antiguo Testamento; el Espíritu inspiró a testigos especialmente elegidos y preparados, cuyos escritos expresan la Palabra de

Dios (2P 1.21). Esto prefigura su ministerio en el Nuevo Testamento (Jn 16.12s; 1Co 2.9–13; 2P 3.15s).

LA PROMESA

El vínculo entre el Espíritu y la era mesiánica prometida es doble. Primero, el mismo Mesías que habría de venir es ungido por el Espíritu mismo (Is 11.2; 42.1; 61.1s; *cf.* Lc 4.16–20); segundo, en la era mesiánica el Espíritu de Dios será derramado de una manera y en un grado especial (Éx 36.37s; Jl 2.28s).

EL ESPÍRITU Y CRISTO

La relación entre Jesús y el Espíritu establece el fundamento teológico para el ministerio del Espíritu Santo, y es absolutamente decisiva para establecer un criterio correcto de la obra del mismo. Podemos distinguir dos aspectos de la relación del Espíritu con Jesucristo.

EL ESPÍRITU, RECIBIDO POR CRISTO

La recepción del Espíritu por parte de Cristo se ve claramente en su bautismo, donde *[...] el Espíritu Santo bajó sobre Él en forma de paloma* (Lc 3.22). El papel del Espíritu comenzó con la concepción misma de Jesús y su nacimiento (Lc 1.35) y continuó durante su ministerio (Mt 4.1; 12.28). Aunque esto no disminuye la divinidad de Jesús en ninguna manera, nosotros los que compartimos la humanidad con Él podemos ver aquí alguna indicación de esa dependencia del Espíritu en términos de la cual estamos llamados a obedecer y servir a Dios.

EL ESPÍRITU, DADO POR CRISTO

Juan el Bautista profetizó que el ministerio de Jesús implicaría bautizar *con el Espíritu Santo y con fuego* (Mt 3.11). Hechos 1.5 (*cf.* 2.33) relaciona esto con la culminación del ministerio de Jesús en su muerte y su resurrección. Este vinculo está explícito en Juan 7.39. *[...] Hasta ese momento el Espíritu no había sido dado, porque Jesús no había sido glorificado todavía* (refiriéndose a su triunfo en la muerte, la resurrección y la ascensión, *cf.* Jn 13.31; 20.22). Esto nos lleva a la clave para entender el ministerio del Espíritu Santo en el Nuevo Testamento: *la profunda relación entre el ministerio del Espíritu y la glorificación de Jesús.*

Recordemos que el Antiguo Testamento asociaba la nueva era venidera con una nueva y gloriosa dispensación del Espíritu Santo. La nueva era del reino de Dios fue instaurada por Jesús y establecida por su muerte, resurrección y ascensión. Por lo tanto, el derramamiento del Espíritu en Pentecostés era sencillamente la venida a la historia del reino de Dios inaugurado por medio del triunfo de Jesús. Por eso Jesús afirmó que a menos que Él "se fuera", el Espíritu no vendría (Jn 16.7). No es cuestión de que las dos personas de la Divinidad no puedan estar copresentes, sino de lo que Jesús quería significar con lo de "irse"; solamente sobre la base de su "irse al Padre" (Jn 14.5, 12) en la muerte, resurrección y ascensión, el Espíritu podría venir sobre sus discípulos, ser su consolador y llevar su testimonio por el mundo por medio de ellos. En otras palabras, *la dispensación del Espíritu en la iglesia y en el mundo, que encontró su expresión inicial gloriosa en Pentecostés, depende totalmente del triunfo de Jesús* (Jn 7.39).

Lucas confirma esto al comenzar intencionalmente su historia del nacimiento de la iglesia y sus comienzos bajo el impacto del derramamiento del Espíritu (Hch 2.1ss) con un relato de la *ascensión* (Hch 1.9–11), a pesar de ya haber hecho un relato de la ascensión al finalizar su "primer tratado", su evangelio (Lc 24.50). *¿Qué quiere decir esto?*, preguntaba la multitud en Pentecostés (Hch 2.12). Pedro respondió con dos puntos: primero, el derramamiento del Espíritu es la venida de la nueva era del reino de Dios: *[...] lo que pasa es lo que anunció el profeta [...]* (Hch 2.16–21). Segundo, es el resultado de la exaltación de Jesucristo: *[...] este Jesús [...] exaltado por el poder de Dios [...] ha derramado esto que ustedes ahora ven y oyen* (2.32s; *cf.* vv. 22–36). De la misma manera, Pablo pone los dones del Espíritu para el desarrollo de la iglesia en el contexto de la ascensión de Cristo (Ef 4.8–10). Los dones del Espíritu son los trofeos del Cristo victorioso, los frutos de su triunfo.

Por consiguiente, *el Espíritu Santo no es otro que ese miembro de la eterna Divinidad que trae a la vida del pueblo de Dios los frutos de la victoria ganada por Cristo en su vida, muerte y glorificación.* En este sentido el ministerio del Espíritu es un "desbordamiento", desde el trono de Dios, de la bendición lograda por Cristo para los pecadores.

Esta interpretación tiene importantes consecuencias. Por un lado, destaca la locura de cualquier intento de separar la obra del Espíritu de la obra de Cristo. Las manifestaciones del Espíritu, o la búsqueda de las mismas, cuando no están relacionadas con un interés primario por la gloria de Dios en Cristo Jesús, carecen totalmente de autorización por parte de las Escrituras inspiradas por el Espíritu Santo; sólo pueden dañar y contrarrestar las grandes metas cristianas de glorificar a Dios al predicar el evangelio y perfeccionar la iglesia. *[...] Al que está sentado en el trono, y al Cordero, sea la alabanza, la honra, la gloria [...]*, es la expresión auténtica del discípulo lleno del Espíritu (Ap 1.6; 4.11; 5.13).

A la inversa, reconocer el vínculo indisoluble entre el ministerio del Espíritu y la glorificación de Jesús debe librarnos de temor con relación al ministerio del Espíritu Santo. El Espíritu no es un "fantasma", un agente extraño o misterioso. Es el *[...] Espíritu de Jesús [...]* (Hch 16.7, bj) que viene a ministrar a Cristo a la comunidad cristiana. El temor respecto al ministerio *auténtico* del Espíritu necesita la afirmación tranquilizadora que recibieron los discípulos cuando vieron a Jesús caminando sobre el mar de Galilea y gritaron por miedo a que fuera un fantasma. *[...] ¡Cálmense! Soy yo. No tengan miedo* (Mt 14.26s). Esto también proporciona un criterio con el cual comprobar las pretensiones a un ministerio auténtico del Espíritu: si son irreconciliables con el Jesús que encontramos en los evangelios, con su cálida compasión y su juiciosa humanidad, entonces podemos rechazarlas. El Espíritu es Jesús, en el sentido de que procura traer a Cristo a nosotros y llevarnos a una mayor apropiación de las bendiciones de la redención de Cristo.

PASAJES BÍBLICOS

Antiguo Testamento: Gn 1.2; 2.7; Éx 31.1–5; 35.31; Nm 11.17s; Jue 13.25; 1S 10.10; 1Cr 28.12; Job 33.4; Sal 104.30; Is 11.2; 40.13; 42.1; 44.3s; 61.1s; Ez 2.2; 36.27s; Jl 2.28s; Mi 3.8.

El Espíritu y Cristo: Mt 1.18, 20; 3.11; 4.1; 12.28; Lc 1.35; 3.16, 22; 4.14, 18; Jn 3.34; 7.39; 14.5, 17; 16.7; Hch 1.5; 2.32s; Ef 4.7–16.

PREGUNTAS

1. Identifique los elementos esenciales de la obra del Espíritu en el Antiguo Testamento. Muestre cómo se desarrollan estos en el Nuevo Testamento.

2. "El Hijo es a la vez el portador y dispensador del Espíritu". Esta afirmación, ¿refleja correctamente las evidencias del Nuevo Testamento?

3. ¿Qué inferencias se pueden obtener del hecho de que el Espíritu ministró a Jesús en ciertos momentos de su ministerio?

4. Examine los pasajes bíblicos que tratan sobre la relación entre la obra del Espíritu y la obra del Hijo. ¿Qué consecuencias trae esto para nuestra experiencia actual del Espíritu?

BIBLIOGRAFÍA

H. Berkhof, *The Doctrine of the Holy Spirit* (John Cnox, 1964).

S. B. Ferguson, *The Holy Spirit* (IVP, 1996).

M. Green, *I Believe in the Holy Spirit* (Hodder, 1975). *Creo en el Espíritu Santo* (Editorial Caribe, 1977).

T. A. Smail, *Reflected Glory* (Hodder, 1975).

20

EL ESPÍRITU Y EL COMIENZO DE LA VIDA CRISTIANA

La conversión y el crecimiento cristiano se podrían haber considerado en la Parte 4 con el título "Aplicación de la obra de Cristo". Ese contexto destacaría la relación esencial entre la obra de la segunda y la tercera persona en la Divinidad, pero correría el riesgo de ocultar la genuina entrega de Dios a nosotros en la tercera persona de la Trinidad.

También podría haber aparecido en la Parte 6, "La doctrina de la iglesia". Esto habría contrarrestado la idea que reduce la iglesia a un significado periférico: sin duda una ayuda para el cristiano y, por ende, digna de apoyo, pero de ninguna manera intrínseca a la existencia cristiana. Dicho enfoque habría sorprendido a los autores del Nuevo Testamento, cuya instrucción en la vida cristiana está generalmente contenida en cartas dirigidas a grupos colectivos, es decir, iglesias.

Al tratar la experiencia cristiana en esta sección, establecemos la verdad fundamental de que toda experiencia cristiana válida es la acción del Espíritu de Dios sobre nosotros por medio de nosotros. Sin embargo, la exposición incluye el lazo entre la obra del Espíritu y la obra de Cristo, por un lado, y la obra del Espíritu y la iglesia, por otro.

EL FUNDAMENTO: LA GRACIA DE DIOS

La realidad suprema fundamental de toda experiencia cristiana del Espíritu es la gracia soberana de Dios (Éx 34.6; Ef 1.7s). La gracia (lat. *gratia*; gr. *jaris*; heb. *jen*) significa el libre despliegue del favor, particularmente de un superior a un inferior. Con relación a Dios es esa decisión libre de Dios, aparte de toda presión y en ninguna manera forzada por mérito nuestro, de tener misericordia de sus criaturas pecaminosas, salvando a su pueblo de todos los efectos de su pecado por medio de Jesucristo (Hch 15.11; Ef 2.8; Tit 2.11). La *libertad* de la gracia divina es algo que debemos destacar. Dios actúa para salvar porque elige hacerlo; es una obra de Dios más allá de todos los requisitos de su condición de creador; como con Israel, así también es con la iglesia: no es de ninguna manera por lo que éramos, o alguna vez seremos (Dt 7.7s). Dios ama y salva a su pueblo porque Él quiere salvarlo y determina hacerlo. No puede haber ninguna otra "explicación" fuera de esa.

La gracia de Dios también es soberana (Hch 18.27; Ro 11.5s; 1Co 15.10). Como es Dios el que se ha propuesto salvar a su pueblo, ciertamente llevará a cabo esa decisión. Ningún poder, demoníaco ni humano, puede impedir ese propósito. ¡Que Dios sea Dios! Las diversas facetas de la experiencia cristiana del Espíritu que se exponen en renglones siguientes son sencillamente aspectos distinguibles de esta realidad fundamental: la gracia soberana de Dios en funcionamiento para salvar a los pecadores.

LA ESENCIA: LA UNIÓN CON CRISTO POR EL ESPÍRITU

El meollo de la experiencia cristiana del Espíritu Santo está en que nos trae a una relación viva con Jesucristo, de manera que compartimos su redención con todas sus bendiciones. Toda la experiencia cristiana se puede enfocar en este singular don que Dios nos ha dado en su Espíritu: nuestra unión con Cristo.

La base bíblica de la unión con Cristo radica en el concepto que el Nuevo Testamento tiene de la fe. La fe es fe "en" Jesucristo (Hch 16.30s; Ro 3.22; Fil 3.9s). Las preposiciones griegas usadas con el verbo creer (*eis, en, epí*) expresan la idea de creer "en" o "a" Cristo. Por consiguiente, la fe implica una relación viva con su objeto; ser un creyente cristiano significa estar unido a Cristo.

Las bases de la doctrina de la "unión por fe con Cristo" están en el concepto antiguotestamentario de la solidaridad entre el Mesías y el pueblo mesiánico. Un Mesías separado de su pueblo era algo inconcebible: el Mesías representaba a Dios ante su pueblo (Is 9.6, 7) y al pueblo ante su Dios (Jer 30.21). De acuerdo con esto, dos de las principales figuras mesiánicas, el Hijo del Hombre y el Siervo de Jehová, se encuentran entre lo individual y lo colectivo (Dn 7.13; *cf.* 7.15ss; Is 42.1; *cf.* 41.8s).

Además, estar unido a Cristo significa hallarse unido con Él en todo el ámbito de su misión redentora (*cf.* Fil 2.5–11). El cristiano ha muerto *con Cristo* (Ro 6.1–11; Gá 2.20), ha resucitado *con Cristo* (Ef 2.5s; Col 3.1s), ha ascendido *con Cristo* para compartir ahora su reinado en los lugares celestiales (Ro 5.17; Ef 2.6), y está destinado a compartir la gloria venidera de Cristo *con Él* (Fil 3.20s; 1Jn 3.2). La obra del Espíritu en regenerar al creyente, pues, es una obra en la que el Espíritu nos une a Cristo. "El Espíritu Santo es el nudo con el cual Cristo nos liga firmemente consigo" (Calvino). Los principales elementos de esa unión son nuestra elección, llamamiento, regeneración, arrepentimiento, fe, justificación y adopción.

La elección

Esto se refiere a esa obra de la gracia de Dios por medio de la cual Él elige individuos y grupos para un propósito o destino de acuerdo con su voluntad. En el Antiguo Testamento ocurre primeramente en relación con Abraham (Gn 11.3–12.7), y luego en relación con su simiente, el pueblo de Israel (Éx 3.6–10). También se refiere al Mesías (Is 42.1s; 53.10s). En el Nuevo Testamento, Jesús es, en sentido particular, el objeto de la elección (Lc 9.35; 1P 2.4s).

Se habla de la iglesia como la elegida (Mt 22.14; Mr 13.20; Lc 18.7; 1P 2.9). Esto ha sido causa de considerable debate e incertidumbre. Debemos lamentar este hecho tremendamente, puesto que cuando se entiende correctamente la elección, entonces es *buenas nuevas.* ¡Dios nos ha reclamado desde toda la eternidad! Su gracia ha triunfado sobre toda la oposición de nuestro pecado y rebelión, y sobre todas las acusaciones del enemigo. Somos de Él para siempre; Dios es por nosotros; siempre lo ha sido, siempre lo será. Nos ha escogido para ser suyos. ¡Alabado sea su nombre!

Las dificultades que rodean esta gran doctrina bíblica y cristiana pueden ser confrontadas al notar las siguientes verdades en cuanto a la elección.

Es una verdad revelada, manifestada en las Escrituras. En consecuencia debemos recibirla humildemente de Dios, y creerla tenazmente junto con las demás verdades reveladas.

Es una verdad cristiana que podemos encontrar sólo dentro de la experiencia de la regeneración por la gracia de Dios. No es necesario que el cristiano presente esta doctrina al incrédulo como una parte explícita del evangelio. Esto no debe impedir el llamado universal del evangelio cristiano (Mt 28.18s; Hch 1.8).

En una verdad trinitaria. La elección no solamente se relaciona con el Padre. Cristo Jesús elige (Jn 15.16) y el ministerio del Espíritu Santo también se menciona en el contexto de la elección (1P 1.2).

Es una verdad cristológica. En el Nuevo Testamento el propósito eterno de Dios se centra en la persona y la obra de la segunda persona de la Trinidad; las Escrituras no la presentan como una decisión arbitraria del Padre, tomada en la eternidad en total aislamiento del ministerio y la voluntad del Hijo. Hay un vínculo y una identidad indisoluble entre el Padre y el Hijo. Las personas son escogidas *[...] en Cristo [...]* (Ef 1.4 DHH); los elegidos son salvos solamente por medio de la obra expiatoria de Cristo (Ro 8.29; Ef 1.7s). Todas las bendiciones de los elegidos vienen por medio de Cristo (Ef 1.3), es decir, a través de su unión con Él. Cualquier intento de separar definitivamente al Padre, del Hijo y el Espíritu en la elección, o de apartar el centro de atención en la doctrina cristiana de la salvación de la persona y la obra de Cristo, no es bíblico y, por ende, es perjudicial.

Es una verdad complementaria. La elección se debe tratar en relación con la clara insistencia de la Biblia en la responsabilidad humana frente al llamado de Dios en el evangelio (Mt 23.37; Heb 12.25). Destacar solamente una de estas hebras de las Escrituras y, en efecto, desestimar la otra es separar lo que Dios ha unido.

Es una verdad divina. La relación entre el libre albedrío y la elección divina nunca puede ser captada completamente por la mente humana. Ambos aspectos se enseñan en las Escrituras y debemos creerlos. Si reconocemos que el misterio es inevitable en cualquier intento de describir a Dios mismo, entonces no deberíamos sorprendernos ni titubear en presencia de misterios donde ese Dios trascendente se relaciona con nosotros.

Es una verdad práctica. Como todas las verdades bíblicas, la elección es para el bien y el crecimiento del pueblo de Dios. Siempre habrá peligro al abordar esta doctrina si las personas no ven el contexto práctico de la Biblia, que se puede enfocar en tres términos:

1. ***Doxología.*** La discusión sobre este asunto muy a menudo ha dejado de lado el hecho de que el escrito más completo de Pablo sobre la elección es un escrito doxológico. Efesios 1.1–14 es una expresión ininterrumpida de alabanza. Pablo no está tras su escritorio enfrascado en una argumentación dialéctica; más bien se halla de rodillas, absorto en la adoración. Si somos sinceros, una de las principales objeciones que hacemos a la elección es que nos quita de las manos las bases de nuestra propia salvación, porque implica que incluso nuestra respuesta a Dios depende de su gracia. Nuestra salvación es totalmente un don gratuito. Ver esto es estar liberado como nunca antes para la adoración y la alabanza.

2. ***Seguridad.*** En Romanos 8 Pablo señala otra inferencia: la total seguridad que trae la elección al hijo de Dios frente a cualquier amenaza, moral (v. 33), física (v. 35) o espiritual (v. 38; *cf.* Jn 10.28).

3. ***Santidad.*** La elección de Israel implicaba un servicio exigente y agotador (Lv 18.4s; 19.2s; 20.22s; Ez 20.5–7). Nunca se enseña la elección de Dios como un salvoconducto que justifique el relajamiento moral ("¿Qué importa? Con todo, me voy a salvar al final"). Pablo retrocede horrorizado ante cualquier sugerencia de "sacar provecho de la gracia" (Ro 6); más bien la meta de la elección es que seamos *[...] santos y sin mancha delante de Él [...]* (Ef 1.4). Las evidencias históricas de naciones como Holanda y Escocia, donde la creencia en la elección ha sido un factor significativo en la formación del carácter nacional, contradice la idea de que esa convicción mina la motivación moral; todo lo contrario.

ASUNTOS RELACIONADOS.

1. ***Presciencia.*** Una manera de aliviar la tensión entre la elección divina soberana y el libre albedrío es afirmar que la elección es simplemente un asunto del conocimiento de las cosas futuras (presciencia). El Dios omnisciente, sabiendo cómo responderán los hombres al evangelio, "elige" a los que sabe de antemano que responderán libremente. A pesar de su apelación a Romanos 8.29, este punto de vista vacía de significación real a la elección, ya que de esa manera deja de ser la *acción* triunfante *de Dios*. También falla por el sentido de "conocimiento". En las Escrituras, el

conocimiento, particularmente con relación a Dios, significa más que el conocimiento intelectual; detrás del griego en Romanos 8.29 está el hebreo *yadá*, que significa "conocer" en el sentido de entrar en relación con (Jer 24.7; Am 3.2). La presciencia de Dios no es sólo pasiva; es un sinónimo de su elección activa, más que una explicación de ella.

2. *Reprobación.* Esta es la doctrina que considera que Dios no solamente ha elegido a ciertos individuos para la salvación, sino que también ha elegido a otros para la condenación. No es de sorprender que Calvino se refiriera a esto como un "decreto espantoso". Aunque lógicamente la elección de algunos implica el rechazo de otros, las Escrituras se niegan claramente a dar igual importancia a estas dos ideas. El pasaje a que se apela más comúnmente (Ro 9.14–24) debe verse en su contexto: se refiere al caso especial de Israel, *no* a la humanidad en general. 1 Pedro 2.8 y Judas 4 son claras referencias a la reprobación, pero estos versículos también sostienen la responsabilidad humana (*[...] siendo desobedientes [...]*, 1P 2.8, RV60; *[...] impíos que cambian en libertinaje la gracia de nuestro Dios y niegan a Jesucristo, nuestro único Soberano y Señor*, Jud 4). Incluso sobre la decisión de la gente de rechazarlo a Él, Dios sigue siendo Señor. Sin embargo, las Escrituras se niegan a llevar la elección hasta su complemento lógico en una doctrina completa de la reprobación.

EL LLAMAMIENTO

Esto se refiere a la obra de Dios por medio de su Espíritu en que llama a hombres y mujeres a venir a Él y recibir su misericordia en Jesucristo. La idea de que Dios "llama" es común en las Escrituras (Gn 3.9; Éx 3.4; 1S 3.4; Jer 7.13; Jn 10.3). En particular, Dios llama por medio de la proclamación del evangelio, ya sea en predicaciones formales o por algún otro medio (Ef 1.11–13; 2Ts 2.13s). La gracia soberana de Dios no opera de una manera arbitraria o impersonal, sino siempre por medios personales y con propósito. Él mismo se dirige personalmente a sus criaturas, las llama compasiva y pacientemente a volverse a Él y confiar en su misericordia en Cristo.

Pertenece al misterio de la incredulidad humana el hecho de que no todos los que oyen el llamado de Dios por medio del evangelio responden a él. Por consiguiente, podemos establecer una diferencia entre el llamamiento *general* de Dios, por el cual llama a todos los que oyen el evangelio (Mt 9.13), y el llamamiento *eficaz*, en el que el llamado de Dios conduce a una respuesta de arrepentimiento y fe en Cristo (Ro 1.6; 8.28, 30; 1P 1.15). Esta diferenciación se puede observar claramente en la enseñanza de Jesús (Mt 22.14).

LA REGENERACIÓN

Regeneración significa literalmente "ser nacido de nuevo" o "renacimiento". El Antiguo Testamento hablaba de una obra futura del Espíritu por la cual residiría "dentro" del pueblo de Dios, trayéndoles vida nueva y permitiéndoles cumplir la voluntad de Dios (Ez 36.25ss; *cf.* Jer 31.33). En el Nuevo Testamento Jesús habla a Nicodemo de la regeneración por el Espíritu como el único medio para poder entrar al reino de Dios (Jn 3.1–8). Otra terminología bíblica hace eco de esas alusiones: *[...] nacido de Dios [...]* (1Jn 2.29, VLA, 3.9; 4.7; 5.4, 18; Jn 1.13), *[...] renacidos [...] por la Palabra [...]* (1P 1.23; *cf.* Stg 1.18), *[...] nueva creación [...]* o creación (2Co 5.17; Gá 6.15), *[...] creados [...]* por Dios (Ef 2.10; 4.24).

La regeneración señala el momento y el medio de nuestra entrada en unión con Cristo. Es un cambio instantáneo de la muerte espiritual a la vida espiritual, una resurrección espiritual (Ef 2.1, 5); el acontecimiento de una vez para siempre al comienzo de la vida cristiana, paralelo al nacimiento físico. Difiere de la conversión, con la que está estrechamente relacionada, al poner el énfasis en la acción de Dios de dar nueva vida; la conversión es la acción humana de volverse del pecado a la rectitud, que acompaña a la regeneración. Por medio de la regeneración el creyente recibe una nueva naturaleza espiritual que se expresará en nuevas preocupaciones e intereses. Las personas regeneradas están principalmente interesadas en "las cosas de Dios", su Palabra, su pueblo, su servicio, su gloria y, por sobre todo, Dios mismo. También experimentarán poderes para resistir el pecado y obedecer y servir a Dios.

Es un error suponer que la regeneración debe ir necesariamente acompañada de ciertos elementos emocionales conscientes. Nuestra conciencia de cambios de perspectiva, deseos y actitudes puede ser gradual y apenas perceptible. Aquellos criados en hogares cristianos y a quienes se les ha enseñado el evangelio desde la infancia pueden ser llevados a Cristo y llegar a la madurez con una fe clara en Cristo, pero sin tener ninguna crisis específica y particular a la que pueda señalar como el momento de su nuevo nacimiento. Los "testimonios" cristianos pueden ser contraproducentes si implican que cada persona tiene que poder señalar un momento y un lugar específicos como la ocasión de su regeneración. Ese es el caso frecuentemente, pero no necesita serlo. En realidad, muchos de los que experimentan una crisis "espiritual" y emocional luego dan evidencias de no haber sido regenerados en absoluto. C. H. Spurgeon aclaró este punto cuando señaló que nuestra ignorancia respecto al momento preciso de nuestro nacimiento no es ninguna evidencia de que no estamos vivos. La prueba de la regeneración por el Espíritu es la propia persuasión interior del creyente de que Cristo es realmente el Señor y el Salvador más las evidencias de la vida del Espíritu en nosotros y por medio de nosotros.

EL ARREPENTIMIENTO

Esto significa literalmente un cambio de parecer. En el contexto bíblico se refiere a una actitud cambiada referente al pecado y el mal. La Biblia lo considera un elemento fundamental para la respuesta humana a Dios y normalmente está ligado a la fe; nos volvemos *del* pecado *a* Cristo (Mr 1.15; Hch 2.38; 20.21). La conversión, literalmente cambio de dirección, es un concepto estrechamente relacionado.

El llamado de Dios al arrepentimiento nos recuerda el carácter fundamentalmente moral del evangelio y la nueva vida que surge de una respuesta al mismo. El evangelio está esencialmente interesado en el pecado humano y en el remedio que Dios tiene para ello. El arrepentimiento es uno de los elementos en toda respuesta genuina al evangelio. A la inversa, la ausencia de cualquier cambio de actitud respecto al pecado es una evidencia de que la persona no se encuentra verdaderamente regenerada (1Jn 3.9).

Como la fe, el arrepentimiento no está limitado a los primeros momentos de la experiencia cristiana. Los cristianos están llamados a un arrepentimiento de por vida, un continuo volverse del pecado a medida que se nos va revelando. Este espíritu de arrepentimiento o quebrantamiento delante de Dios, el diario morir al yo y al pecado, no es una señal de adolescencia espiritual, sino de proximidad a Dios y de genuina madurez.

LA FE

La fe es básica a toda experiencia cristiana genuina. *[...] sin fe es imposible agradar a Dios [...]* (Heb 11.6). Provisoriamente se la puede definir como "confianza en la verdad de Jesucristo, crucificado y resucitado".

La fe es confianza. Implica la entrega personal activa a Dios en Cristo y no simplemente una conciencia de la realidad de Dios. En este último sentido el diablo y los demonios *[...] lo creen [...]* (Stg 2.19). El diablo no es ni un ateo ni un agnóstico; está agudamente consciente de la realidad de Dios y de la redención en Cristo. Pero en ningún sentido está entregado a Dios; no tiene fe.

La fe es confiar en la verdad. Está basada en una realidad objetiva; es lo correlativo de la verdad de la revelación de Dios en Cristo y el evangelio. Como lo expresó Lutero, vindicando sus disputas dogmáticas en defensa del evangelio, "no hay cristianismo donde no hay afirmaciones [...]". Modificar o reducir el contenido del evangelio en el interés de comunicación eficaz con la gente moderna es, entonces, una empresa peligrosa que a la larga es autodestructiva, ya que inevitablemente debilita la fe o incluso la hace imposible al quitar la base sobre la que ella descansa.

La fe es confiar en la verdad de Jesucristo, crucificado y resucitado. El contenido objetivo sobre el que descansa la fe es el Cristo del evangelio, que fue *[...] entregado a la muerte por nuestros pecados, y resucitó para nuestra justificación* (Ro 4.25; *cf.* Jn 1.12; 3.16; Hch 16.30s; Ro 10.9). La fe en Cristo significa una entrega a Él como aquel que murió y resucitó por cada uno de nosotros. Significa estar unidos a Cristo.

La justificación

La justificación es esa obra de la gracia de Dios por la cual los pecadores son declarados justos ante Dios por medio de su unión con Cristo, sobre la base de la obediencia y la muerte de Cristo (ver "La metáfora penal: la justificación", pp. 238–242). Es fundamental reconocer que la justificación se refiere a la *condición* de justicia que Dios concede al creyente, y no principalmente a la justicia real intrínseca. Este mismo hecho constituye la base de la paz, la seguridad y el gozo del cristiano. Pecadores como somos, se nos acepta *no* sobre la base de nuestros débiles esfuerzos por obedecer a Dios debidamente, sino sobre el hecho de que Él nos acredita la perfecta justicia de Cristo.

¿Significa esto que no importa *cómo* viva el creyente justificado? Esto se ha discutido mucho; en realidad, a primera vista el Nuevo Testamento parece decir dos cosas contradictorias: *Como pueden ver, a una persona se le declara justa por las obras, y no sólo por la fe*

(Stg 2.24); *Porque sostenemos que todos somos justificados por la fe, y no por las obras que la ley exige* (Ro 3.28). La aparente contradicción entre Santiago y Pablo se disuelve cuando notamos su uso diferente de la terminología y los distintos errores a que se dirigen al escribir.

En la argumentación de Santiago la fe es equivalente a la aceptación intelectual del monoteísmo (2.14), el tipo de fe que poseen los demonios y que arriba diferenciamos del pleno significado de la fe en el Nuevo Testamento, la confianza personal en Cristo. Las obras, para Santiago, significan cumplir *[...] la suprema ley de la Escritura: Ama a tu prójimo como a ti mismo* (2.8). Pablo usa el término para referirse a las obras de la ley hechas específicamente para *ganarse* la salvación, independientemente de Cristo. Por tanto Romanos 3.28 habla de una fe viva y de obras de autojustificación, mientras que Santiago 2.24 habla de una fe meramente nominal y de obras espontáneas que honran a Dios. La justicia para Santiago significa el carácter moral mismo de una persona, mientras que en Pablo generalmente aparece en el contexto de la justificación, significando una justicia "dada", acreditada. Cuando piensa en el juicio futuro, Pablo también introduce el asunto de la conducta (Ro 2.6; 2 Co 5.10). Está tan preocupado como Santiago por *[...] la fe que actúa mediante el amor* (Gá 5.6) y rechaza totalmente el relajamiento moral entre los justificados (Ro 6.1s).

Pablo estaba luchando contra la confianza judía en las obras meritorias como la base de la salvación, contra la cual proclamaba la salvación por gracia solamente por la fe. Santiago enfrentaba un problema diferente, una ortodoxia muerta que "creía" pero no veía ninguna consecuencia moral en ello. Procuraba mover a sus lectores recordándoles que la fe que no cambia la vida diaria de un hombre es falsa y muerta. Entonces tanto para Santiago como para Pablo la fe y las obras son esenciales a una respuesta genuina a Dios. Las buenas "obras" tienen un lugar, no como la base de la justificación, sino como su inevitable resultado.

Es crucial entender la justificación como *[...] por Cristo [...]* (Gá 2.17), es decir, como parte de los que Dios nos imparte cuando creemos en Cristo y así somos unidos a Él (ver "La esencia: la unión con Cristo por el Espíritu", pp. 284–294). La fe significa que "Jesús y todo lo que hay en Él es mío", citando a Wesley. Pero, "todo lo que hay en Él" no sólo significa su justicia, sino por implicación todos los otros creyentes que también están unidos a Él por fe. En otras palabras, la justificación es finalmente una realidad corporativa y eclesial. Afirma nuestra participación en el cuerpo de Cristo, el pueblo del pacto de Dios.

La adopción

La adopción se refiere a esa obra de la gracia de Dios por la que nos recibe como sus propios hijos por medio de Cristo y en nuestra unión con Él. La práctica de la adopción legal era muy difundida en el mundo antiguo. Hay ejemplos de ella en el Antiguo Testamento (Éx 2.10; 1R 11.20; Est 2.7) y la idea está presente en la descripción de Israel como hijo de Dios (Éx 4.22; Os 11.1). En el primer siglo, bajo la ley romana, un adulto que quería tener un heredero podía adoptar un varón, generalmente en edad adolescente o adulta, una costumbre fácilmente transferible a la nueva relación del cristiano con Dios. Pablo hace uso particular de la misma (Ro 8.14–17; Gá 4.1–7; Ef 1.5; *cf.* 1Jn 3.1s).

Cuando recordamos lo que éramos en nuestros pecados, la idea de la adopción habla poderosamente de la magnitud de la gracia de Dios para nosotros. Ya es bastante asombroso que se nos perdonen los pecados; pero que los rebeldes perdonados lleguen a ser hijos e hijas de Dios, instalados en la intimidad de su propio círculo familiar, es, sin duda, una maravilla de maravillas.

La adopción implica que la vida cristiana es:

En primer lugar una vida con Dios como Padre (Ro 8.15; Gá 4.6). Estos dos versículos hablan de la posibilidad de usar la palabra *Abba* al dirigirnos a Dios. Esta es la misma palabra que Jesús hizo suya en sus oraciones y que significa "mi querido papá".

En segundo lugar, es también vida con otros. La "adopción" nos enseña a ver a nuestros congéneres cristianos como hermanos y hermanas en la familia de Dios. Aquí posiblemente radica la idea más profunda que podemos tener de nuestras relaciones cristianas; pertenecemos juntos a la gran familia de Dios, recogidos de todas las naciones y generaciones.

En tercer lugar, la adopción significa vivir con Cristo como nuestro hermano mayor (Ro 8.14, 29; Heb 2.10s). En el mundo romano, el hijo adoptivo tenía la condición legal plena de cualquiera de los hijos propios, dentro de la familia. Hasta podía ser nombrado por el padre como heredero legal, por encima de los derechos de los hijos propios. ¡Qué maravilla! Se nos da toda la condición social en la familia de Dios junto con el Hijo "propio" del Padre, el Señor Jesucristo.

Finalmente, la adopción expresa la seguridad de nuestra esperanza (Ro 8.14; Gá 4.6). Somos herederos de Dios, coherederos con Cristo. En su libre gracia, el Padre nos da el derecho de compartir su gloria venidera en Cristo.

PASAJES BÍBLICOS

La gracia de Dios: Gn 6.8; 12.1ss; 15.1–5; Éx 34.6; Dt 7.7s; Neh 9.31; Sal 145.8; Jn 1.14–17; Hch 15.11; 18.27; Ro 3.24; 5.15–21; 11.5s; 2Co 8.9; Ef 1.7s; 2.8; Tit 2.11.

La unión con Cristo: Dn 7.13–18; Jn 15.1–16; Ro 5.12–6.14; Gá 2.20; Ef 2.5–10; Col 3.1–4; 2Ti 2.11–13.

La elección: Gn 11.31–12.7; 1Cr 16.13; Is 42.1; Mt 3.17; 22.14; 24.22, 24, 31; Lc 9.35; 18.7; Jn 15.16, 19; Hch 2.23; 4.28; 9.15; 13.48; Ro 8.29s, 33; 9.11; 11.5, 7, 28; 1Co 1.27s; Ef 1.5, 11; Col 3.12; 2Ti 2.9s; Tit 1.1; Stg 2.5; 1P 1.2; 2.4, 6, 9; 2P 1.10; Ap 17.14.

El llamamiento: Gn 3.9; Éx 3.4; 1 S 3.4; Is 49.1; Jl 2.32; Mt 9.13; Mr 1.20; Jn 10.3; Hch 2.39; Ro 1.6s; 4.17; 8.28–30; 9.11, 24s; 1Co 1.2, 24, 26; Gá 1.15; 1Ts: 2.12; 2Ts 1.11; 2.13s; 2Ti 1.9; Heb 3.1; 1P 1.15; 2P 1.10.

La regeneración: Jer 31.33; Ez 36.25s; 37.1–14; Jn 1.12s; 3.1–8; Ro 8.9; 1Co 12.13; 2Co 5.17; Gá 6.15; Tit 3.5; Stg 1.18; 1P 1.23; 1Jn 5.4, 18.

El arrepentimiento: Job 42.6; Ez 14.6; 18.30; Jl 2.12ss; Mt 3.2; 11.20s; 12.41; Mr 1.15; 6.12; Lc 15.17–19; Hch 2.38; 3.19; 8.22; 17.30; 26.20; 2Co 7.10; Ap 2.5; 16.9.

La fe: Gn 15.6; Éx 14.31; 2Cr 20.20; Sal 116.10; Pr 3.5s; Is 7.9; Hab 2.4; Mt 8.13; 9.22; 21.21s; Mr 9.23s; Lc 8:48, 50; 22.32; Jn 1.12; 3.15–18, 36; 11.25s; 14.1; Hch 3.16; 8.37; 10.43; 15.9; 16.31; Ro 1.16s; 5.1; 10.9s; 1Co 1.21; 15.14; Gá 2.20s; 3.22–29; Ef 1.13; 2.8; 3.17; Fil 3.9; Col 2.12; 2Ts 2.13; 2Ti 4.7; Heb 10.39–11.39; 1Jn 5.1–4, 10; Jud 3.

La justificación: Job 25.4; Sal 143.2; Hab 2.4; Lc 18.14; Hch 13.39; Ro 3.21–4.25; 8.30, 33; 1Co 6.11; Gá 2.15–3.29; 1Ti 3.16; Stg 2.14–26.

La adopción: Éx 4.22; Is 1.2; Jer 3.19; Os 11.1; Mt 5.9; Lc 6.35; 20.36; Jn 1.12; Ro 8.14–17, 21; 9.4, 8; Gá 3.26; 4.1–7; 5.6; Ef 1.5; 5.1; Heb 2.10–14; 1Jn 3.1s, 10.

PREGUNTAS

1. ¿Qué significa la palabra "gracia" en las Escrituras? Comente la opinión de que este es el término fundamental del vocabulario cristiano.

2. ¿Qué se entiende por "unión" con Cristo? Investigue su importancia para: (a) la salvación cristiana; (b) el servicio cristiano; (c) la comunión cristiana; (d) el discipulado cristiano.

3.   ¿Qué luz arroja sobre ella la elección de Israel? Exprese las afirmaciones bíblicas hechas: (a) para la presciencia como base de la elección; (b) para la reprobación. ¿Cuál es la importancia de la elección para (1) la seguridad de la salvación del cristiano; (2) la adoración cristiana; (3) la esperanza cristiana acerca del futuro?

4.   ¿Hace la Biblia alguna distinción entre el llamamiento general y el llamamiento eficaz de Dios?

5.   ¿Qué significa la regeneración? ¿Hay que experimentarla conscientemente? ¿Qué trascendencia tiene para nuestra comprensión de la obra del Espíritu en general, y en particular para la evangelización?

6.   ¿Cuáles son los lugares respectivos de la fe y las obras para nuestra justificación y para el evangelio cristiano?

7.   ¿Qué se entiende por adopción? ¿Cuáles son sus consecuencias para (a) la acción de gracias del cristiano; (b) la imagen que el cristiano tiene de sí mismo; (c) la comunión cristiana; (d) las perspectivas del cristiano más allá de la muerte?

8.   Explique lo más sencilla y completamente que pueda lo que significa "creer en Cristo". ¿Qué se entiende por "arrepentimiento"? y ¿qué lugar tiene (a) en el evangelio; (b) para la vida cristiana (*cf.* Ap 2.5, 16; 3.3, 19)?

BIBLIOGRAFÍA

Arts. 'Grace', 'Election', 'Regeneration', 'Calling', 'Repentance', 'Faith', 'Justification', 'Adoption' en *IBD* y *NDT*.

G. C. Berkouwer, *Divine Election* (Eerdmans, 1960).

G. C. Berkouwer, *Faith and Justification* (Eerdmans, 1954).

H. Burkardt, *The Biblical Doctrine of Regeneration* (Paternoster, 1980).

J. Calvin, *Institutes of the Christian Religion*, 3. *Institución de la religión cristiana* (Fundación Editorial de Literatura Reformada, 1968).

S. B. Ferguson, *The Christian Life* (Hodder, 1981). *La vida cristiana, una introducción doctrinal* (Editorial Peregrino, 1998).

S. B. Ferguson, *The Holy Spirit* (IVP, 1996).

D. M. Lloyd-Jones, *Romans 8.5–17 – The Sons of God* (Banner of Truth, 1974).

M. Luther, *Commentary on Galatians* (James Clarke, 1953). *Comentarios de Martín Lutero Vol 2: Gálatas* (Editorial Clie, 1998).

J. Murray, *Redemption Accomplished and Applied* (Banner of Truth, 1961).

J. I. Packer, *Keep in Step with the Spirit* (IVP, 1984). *Hacia el conocimiento del Espíritu Santo* (Editorial Peniel, 2006).

21

EL ESPÍRITU
Y EL CRECIMIENTO
CRISTIANO

LA ESPERANZA

En una sección anterior reconocimos que la esencia de la obra del Espíritu Santo se encuentra en unirnos a nosotros con Cristo (pp. 284–294). También notamos que esa unión con Cristo implica el compartir con Él todo el movimiento de su acción redentora: vida, muerte, resurrección, ascensión y reino celestial (Ro 6.1ss; Ef 2.6; Col 3.1ss). Uno de los frutos gloriosos de esa realidad asombrosa es la esperanza cristiana. Esto sigue inevitablemente del hecho que nuestra participación en Cristo incluye su resurrección y exaltación. La presencia del Espíritu es así marcada por la presencia de la esperanza (*cf.* 1Co 13.13; Gá 5.5; Ef 1.18 con 1.13ss; 4.4). La esperanza, la anticipación segura y gozosa del triunfo venidero de los propósitos de Dios y la venida gloriosa de nuestro Señor Jesús, es una marca reluciente de la religión del NT (*cf.* Ro 5.2; Col 1.4; 1.27; Col 1.4; 1.27; Tit 2.13; 3.7; 1P 1.3ss). Pablo habla de la esperanza vívidamente como *[...] el casco de la esperanza de salvación*, el cual es, por consiguiente, un rasgo básico y culminante del discipulado cristiano (1Ts 5.8). A pesar de la "prueba dolorosa" que les tocaba con frecuencia en la medida que vivían su fe en medio de un ambiente más y más hostil, fueron sostenidos en esperanza y gozo incontenibles por la realidad de su Señor resucitado y la seguridad de su vida futura celestial con Él (1P 4.12; 1.3–9).

El vínculo entre la presencia interior del Espíritu Santo en nuestras vidas y nuestra esperanza futura se obtiene también de la perspectiva del Espíritu en sí (ver "El Espíritu Santo y el fin", pp. 311–312). El Espíritu Santo es la vida del reino de Dios ya presente (el tema de Pedro en Pentecostés, *cf.* Hch 2.16–21). Pero, la plenitud del reino se experimentará en el futuro cuando regrese el Señor. El Espíritu, por tanto, es la "primera cuota" o "pago inicial" (Ef 1.14; 2Co 1.22; 5.5) de la herencia total. Literalmente Él es "la gloria que ha comenzado abajo". No debe sorprendernos, entonces, que imparta a sus discípulos, como fruto básico de su presencia, una seguridad de la "esperanza de gloria".

LA SEGURIDAD

La confianza optimista con respecto al futuro que acabamos de identificar en cuanto al propósito total de Dios también es sentida por el cristiano a nivel personal como la seguridad de la salvación. Este es otro fruto de la presencia del Espíritu Santo en nuestras vidas: *[...] ¿Cómo sabemos que Él permanece en nosotros? Por el Espíritu que nos dio* (1Jn 3.24). Siguiendo la misma línea, Pablo se refiere al Espíritu Santo como un "sello" (2Co 1.22; Ef 1.13; 4.30), una palabra de la cultura del primer siglo para expresar algo que garantizaba seguridad, como un mecanismo de cierre (Mt 27.66; Ap 20.3). Tenía el significado afín de una marca de pertenencia. Algo de esto se expresa con la venida del Espíritu sobre Jesús en su bautismo, cuando el Padre confirmó a Jesús como su propio hijo (Mt 3.16s). Se aplica a la experiencia cristiana en versículos relacionados con el testimonio del Espíritu en el creyente (Ro 8.16; Gá 4.6; 1Jn 3.24; 4.13; 5.10).

Subjetivamente, esta experiencia de seguridad consiste en la paz interior relativa a nuestra posición ante Dios, la firme convicción de que los méritos de Cristo expían nuestros pecados y que hemos sido llevados a la luz, a la libertad y a la condición de hijos en Cristo. Esta convicción subjetiva tiene un punto de referencia objetivo, el "testimonio interior del Espíritu" (*cf.* "Dios mismo se dirige a nosotros en palabras de la Biblia", pp. 52–54), que es una convicción acerca de la verdad y la divinidad de las Escrituras centradas en el evangelio de Cristo. En la práctica, cualquiera de estas convicciones puede variar; en realidad pueden variar entre sí. Es posible estar persuadido de la verdad y la validez de la Palabra de Dios y el evangelio que encierra, mientras se duda si realmente nos incluye a nosotros; a la inversa, podemos estar seguros de nuestra posición en Cristo, mientras cuestionamos la Palabra de Dios en algunos aspectos particulares. Ninguna de las dos posiciones es la verdadera voluntad de Dios para sus hijos. La verdadera seguridad nos convence en los niveles objetivo y subjetivo a la vez.

¿Qué debemos hacer si alguna vez nos asaltan dudas acerca de nuestra posición en Cristo?

Primero, estas dudas no significan que no somos regenerados; el diablo es el *[...] acusador de nuestros hermanos* (Ap 12.10). *¡Sí creo! [...] ¡Ayúdame en mi poca fe!*, es una exclamación propia del creyente (Mr 9.24).

Segundo, debemos leer la Palabra de Dios y escuchar su exposición. El Espíritu usó las Escrituras para traernos la seguridad inicial de nuestra salvación; ese sigue siendo su método. La frase de Calvino es apropiada: "Para estar seguros de nuestra salvación tenemos que comenzar con la Palabra".

Tercero, debemos buscar evidencias de la obra de Dios en nuestra vida. Esto puede ser precario ya que sólo Dios puede juzgar verdaderamente (1Co 4.3s), pero 1 Juan da algunas señales identificatorias de la gracia. Una de ellas es nuestra actitud respecto al pecado; los verdaderos hijos de Dios, aunque caigan en pecado ocasionalmente, no pueden continuar despreocupadamente en el mismo (3.9). En consecuencia, un verdadero deseo de estar libre de pecado es uno de los distintivos de la gracia. Otra característica es nuestra actitud para con los hijos de Dios. El verdadero cristiano ama al pueblo de Dios. *[...] sabemos que hemos pasado de la muerte a la vida porque amamos a nuestros hermanos [...]* (3.14). Una tercera señal es nuestro modo de enfocar la verdad de Dios. *Todo el que cree que Jesús es el Cristo, ha nacido de Dios* (5.1). El compromiso con la verdad de Cristo como Dios manifestado en la carne es una muestra adicional de nuestra regeneración. Cuarto, debemos observar el papel de los sacramentos del evangelio en profundizar y confirmar nuestra fe.

Algunos afirman que la seguridad de la salvación no es posible antes del juicio final de Dios, que en realidad es una presunción; otros dicen que esa seguridad está limitada a una minoría privilegiada. Sin embargo, las Escrituras extienden claramente a todo cristiano el privilegio de saber que son hijos de Dios. Es algo obviamente implícito en nuestra adopción, pues, ¿qué padre dejaría a sus hijos deliberadamente en perpetua incertidumbre respecto a su relación con Él o acerca de su posición en la familia? Nuestro Padre celestial se agrada en darnos, por medio del Espíritu, la firme seguridad de que nos ha recibido como hijos.

LA SANTIFICACIÓN

Habiéndonos traído el nuevo nacimiento "en Cristo", el Espíritu continúa su obra en nosotros para conformarnos más y más a la imagen de Cristo con quien nos ha unido. Este proceso de renovación y transformación moral es lo que se denomina comúnmente *santificación*.

EL SIGNIFICADO DE LA SANTIFICACIÓN

La idea fundamental de santificar es apartar, separar o consagrar. Ese significado esencial está relacionado con justificar, ya que se refiere a una realidad definitiva: nuestro apartamiento por Dios, como su propia posesión (Hch 26.18; 1P 1.2). Pero en las Escrituras tiene un segundo significado, que ahora predomina en el uso teológico: el logro de una santidad intrínseca de carácter (Lv 11.44s; 1Ts 4.3; 5.23; *cf.* 2Co 3.17s). Las Escrituras no tienen un término particular para referirse al crecimiento en santidad del pueblo de Dios, y el uso de un término arraigado en la posición definitiva que recibimos en unión de fe con Cristo subraya la imposibilidad de separar la crisis de renovación de una transformación moral posterior. En términos teológicos, la justificación (un acto definitivo que imparte al cristiano una posición justa ante Dios) no se puede separar de la santificación (el proceso de toda la vida de una transformación moral en más y más de la imagen de Cristo).

La santificación por el Espíritu

El papel fundamental del Espíritu está subrayado en el lenguaje que se usa para referirse a la vida cristiana: *[...] que vivimos [...] según el Espíritu* (Ro 8.4; Gá 5.16); *[...] el reino de Dios [es] justicia, paz y alegría en el Espíritu Santo* (Ro 14.17; *cf.* Hch 9.31). En la transformación moral del creyente, produce el *[...] fruto del Espíritu, amor, alegría, paz, paciencia, amabilidad, bondad, fidelidad, humildad y dominio propio [...]* (Gá 5.22s). En el Nuevo Testamento se le da un lugar singular al fruto del amor (Mt 25.31–46; Lc 7.47; Jn 13.34s; 17.21;

Ro 5.5; 1Ts 4.9; 1Jn 3.11–18). Está presentado en forma suprema en 1 Corintios 13, donde Pablo describe los diversos ingredientes del amor nacido del Espíritu en la comunidad cristiana. Verdaderamente es *[...] la más exelente [...]* (1Co 13.13).

La santificación en Cristo

El ministerio del Espíritu en la santificación debe entenderse desde la perspectiva de la relación fundamental e indisoluble entre Cristo y el Espíritu. Es un error frecuente presentar la vida cristiana como un proceso de dos etapas en el que el comienzo (la justificación) se relaciona con Cristo y la continuación (la santificación) con el Espíritu Santo. En realidad la santificación es obra de Cristo tanto como la justificación (Ef 5.26s).

LA ESENCIA DE LA SANTIFICACIÓN: NUESTRA UNIÓN CON CRISTO

La santificación es básicamente ese proceso por medio del cual el Espíritu hace cada vez más real en nuestra vida nuestra unión con Cristo en su muerte y su resurrección. Hay dos consecuencias de largo alcance:

Primero, la vida cristiana es cuestión de llegar a ser intrínsecamente lo que ya somos en Cristo. "Llegar a ser lo que uno es" es el resumen del llamado a la vida santa (Ef 5.8). La fe significa unión con Cristo por el Espíritu Santo en todo el ámbito de su redención, y ello significa que *todos* los cristianos, por más nueva o inmadura que sea su fe, han muerto con Cristo, han resucitado con Cristo, han ascendido con Cristo, y compartirán la gloria de Cristo. *He sido crucificado con Cristo, y ya no vivo yo sino que Cristo vive en mi [...]* (Gá 2.20, VLA). Esa es sencillamente una definición del cristiano. Las consecuencias de estas asombrosas verdades, por supuesto, son apropiadas por los cristianos en diferentes grados. Incluso los más santos las reconocen sólo en cierta medida, pero siguen siendo verdades para todos. La vida cristiana en este sentido es gracia desde el comienzo (cuando creemos por primera vez en Cristo) hasta el final (cuando Él comparte su gloria con nosotros). Dios nos ha unido con su Hijo; a nosotros nos toca creer, recibir y vivir agradecidos a la luz de ello, y en esto el Espíritu Santo es nuestro ayudador al hacer que el triunfo de Cristo se realice cada vez más en nuestra vida (2Co 3.18).

Segundo, la vida cristiana es inevitablemente colectiva. La enseñanza sobre la santidad cristiana con frecuencia se ha centrado exclusivamente en el "hombre santo" o la "mujer santa", en detrimento del interés bíblico por el "pueblo santo" o por la "iglesia santa". El ideal del "individuo cristiano competente en todo", capaz de enfrentar cualquier desafío espiritual y vivir una vida de ininterrumpida victoria sobre el pecado y el diablo indudablemente ha producido destacados ejemplos del carácter cristiano; pero, como lo sabe todo consejero cristiano, este énfasis ha arrastrado a muchos a una lucha solitaria que termina en la desesperación y la desilusión o, lo que es peor, en la hipocresía de una vida de doble criterio.

Todo este enfoque hay que volverlo a examinar. El grueso de la enseñanza del Nuevo Testamento sobre la vida cristiana, incluso las principales secciones sobre la santidad, están en cartas dirigidas a colectividades: las iglesias. Todas las principales exhortaciones a la vida santa están en plural: "nosotros", "vosotros" (Ro 6.1–23; Gá 5.13–6.10; Ef 4.17–6.18), incluso las exhortaciones a vestirnos de *[...] toda la armadura de Dios [...]* (Ef 6.11–18; Col 3.1–17; 1Ts 4.1–12; 1P 1.13–2.12; *cf.* Mt 5–7). De manera similar, todas las promesas nuevotestamentarias de victoria son colectivas (1Co 15.57; 1Jn 5.4; Ap 15.2). En otras palabras, los apóstoles concebían la vida cristiana y la santificación cristiana en el contexto de una comunión amante y solícita. Los otros miembros del cuerpo de Cristo complementan, apoyan, sanan, y compensan por las debilidades individuales, los defectos de carácter y los problemas de personalidad que todos tenemos. Esto no debe ser interpretado mal, porque Dios sí trata con nosotros en forma directa e individual: *cada* cristiano está llamado a un arrepentimiento personal y costoso del pecado y a los niveles más altos de santidad. El reconocimiento del aspecto colectivo no es una vía hacia la transigencia moral; más bien es el camino hacia la cordura, el realismo y la plenitud cristianas.

LA PERSPECTIVA FUTURA DE LA SANTIFICACIÓN

Respecto al reino de Dios, la tensión entre los conceptos "ha venido" y "porvenir" (ver "El reino de Dios", Cap. 27, pp. 387ss) se refleja en la vida de los cristianos. Nosotros ya estamos en el reino de Dios por medio de nuestra unión con Cristo (Col 1.13) y ahora estamos "sentados en los lugares celestiales" en Cristo por el Espíritu. Pero todavía experimenta la antigua era de decadencia y corrupción, de pecado y muerte física. El Nuevo Testamento expresa esta tensión de diversas maneras. El "viejo hombre" o el "viejo yo", es decir, lo que éramos "en Adán" bajo condenación, ha sido crucificado con Cristo (Ro 6.6; Col 3.9); pero todavía tenemos que hacer morir nuestra naturaleza humana caída con sus malos deseos y tendencias (Ro 8.12s; Gá 5.16s; Col 3.5s). Otra vez, el diablo ha sido derrotado y vencido en Cristo (Jn 12.31; Col 2.15), y, sin embargo, el cristiano está llamado a luchar continuamente contra el diablo (Ef 6.12s; 1P 5.8s).

De la misma manera, mientras que en algunos momentos las realidades de la fe se destacan nítidas y seguras, y nuestro cometido es correspondientemente claro y total, en otras oportunidades estamos llamados a aferrarnos a nuestras convicciones aunque todo parezca en contra de ellas, y a luchar contra el mundo, la carne y el diablo, incluso cuando los poderes celestiales parecen totalmente ausentes. Este creer "a pesar de" pertenece a la realidad de nuestra situación antes de la plenitud del reino.

Los cristianos saben que esta situación actual no continuará indefinidamente. Aquel que ha comenzado la buena obra en nosotros ha prometido completarla en el día de la venida de Cristo (Fil 1.6). Estamos destinados a ser *[...] semejantes a Él [...]* (1Jn 3.2).

> *Antes mi peor enemigo, el pecado,*
> *ya no molestará más ni ojos ni oídos;*
> *mis enemigos interiores vencidos serán,*
> *a quitarme la paz Satán no volverá.*

(Isaac Watts)

¡Qué perspectiva! y tan cierta como el amanecer. Esta misma perspectiva es un potente incentivo para seguir con la obra de santificación en la gracia y el poder del Espíritu hasta aquel día en que el pueblo de Dios será presentado sin mancha a su novio celestial (Ef 5.26s; Ap 21.1s).

PREGUNTAS SOBRE LA SANTIFICACIÓN:

¿Crisis o proceso?

La santificación, ¿ocurre gradualmente o como una experiencia critica definida, llámese una "segunda bendición", un "bautismo", una "llenura", un "amor perfecto", un "limpio corazón", una "plena seguridad", o lo que fuere?

La unión con Cristo por medio del Espíritu, y la vida cristiana como la apropiación de lo que ya tenemos por medio de esa unión, apoyan una interpretación progresiva de la santificación. Esto tiene confirmación en otras afirmaciones del Nuevo Testamento. *[...] cada día muero [...]* (1Co 15.31); *Dondequiera que vamos, siempre llevamos en nuestro cuerpo la muerte de Jesús [...]* (2Co 4.10); *[...] se va renovando [...]* (Col 3.10); *[...] somos transformados a su semejanza con más y más gloria [...]* (2Co 3.18); *[...] creceremos hasta ser en todo como aquel [...]* (Ef 4.15); *[...] Antes ofrecían ustedes los miembros de su cuerpo [...] a la maldad; ofrézcanlos ahora para servir a la justicia que lleva a la santidad* (Ro 6.19).

Esto no debe excluir las crisis en la experiencia. Es evidente que Dios ha tratado periódicamente con su pueblo de esa manera a lo largo de los siglos. El Espíritu es libre y soberano. A veces hará que nos demos cuenta cabal de la importancia de nuestra unión con Cristo de una manera crítica que afecte significativamente nuestra experiencia cristiana posterior. Al interpretar tales crisis, vale la pena tener en cuenta cuatro puntos:

1. La experiencia de crisis *puede* ser la rectificación de la resistencia específica a la voluntad de Dios. Para usar una analogía médica, nuestro estado puede requerir una cirugía radical más que un tratamiento menos drástico.

2. Se nos puede dar una experiencia para preparamos para una gran prueba de fe en el futuro.

3. Puede estar relacionada con un nuevo campo de ministerio cristiano o una nueva responsabilidad (Hch 18.9s; 23.11). Este último tipo, una bendición especial con relación a un servicio particular, se relaciona con la santificación sólo de manera secundaria. Más de un guía cristiano ha tenido que aprender, por amargas experiencias personales, que la dotación especial del Espíritu para un ministerio público no lo absuelve de la disciplina de la vida cristiana diaria.

4. Dios no deja necesariamente de lado nuestra personalidad "natural" en su obra de santificación. El Redentor es también el Creador. Algunos cristianos por su mismo temperamento serán más propensos que otros a experimentar crisis en su santificación.

El gran peligro es suponer que tales experiencias son para todos los cristianos, o para algunos cristianos que conocemos. La enseñanza bíblica básica es más bien que los hijos de Dios crecen en santidad por medio del continuo y diario ministerio del Espíritu, que nos permite vivir cada vez más la realidad de nuestra unión con Cristo en su muerte, resurrección y ascensión.

¿Lucha o descanso?

¿Están llamados los cristianos a luchar para adecuarse a los valores morales expresados en las Escrituras, o estamos llamados básicamente a una actitud de fe en Cristo y lo que Él ha hecho, un "descansar" en Cristo como medio de santificación?

El Nuevo Testamento incorpora ambos elementos. El descansar en Cristo como nuestra santificación tiene apoyo en versículos que nos estimulan a dirigirnos a Él en fe, a rendirnos a Él, y a "permanecer" en Él (Jn 15.1–10; Ro 6.13; 1Co 1.30; Gá 2.20). Aliado de esto, las Escrituras manifiestan la necesidad de "ser activos" en la tarea de la santificación, haciendo morir la vieja naturaleza con sus deseos y vistiendo la nueva naturaleza en Cristo (Ro 8.12s; 12.1–21; 13.14; 1Co 6.12–20; Gá 5.13–26; Col 3.1–7, 12). Las exhortaciones a la santificación nunca se limitan a vagos llamados a someternos al Señor o a la total sumisión a la dirección del Espíritu; describen en detalle el modelo de la vida santa y nos instan a hacer serios esfuerzos para adecuamos a este.

El Nuevo Testamento también subraya nuestra batalla espiritual contra los poderes del mal. Ciertamente que debemos "estar firmes" (Ef 6.14) en Cristo y su victoria sobre el diablo, pero también tenemos que "vestirnos de toda la armadura de Dios" y empuñar la espada del Espíritu. Es decir, la santificación es descansar en Cristo en fe *y también* luchar para conformarnos a su imagen.

¿Es completa o parcial?

Algunos afirman haber llegado a un estado en que ya no cometen pecados, e insisten en que es posible para todos los cristianos si miran continuamente a Cristo. Aparte de la dificultad de encuadrar esas afirmaciones con la clara enseñanza de 1 Juan 1.8, 10, los defensores de tal planteamiento demuestran, cuando se examina bien, que definen el pecado en un sentido algo limitado: deliberada desobediencia a la voluntad de Dios o algo así. Las Escrituras, sin embargo, son las que deben definir el pecado, y ellas relacionan el pecado tanto con pensamientos y actitudes como con palabras y obras, tanto con deberes omitidos como con faltas cometidas. El no tener pecado en términos bíblicos significa amar a Dios y a todo ser humano en cada momento consciente con todo el corazón, la mente, la voluntad y con todas las fuerzas, es decir, completa identidad de carácter con Jesucristo. En estos términos bíblicos, la impecabilidad es obviamente imposible; en realidad, incluso aquellos que se ajustan más evidentemente a Cristo en su carácter manifiestan un sentido de indignidad y debilidad personal (Is 6.5s; Dn 9.4–19; Ef 3.8; 1Ti 1.15). Este estado no sólo es no bíblico e imposible; también puede llevar al orgullo y perturbar y desviar la fe de otros.

La terminología de la santificación

Mucho de lo que se discute acerca de la santificación gira en torno a las interpretaciones dadas a una o dos ideas clave.

Ser llenos del Espíritu

Esta expresión tiene su base bíblica en Efesios 5.18, donde todos los cristianos están llamados a ser llenos del Espíritu, y en pasajes de Hechos donde los cristianos se describen como *[...] llenos del Espíritu Santo [...]* (Hch 2.4; 4.31; 6.5; 7.55; 9.17; 11.24; 13.9). "Llenar" es claramente una metáfora y lleva fundamentalmente al error si se insiste en tomarla literalmente, como si los objetos humanos del ministerio del Espíritu se redujeran a receptáculos impersonales y el bendito Espíritu mismo a una sustancia espiritual. Alguien "lleno de júbilo" simplemente significa una persona cuya aspecto más evidente es el buen humor y la alegría. No se requiere que el júbilo llegue a cierto nivel junto con ciertos acompañantes específicos (¿rodar por el suelo?) antes de que podamos aplicar la frase. Sencillamente significa que el júbilo es la característica dominante. De la misma manera, ser llenos del Espíritu implica que el Espíritu es la influencia dominante en nuestra conducta.

¿Es una experiencia crítica de una vez para siempre? Esto se resuelve por el factor obvio de que en Hechos se describe a las mismas personas como "llenas" del Espíritu en varias ocasiones (ver los versículos de Hechos citados anteriormente). De acuerdo con eso, el verbo en Efesios 5.18 indica una actitud continua: "Sigan siendo llenos del Espíritu Santo"; no dice: "Tengan una experiencia crítica del Espíritu".

A la luz de esta enseñanza bíblica, "ser llenos" del Espíritu significa ponemos bajo la influencia del Señor que es el Espíritu, de tal manera y en tal grado que Él se convierta en una realidad dominante en nuestra vida, permitiéndonos en ciertas ocasiones actuar en formas que demuestren particularmente su presencia y, en forma más general, vivir de manera que Dios sea glorificado en nosotros (Ef 5.19s). Es una condición que todos los cristianos debieran buscar continuamente. Está de más decir que como el Espíritu que "llena" al creyente es el mismo Espíritu Santo cuya obra hemos expuesto antes, las señales de su "llenado" (o plenitud) serán nuestra semejanza a Cristo.

El bautismo en o con el Espíritu

Esta frase ha causado bastante debate en el siglo xx. Los cristianos de las principales líneas pentecostales frecuentemente la usan para referirse a una segunda experiencia del Espíritu, que sigue a la conversión y va acompañada de hablar en lenguas. En los últimos tiempos el movimiento carismático (ver "La perspectiva histórica: el Espíritu Santo hoy", Cap. 22, pp. 315ss) ha traído el debate al primer plano.

La forma verbal "bautizar" en o con el Espíritu Santo aparece varias veces en la Biblia. Seis de ellas se refieren al contraste que hace Juan el Bautista entre su ministerio preparatorio, al bautizar con o en agua y el ministerio mesiánico venidero de Jesús al bautizar *[...] con el Espíritu Santo [...]* (Mt 3.11; Mr 1.8; Lc 3.16; Jn 1.33; Hch 1.5; 11.16).

También aparece cuando Pablo expone la unidad esencial de la experiencia del Espíritu en todo el pueblo de Dios: *Todos fuimos bautizados por un solo Espítiru para constituir un solo cuerpo [...]* (1Co 12.13).

Un estudio de estas citas y de toda la idea del Nuevo Testamento sobre el bautismo arroja la conclusión de que el "bautismo en el Espíritu" se refiere a un aspecto de la iniciación cristiana. En otras palabras, en las Escrituras el "bautismo en el Espíritu" pertenece a ese complejo de ideas que se refieren a los comienzos cristianos: el arrepentimiento y la fe, la justificación, la conversión, la regeneración, el bautismo por agua, la unión con Cristo, la adopción en la familia de Dios. Destaca lo que implica la regeneración, la entrada en el reino mesiánico prometido por medio de la inmersión en la vida del Espíritu Santo, el cual es la vida del reino. El "bautismo en el Espíritu", entonces, es una de las formas en que el Nuevo Testamento habla de "llegar a ser cristiano"; en consecuencia, todo verdadero creyente en Cristo ha sido bautizado en el Espíritu de la misma manera que ha sido regenerado, unido con Cristo, justificado delante de Dios, etc. Usar la frase para una experiencia *posterior* del poder y la bendición del Espíritu, por más asombrosa que sea, estrictamente va más allá del uso bíblico y, por lo tanto, bien puede resultar a la larga contraproducente y engañosa.

¿Qué diremos entonces de las experiencias posteriores del Espíritu si no las podemos llamar "bautismo en el Espíritu"? Se han sugerido varias posibilidades:

1. Negar la validez de tales experiencias. Aunque los peligros de experiencias falsas y desfiguraciones realmente existen, esta línea no es muy recomendable, particularmente donde hay evidencias de una realidad y efectividad espiritual como resultado de tales experiencias.

2. Seguir la línea pentecostal tradicional de llamar a esas experiencias "bautismo en el Espíritu", a pesar de su desviación del uso nuevotestamentario. Esta opción se ve complicada por el hecho de que *hay* aquellos cuya experiencia de "iniciación" fue tan inadecuada, que la experiencia siguiente tiene todas las características de una conversión real, de un "bautismo en el Espíritu". Sin embargo, donde ha habido realmente una genuina experiencia del Espíritu en un momento previo, que haya sido claramente el principio de la vida cristiana, es antibíblico y por ende poco provechoso denominar "bautismo en el Espíritu" a cualquier experiencia posterior.

3. Ver la experiencia posterior como la comprensión experimental en un grado nuevo y más profundo de lo que les fue dado esencialmente en la conversión. Por medio de este enfoque se interpreta la experiencia como que el Espíritu por medio del cual fuimos bautizados en la regeneración viene sobre nosotros en un derramamiento más pleno, incluso fundamentalmente nuevo, de su vida. Esta experiencia no es un "bautismo" en el Espíritu, sino una comprensión posterior de su realidad.

Esta experiencia posterior no debe ser interpretada rígidamente, como se ve claramente por las dificultades que surgen al tratar de ubicar las experiencias del Espíritu en Hechos en un marco demasiado estrecho. En cuanto a la terminología correcta para las experiencias posteriores, la idea de "plenitud" del Espíritu es mucho más recomendable que el concepto de "bautismo" en el Espíritu (ver los versículos de Hechos citados anteriormente). En el período nuevotestamentario este término bíblico abarcaba una considerable variedad de venidas del Espíritu sobre los discípulos cristianos en momentos posteriores a su iniciación en la nueva era por medio del poder regenerador del Espíritu.

No debemos permitir, sin embargo, que las vacilaciones referentes a cierta terminología de una "segunda bendición" nos empobrezca espiritualmente. Debemos desear lo más posible de la plenitud y del poder del bendito Espíritu de Dios que nuestro Padre se complazca en darnos (Mt 5.6; Lc 11.13; 1Co 12.31).

El aspecto colectivo de la obra del Espíritu Santo es fundamental aquí nuevamente. El Espíritu que llena y da poder es el mismo Espíritu que nos une a Cristo y, en consecuencia, a todo su cuerpo. Las experiencias y los ministerios del Espíritu nunca son para la gratificación egoísta del individuo. Son para el bien y el crecimiento de la iglesia, y en definitiva para la gloria de Cristo por medio de su pueblo (Hch 2.1s; *cf.* 2.42–47; 4.31–35; Ef 4.11–16).

LA PERSEVERANCIA

Si nos es permitido a nosotros creer, y así se nos aplica eficazmente la obra de Cristo, ¿podemos luego perder nuestra salvación? Esto también ha suscitado bastante discusión.

La idea de que, una vez recibida, no se puede perder la salvación, se conoce como la perseverancia de los santos. Ha sido sostenida firmemente en la teología reformada y hay un claro apoyo en las Escrituras para ella. Cristo dijo a sus discípulos: *[...] nunca perecerán, ni nadie podrá arrebatármelas de la mano* (Jn 10.28; *cf.* 6.37, 40). Pablo afirma: *[...] a los que llamó, también justificó [...] ni cosa alguna en toda la creación, podrá apartarnos del amor que Dios nos ha manifestado en Cristo Jesús nuestro Señor* (Ro 8.30, 39); *[...] el que comenzó tan buena obra en ustedes la irá perfeccionando [...]* (Fil 1.6). Pedro asegura a sus lectores que *[...] Dios [los] protege mediante la fe hasta que llegue la salvación que se ha de revelar en los últimos tiempos* (1P 1.5). Esta es la última inferencia de la verdad ya señalada, que la salvación es una obra de la gracia soberana de Dios. Si nuestro acercamiento a Dios fue obra suya en vez de nuestra, el que sigamos con Él también es obra suya.

La perseverancia también está claramente implícita en otras doctrinas ya consideradas. Si hemos sido incorporados a Cristo en toda su obra salvadora, entonces también compartiremos su triunfo venidero. Pablo usa precisamente este argumento. Como hemos muerto en Cristo, inevitablemente seremos *[...] manifestados con Él en gloria* (Col 3.1–4). La perseverancia también es un corolario de la elección, ya que nuestra pertenencia a Dios desde la eternidad implica que somos suyos para siempre. La justificación también implica la seguridad de ser declarados justos en el juicio final (Ro 5.1; Tit 3.7).

Un hilo de la enseñanza bíblica parece abrir la puerta para la posibilidad de que aquellos que una vez creyeron, con el tiempo puedan perderse. La carta a los Hebreos advierte a los cristianos contra la falsa presunción y las terribles consecuencias de renunciar a su fe en Cristo (2.3s; 4.1s; 6.1–9; 10.1s), como también lo hace Jesús mismo (Mt 24.13; Jn 15.6; Ap 2.5).

Tales advertencias y la doctrina de la perseverancia no son irreconciliables. Las Escrituras afirman claramente que todos los que son atraídos a Cristo y llegan a creer en Él son eternamente librados del pecado y su condenación, pero nunca presenta esto como motivo de negligencia moral. Las personas verdaderamente renacidas del Espíritu Santo darán evidencias de ello luchando por vivir una vida santa, aun cuando el logro sea penosamente lento, como lo dejan en claro abundantemente las biografías bíblicas. Cualquiera que vuelve decididamente al pecado, renuncia al camino cristiano, no manifiesta ningún remordimiento al hacerlo, y continúa en esta apostasía hasta el final de sus días, nunca había nacido verdaderamente "de Dios", a pesar de las apariencias iniciales. "No digas que tienes sangre real en tus venas a menos que puedas dar pruebas de tu linaje atreviéndote a ser santo" (Gurnall).

Las almas sensibles requieren seguridad en ese sentido. El cristiano ciertamente no está libre del pecado. En realidad, la misma ansiedad con que una persona busque en su vida señales de renovación moral es en sí misma una evidencia de su regeneración. Además, las reincidencias son un hecho real, aunque lamentable, de la vida cristiana. Hay verdaderos cristianos que a veces andan muy descarriados. Sin embargo, nunca pierden completamente su conciencia espiritual e incluso en su reincidencia retienen cierto grado de deseo de volver al Señor. Los apóstatas que demuestran que nunca fueron verdaderos discípulos pierden toda preocupación moral y espiritual y rechaza incluso la idea de que la muerte de Cristo elimina el pecado (Heb 10.26–29).

Los pasajes que se citan como prueba de que un verdadero cristiano puede perderse se refieren ya sea a casos donde no había una genuina fe inicial (1Jn 2.19) o sencillamente son advertencias de la seriedad moral de la vida cristiana. Sin embargo, es importante mantener el equilibrio de las Escrituras. La salvación cristiana incluye la liberación de la ira venidera. Los cristianos pueden tener la seguridad de que serán preservados para el reino eterno de Dios, no por lo que son capaces en sí mismos, sino porque están en las manos del soberano Dios de gracia que les ha traído vida desde la tumba, y los sostiene ahora frente a los ataques del mundo, la carne y el diablo, y se puede fiar en que él continuará este ministerio de gracia por toda la eternidad.

LOS MEDIOS Y EL FIN

El Espíritu Santo y la Palabra de Dios

Para concluir esta exposición sobre el Espíritu y el crecimiento cristiano, volvemos a observar su inspiración e iluminación de las Escrituras (Jn 14.26; 15.26; 16.13s; Ef 1.17; Heb 3.7; 1P 1.11; 2P 1.21s; 1Jn 2.20, 27). El lazo entre el Espíritu y la Palabra es una de las claves para entender todo su ministerio en la iglesia. Al guiar, inspirar, santificar y edificar al pueblo de Dios, su principal instrumento es la Biblia (2Ti 3.16s). A la inversa, cualquier pretensión de la presencia, dirección, o bendición del Espíritu que deje de lado la Palabra, o minimice su autoridad, es claramente ajena al Espíritu que guió y dio poder a Jesús y los apóstoles, y por tanto, extraña a toda fe verdadera que honra a Dios (*cf.* "Bases para aceptar la Biblia como la palabra escrita de Dios", pp. 47–54).

El Espíritu Santo y el fin

Varios pasajes del Antiguo Testamento asocian el ministerio del Espíritu Santo con la nueva era (Ez 39.29; Jl 2.28s). El ministerio actual del Espíritu entre el pueblo de Dios es la evidencia clara de que la nueva era del reino ya ha irrumpido en la historia de la humanidad. Por medio del Espíritu prevemos las realidades que regirán cuando la nueva era se manifieste plenamente.

Pablo usa dos términos para expresar esta dimensión futura del ministerio del Espíritu. El Espíritu es el *aparjé*, las *[...] primicias [...]* (Ro 8.23). En el Antiguo Testamento esto era un sacrificio que se ofrecía al Señor (Nm 28.26–31) para demostrar el agradecimiento del pueblo a Dios por la cosecha. Pablo usa el término para referirse a sus primeros convertidos en determinado lugar (*cf.* Ro 16.5; 1Co 16.15). También se emplea para el Cristo resucitado, las "primicias" de la gran cosecha venidera de la resurrección de los muertos (1Co 15.23). Su uso con relación al Espíritu tiene un cercano paralelo con este último pasaje. En el Espíritu Santo experimentamos *[...] los poderes del siglo venidero* (Heb 6.5 RV60), somos aquellos a quienes nos *[...] ha llegado el fin de los tiempos* (1Co 10.11, BJ).

El Espíritu es también el *arrabón* (2Co 1.22; 5.5; Ef 1.14), una palabra común en el mundo de los negocios del primer siglo. Cuando se establecía un contrato o se completaba una transacción, se pagaba un *arrabón*, una "garantía" que aseguraba el pago total que seguiría. Nuestra actual experiencia del Espíritu es la primera cuota y la garantía de la vida futura de gloria. En el griego moderno, *arrabón* significa un anillo de compromiso, la marca de una relación a la que se ha entrado, que promete una unión más completa en el futuro.

PASAJES BÍBLICOS

La seguridad: Ro 6.22; 8.14–17, 29–39; 2Co 1.22; Gá 4.4–7; Ef 1.13; 4.30; Col 2.2; 1Ts 1.5; 2Ti 1.12; Heb 6.18; 10.22; 1Jn 3.24; 4.13; 5.7, 9.

La santificación: Éx 19.6; Lv 11.44s; Dt 7.6; Is 62.12; Mt 5–7; Jn 15.1–10; 17.17; Hch 20.28–32; 26.18; Ro 6.8–12s; 12.1–21; 15.16; 1Co 6.11–20; 15.31; 2Co 3.17s; 7.1; Gá 5.13–6.10; Ef 4.17–6.18; Col 1.22; 3.1–17; 1Ts 4.1–12; 2Ti 1.9; 2.21; Heb 12.10, 14; 1P 1.13–2.17; 2P 3.11; 1Jn 2.6, 24–28; 3.6.

La perseverancia: Jn 6.37, 40; 10.27; Ro 8.30–39; 11.29; Fil 1.6; 2Ts 3.3; 2Ti 4.18; 1P 1.5.

El Espíritu y la Palabra: Ez 2.1s; Jn 14.26; 16.13s; 1Co 2.4–16; 2Ts 2.13; 2Ti 3.16; Heb 3.7; 2P 1.20s.

El Espíritu y el fin: Is 11.2; 44.3; Jer 31.31s; Ez 39.29; Jl 2.28s; Ro 8.23; 1Co 10.11; 15.23; 2Co 1.22; 5.5; Ef 1.13s; 4.30; Heb 6.5.

PREGUNTAS

1. ¿Qué significa "santificación", tanto en las Escrituras como en el uso común? ¿En qué manera se distingue la santificación de la justificación?

2. ¿Qué importancia tiene nuestra unión con Cristo para la santificación? ¿Cómo procuraría usted interpretar una experiencia de "crisis" del Espíritu Santo? ¿Cuáles son los problemas relacionados con el concepto de la "segunda bendición" referente a la santificación?

3. De acuerdo con las Escrituras, ¿depende la santificación en algún sentido de nuestros propios esfuerzos?

4. Según la enseñanza bíblica, ¿qué se entiende por: (a) el bautismo en el Espíritu; (b) "la plenitud del Espíritu"?

5. ¿Cuáles consideraría las señales esenciales de la creciente santificación en la vida de *todos* los cristianos? Aparte de estos elementos comunes, ¿cómo se podría esperar el incremento de la santificación expresado particularmente en un cristiano que es: (a) ama de casa y madre; (b) estudiante; (c) carpintero; (d) profesor; (e) obrero de fábrica; (f) funcionario público?

6. ¿Podemos disfrutar de una plena seguridad de que somos verdaderamente cristianos? Apoye su respuesta basándose en las Escrituras.

7. Examine el papel del Espíritu con relación a las Escrituras. ¿Cuál es la función de la Biblia en cuanto al diario vivir cristiano?

8. ¿Puede perderse definitivamente un cristiano verdaderamente regenerado? ¿Cómo se interpretan los "pasajes de advertencia" de Hebreos?

BIBLIOGRAFÍA

Arts. 'Sanctification' en IBD y 'Assurance', 'Justification', 'Perseverance' en NDT.

G. C. Berkouwer, *Faith and Sanctification* (Eerdmans, 1952).

G. C. Berkouwer, *Faith and Perseverance* (Eerdmans, 1958).

J. Bridges, *The Practice of Godliness* (NavPress, 1987).

Jonathan Edwards, *The Religious Affections* (Banner of Truth, 1961).

S. B. Ferguson, *Add to Your Faith* (Pickering and Inglis, 1980).

S. B. Ferguson, *The Holy Spirit* (IVP, 1996).

M. Green, *I Believe in the Holy Spirit* (Hodder, 1975). *Creo en el Espíritu Santo* (Editorial Caribe, 1977).

D. M. Lloyd-Jones, *Romans 5 – Assurance* (Banner of Truth, 1971).

D. M. Lloyd-Jones, *Romans 6 – The New Man* (Banner of Truth, 1972).

D. M. Lloyd-Jones, *Romans 8.17–39 – The Final Perseverance of the Saints* (Banner of Truth, 1975).

R. Lovelace, *The Dynamics of Spiritual Life* (Paternoster, 1979).

J. Owen, *Works, 4 and 5* (Banner of Truth, 1967).

J. I. Packer, *Keep in Step with the Spirit* (IVP, 1984). *Hacia el conocimiento del Espíritu Santo* (Editorial Peniel, 2006).

J. I. Packer, *Knowing God* (Hodder, 1973). *El conocimiento del Dios Santo* (Editorial Vida, 2006).

D. Peterson, *Possessed by God* (Apollos, 1995).

J. C. Ryle, *Holiness* (James Clarke, 1952).

T. A. Smail, *Reflected Glory* (Hodder, 1975).

J. R. W. Stott, *Baptism and Fullness* (IVP, 2da ed., 1975). *El bautismo y la plenitud del Espíritu Santo* (Editorial Caribe, 1973).

D. Watson, *One in the Spirit* (Hodder, 1973).

John Wesley, *A Plain Acconunt of Christian Perfection* (Epworth, 1958).

22

LA PERSPECTIVA HISTÓRICA: EL ESPÍRITU SANTO HOY

La última mitad de siglo ha sido testigo de un gran resurgimiento del interés en el Espíritu Santo, centrado en el "movimiento carismático". Como factor significativo dentro de las iglesias tradicionales, el movimiento data de las actividades de la Fraternidad Internacional de Hombres de Negocio del Evangelio Completo en la década de los cincuenta. El énfasis en el "bautismo en el Espíritu Santo" del individuo, y en los dones más espectaculares del Espíritu, particularmente el hablar en lenguas, hizo que en pocos años afectara a cristianos en todas las grandes denominaciones en los Estados Unidos, luego en Europa y en todo el mundo. Desde los primeros momentos penetró en el catolicismo romano, y algunos piensan que el movimiento carismático ofrece una vía más prometedora para el acercamiento ecuménico que la ruta tradicional, a veces algo infructuoso, del diálogo teológico.

Después de la primera preocupación por la bendición individual, el hablar en lenguas y cosas por el estilo, en la segunda y discutiblemente más madura fase del movimiento, las principales preocupaciones consistieron en recuperar la comunidad cristiana práctica y el sentido de la iglesia como el cuerpo de Cristo. En lo que se podría distinguir como una tercera fase, la atención se ha trasladado a una búsqueda de estructuras eclesiásticas que sirvan mejor al movimiento. Esto ha tenido el efecto de sacar a luz dos bandos: uno dedicado a la renovación dentro de las principales denominaciones históricas, y el otro que se ha separado de estas y ha formado iglesias en hogares y grupos informales.

Durante los años '90 el movimiento carismático experimentó lo que generalmente se llama una "Tercera Ola" (las primeras dos olas fueron el levantamiento del pentecostalismo a principios del siglo xx, y la aparición del movimiento carismático como se ha descrito arriba). Esta Tercera Ola, que se originó con el ministerio del Reverendo John Wimber y el Seminario Teológico Fuller en California, ha puesto énfasis especial en "señales y maravillas", en la creencia de que Dios sigue autenticando el evangelio en nuestro tiempo con fenómenos sobrenaturales tales como sanidades milagrosas, encuentros con poder, "caídas producidas por el Espíritu" y cosas por el estilo. Un legado fue la fundación del movimiento *Vineyard* (Iglesias de la Viña), un grupo de iglesias carismáticas indirectamente federadas alrededor del mundo. Una serie extensa de reuniones en Toronto, Canadá, a mediados de los '90 también fue influyente al difundir aún más este énfasis.

En algunos casos el movimiento ha conducido a una aguda división dentro de las iglesias, y a veces a desequilibrios y excesos. En otros, el contacto con el mismo ha traído el evidente avivamiento de la vida espiritual. Algunos importantes grupos cristianos, particularmente en Norteamérica, siguen mirando al movimiento con desaprobación, posiblemente debido, en parte, al extremismo de buena parte del pentecostalismo tradicional allí. En común con toda la iglesia de hoy, el movimiento carismático enfrenta el desafío de traducir la conciencia renovada de la realidad y la vida del Espíritu en una revitalización de la misión de la iglesia, tanto en traer hombres y mujeres a Cristo en grandes números, desde todos los estratos de la sociedad, como en aplicar eficazmente el evangelio a las esferas sociales y culturales.

Al mismo tiempo que agradecen a Dios por los logros del movimiento, y se regocijan por todas las otras evidencias de la obra del Espíritu en el mundo, muchos cristianos siguen anhelando y orando por un avivamiento mundial. Siempre es peligroso, por supuesto, decir que el Espíritu Santo actúa siempre de la misma forma; pero a Dios le ha agradado periódicamente, desde el siglo i, derramar su Espíritu sobre su pueblo en forma tan abundante que no solamente la iglesia misma ha comenzado a vivir algo similar al Pentecostés, sino que también toda la comunidad que la rodea ha sido profundamente despertada a la realidad de Dios y a la urgente necesidad de estar en paz con Él[25]. Los avivamientos de este tipo fueron experimentados durante el siglo xx en diferentes lugares, notoriamente en África Oriental, China y Asia Sudoriental. ¿Algo menos que esto puede permitir a la iglesia enfrentar el terrible desafío del nuevo milenio y cumplir verdaderamente su llamado a glorificar a su Señor?

Soplo Divino, ven sobre nos,
renueva tu iglesia con vida y poder;
Soplo Divino, ven, limpia y prepara
a tu iglesia para esta hora enfrentar.

---

25 Avivamientos en este sentido clásico deben distinguirse de su uso popular, en particular en los EE.UU., para referirse a las campañas de evangelización locales.

APLICACIÓN

DIOS Y SU SERVICIO

NUESTRA EXPERIENCIA DE DIOS

El hecho de la obra del Espíritu nos confronta con la maravilla de que Dios se da a *sí mismo* a nosotros, en nuestra propia experiencia. No es solamente que Dios obra por nosotros y sobre nosotros en su creación y redención sino, que en realidad obra en nosotros de modo que nuestros mismos cuerpos se convierten en el santuario del Espíritu de Dios, Dios mismo en nuestro ser. Aunque no siempre es sencillo identificar e interpretar esta realidad —una de las razones para el estudio constante y la sumisión a las Escrituras—, no nos detenemos antes de llegar a la afirmación de que *Dios mismo es experimentado por parte de sus criaturas* (1Co 6.19; Ef 2.22).

NUESTRA ADORACIÓN A DIOS

El hecho de que Dios en su gracia soberana ha condescendido a darse a sí mismo, en su mismísimo ser por medio del Espíritu, a nuestras vidas pecaminosas, débiles y quebrantadas, es mayor causa para la adoración y la acción de gracias. Todo lo que Dios ha hecho, está haciendo, y hará por medio de nuestra unión con Cristo en términos de nuestra elección, llamamiento, regeneración, arrepentimiento, fe, justificación, adopción, seguridad, santificación y perseverancia, es motivo para adorarlo, bendecirlo y alabarlo. *[...] Al que nos ama y por cuya sangre nos ha librado de nuestros pecados, al que ha hecho de nosotros un reino, sacerdotes al servicio de Dios su Padre, ¡a él sea la gloria y el poder por los siglos de los siglos! Amén* (Ap 1.5s). En nuestra adoración, el mismo Espíritu es el que se deleita una y otra vez en avivar las mortecinas brasas de nuestro sentido de agradecimiento y adoración, aventándolas hasta que ardan en alabanza y gloria a nuestro Dios (Fil 3.3).

Nuestro servicio a Dios

El Espíritu nos equipa para servir a Dios impartiéndonos dones, dirigiendo nuestro ministerio, y ungiéndonos con poder. Nuestro horizonte, en lo que se refiere al servicio a Dios, no debe ser medido, entonces, por nuestras capacidades humanas limitadas, sino por la abundancia medida de la provisión del Espíritu (Ro 15.18s; 2Co 3.5s; Ef 1.19–21).

EL MUNDO Y SUS RESPONSABILIDADES

La regeneración desde más allá del mundo

El cristiano no pertenece a esta era actual dominada por el pecado y la oscuridad, sino que ha nacido de nuevo por el Espíritu a una ciudadanía en el nuevo orden venidero del reino. En consecuencia, no miramos al mundo para nutrir nuestros espíritus o para que nos provea de profunda satisfacción. Nos movemos en un plano diferente y nos realizamos definitivamente dentro de un orden distinto: la vida de Dios por medio del Espíritu Santo (Sal 16.11; 84.1s; Ro 8.5ss; Heb 11).

La relación con el mundo

Aunque nuestra más profunda satisfacción reside más allá del mundo, el ministerio de regeneración y santificación del Espíritu afecta claramente al orden creado y nuestra experiencia en el mundo. El mismo Espíritu que fue derramado con poder sobrenatural en Pentecostés, dando así inicio a la iglesia, estaba ocupado con el Padre y el Hijo en los comienzos haciendo surgir el mundo material. El mismo Espíritu que inspira y da poder al pueblo de Dios también está presente en alguna medida como realidad inmanente en la vida de todas las personas (Job 33.4; Sal 104.29s). Si estas dos dimensiones de la obra del Espíritu único están tajantemente separadas, se crea un desequilibrio peligroso que deja al Espíritu fuera de las realidades creadas y confina su actividad a lo que es manifiestamente sobrenatural.

Esto se puede ilustrar en dos esferas. En el asunto de la dirección divina, los cristianos que tienen una doctrina bíblica completa sobre el Espíritu saben que el mismo Espíritu de Dios los guiará en medio de una cuidadosa valoración de los factores involucrados y de sus propias aptitudes "naturales" y personalidad, así como factores circunstanciales más dramáticos. De manera similar, en el ámbito de la sanidad física reconocerán que es el mismo Espíritu Santo el que sana a los enfermos, ya sea por medios médicos modernos, por medio de los propios recursos inherentes al cuerpo para recuperarse, o por el ejercicio de un don especial de sanidad junto con las oraciones del pueblo de Dios.

En un nivel práctico, este desequilibrio se previene mejor acordándonos de que una importante obra del Espíritu es la inspiración e iluminación de las Santas Escrituras. Siempre trabaja junto con la Palabra y, por ende, nuestra experiencia del Espíritu necesita el permanente control, equilibrio y dirección de toda la Palabra escrita de Dios.

LA RESPONSABILIDAD POR EL MUNDO

El Espíritu es el testigo divino en el mundo de Dios, de su ley, de su redención en Cristo. Es el "abogado" que autentica el testimonio de la iglesia. Por consiguiente, los cristianos guiados por el Espíritu se caracterizarán por un sentido de responsabilidad por el mundo con su incredulidad y desconocimiento de Dios y buscarán dar testimonio del evangelio; significativamente, el principal relato bíblico sobre el ministerio del Espíritu en la iglesia (el libro de los Hechos) tiene por centro la extensión del evangelio a través del mundo. La presencia del Espíritu en una vida o en una iglesia producirá siempre una preocupación por la gloria de Dios en la salvación de hombres y mujeres perdidos, lo que antiguamente se llamaba una "pasión por las almas". Cuando las experiencias del Espíritu, ya sea individuales o de iglesia, producen una preocupación por lo emocional y sensacional, conforme a la Biblia debemos preguntarnos si el "espíritu" en cuestión es realmente el Espíritu de Jesús que encontramos obrando en el Nuevo Testamento. Un sentido de responsabilidad por el mundo es una señal invariable de la presencia del Espíritu, que se nos ha prometido para darnos valor y sabiduría, para autenticar nuestro testimonio, y para traer a una fe viva a hombres y mujeres (Hch 1.8; 4.31; 14.27).

NOSOTROS MISMOS
Y NUESTRAS PERSPECTIVAS

LO COLECTIVO

El Espíritu que nos da testimonio de Cristo nos une en ese acto con todo el pueblo de Dios; nuestra santificación por medio de la influencia renovadora del Espíritu está asentada firmemente en el contexto de la comunión con el pueblo de Dios, particularmente la iglesia local a la que nos ha llamado. El Espíritu no sabe nada de cristianos ni de ministerios en que una sola persona la haga todo. Tenemos que tener cuidado de las pretensiones de guía del Espíritu que no tienen ningún "control" específico en el nivel colectivo. Más bien, entre las dimensiones más enriquecedoras de su obra están esas relaciones de amor y participación que nos da dentro de la vida de la familia de Dios.

EL CARÁCTER

El Espíritu es santo, separado de todo mal y pecado. Por tanto, su presencia en nuestra vida siempre se manifestará en términos morales, apartándonos del mal y el pecado, hacia la santidad y la rectitud. Tenemos que tener esto en cuenta al pensar en nuestra vida cristiana; el Espíritu se ve contristado cuando pecamos; ansía nuestra santidad. El ministerio del Espíritu es interpretado mal entonces si se piensa en él solamente en términos de ciertas experiencias de Dios. Da tales experiencias, si lo desea y cuando quiere, pero son sólo parte de su obra y deben ir integradas con su ministerio constante y progresivo de conformarnos a la imagen de Cristo.

LA CONSUMACIÓN

El Espíritu es la vida de la nueva era venidera, impartida a nosotros bajo las condiciones del orden caído actual. Su presencia siempre es promisoria: nos dirige hacia adelante en fe, hacia la consumación venidera cuando Cristo volverá en gloria. El cristiano en quien mora el Espíritu se esforzará entonces en seguir adelante, en la creciente esperanza de la plenitud de la vida y la bendición del Espíritu que será la feliz experiencia del pueblo de Dios en aquel día.

PARTE 6

La iglesia

23

LA IDENTIDAD
DE LA IGLESIA

La religión bíblica es inevitablemente colectiva. Incluso antes de la caída, Adán no estaba completo solo: necesitaba compañía humana (Gn 2.18). El aspecto colectivo dentro del propósito creativo de Dios se repite en el desarrollo de su propósito redentor. Sus pactos con Noé (Gn 9.8, 9) y con Abraham (Gn 12.1–3; 15.1–5; 28.14) claramente van más allá del individuo y abarcan a los descendientes inmediatos e incluso a "todos los pueblos de la tierra".

El Antiguo Testamento es la historia de un *pueblo* y de toda la variedad de relaciones de Dios con Él. Es verdad que se destacan grandes individuos, y la relación personal con Dios en su gracia es también fundamental (Sal 23.1; 51.10–12; Ez 18), pero el contexto sigue siendo básicamente colectivo. La comunidad de creyentes es el suelo en que brota la fe personal y del cual se nutre. De ahí que la esperanza mesiánica tenga una dimensión colectiva en el Antiguo Testamento, donde el Hijo del Hombre y el siervo sufriente son figuras tanto individuales como colectivas (Dn 7.13s, 27; Is 42.1; 44.1). A la luz del cumplimiento en el Nuevo Testamento, vemos que la principal aplicación de estos pasajes es individual: se refieren al Señor Jesucristo. Pero es igualmente evidente que un Mesías aislado del pueblo mesiánico era algo inimaginable.

El Nuevo Testamento continúa este sentido de lo colectivo. Jesús viene para la salvación de un pueblo (Mt 1.21). Reúne un grupo de doce discípulos que corresponden en número a las tribus de Israel.

Claramente son para Él el núcleo del nuevo Israel, el nuevo pueblo de Dios que Jesús unirá a Dios en el nuevo pacto realizado a través de su misión redentora. Jesús se refiere explícitamente a la "iglesia" que surgirá después de la culminación de su ministerio (Mt 16.18; 18.17), y su última comisión prevee claramente una comunidad de fe y testimonio que habría de continuar (Mt 28.19s).

El Pentecostés mismo fue básicamente comunitario (Hch 2.1s). Desde ese momento la experiencia de los discípulos se desarrolló en términos comunitarios (Hch 2.44-47; 4.32-35; 5.12-16; 6.1-7). A medida que el evangelio se extendió hacia el mundo gentil, los discípulos se agruparon en iglesias en los diferentes centros de población (Hch 11.26; 13.1; 14.23). El apóstol Santiago expresa, como Pedro, que la visión apostólica del propósito de Dios es *[...] escoger de entre los gentiles un pueblo para honra de su nombre* (Hch 15.14).

Las Escrituras, pues, no saben nada de una religión individual. Nadie puede ser reconciliado con Dios sin ser también reconciliado con el pueblo de Dios, dentro del cual su experiencia de la gracia de Dios lo ubica inmediatamente. La soteriología (la doctrina de la *salvación*) está pues indisolublemente ligada a la eclesiología (la doctrina de la *iglesia*).

FIGURAS BÍBLICAS DE LA IGLESIA

EL PUEBLO DE DIOS

La revelación de Dios con su pueblo es el tema central del Antiguo Testamento, expresado en la repetida declaración: *Haré de ustedes mi pueblo; y yo seré su Dios [...]* (Éx 6.7; 19.5; Lv 26.12; Jer 30.22; Ez 36.28; Os 2.23). Esta relación comenzó con el pacto hecho con Noé (Gn 6.18s) y luego con Abraham y sus descendientes (Gn 12.1s; 15.1-19; 17.3-14). Este último fue confirmado más tarde, a escala nacional, en la época de Moisés (Éx 6.6s; 19-24) y de David (Sal 89.3s; 2S 7.12-17). Un pacto no significaba un contrato entre dos partes por el cual Dios estaba obligado por su pueblo; siempre era un pacto de gracia, un acuerdo en el que Dios era la parte iniciadora y determinante. Israel tenía asegurada la presencia y bendición de Dios en el contexto de su obediencia a Él.

El concepto de pueblo de Dios continúa en la iglesia del Nuevo Testamento: *[...] el Israel de Dios* (Gá 6.16). Pedro hace uso particular de la idea (1P 2.9; *cf.* Tit 2.14), y la Biblia termina con la triunfante afirmación: *[...] ¡Aquí, entre los seres humanos, está la morada de Dios! Él acampará en medio de ellos, y ellos serán su pueblo [...]* (Ap 21.3).

La relación basada en el pacto también continúa en el Nuevo Testamento. La iglesia hereda las promesas de Israel sobre la base del *nuevo* pacto hecho por medio del sacrificio del Mesías, Jesús (Mt 26.28; Lc 22.20; Heb 9.15; *cf.* Jer 31.31).

Algo del carácter esencial de "pueblo de Dios" está indicado por las dos palabras que se usan para ello en el Antiguo Testamento. La primera, *qajal*, significa una asamblea o congregación en respuesta al llamado de Dios (Éx 35.1; Nm 16.26; Dt 9.10); esta palabra fue traducida por *ekklesía* (iglesia) en la versión griega del Antiguo Testamento y, en consecuencia, es la clave para la idea de "iglesia" en el Nuevo Testamento. La segunda, *edah*, significa la comunidad religiosa nacional a la que se entra por nacimiento (Éx 12.3; Nm 16.9; 31.12). Los primeros cristianos vieron su precedente histórico en la idea dinámica de *qajal*, el pueblo de Dios congregado en respuesta al llamado directo de Dios.

En Jesús, el llamado de Dios que había constituido al pueblo de Dios en el pasado (Gn 12.1s; Éx 3.1s; Os 11.1s) volvió a oírse (Mt 11.28s; Mr 1.14–20; Jn 7.37s). Después de la ascensión, ese llamado sigue oyéndose en el llamado del evangelio (Hch 2.39; 2Ts 2.14). Al responder al llamado de Dios por medio del evangelio entramos en la iglesia, el pueblo del pacto de Dios.

Estos antecedentes bíblicos implican que la "iglesia" es fundamentalmente la comunidad viva de aquellos que han respondido al llamado de Dios, y en consecuencia *no* la estructura eclesiástica formal que viene a la mente con la palabra "iglesia". Esta última idea puede estar inevitablemente asociada con *ekklesía*, pero no es su esencia.

Ekklesía se usa en el Nuevo Testamento tanto para grupos locales específicos (Hch 8.1; Ro 16.16; 2Ts 1.4) como para la compañía universal eterna del pueblo de Dios (Mt 16.18; 1Co 15.9; Ef 5.25s). La relación entre la compañía local de cristianos y la totalidad del pueblo de Dios es difícil de definir y no tiene paralelo humano, porque el grupo local no es simplemente una parte relativamente incompleta de la totalidad. El Nuevo Testamento enseña más bien que la iglesia local, aun cuando está indisolublemente unida a todo el pueblo de Dios, no obstante es una iglesia completa. Todas las promesas de Dios rigen para ella, y Cristo, Cabeza y Señor de la iglesia, está plenamente presente allí (Mt 18.20), al igual que en cualquier entidad más amplia.

El cuerpo de Cristo

Esta figura, la que más agrada a Pablo, enfoca mejor lo que tiene en común el pueblo de Dios. El "llamado" que los constituye es el llamado a creer en Jesucristo (el "Verbo" que se ha "hecho carne"), y, en consecuencia, a ser incorporados en Él, ser hechos miembros de su cuerpo. El concepto es evidentemente figurativo (*cf.* Jn 15.5; *Yo soy la vid y ustedes son las ramas*). La relación de la iglesia con Cristo es en realidad muy estrecha; es una forma de unión orgánica por la que somos hechos uno en la vida y en el ser con Él (Col 3.4).

A veces Cristo mismo es descrito como el cuerpo, mientras que nosotros somos miembros "en" Él (Ro 12.5; 1Co 10.16; 12.27). Pablo también maneja la imagen de una manera ligeramente distinta y presenta a Cristo como la cabeza del cuerpo (Ef 5.23; Col 1.18; 2.19). Este no es un cambio fundamental, ya que Cristo sigue siendo el Señor de todo el cuerpo que le pertenece íntegramente.

Esta imagen también subraya la relación recíproca entre Cristo y su pueblo. Cristo reina a la derecha de Dios *para la iglesia* (Ef 1.22s). Que él es la cabeza implica que toda nuestra vida y nuestro sustento provienen de Él; vivimos de Él, por Él, por medio de Él, y para Él.

La esposa de Cristo

Esta gráfica figura tiene sus raíces en el Antiguo Testamento, donde Dios habla de Israel como esposa (Is 54.5–8; 62.5; Jer 2.2). Lamentablemente, Israel demostró ser una esposa infiel (Jer 3; Ez 16). Jesús empleó esa metáfora para referirse a sí mismo como el esposo cuya presencia en medio de los invitados de la boda hacía inapropiado el ayuno (Mr 2.18–20). Cristo personifica el amor conyugal de Dios para la iglesia, expresado supremamente en su sacrificio por ella, para que la iglesia fuera presentada a su esposo celestial como [...] *una iglesia radiante, sin mancha ni arruga ni ninguna otro imperfección, sino santa e intachable* (Ef 5.27). Así prevé Juan el destino de la iglesia: [...] *ya ha llegado el día de las bodas del Cordero. Su novia se ha preparado*; la culminación de su profecía revela la [...] *ciudad santa, la nueva Jerusalén, que bajaba del cielo, procedente de Dios, preparada como una novia hermosamente vestida para su prometido* (Ap 19.7; 21.2).

Esta figura subraya que la relación de Dios con su pueblo es la de un amor incondicional. Nos ha elegido y nos ha redimido porque nos ama; somos los objetos de su amor eterno. Esta metáfora también nos confronta con nuestra responsabilidad de ser dedicados en nuestra devoción a Dios y de reconocer la gravedad de dar nuestro afecto y lealtad a otras cosas, no menos a nuestras propias ambiciones e intereses. El amor de Dios es tan profundo que no puede tolerar afectos rivales.

EL EDIFICIO DE DIOS

Esta metáfora se basa en las referencias del Antiguo Testamento a la presencia de Dios entre su pueblo (Éx 25.8; Sal 132.13s; Is 12.6) en el tabernáculo que alojaba el arca del pacto (Éx 25.8–22; 1S 4.21s) y posteriormente en el templo construido por Salomón (2Cr 7.1–3). Sin embargo, era claro que ningún santuario localizado bastaría para el Dios cuya presencia llena la tierra y el cielo (2Cr 6.18; Sal 139.7–12).

El templo de Salomón fue destruido por los invasores babilonios en el año 587 a.C. Un segundo templo, construido por los cautivos que habían regresado (Esd 3) duró casi quinientos años y fue seguido por el templo de Herodes, completado unos pocos años antes del nacimiento de Jesús. Nuestro Señor dio a entender que el templo ya no era la morada de Dios: *Destruyan este templo [...] y lo levantaré de nuevo en tres días* (Jn 2.19); con esto se refería al templo de su cuerpo (Jn 2.21). También afirmó que la principal consideración para acercarse a Dios no es una ubicación geográfica, sino una actitud y una disposición del corazón (Jn 4.23). Las palabras de Jesús acerca del templo resultaron ser proféticas: fue destruido por los romanos en el año 70 d.C (*cf.* Mr 13.1, 2).

Sin embargo, la idea de que Dios mora en medio de su pueblo continúa, porque el cuerpo de Jesús ofrecido en la cruz permitió la venida del Espíritu Santo; así la iglesia fue creada como el cuerpo de Cristo, el nuevo templo para la presencia de Dios. Cristo mismo es la piedra fundamental (1Co 3.11; Ef 2.20) sobre la que está edificado el pueblo de Dios como *[...] templo de Dios [...]* (1Co 3.16), *[...] morada de Dios por su Espíritu* (Ef 2.22). La consumación de esto queda en el futuro, cuando el Señor regrese: *[...] ¡Aquí, entre los seres humanos, está la morada de Dios! Él acampará en medio de ellos, y ellos serán su pueblo; Dios mismo estará con ellos y será su Dios* (Ap 21.3).

La imagen de la iglesia en su sentido desarrollado en el Nuevo Testamento no se relaciona con estructuras de piedra, lo que hace más lamentable la identificación común de la iglesia con un edificio, por más sagradas que sean sus asociaciones o sublime su arquitectura. Subraya el carácter esencialmente espiritual de la iglesia como creación del Espíritu Santo, y el lugar central de Cristo como piedra angular y fundamental; y recalca la mutualidad fundamental de la vida cristiana en que el servicio y la experiencia se realizan y expresan mediante nuestra identificación mutua como piedras vivas del templo de Dios (1P 2.5).

El reino de Dios

La idea bíblica fundamental se discute con más detalle en la Parte 7 de este libro. Sus raíces se encuentran igualmente en el Antiguo Testamento. El gobierno de Dios es rechazado y desechado en el mundo. Incluso en Israel, aunque Dios lo escogió como *[...] su dominio* (Sal 114.2), su voluntad es resistida, su ley quebrantada y descuidada. De aquí surge la esperanza profética de un día venidero en que Dios afirmará su autoridad real y establecerá su gobierno o "reino" entre los hombres. Jesús proclamó la llegada de esa era. A través de su ministerio que culminó en la resurrección, se estableció verdaderamente el gobierno de Dios, aunque su plena expresión espera su glorioso retorno. Mientras tanto, el gobierno de Dios se establece en aquellos que *[...] libró del dominio de la oscuridad y [...] trasladó al reino de su amado Hijo* (Col 1.13), y es ejercido por Cristo por medio de su Espíritu (Ro 14.17).

Aunque no es correcto equiparar el reino con la iglesia, cuando ésta se somete verdaderamente a Cristo obedeciendo su palabra, se convierte en el instrumento del gobierno de Dios. Además, aunque la iglesia espera la venida completa del reino, a través del ministerio del Espíritu, ella puede encarnar la vida del reino en una medida real en su experiencia de amor y servicio mutuo. En la comunidad del Espíritu, donde se superan las enormes diversidades de la experiencia humana y los diversos miembros descubren una unidad única en la familia de Dios, verdaderamente se ve por adelantado y se anticipa el reino.

En lo general, esta imagen expresa el carácter esencialmente servidor de la iglesia y su necesidad de poner su vida en todos sus aspectos constantemente bajo el gobierno de Dios por medio de su Palabra.

La familia de Dios

Esta imagen se prefiguró en el Antiguo Testamento, donde Israel fue llamado hijo de Dios (Os 11.1), refiriéndose hacia adelante a Jesús (Mt 2.15), el Hijo de Dios en sentido definitivo.

En el Nuevo Testamento se hace evidente el sentido total de esta imagen. En Cristo nacemos de nuevo en la familia de Dios, somos adoptados como hijos, y el Espíritu de Dios es enviado a nuestros corazones para que podamos llamarlo Padre (Ro 8.14–17). Por consiguiente, la iglesia es la familia o la casa de Dios (Ef 2.19; 1Ti 3.15). Esta imagen nos recuerda nuestro gran privilegio: somos elevados por su gracia a la gloriosa condición de hijos de Dios. También habla del carácter de nuestra relación mutua, como miembros de la misma familia, y nos desafía a confiar en nuestro Padre celestial para satisfacer nuestras necesidades (Mt 6.25–34).

El rebaño de Dios

Israel era el rebaño de Dios (Sal 80.1; 95.7). Cuando los líderes o "pastores" de Israel no cuidaban el rebaño, Dios declaraba su preocupación: *Yo mismo apacentaré a mi rebaño [...]* (Ez 34.15). Jesús hace suyo este ministerio del pastorado (Jn 10.1–30). Él es el principal pastor del rebaño de Dios (1P 5.4; 2.25; Heb 13.20) que dio su vida por sus ovejas (Jn 10.11). Ahora envía a sus siervos para que sean "subpastores" del rebaño de Dios (Jn 21.17; Hch 20.28; 1P 5.1–3). Esta figura subraya la total dependencia de la iglesia de su Cabeza y Señor, el amor y la compasión que el Señor nos muestra, y su promesa de guiar, proteger y alimentar a su pueblo (Jn 10.2–15).

La viña de Dios

Israel es una viña que Dios sacó de Egipto y plantó en Canaán; *[...] y ella echó raíces y llenó la tierra* (Sal 80.8s). Pero cuando Dios vino a recoger el fruto, las "buenas uvas" de la obediencia y justicia, sólo le entregó el fruto amargo de la injusticia y la opresión (Is 5.1s, 7); de manera que Dios la convirtió en desierto (v. 6). En una de sus parábolas Jesús aplicó esto al traspaso del propósito redentor de Dios a los gentiles, agregando que el hijo del dueño, muerto por los arrendatarios, sería el agente de ese cambio (Mr 12.1–12). Él mismo es la vid verdadera cuyas ramas dan fruto cuando permanecen unidas en Él (Jn 15.1–8). Esta figura habla del cuidado de Dios para su iglesia, la dependencia total de la iglesia de su Señor para su vida y continuidad, y preocupación de Dios por la pureza y la fructificación de ella en el mundo.

CARACTERÍSTICAS
DE LA VERDADERA IGLESIA

¿Dónde podemos encontrar hoy la verdadera iglesia y cuáles son sus características? Primero debemos distinguir los diversos significados de la palabra "iglesia".

1. El pueblo entero de Dios disperso a través de los siglos, toda la compañía de los escogidos. Los reformadores hablaban de esto como la iglesia invisible.

2. La compañía local de cristianos que se reúnen visiblemente para rendir culto y ejercer ministerio; este sentido abarca la mayoría de las citas del Nuevo Testamento sobre la iglesia (*ekklesía*).

3. Todo el pueblo de Dios en el mundo en cualquier momento determinado, a la que probablemente es mejor referirse como la iglesia universal. Este sentido aparece sólo ocasionalmente en el Nuevo Testamento (1Co 10.32; Gá 1.13).

4. "La iglesia dentro de la iglesia". Observamos anteriormente la distinción del Antiguo Testamento entre *edah* (toda la congregación visible) y *qajal* (aquellos dentro de la anterior que responden al llamado de Dios). Jesús enseñó que el reino corresponde a este último modelo: el trigo está mezclado con la cizaña (Mt 13.24–30, 36–43). Dentro de toda la compañía que se identifica con Cristo, está el pueblo de Dios, la verdadera "iglesia". Es decir que no hay una iglesia pura; en cualquier congregación es posible que haya quienes nunca hayan hecho real profesión de fe y otros cuya profesión se demostrará falsa en el último día (Mt 7.21–23).

Entonces, dado que no es posible una iglesia pura o perfecta de este lado de la gloria, ¿dónde podemos encontrar el verdadero pueblo de Dios reunido visiblemente? Tradicionalmente se han reconocido cuatro señales de una iglesia auténtica.

Es una

La unidad de la iglesia deriva de que está fundada en el Dios único (Ef 4.1–6). Todos los que pertenecen verdaderamente a la iglesia son un pueblo y, en consecuencia, la verdadera iglesia se distinguirá por su unidad.

Sin embargo, esta unidad no implica necesariamente la uniformidad total. En la iglesia del Nuevo Testamento había una variedad de ministerios (1Co 12.4–6) y de puntos de vista sobre cuestiones de importancia secundaria (Ro 14.1–15.13). Aunque había uniformidad en las convicciones teológicas básicas (1Co 15.11, vm; Jud 3), la fe común recibía diferentes énfasis según las necesidades que enfrentaban los apóstoles (Ro 3.20, *cf.* Stg 2.24; Fil 2.5–7, *cf.* Col 3.9s).

También había variedad en las maneras de adorar. El tipo de reunión que se llevaba a cabo en Corinto (1Co 14.26ss) no hubiera sido normal en las iglesias palestinas, donde el culto se basaba en el modelo de las sinagogas judías y tenían un esquema más formal centrado en la exposición de la Palabra escrita. El modelo sinagogal explica que las iglesias se hayan visto en el primer período como una rama del judaísmo; efectivamente, Santiago 2.2 (vm) usa la palabra "sinagoga" para referirse a una reunión de cristianos. También hay elementos que permiten discernir más de un tipo de gobierno eclesiástico.

La verdadera unidad en el Espíritu Santo de todo el pueblo regenerado es un hecho independiente de toda la desunión denominacional externa. El llamado a la unidad en el Nuevo Testamento es entonces un llamado a "guardar" la unidad fundamental de la vida que el mismo Espíritu ha impartido por medio de la regeneración (Ef 4.3). Los reformadores señalaban esto distinguiendo entre la iglesia invisible (todos los escogidos que son verdaderamente uno en Cristo) y la iglesia visible (una compañía mixta de los regenerados y los no regenerados). La unidad de la iglesia invisible es un hecho establecido, dado con la salvación misma.

La iglesia de Roma ha usado esta señal polémicamente para pretender que su unidad, comparada con la fragmentación del protestantismo, es una prueba de que es la verdadera iglesia. Sin embargo, esto deja de lado tres factores: 1) Roma misma se separó de la Iglesia Ortodoxa en el año 1054, y nunca fue considerada universalmente la única iglesia verdadera en los primeros siglos; por ejemplo, la iglesia céltica floreció en Gran Bretaña, y Patricio fundó la iglesia irlandesa mucho antes de que llegaran los misioneros romanos a Canterbury. 2) Las señales deben ir juntas. La sucesión histórica o la unidad externa no tienen valor si no están asociadas a la "apostolicidad", es decir, la fidelidad al evangelio apostólico. 3) Aunque el protestantismo ha sido a veces innecesariamente divisivo, se puede afirmar que por medio de su desviación de la doctrina bíblica, el catolicismo ha sido una causa principal de cismas durante los siglos.

Aunque las Escrituras estimulan la expresión más completa posible de unidad entre el pueblo de Dios, también dejan en claro que la división está plenamente de acuerdo con la voluntad divina cuando los elementos fundamentales del cristianismo apostólico se ven amenazados. Tal fue el desacuerdo de Pablo con los judaizantes (Gá 1.6–12) y la controversia de Jesús con los fariseos (Mr 7.1–13). Es significativo que cuando Judas intentó escribir sobre "la común salvación" encontró necesario instar a sus lectores a *[...] que sigan luchando vigorosamente por la fe encomendada una vez por todas a los santos* (Jud 3). Para el Nuevo Testamento, la unidad se basa en el compromiso consciente con las verdades reveladas del cristianismo apostólico.

El Nuevo Testamento dirigió su enseñanza sobre la unidad a grupos cristianos específicos, con consecuencias inmediatas para sus relaciones visibles (Ef 2.15; 4.4; Col 3.15). Jesús oró por una unidad que ayudara al mundo a llegar a la fe (Jn 17.23). Si bien el paralelo entre esta unidad y la de Él mismo con el Padre (17.11, 22) confirma el carácter esencialmente espiritual de la unidad bíblica, con toda seguridad incluye la identidad visible de vida y propósito, pues toda la misión de Jesús expresó una unidad visible y demostrable con la voluntad del Padre. En otras palabras, hace falta buscar una unidad visible más plena de la que se experimenta actualmente entre quienes confiesan el evangelio apostólico.

Esto tiene particular relevancia donde dos o más grupos que confiesan una fe bíblica esencial operan en el mismo sector, por ejemplo en un recinto universitario. El desafío más profundo de esta enseñanza, sin embargo, está en el nivel de las relaciones en la iglesia local. En ese ambiente, la unidad de vida en Cristo debería expresarse en una genuina y tangible preocupación y compromiso mutuos. En su defecto, se pone en duda la pretensión de ser una auténtica iglesia cristiana (1Co 3.3s).

Es santa

El pueblo de Dios es una *[...] nación santa [...]* (1P 2.9). En el sentido más profundo la iglesia es santa, de la misma manera que todo cristiano es santo en virtud de estar unido a Cristo, apartado para Él y acreditado de su perfecta justicia (*cf.* "La metáfora penal: la justificación", pp. 238–242). Como la iglesia está ante Dios "en Cristo", es sin mancha y sin tacha. La distinción entre iglesia visible e invisible se aplica aquí, ya que esta "santidad" atribuida no pertenece a los de la congregación que no tienen una fe personal en Cristo como su Salvador.

La unión con Cristo implica también cierta santidad visible de vida. De esta manera la relación de una iglesia con Cristo, cabeza de la iglesia, se expresará en el carácter moral y el tono de su vida y relaciones comunes. Una iglesia extraña a la santidad es extraña a Cristo. Cuando Cristo se dirigió a sus iglesias es claro que esperaba tal diferencia moral y fue severo en su juicio cuando las encontró en falta (Ap 2 y 3).

Para que no nos desanimemos al aplicar esta prueba, vale la pena recordar que buena parte de la vida de la iglesia del Nuevo Testamento estuvo marcada por el error, la división, las fallas morales, la inestabilidad. De todas maneras, cierto grado visible de santidad es una evidencia invariable de una verdadera iglesia de Dios.

Es católica

"Católico" significa literalmente "referente al todo". En su uso original el término sencillamente denotaba la iglesia universal a diferencia de la iglesia local; más tarde significó la iglesia que confesaba la fe ortodoxa a diferencia de los herejes. Con el tiempo, Roma adoptó el término para referirse a su establecimiento eclesiástico de desarrollo histórico y expansión geográfica, centrado en el papado. Los reformadores del siglo XVI procuraron recuperar el significado original de la catolicidad como el reconocimiento de la fe ortodoxa; en ese sentido, afirmaban, ellos y no el catolicismo romano eran en realidad la iglesia católica.

El aspecto clave de la catolicidad de la iglesia primitiva era su abertura a todos. A diferencia del judaísmo con su exclusivismo racial, y del gnosticismo con su exclusivismo intelectual y cúltico, la iglesia abría sus brazos a todos los que oyeran su mensaje y abrazaran a su Salvador, sin tomar en consideración el color, la raza, la posición social, la capacidad intelectual, o la historia moral. La iglesia irrumpió en el mundo como una fe para todos (Mt 28.19; Ap 7.9).

La única manera de entrar era la fe personal en Jesucristo como Salvador y Señor, y el bautismo era el rito de admisión autorizado, ya que expresaba el evangelio de la gracia (Mt 28.19; Hch 2.38, 41).

Este es el nivel fundamental donde se debe aplicar esta "seña". Las iglesias que instauran otras "pruebas" deben mirarse con sospecha. En una verdadera iglesia no hay lugar para la discriminación racial, social, intelectual o moral, supuesto, en este último caso, que hay pruebas de verdadero arrepentimiento. La discriminación denominacional también requiere una investigación cuidadosa en los casos donde los principios bíblicos se reconocen claramente.

ES APOSTÓLICA

El apóstol es un testigo del ministerio y la resurrección de Jesús, y en consecuencia un portador autorizado del mensaje del evangelio (Lc 6.12s; Hch 1.21s; 1Co 15.8–10). La fe de los apóstoles está entre Jesús y todas las generaciones cristianas posteriores; llegamos a Jesús sólo por medio de la enseñanza de los apóstoles y su testimonio de Él incorporado en el Nuevo Testamento. En este sentido fundamental toda la iglesia está edificada *[...] sobre el fundamento de los apóstoles* (Ef 2.20, *cf.* Mt 16.18; Ap 21.14). La apostolicidad de la iglesia obedece, pues, a su conformidad con la fe apostólica *[...] encomendada una vez por todas a los santos* (Jud 3, *cf.* Hch 2.42). Los apóstoles siguen gobernando y rigiendo la iglesia en tanto ésta permite que su vida, comprensión, y predicación sean constantemente moldeadas por las enseñanzas de las Sagradas Escrituras.

Como apóstol significa literalmente un enviado, no es de sorprender que en ciertas oportunidades el Nuevo Testamento se refiera a otros apóstoles (Ro 16.7). En este sentido general, todos los que son *enviados* hoy día por el Señor como evangelistas, predicadores, fundadores de iglesias, etc., son, en los términos del Nuevo Testamento griego, *apostoloi*, enviados. Por supuesto, esto no implica de ninguna manera que tienen una posición o autoridad especial que compite con la de la compañía original, cuyo mandato continúa por medio de los escritos apostólicos. Pretender un *oficio* apostólico hoy en día es interpretar mal la enseñanza bíblica, y en la práctica ofrece un serio desafío a la autoridad y lo definitivo de la revelación divina en el Nuevo Testamento.

También es un error entender la apostolicidad como una continuidad histórica de ministerio que se remonta hasta Cristo y sus apóstoles, mediante una sucesión de obispos. Esta interpretación carece de apoyo claro en el Nuevo Testamento. Toda la idea de la gracia de Dios comunicada a través de una sucesión histórica de funcionarios, va en contra del carácter de la iglesia en los escritos bíblicos. Además, como garantía de la verdad del mensaje apostólico, la sucesión episcopal ha fracasado manifiestamente. Fue una iglesia directamente en la línea de esa sucesión histórica la que exigió la reforma del siglo XVI, para no mencionar otras reformas menores como el despertar del siglo XVIII durante el ministerio de Whitefield y de los hermanos Wesley.

El catolicismo romano extiende esta interpretación de lo "apostólico" hasta incluir la afirmación de que el obispo de Roma es el sucesor histórico de Pedro y el custodio especial de la gracia de Dios en la iglesia. Tal pretensión es insostenible. La primacía de Pedro entre los apóstoles no fue otra cosa que un liderazgo sobresaliente durante la misión primitiva de la iglesia. Claramente se fue quedando en segundo plano, a medida que la iglesia salió de Jerusalén, cuando Pablo fue enviado como pionero de la obra más allá de Palestina, y cuando Juan luchó por restablecer las iglesias de los estragos de los falsos maestros. Significativamente, Pedro no aparece en el papel principal en el Concilio de Jerusalén (Hch 15) y estaba claramente a la sombra de Pablo en el incidente registrado en Gálatas 2.

El catolicismo pretende, además, que esa supuesta supremacía de Pedro debía ser continuada para la salvación eterna y el bien de la iglesia. Ninguno de los versículos citados en apoyo bíblico (Mt 16.18s; Jn 21.15–17 y Lc 22.32) hace referencia alguna a un sucesor de Pedro. Estas dos pretensiones de Roma van en contra del testimonio claro del Nuevo Testamento, y su tercera pretensión, que la primacía de Pedro continúa en el obispo de Roma, es menos creíble aun. Que Pedro terminó su vida como mártir en Roma es una tradición primitiva bastante factible; sin embargo, las dificultades históricas para demostrar que ha habido una sucesión establecida de obispos monárquicos de Roma desde el siglo I en adelante, son insuperables.

La sucesión apostólica es correctamente la sucesión del evangelio apostólico, cuando el depósito original de verdad apostólica pasa de una generación a otra: *[...] creyentes dignos de confianza [...] que a su vez estén capacitados para enseñar a otros* (2Ti 2.2). Una iglesia es apostólica si reconoce en la práctica la suprema autoridad de las Escrituras apostólicas.

LAS SEÑALES DE LOS REFORMADORES

Aunque los reformadores no despreciaron estas cuatro señales tradicionales, las controversias en que se vieron envueltos enfocaron su atención en otras cosas. Identificaron dos características de la verdadera iglesia visible. "Dondequiera que veamos predicar sinceramente la Palabra de Dios y administrar los sacramentos conforme a la institución de Jesucristo, no dudemos de que hay allí Iglesia" (Calvino).

"La Palabra predicada sinceramente" sacó a luz la primacía del evangelio bíblico y fue aquí precisamente donde se había hecho la verdadera ruptura con el catolicismo. En la base de ese énfasis había una convicción referente al lazo indisoluble entre la Palabra escrita y el Espíritu; pertenecer a la comunión del Espíritu necesariamente se manifestaría en la sumisión a la Palabra que el Espíritu había inspirado. Los reformadores no sabían nada de un Espíritu que no condujera a las Escrituras; no conocían otro amor a Dios que el que estaba ligado a la fe y la verdad. El otro punto en el que distinguían una verdadera iglesia, los sacramentos, también era polémico, ya que en el asunto de la enseñanza y la práctica sacramental del catolicismo los reformadores veían la más clara violación de la religión bíblica.

La existencia de grupos cristianos (por ej., el Ejército de Salvación y los cuáqueros) que no tienen sacramentos nos hace vacilar antes de declarar que los sacramentos son básicos a la verdadera iglesia. Sin embargo, nuestro Señor vio el bautismo claramente ligado de cerca con el mensaje de la iglesia y la respuesta humana al mismo (Mt 28.19s) y el compartir la Cena como algo básico a la continuidad de su vida espiritual (Lc 22.19; 1Co 11.24s).

Uno puede generalizar estas señales afirmando que la señal definitiva para los reformadores era Cristo mismo. Él es el centro de la Palabra y el corazón de los sacramentos.

LA MISIÓN, ¿UNA SEÑAL QUE FALTA?

En las instrucciones de Jesús sobre la vida de la iglesia (Jn 13–16; Lc 10.1–20; Hch 1.1–18) vemos un elemento que apenas se menciona entre las características de la iglesia que hemos identificado hasta aquí, la misión: la responsabilidad de llevar las buenas nuevas de Jesús hasta los confines de la Tierra.

Es muy significativo que la historia nuevotestamentaria de la iglesia, el libro de los Hechos, tiene como tema clave la sucesiva expansión en la predicación del evangelio: Jerusalén, Judea, Samaria y luego el mundo de los gentiles (1.8, *cf.* 6.8s; 7; 8; 10.34–48, 11.19–26; 13.1ss). "La iglesia es misión" es sin duda una exageración; pero en su servicio total para el propósito y la gloria de Dios la misión es un ingrediente bíblico fundamental.

Por tanto, una iglesia que no predica el evangelio, ni experimenta una inquietud por el bienestar moral y espiritual de los que están fuera de sus puertas, ni demuestra preocupación por los pobres y los necesitados dondequiera que se encuentren, ha perdido su derecho a la autenticidad y es una negación viviente de su Señor.

En resumen: una verdadera iglesia se reconocerá por su unidad en sus relaciones, su santidad de vida, su apertura para con todos, su sumisión al mandato de las Escrituras apostólicas, su predicación de Cristo en palabras y sacramentos, y su compromiso con la misión.

PASAJES BÍBLICOS

Gn 9.8s; 12.1–3; Éx 6.6–8; Sal 95.7; Is 5.1–7; Mt 16.18; 18.15–20; 28.18–20; Mr 12.1–12; Lc 24.47–49; Jn 10.1–30; 17.17–23; Hch 1.8; 2.42–47; 4.23–37; 15.13–18; 20.28–32; 1Co 11.23–26; 12.1–28; Ef 2.17–22; 4.1–6; 5.22–27; 1P 2.4–10; Ap 7.9–11; 21.1–22.5.

PREGUNTAS

1. Investigue la relación entre el individuo y la comunidad en la experiencia de la salvación, en: (a) el Antiguo Testamento; (c) el Nuevo Testamento.

2. Explore las principales figuras bíblicas de la iglesia, identificando lo que cada una tiene que enseñar sobre: (a) Dios y su actitud para con nosotros; (b) los privilegios de la iglesia; (c) las responsabilidades de la iglesia; (d) la misión de la iglesia en el mundo.

3. Discuta los valores y peligros de la distinción entre la iglesia visible y la invisible.

4. Considere las "señales" de unidad, santidad, catolicidad y apostolicidad, y con relación a cada una examine: (a) la base bíblica; (b) la aplicación a su iglesia local o grupo cristiano; (c) la aplicación a la iglesia universal.

5. ¿Hasta qué punto son bíblicas y pertinentes las "señales de la iglesia" de los reformadores?

6. ¿Está de acuerdo con la afirmación de que la misión pertenece a la esencia de la iglesia? Justifique su respuesta basándose en las Escrituras. De ser así, examine las consecuencias para el programa semanal de actividades de su iglesia local.

BIBLIOGRAFÍA

J. Balchin, *What the Bible Says About the Church* (Kingsway, 1979).

G. C. Berkouwer, *The Church* (Eerdmans, 1976).

E. Clowney, *The Church* (IVP, 1995).

D. M. Lloyd-Jones, *The Basis of Christian Unity* (IVP, 1962).

J. R. W. Stott, *One People* (Falcon, 1969).

D. Watson, *I Believe in the Church* (Hodder, 1978). *Creo en la evangelización* (Editorial Caribe, 1978).

24

LA FUNCIÓN DE LA IGLESIA

En esta sección pasamos de lo que la iglesia *es* a lo que la iglesia *hace*. Las tareas y responsabilidades de la iglesia se determinan por la naturaleza de ella. Como la iglesia es el pueblo de Dios, encuentra su razón de ser no en sí misma, sino en servir para la gloria y el honor de Dios (Ro 11.36; 1Co 8.6). Pero ¿cómo sirve la iglesia a la gloria de Dios?

LA ADORACIÓN

La adoración (gr. *latreia*) representa la manera más evidente en que la iglesia cumple su propósito de rendir honores a Dios.

EJEMPLOS BÍBLICOS

La adoración está frecuentemente expresada en las Escrituras, especialmente en los Salmos, "el himnario de la iglesia judía".

En el Nuevo Testamento, además de las muchas expresiones de la práctica de la adoración (Mt 6.9; Mr 14.12s; Lc 1.46–55, 68–79; 2.14, 29–32; 4.16; Hch 3.1s; 4.24s) y de numerosas doxologías (Ro 11.33–36; 16.27; 1Ti 1.17; 6.15s; Jud 24s; Ap 1.5s), hay versos de himnos cristianos primitivos (Ef 5.14; Fil 2.5–11; Col 1.15–20; 1Ti 3.16) y fórmulas litúrgicas (*Maranata*, que significa ¡Ven, Señor!, 1Co 16.22; *Amén*, un término hebreo que significa así sea, Ro 1.25; *Abba*, Padre, Ro 8.15). La adoración también aparece como fundamental en el orden celestial (Ap 4.8–11; 5.11–14; 7.9–12).

La iglesia es una compañía de sacerdotes que traen a Dios *[...] un sacrificio de alabanza [...]* (Heb 13.15; 1P 2.5). Este reconocimiento de nuestra responsabilidad de rendir culto corresponde al significado básico de *latreia*, que es servicio o ministerio. Retenemos ese significado cuando nos referimos a "servicios" o cultos de adoración, y tiene una profunda trascendencia para nuestro modo de enfocar tales reuniones. Con demasiada frecuencia los cristianos vienen a adorar en un espíritu de "¿Qué provecho obtendré de esto?", cuando en realidad el espíritu adecuado es "¿Qué puedo dar (a Dios) por medio de esto?".

ELEMENTOS DEL CULTO

La alabanza era fundamental. *La Palabra de Dios*, otro elemento básico, vino a la práctica cristiana por la herencia de la iglesia recibida de la sinagoga judía, donde el elemento básico era la lectura y la exposición de la ley (Lc 4.16–27; Hch 13.14s). En el culto cristiano primitivo se leían las Escrituras (Col 4.16; 1Ts 5.27) y se exponían (Hch 2.42; 6.2) públicamente. Es importante identificarse con la convicción de los reformadores de que la predicación de la Palabra de Dios no es un agregado al culto, o peor aún, una actividad puramente humana que sigue a la actividad divina de adorar en alabanza y en oración. Más bien, la predicación es el punto culminante de nuestro culto al escuchar la voz viviente de Dios y ser movidos a entregarnos a Él en consagración y en servicio. *La ofrenda* era otro elemento. Hay mucha insistencia en el Antiguo Testamento en cuanto a traer el diezmo y las ofrendas a Dios (Gn 14.20; Lv 27.30; 1Cr 29.6s; Esd 1.6; Mal 3.10). En el Nuevo Testamento el pasaje principal es 1 Corintios 16.1–4 (*cf.* Mt 6.2–4; 2Co 8 y 9). *Los sacramentos del evangelio*, el bautismo y la Cena del Señor representaban otro aspecto fundamental.

CARACTERÍSTICAS DEL CULTO

1. *El Cristo vivo está presente en medio.* Esto no tiene paralelo en otras religiones. Nos reunimos no para reverenciar un recuerdo, sino para celebrar una presencia, para gozarnos en la victoria de nuestro Señor y para encontrarlo en el Espíritu por medio de su Palabra (Mt 18.20; 28.20, el cual, mientras se introdujo en el contexto del ejercicio de disciplina eclesiástica, a través de los años, muchos creyentes han entendido que expresa la realidad esencial del culto cristiano. En efecto, esto desempaqueta como nuestro Señor entiende *iglesia* en el versículo 17. *cf.* también 1Co 5.4).

2. El Espíritu Santo da poder a la adoración (Jn 4.24; Fil 3.3, VLA). Da realidad (1Co 12.3), frena los instintos indignos (1Co 14.32s, 40), apoya la oración (Ro 8.26s), mueve a la alabanza (Ef 5.18s), conduce a la verdad (1Co 2.10–13), imparte sus dones (Ro 12.4–8), y convence a los incrédulos (Jn 16.8; 1Co 14.24s).

3. Un espíritu de amante comunión se difunde por la congregación. El culto cristiano primitivo se caracterizaba por una profunda solicitud mutua y una genuina participación congregacional (Hch 2.42–47; 4.32–35). Esto se expresaba principalmente en términos de una preocupación por el estímulo mutuo y el crecimiento en Cristo (Ef 4.12–16).

EL "DESBORDE" DEL CULTO

El culto, la reverente respuesta a Dios, no estaba confinado a acciones de alabanza y ministerio colectivos, sino que debía seguir como una actitud para toda la vida. Por eso Pablo pudo instar a los esclavos colosenses a obedecer y servir a sus amos con diligencia y determinación, *[...] por respeto al Señor [...] como para el Señor [...]* (Col 3.22s). La adoración ha de ser un estilo de vida: *[...] todo lo que hagan, de palabra o de obra, háganlo en el nombre del Señor Jesús, dando gracias a Dios el Padre por medio de él* (Col 3.17).

LA COMUNIÓN

La comunión (gr. *koinonía*) y glorificación de Dios por la iglesia están estrechamente ligadas: *[...] acéptense mutuamente, así como Cristo los aceptó a ustedes para gloria de Dios* (Ro 15.7). En tanto los cristianos vivan juntos en verdadera comunión, Dios es magnificado. *Koinonía* significa esencialmente compartir algo juntos. En consecuencia, su énfasis es algo diferente del uso general de "comunión" o "compañerismo" que existe entre nosotros actualmente, es decir, asociación mutua. Sin embargo, los dos sentidos no son totalmente independientes, ya que la participación común en algo implica la asociación mutua.

La comunión del pueblo de Dios se basa en una participación común en la vida de Dios (1Jn 1.3, 7). Era una característica notable de la iglesia desde sus comienzos (2Ts 1.3). La comunión en el Nuevo Testamento, sin embargo, no era indiscriminada; podía ser eliminada en casos de extrema mala conducta (1Co 5.4s; 2Ts 3.14) y no se extendía a los que negaban la *[...] enseñanza de los apóstoles [...]*

(Hch 2.42; Gá 1.8s). Su expresión fundamental era el *ágape*, el amor desinteresado por los hermanos (1Co 13; 1Jn 3.16) del que Jesús habló como la marca característica de la nueva comunidad (Jn 13.34s) y como un medio para traer el mundo a la fe en su mensaje (Jn 17.23).

Significativamente, esta palabra, *ágape*, no era de uso común fuera de las Escrituras o el ambiente de las iglesias. El término común para el amor, *eros*, se consideraba inadecuado para expresar la característica esencial del amor cristiano: amor por los indignos, el amor que los discípulos habían encontrado en Jesús y que experimentaban el uno por el otro por medio del Espíritu Santo. Por eso su definición en el Nuevo Testamento se refiere explícitamente a la cruz: *En esto consiste el* [ágape] *en que* [Dios] *nos amó y envió a su Hijo para que fuera ofrecido como sacrificio por el perdón de nuestros pecados* (1Jn 4.10; *cf.* Ro 15.7). *Ágape* significa amor del Calvario, ese amor condescendiente, perdonador, costoso que era el sello distintivo de la comunidad cristiana primitiva y es una característica imprescindible de una iglesia que honra a Dios en cualquier generación. Un amor de esa calidad no es una posibilidad humana, razón por la cual el Nuevo Testamento continuamente habla del mismo como un don del Espíritu Santo (Ro 5.5). Sin embargo, es intensamente práctico (1Jn 3.17s; Ro 15.25s; 2Co 8; 9).

Estas últimas citas se refieren a la colecta de Pablo hecha entre los gentiles para las iglesias judías de Palestina que estaban sufriendo los efectos del hambre. No sólo expresaba la comunión entre las dos corrientes del cristianismo primitivo, también afianzaba y profundizaba esa comunión.

La comunión nuevotestamentaria también implicaba la práctica de la hospitalidad (Heb 13.2; 1P 4.9); sobrellevar las cargas y los problemas de los demás (Gá 6.2); el estímulo mutuo (Heb 10.25); y la oración de los unos por los otros (Fil 1.9–11, 19). Encontraba su expresión más significativa en la Cena del Señor (1Co 10.16s).

La rica vida comunitaria de los primeros cristianos era la principal atracción de la fe cristiana para los paganos de sus días; tampoco es difícil establecer la aplicabilidad de esto en una época como la nuestra donde el descubrimiento de la "comunión" o "compañerismo" tanto en sentido local como internacional es el precio de nuestra supervivencia. Es evidente que la iglesia tiene pocas cosas de mayor pertinencia para ofrecer al mundo que el secreto de una genuina relación humana. El llamado a experimentar el *ágape* representa, pues, uno de los retos más serios que Cristo presenta a la iglesia.

EL MINISTERIO

La iglesia primitiva estaba dedicada al servicio (gr. *diakonía*), otro medio de glorificar a Dios (1P 2.12). A diferencia del mundo gentil donde la grandeza se equiparaba con la autoridad y el poder para presionar, Jesús enseñó que la grandeza se encontraba en el servicio humilde (Mr 9.33–37; Lc 22.24–27). Esto contrasta radicalmente nuestras actitudes hoy día como lo hizo con las de los discípulos: el servicio no es la vía o la base para la grandeza, entendida de la manera común; más bien es la grandeza. Detrás de esto está el ministerio de Jesús mismo: *[...] ni aun el Hijo del hombre vino para que le sirvan, sino para servir* (Mr 10.45). El Mesías siervo llama a la iglesia a identificarse con Él en la comunidad sirviente. Esta verdad tiene una enorme compensación; significa que la realización en la vida está a mano por medio del servicio humilde del uno para el otro.

La enseñanza bíblica sobre el ministerio de la iglesia (*diakonía*) tiene tres aspectos adicionales.

Los dones del Espíritu

Junto con el don de la nueva vida en la regeneración, el Espíritu imparte a *todo* creyente un don o ministerio especial. Los principales pasajes del Nuevo Testamento que tratan este tema afirman que todo hombre o mujer verdaderamente regenerado posee uno o más dones del Espíritu (Ro 12.3–8; 1Co 12.7–11; Ef 4.7, 16; 1P 4.10). La figura del cuerpo (Ro 12.5) es muy elocuente: cada miembro tiene una función con relación al todo. El Nuevo Testamento no insinúa en ninguna parte que el recibir o ejercer este ministerio especial del Espíritu depende de alguna experiencia del Espíritu posterior a la regeneración. Luego, cada cristiano está llamado a ministrar: ser un miembro de Cristo significa ser un ministro de Cristo (1Co 12.7, 11).

Tanto el Antiguo como el Nuevo Testamento dan ejemplos de dones y ministerios del Espíritu (Éx 35.30–33; Jue 3.10; Ro 12.3–8; 1Co 12.4–11, 28; Ef 4.11s; 1P 4.10s). El Espíritu es libre y soberano para distribuir los dones y ministerios: *Hay diversos dones [...] Todo esto lo hace un mismo y único Espíritu, quien reparte a cada uno según Él lo determina* (1Co 12.4, 11). Somos responsables de identificar nuestro don o ministerio y ejercerlo para el bien de nuestra iglesia o grupo local. El propósito de estos dones y ministerios es doble. Mayormente glorifican al Señor Jesucristo; como dones del Señor ascendido, demuestran y vindican su victoria resucitada (Ef 4.8; Hch 2.32s). También sirven para promover el crecimiento del cuerpo de Cristo (Ef 4.12).

EL MINISTERIO ESPECIALIZADO

Este es un tipo de don espiritual. El Antiguo Testamento ofrece claros precedentes en el ministerio de los sacerdotes (Gn 14.18; Éx 28.1s), los profetas (Dt 18.15s; Is 6.1ss), y los ancianos (Éx 3.16; Dt 19.12). Jesús siguió este principio al llamar a los doce discípulos, y el resto del Nuevo Testamento refleja la misma norma en el nombramiento de ancianos (*presbyteroi*) u obispos (*epískopoi*) y diáconos (*diakonoi*) (Hch 14.23; 1Ti 3.1–3; Tit 1.5), y en el ministerio de personas como evangelistas, pastores y maestros (Ef 4.11).

Estas "órdenes" de ministerio no implican un modelo de dos niveles en la vida cristiana. La distinción entre ministerios especializados y ministerios laicos (gr. *laos*, pueblo) es esencialmente funcional. Los líderes ordenados, cualquiera sea su título, no están por "encima", ni son "más importantes", ni se hallan "más cerca de Dios" que los miembros laicos de su congregación.

¿Puede la comunidad local nombrar a una persona para el ministerio sin consideración al resto de la iglesia? Las opiniones varían. Algunos sostienen que la iglesia local es competente para actuar con la autoridad de Cristo para designar cargos sin referirse al resto de la iglesia; otros creen que la ordenación al ministerio requiere la autorización de la denominación.

La autoridad de estos ministerios también varía. En general podemos observar que el Nuevo Testamento nada sabe de un sacerdocio que se interpone entre Dios y los seres humanos y comunica la gracia de Dios a los pecadores. Es muy significativo que en el Nuevo Testamento la palabra sacerdote se emplea en el singular sólo con referencia a Jesús. Su sacerdocio singular efectuado en el Calvario vuelve eternamente obsoleto cualquier otro mediador sacerdotal; cualquier intento de parte de un ser humano de actuar como tal es una negación blasfema del sacrificio de una vez para siempre de Cristo y desafía su eficacia. El concepto plural del "sacerdocio de todos los creyentes" se refiere a las funciones sacerdotales generales de todo el pueblo de Dios (Heb 13.15s; Ro 12.1s; 1P 2.5, 9; Ap 1.6).

Los peligros de elevar indebidamente al ser humano, ya sea ordenado o no, se evitan mejor reconociendo que el ministerio cristiano es el ministerio de Cristo mismo. Lo más profundo que se puede decir sobre el ministerio cristiano en todas sus formas, es que no es otra cosa que el ministerio del Señor resucitado, entre su pueblo y por medio de Él (Ro 15.18). Esto también está implícito en la idea misma de la iglesia como el cuerpo de Cristo.

Un punto notable en cuestión en los debates recientes acerca de la ordenación es si el sexo de la persona que va a ser ordenada sea significativo (ver también "Hombre y mujer", pp. 150–153). El hecho de que las mujeres ejercitaban funciones ministeriales en la época apostólica parece claramente establecido en el NT. Pablo habla con aprobación de su contribución en varios pasajes (Ro 16:1–2, 12; 1Co 16:19; Fil 4:2–3). Hace referencia a las mujeres orando y profetizando en la iglesia de Corinto (1Co 5.5), y le da instrucciones a Timoteo en cuanto a las diaconisas (o diáconos femeninos) en 1 Timoteo 3.11 (NVI), Hechos 21.9 refiere sin comentario a las hijas de Felipe "quienes profetizaban". Además, Jesús claramente afirmó a las mujeres entre el grupo en su alrededor, y por consiguiente ellas estaban entre la comunidad de discípulos sobre quienes cayó el Espíritu en Pentecostés (Hch 1.14; 2.1–4) y es de suponer que eran parte de la compañía que testificaron y asombraron a los espectadores por su fluidez en muchas lenguas (2.7s). No es sorprendente que Pedro cite la profecía de Joel para dar explicación, incluyendo la afirmación del ministerio en el Espíritu de las mujeres lado a lado con los hombres. (2.18). Además, las listas de los dones de ministerio en el NT no hacen referencia alguna a la exclusividad de género, sino se refieren a "todos" los creyentes (ver "Los dones del Espíritu" pp. 345–346).

Sin embargo, mientras que el ministerio, y específicamente el ministerio *público* de las mujeres, es establecido en el NT, ¿debe introducirse un factor de género en lo que respecta al ministerio ordenado? El grado de seriedad alrededor de este asunto obviamente varía con el grado de distinción que las iglesias dan a la ordenación. El asunto es más agudo en iglesias donde se entiende que el ordenante respresenta a Cristo en algún sentido real.

Exegéticamente, las constricciones aparentes de Pablo en contra del liderazgo de las mujeres tiene bastante peso para muchos (1Co 11.3–16; 14.34–36; 1Ti 2.11–15). Se nota también que los doce discípulos de Jesús fueron hombres, y el vínculo con el liderazgo masculino muestra la prioridad aparentemente establecida en la creación (1Ti 2.13ss; 1Co 11.12). Otros, sin embargo, creen que los pasajes paulinos están abiertos a interpretaciones en términos de las situaciones pastorales específicas tratados por el apóstol, más que el establecimiento de normas universales para el ministerio. La afirmación de Pablo que *[...] no hay varón ni mujer [...]* (Gá 3.28, RV60) es visto como el punto de vista esencial del NT en cuanto a la distinción de sexo, no menos en términos del liderazgo ordenado, que es al final, como lo son todas formas de ministerio, una cuestión del llamado de Dios y los dones del Espíritu.

El lector debe remitirse a la bibliografía para una discusión adicional al respecto.

EL MINISTERIO MÁS ALLÁ DE LA IGLESIA

El servicio que ofrece la iglesia está dirigido primero a los que forman parte de la comunidad de fe (Gá 6.10). Pero no puede detenerse allí, ya que el servicio más profundo de Jesús mismo fue ofrecido a favor de aquellos que eran sus enemigos (Ro 5.6–8). Por consiguiente la iglesia debe glorificar a Dios al ser la sal y la luz de la sociedad (Mt 5.16), no simplemente por medio de la evangelización sino también en sus esfuerzos por influir en la sociedad hacia una forma de vida que sea más justa, pura, honesta y compasiva, un mejor reflejo del carácter de Dios mismo, y en consecuencia que lo honre más a Él, y también, al final una sociedad que es más feliz y mucho más satisfactoria para sus miembros.

El principal medio por el que la iglesia cumple con esa responsabilidad, aparte de su testimonio evangelizador, es la formación de hombres y mujeres de carácter cristiano firme y determinado, cuya conducta diaria influya en el color y el tono de la sociedad. Además, puede haber ocasiones en que la iglesia vea necesario actuar colectivamente en respuesta a las necesidades sociales.

EL TESTIMONIO

El llamado a testificar (gr. *martyria*) era la base de las instrucciones finales de Jesús a sus apóstoles (Hch 1.8), y en Pentecostés se pusieron manos a la obra con esta tarea. No es que la iglesia de Jerusalén se dedicara inmediatamente a la evangelización mundial; se requirió el martirio de Esteban y el ministerio de Pablo para que la iglesia se enfrentara con la dimensión total de su responsabilidad. Pero a medida que se desarrolla el relato de los Hechos, se va llevando a cabo el programa del Maestro: *[...] serán mis testigos tanto en Jerusalén como en toda Judea y Samaria, y hasta los confines de la tierra* (Hch 1.8). La iglesia de hoy está en sucesión espiritual con la primera generación de creyentes sólo en la medida en que se compromete con el mismo testimonio.

En el contexto legal, *martyria* significa hacer una defensa; el fondo de su significado es un testimonio oral. La idea de "testificar con la vida" o "que mi vida hable por mí" no comunica realmente ese significado. Por supuesto, nuestra vida tiene que corresponder a nuestra profesión de fe, pero la tarea encargada a la iglesia por Jesús implica la declaración verbal, aun cuando los términos totales de la comisión de Jesús sean más amplios (Mt 28.19s; Jn 20.21ss; Hch 10.42s).

En el testimonio la atención debe ir dirigida a la obra objetiva de Dios en Cristo. Desafortunadamente, muchas veces el testificar se identifica con relatar la forma en que uno ha llegado personalmente a la fe en Cristo. Sin duda, en algunas oportunidades el relato del trato de Dios con nosotros puede ilustrar y autenticar provechosamente el testimonio que ofrecemos, pero lo esencial de testificar reside en llevar las personas a Cristo, procurando confrontarlas con su obra salvadora.

En esta obra de "testificación" universal la iglesia del Nuevo Testamento (que es el nuevo Israel) heredó la tarea que el Israel del Antiguo Testamento no había cumplido (Gn 12.1–3; 18.18; Is 49.6; *cf*. 43.10, 12; 44.8).

Con demasiada frecuencia la iglesia, y tal vez sus teólogos en particular, han olvidado que los grandes escritos teológicos del Nuevo Testamento fueron compuestos por misioneros y evangelistas comprometidos en una obra pastoral y evangelizadora costosa y sacrificada. Es difícil ver cómo alguien pueda evaluar realmente sus pensamientos o interpretar sus enseñanzas si no se ha identificado con su misión ni ha sentido algo de su pujante pasión por llevar el mundo a los pies de Cristo.

Se ha discutido bastante la relación entre la proclamación verbal y otras formas de ministerio cristiano en el mundo en el aspecto educacional, médico y aun sociopolítico. Es útil ver el testimonio en los términos expuestos más atrás; es decir, la proclamación, pero reconocer a la vez que esto no abarca todo lo que la iglesia está llamada a hacer en el mundo. Esta perspectiva más amplia se puede denominar "misión", interpretada como "todo lo que la iglesia es enviada a hacer en el mundo" (John Stott). Entonces, dar testimonio no es la totalidad de la tarea de la iglesia, pero sigue siendo la parte central. La tarea de dar testimonio del evangelio en todo el mundo se renueva en la iglesia en cada generación. Es uno de los elementos de su razón de ser que no se atreve a relegar a un plano secundario.

Vale la pena observar que la responsabilidad de testificar, llevando adelante la tarea apostólica, descansa en primer lugar sobre la comunidad apostólica, la *iglesia*. Aunque el individuo es responsable de testificar entre sus amigos, colegas, o vecinos, la iglesia colectivamente es la que está comisionada en primera instancia. En consecuencia, el primer nivel de aplicación es el de la congregación local. Cumplimos una parte esencial de nuestra responsabilidad personal como testigos de Cristo en el mundo, poniendo nuestro esfuerzo, nuestras oraciones y nuestras ofrendas al servicio del programa evangelizador de la iglesia local o del grupo cristiano al que pertenecemos; esto puede ser particularmente significativo para quienes encuentran difícil el testimonio personal.

PASAJES BÍBLICOS

El culto: Gn 8.20; Éx 15.1–18; 1S 2.1–10; 1Cr 29.10–13; Neh 9.5s; Sal 148–150; Is 6.1ss; Am 5.21–27; Mal 3.10; Mt 6.1–18; 18.20; Mr 14.22–26; Jn 4.24; Ro 12.4–8; 1Co 11.18–22; 16.1–4; Fil 1.9–11; 3.3; 4.20; 1Ti 1.17; 3.16; 4.13; 6.15s; Heb 10.19–25; 13.15; Stg 5.13; Jud 24s; Ap 1.5s; 4.8–11; 5.11–14; 22.16.

La comunión: Hch 2.42–47; Ro 5.5; 12.13; 15.1, 5–7; 1Co 10.16; 13; 1Ts 3.6, 12s; 2Ts 1.3; Heb 13.2, 16; 1P 4.9; 1Jn 1.3, 7.

El ministerio: Éx 35.10–33; Dt 18.15s; 19.12; Jue 3.10; 1S 10.10; Neh 8.7s; Mr 4.10s; Lc 6.12; 22.24–27; Jn 13.14–16; 20.21; Hch 6.1–7; 11.30; 14.23; Ef 4.11–16; 1Ti 3.1–13; 1P 5.1–5; Ap 1.6.

El testimonio: Is 43.10–13; Mt 28.18s; Hch 1.8; 4.20; 13.1–3; 2Co 5.11–20; 1Jn 1.2.

PREGUNTAS

1. ¿Qué principios estaban en la base de la adoración del pueblo de Dios en el Antiguo Testamento? ¿En qué manera difiere la adoración bajo el nuevo pacto (testamento)?

2. Investigue los papeles de la forma libre u organizada del culto: ¿qué guía ofrecen las Escrituras en este sentido?

3. ¿Qué significa la comunión (*koinonía*)? Examine las formas en que se expresaba la comunión en las iglesias del Nuevo Testamento. ¿Cuáles serían los equivalentes actuales?

4. Determine el significado que tienen para una verdadera comunión: (a) la "doctrina de los apóstoles" (Hch 2.42); (b) la Cena del Señor (1Co 10.11); (c) el Espíritu y sus dones (1Co 12; 13).

5. ¿Cuál es la importancia de la enseñanza bíblica acerca de los dones espirituales en lo que se refiere al ministerio en la iglesia?

6. Enumere los requisitos del Nuevo Testamento para los ministros u obreros especializados en la iglesia (*cf.* 1Ti 3.1–13; Tit 1.9–15; Hch 6.3s).

7. ¿En qué forma sirve a la gloria de Dios el testimonio de la iglesia?

8. ¿Qué implica el concepto de "misión"?

9. ¿Cuáles son las principales bases bíblicas para la acción social cristiana?

10. ¿Qué enseña la Biblia sobre la misión por medio de: (a) la oración; (b) las donaciones financieras; (c) el testimonio personal; (d) el testimonio colectivo de la iglesia? Examine en cada esfera lo que ello supone para su compromiso personal con la misión.

BIBLIOGRAFÍA

Arts. 'Workship', 'Fellowship', 'Ministry' en NDT.

J. Blauw, *The Missionary Nature of the Church* (Lutterworth, 1974).

D. Bridge and D. Phypers, *Spiritual Gifts and the Church* (IVP, 1973).

E. Clowney, *The Church* (IVP, 1995).

M. B. Green, *Called to Serve* (Hodder, 1964).

S. J. Grenz, *Women in the Church* (IVP USA, 1995).

W. Grudem (ed.), *Are Miraculous Gifts for Today?* (IVP, 1996).

J. B. Hurley, *Man and Woman in Biblical Perspective* (IVP, 1981).

R. P. Martin, *Worship in the Early Church* (Marshall, Morgan and Scott, 1964).

B. Milne, *We Belong Together* (IVP, 1978).

D. Peterson, *Engaging With God* (Apollos, 1992).

J. Piper, *Let the Nations Be Glad* (IVP, 1994).

J. R. W. Stott, *Baptism and Fullness* (IVP, 2da ed., 1975) *El bautismo y la plenitud del Espíritu Santo* (Editorial Caribe, 1973).

J. R. W. Stott, *Our Guilty Silence* (Hodder, 1969).

J. R. W. Stott, *Christian Mission in the Modern World* (Flacon, 1975).

25

LA VIDA DE LA IGLESIA

La iglesia es un organismo más que una organización; es una realidad viviente que crece. Este crecimiento es tanto *ex*tensivo (que aumenta sus miembros por medio de la evangelización) como *in*tensivo (que profundiza y madura su vida y su fe). En esta sección nos interesa el crecimiento en el segundo sentido: el intensivo, pero las dos dimensiones nunca se pueden separar. Una iglesia saludable, que crece, será bendecida tanto con las conversiones a Cristo como con una conformidad cada vez mayor a la imagen de Cristo. Para promover el crecimiento de la iglesia hacia la imagen divina, Dios ha provisto ciertos medios. Generalmente estos se conocen como los "medios de gracia".

LA PALABRA DE DIOS

El principal instrumento de Dios para renovar a su pueblo hacia la imagen de Cristo es su Palabra (Jn 17.17; *cf.* 2Ti 3.16s), de allí la centralidad de la enseñanza de la Palabra en la obra del pastor (2Ti 4.2) que se ve en el ejemplo de Pablo mismo (Hch 20.20s). Así como el Espíritu empleó la Palabra para traernos a la fe en Cristo (Ef 1.13), también la usa en nuestra santificación (Ef 5.26s).

LA PREDICACIÓN EXPOSITIVA

La exposición pública de las Escrituras en el poder del Espíritu tiene incalculable valor para la renovación y el crecimiento del pueblo de Dios. En realidad, la iglesia no puede vivir por encima del nivel de la predicación expositiva que recibe, es decir, la predicación cuyo principal interés es exponer la enseñanza de la Biblia y aplicarla adecuadamente.

EL ESTUDIO PERSONAL DE LAS ESCRITURAS

Ser un hombre o una mujer de Dios implica ser un hombre o una mujer de la Palabra de Dios. La disciplina del estudio bíblico diario es, por consiguiente, un medio obvio y reconocido por Dios para nuestro crecimiento espiritual.

Además de las innumerables bendiciones, hay también algunos peligros en esta práctica: por ejemplo, se puede desarrollar una actitud casi supersticiosa, tipo "horóscopo", por medio de la cual la porción para el estudio diario se separa de su contexto bíblico y se hace que revele cierto mensaje especial oculto, aplicable a la situación inmediata del lector. Sin duda Dios a veces hace que su Palabra sea significativamente pertinente a alguna necesidad específica, pero debemos tener en cuenta que la Biblia entera es la Palabra de Dios para nosotros todo el tiempo; la verdad que tiene para nosotros cada pasaje y cada versículo es una verdad dentro de su contexto bíblico y teológico total (ver "Hermenéutica: la ciencia de la interpretación de las Escrituras", pp. 68–71). Los principios de interpretación correcta son pertinentes para la comprensión tanto privada como pública de las Escrituras.

También debemos guardarnos de desarrollar una actitud legalista por medio de la cual suponemos ganarnos la bendición de Dios por haber cumplido nuestras obligaciones devocionales diarias, o de sentirnos sobrecargados por un sentido de culpa y la idea de que "hoy me va a ir mal en todo" si no cumplimos con nuestro estudio bíblico diario. El soberano Dios de gloria no depende de nuestros débiles ejercicios religiosos para cumplir su propósito en nuestra vida, o para protegernos y bendecirnos en su gracia.

Sin embargo, de ninguna manera estos peligros deben tener mayor peso en el incalculable valor de la práctica de toda la vida de estudiar diariamente la Palabra de Dios.

EL ESTUDIO BÍBLICO EN GRUPO

Encontramos el estudio bíblico informal en grupo en el Nuevo Testamento (Hch 17.11). Claro que ha sido un elemento en la renovación de la iglesia, particularmente durante períodos en que la predicación pública estaba prohibida o había declinado su uso. También tiene sus peligros. Requiere buena dirección, y hay que evitar la tendencia a apartarse del tema, a ventilar opiniones personales, o a intercambiar testimonios que no tienen base clara en el pasaje de las Escrituras que se está estudiando. Si se reconocen y evitan estos peligros, el estudio bíblico en grupo es sin duda un genuino medio de gracia.

LOS SACRAMENTOS

La palabra "sacramento" (lat. *sacramentum*) se puede definir simplemente como "un signo externo y visible de una gracia interior e invisible" (Catecismo de la Iglesia de Inglaterra). Si limitamos el término a las ordenanzas instituidas por Cristo, son sólo dos: el bautismo y la Cena del Señor o Santa Cena. Algunos ven esto confirmado por las dos ordenanzas del Antiguo Testamento: la circuncisión y la Pascua. En el concilio de Trento (1543–63) la Iglesia Católica Romana identificó siete sacramentos. Sobre la base de la tradición eclesiástica agregó la penitencia, la ordenación sacerdotal, el matrimonio, la confirmación, y la extrema unción a los moribundos. No hay justificación bíblica alguna para considerar a estos como sacramentos.

El Ejército de Salvación y los cuáqueros no administran sacramentos, y se mantienen en contra de cualquier intento de dar excesivo valor a los sacramentos o de limitar la gracia de Dios a estos. Sin embargo, la mayoría de los cristianos están de acuerdo en que esa no es una base suficiente para descuidar el mandato de Cristo de administrarlos. Algunas iglesias de los menonitas y algunos otros grupos cristianos similares practican un sacramento adicional, el "lavado de pies", sobre la base de Juan 13.14s. Aunque casi todos los intérpretes ven en ese mandato de Jesús sólo la necesidad de mantener la actitud de un servicio humilde mutuo, el lavado de pies ha producido en estos grupos una profunda humildad y profundidad de compromiso mutuo.

Un sacramento tiene tres elementos principales.

1. *El signo visible*, representado por el agua en el bautismo y el pan y el vino en la Cena del Señor.

2. *La gracia invisible*, es aquello que el sacramento indica y, muchos quisieran agregar, aquello de lo cual el sacramento es un sello para

los creyentes. En el caso del bautismo, esto es el *[...] lavamiento de la regeneración [...]* (Tit 3.5), el perdón de los pecados (Hch 2.38), la unión con Cristo en su muerte y en su resurrección (Ro 6.1ss), y la entrada en el cuerpo de Cristo (1Co 12.12s). En el caso de la Cena, es el recibimiento de los beneficios del sacrificio de Cristo (1Co 10.16), un "alimentarse de" Cristo espiritualmente (1Co 11.24s), y la comunión con el pueblo de Dios (1Co 10.17).

3. ***La relación sacramental entre el signo visible y la gracia invisible,*** se entiende en una diversidad de formas, desde un extremo en el catolicismo romano, donde 1 y 2 se identifican totalmente, hasta el otro, frecuentemente asociado con el nombre del reformador del siglo XVI, Zwinglio, que ve la relación entre 1 y 2 como puramente simbólica. Los principales pasajes en que Cristo autoriza el bautismo y la Cena del Señor se refieren a "enseñar" (Mt 28.20) y "anunciar" (1Co 11.26). Los sacramentos son sacramentos del evangelio que nos señalan a Cristo y su muerte y resurrección por los pecadores. Al tratar de corregir el abuso supersticioso de los sacramentos en el catolicismo romano, los reformadores insistían en la necesidad de predicar la Palabra cada vez que se administraban los sacramentos. Se adherían a la descripción de Agustín de que los sacramentos eran "palabras visibles de Dios". Este es un principio importante, porque sólo a la luz de la Palabra encuentran los sacramentos su adecuado papel confirmatorio y de apoyo, indicando a Cristo y confirmando nuestra fe en él.

EL BAUTISMO

El Antiguo Testamento menciona lavamientos rituales y de otros tipos, o actos purificatorios que usaban el agua para expresar la limpieza de la contaminación y la culpa por el pecado (Éx 19.14s; Lv 16.4, 24; *cf.* Sal 51.2).

En el contexto inmediato de la misión de Jesús, el bautismo era practicado por Juan el Bautista (Mr 1.2–11; Jn 1.29–34). El bautismo de Juan enfocaba dos puntos: era un bautismo de arrepentimiento por el pecado (Mt 3.2, 11) y preveía la venida del reino de Dios que era inminente e implicaría un severo juicio (Mt 3.7–12).

Jesús mismo fue bautizado por Juan. Esto hace surgir la pregunta de por qué aquel que era sin pecado debía someterse al bautismo de arrepentimiento, lo cual fue también un problema para Juan el Bautista (Mt 3.14). La explicación es doble. Primero, Jesús reconoció que como Mesías prometido estaba llamado a identificarse con el pueblo que había venido a librar. *[...] pues nos conviene cumplir* [a modo de identificación] *con lo que es justo [...]* (Mt 3.15). Segundo, Jesús se consagró públicamente al Padre para la obra de redención (Mt 3.16, 17) de una manera que reconocía explícitamente a Juan como el precursor ordenado por Dios (Lc 7.24ss; Mal 3.1).

Jesús autorizó el bautismo de parte de los discípulos al comienzo de su ministerio público de predicación, cuando Juan estaba todavía activo (Jn 3.22, 4.1). También habló de su misión como un bautismo, un ahogamiento bajo aguas de tremenda angustia (Lc 12.50; gr. *baptizo*, introducir en el agua, sumergir o causar la muerte por ahogo).

Como Señor resucitado, Jesús envió a la iglesia a hacer discípulos y bautizarlos en el nombre del Padre, del Hijo y del Espíritu (Mt 28.19s). El resto del Nuevo Testamento muestra a la iglesia cumpliendo esa comisión.

Significado del bautismo

El bautismo es *una confesión de fe en Cristo* (Ro 6.3, 4; 1P 3.21; Hch 8.37) asociada con el reconocimiento público de Jesucristo como Señor y Salvador (Hch 2.38; 10.48; 8.16).

El bautismo es *una experiencia de comunión con Cristo* (Col 2.12). El candidato está ligado por fe al Señor en cuyo nombre es bautizado, de modo que participa en algún sentido en la misma muerte y resurrección de Cristo (Ro 6.3–5). En consecuencia, para el Nuevo Testamento el bautismo es el punto en que idealmente el pecador se une con Cristo en todo el curso de su acción redentora: vida, muerte, resurrección, ascensión, reinado (Gá 2.20; Ef 2.5s). Esto no significa que la salvación se transmita en el acto mismo del bautismo. Sólo la fe salva, más bien es sólo Cristo a quien la fe abraza; pero para los escritores del Nuevo Testamento, el bautismo era el punto normal en que la fe llegaba a la expresión pública, aferrándose de Cristo y las bendiciones de su salvación: la limpieza del pecado, la renovación en el Espíritu, el equipamiento para el servicio y la entrada en el cuerpo de Cristo (1Co 12.12; 1P 3.21).

El bautismo es *una consagración a vivir por Cristo* (Ro 6.4–22). Por tanto, la vida descuidada se considera una negación del bautismo.

El bautismo es *una promesa de consumación a través de Cristo* (Ro 6.22). Al igual que la Cena del Señor, nos señala tanto hacia atrás, hacia los grandes hechos del evangelio en el pasado, como hacia adelante, hacia nuestra parte en la futura consumación del reino, al que ya hemos entrado por nuestra unión de fe con Cristo.

El bautismo y la iglesia

En la época del Nuevo Testamento un cristiano desligado de una iglesia era algo desconocido, ya que la respuesta misma de una persona al evangelio por el bautismo la ponía en comunión local del pueblo de Cristo. Nuestras dificultades actuales en aplicar esta enseñanza surgen de separar el bautismo y la conversión, de manera que pasan varios años entre ambos, cualquiera haya sido lo primero en ocurrir. También nos estorba el hecho de que la "iglesia" se ha convertido en una estructura formal institucionalizada, en lugar de ser una comunión viva de hombres y mujeres en Cristo, cosa que era al principio.

El bautismo y el Espíritu

Varios pasajes indican un lazo entre el bautismo en agua y en el Espíritu (Gá 3.26s; 1Co 12.13; Hch 2.38).

Los objetos apropiados del bautismo

Aunque mucha de la enseñanza bíblica ya expuesta recibiría el acuerdo de los cristianos evangélicos a lo largo de una amplia gama de afiliación denominacional, un punto básico de división queda aún por mencionar: ¿Debe limitarse el bautismo a los que profesan fe personal en Cristo o procuran dar expresión pública a esa fe, o se puede administrar también a los hijos de los creyentes? Como en el Nuevo Testamento el bautismo se administraba claramente a los que profesaban fe personal, el asunto es: ¿qué apoyo bíblico hay para extender el rito también a los niños? Los siguientes son los argumentos más comunes:

1. Se afirma que el pacto del Antiguo Testamento tenía dos sacramentos: la circuncisión y la Pascua. En el nuevo pacto el bautismo reemplaza a la circuncisión rito de iniciación, y la Cena del Señor, a la Pascua como el rito de redención y comunión. La circuncisión era un rito familiar administrado a los ocho días a los niños varones nacidos al pueblo de Dios (Gn 17.12); en consecuencia, el bautismo debería aplicarse también a los hijos de los creyentes. La identificación de ambos se ve en Colosenses 2.11s, y la identidad de los dos pactos como pactos de gracia *así como* de

fe está expresada en Romanos 3.21–4.24. En estos términos, pues, se habría interpretado la promesa de Hechos 2.39. Tal es el caso para el bautismo infantil o de niños.

El asunto es entonces si es esa la correcta interpretación de Colosenses 2.11s, y si se puede realmente sacar esa conclusión basándose en lo que Pablo insta en Romanos. También cabe preguntarse si este enfoque puede enfrentar el hecho de que en el período nuevotestamentario los dos ritos, el bautismo y la circuncisión, seguían coexistiendo. Jesús, sus discípulos, y la primera generación de judíos cristianos recibieron *ambos*; por consiguiente, no hay claras pruebas de que la iglesia primitiva consideraba que uno reemplazaba al otro.

2. Hay una serie de citas en las cuales familias o casas enteras recibieron el bautismo (Hch 16.15, 31; 1Co 1.16; 16.15s). Por inferencia, ¿no incluiría eso a los niños? Los que objetan tal concepto señalan las alusiones a la fe en Hechos 16.31, 34, y dicen que lo que sabemos de Lidia no la pone obviamente en el papel de madre joven, y que las familias corintias se mencionan en términos de responsabilidad (1Co 16.15s). ¿Son concluyentes estos elementos en contra?

3. Pablo habla de que los hijos de un creyente son "santos" (1Co 7.14). No se hace ninguna referencia explícita al bautismo, pero parece indicar una diferencia entre los hijos de los creyentes y los de los no creyentes. Por otra parte, se señala que el mismo término (gr. *hagios, hagiazo*) aparece antes en el versículo referente al efecto "consagrador" del cónyuge sobre el inconverso en un matrimonio mixto. Cualquier conclusión sacada del pasaje con relación a los hijos de los creyentes también tendría que aplicarse, aparentemente, a los cónyuges inconversos del matrimonio.

4. Se insta apoyar el bautismo infantil porque ejemplifica de manera singular la misericordiosa disposición de Dios de salvar, incluso antes de que el objeto de su gracia haya tenido la oportunidad de ejercer la fe en él. Los opositores preguntan si esta separación de la gracia y la fe es en realidad fiel a las doctrinas del Nuevo Testamento, ya sea de la gracia o de la fe.

En el fondo, el desacuerdo acerca del bautismo de los niños parece residir en el campo de la naturaleza de la continuidad y la diferenciación entre los pactos antiguo y nuevo. Por ello, quienes restringen el bautismo a los creyentes necesitan preguntarse si realmente permiten la adecuada continuidad entre ambos pactos. Si la continuidad es de largo alcance, el silencio virtual del Nuevo Testamento sobre el asunto es un factor tan significativo a su favor como cualquier enseñanza clara que deba practicarse. Los que bautizan a los niños de los creyentes tienen que preguntarse si tienen en cuenta los elementos de discontinuidad entre ambos pactos. ¿Es realmente *nuevo*, su nuevo pacto? Su novedad, ¿se enfoca en la entrada del reino de Dios, centrado en la venida del Mesías con todas sus consecuencias para el significado de la fe? Si no, la falta de un apoyo exegético claro para el bautismo infantil en el Nuevo Testamento constituye una seria dificultad.

En medio de todo esto, no debemos desatender el hecho de que Dios ha bendecido y honrado notoriamente el ministerio de sus siervos de ambos bandos, ya sea bautizantes de niños como Lutero y Wesley, o bautistas como Spurgeon y Billy Graham. No necesitamos más que reconocer la mutua estima entre el anglicano John Newton y el bautista Guillermo Carey para reconocer lo innecesario de una áspera división.

La Cena del Señor

Este segundo sacramento cristiano, denominado indistintamente Cena del Señor, Santa Cena, Eucaristía, Comunión, Partimiento del Pan, tiene sus raíces en la última cena, cuando *[...] la noche que fue traicionado [...]* (1Co 11.23) Jesús instituyó la Cena como una ordenanza continua entre sus discípulos. El estudio de las pruebas pertinentes parece apoyar la idea de que la última cena era la cena tradicional de Pascua a la que Jesús le dio un nuevo significado. Esta identificación facilita nuestra interpretación en varios puntos.

[...] Este pan es mi cuerpo [...] hagan esto en memoria de mi [...] Esta copa es el nuevo pacto en mi sangre [...] (Lc 22.19s). Jesús hablaba en arameo; lo que entonces dijo, según la costumbre aramea, fue: "Este pan mi cuerpo que por vosotros es partido". En consecuencia, no debemos dar demasiada importancia al verbo "es", porque habría sido omitido, y su significado librado a la inferencia. Otras construcciones similares deben guiarnos al decidir qué palabra usar al traducir. Gálatas 4.24 es una de ellas: literalmente, "estas mujeres los dos pactos". En este caso convendría la palabra "significan" o "representan"; no tiene sentido decir estas mujeres *son* los pactos (*cf.* Gn 40.12; Dn 2.38; Gá 4.25).

Sin embargo, más importante que estas comparaciones bíblicas es la cena pascual misma, y la forma en que los judíos del siglo primero entendían la relación con los eventos del éxodo que la Pascua representaba (Dt 16.3). Se creía que en la cena de Pascua los acontecimientos pasados volvían a hacerse realidad en el presente, de manera que, como lo expresaba el *Mishnah*, "en cada generación un hombre debe considerarse como si él mismo hubiera salido de Egipto". Por eso, el pan partido por Jesús en la cena y la copa que tomó hablaban de su Cuerpo y de su Sangre ofrecidos en sacrificio como medio para un nuevo éxodo (*cf.* Lc 9.31) y el establecimiento de un nuevo pacto. Puesto que se repetía la cena entre los discípulos, ello suponía que compartían el hecho fundamental por el que se había establecido el nuevo pacto (la muerte de Cristo), y así participaban también de su bendición.

Cualquier intento de identificar los elementos con la Sangre y el Cuerpo reales de Jesús, sobre la base de un supuesto "es" original ("esto es *mi* cuerpo"), es totalmente infundado. Sin embargo, el otro extremo, por el cual la Cena no es otra cosa que un recuerdo simbólico, una especie de conmemoración cristiana de los caídos en las guerras, también queda en cuestión por este testimonio que implica una verdadera comunión con el Señor en su muerte, no simplemente un recuerdo mental (*cf.* 1Co 10.16ss).

Hacía tiempo que el antiguo pacto entre Dios e Israel había sido invalidado por la desobediencia y la apostasía de la nación (Jer 3.20). Entre las cenizas del viejo orden, Jeremías soñaba con un nuevo pacto que Dios haría, en el cual su ley sería escrita "en sus corazones" y el pecado de ellos sería olvidado (Jer 31.31–34). Esta es la nueva relación, con su énfasis en la responsabilidad individual, la interioridad y el perdón total y definitivo que Jesús inauguró con su sacrificio.

La "copa" del pacto tiene varias asociaciones en el Antiguo Testamento. En general, se refiere a la relación del hombre con Dios. Cuando esta relación es positiva, los cristianos disfrutan de una copa llena (Sal 23.5). Si pecamos y nos alejamos de Dios nuestra copa es amarga (Sal 75.8). La esencia de la amargura reside en que nos volvemos objeto de la ira de Dios, y es aquí donde probablemente debemos buscar el verdadero significado del relato de la Cena. *Esta* era la copa de la que Jesús pidió ser librado en el Getsemaní (Lc 22.42s). El nuevo pacto con toda la bendición que implica, no se inaugura en forma liviana o fácil. Sólo cuando se enfrentan las horribles consecuencias de la relación rota del hombre con Dios, soportando la ira divina contra el pecado, se puede actualizar el nuevo pacto y traer redención a la humanidad pecadora.

Así como los judíos debían repetir continuamente la cena pascual, siempre confesando de nuevo su dependencia del hecho histórico de la redención y apropiándose de sus beneficios (Éx 12.14; 13.9), la iglesia en la repetida celebración de la Cena del Señor da testimonio del gran hecho histórico de la redención que le sirve de base (1Co 11.24–26) y vuelve a probar cada vez, por medio de la fe, los beneficios de ese sacrificio santo.

Cada relato de la Cena dirige nuestro pensamiento hacia adelante, hacia el fin del mundo. Mateo y Marcos registran el dicho de Jesús de que no volvería a probar del fruto de la vid hasta beber lo nuevo en el reino venidero (Mt 26.29; Mr 14.25). Lucas relata el dicho de Jesús en el mismo contexto de que los discípulos comerían y beberían *[...] a mi mesa en mi reino [...]* (Lc 22.29s). Pablo agrega que la Cena debe celebrarse hasta *[...] que Él venga [...]* (1Co 11.26). Entonces la Cena, en el pensamiento de Jesús, debe celebrarse en anticipación deliberada y consciente de la futura plenitud del reino de Dios. "Le agregó al 'adiós' la nota del 'hasta la vista'" (R.P. Martín). Las celebraciones actuales de la Santa Cena, especialmente en las tradiciones católicas y protestantes, han perdido notablemente mayormente esta dimensión bíblica de gozosa anticipación de la comunión perfecta que nos espera al regreso del Señor. Las iglesias ortodoxas, históricamente, han logrado a veces una comprensión más grande de esta dimensión, surgiendo en parte de su enfoque en la resurrección. A menudo, los primeros anabautistas también lograron esta nota de anticipación gozosa a través de su énfasis en la Cena como una ocasión de compañerismo y celebración.

Como alternativas al punto de vista católico romano, los reformadores protestantes formularon tres líneas distinguibles de interpretación que, en términos generales, siguen siendo las principales opciones en la interpretación protestante actual de la Cena.

El concepto romano

En la misa, los elementos del pan y el vino, cuando son consagrados debidamente por un sacerdote apostólicamente ordenado, se convierten en el Cuerpo y la Sangre de Cristo. Cierto es que retienen sus propiedades de sabor y forma, pero *en su substancia* no son otra cosa que el verdadero Cuerpo y la verdadera Sangre de Cristo. Esto se conoce técnicamente como "transubstanciación". En reconocimiento de esto, el sacerdote levanta la "hostia" (lat. *hostia,* "víctima sacrificial") para que sea adorada por la congregación. Se dice que los que participan han comido del Cuerpo y la Sangre mismos de Jesús. Las raíces de este concepto residen en el filósofo pagano Aristóteles, y operan en un marco de ideas claramente ajenas a un judío como nuestro Señor. También parece oscurecer, e incluso desafiar, la insistencia decisiva en que el único sacrificio expiatorio fue hecho de una vez para siempre en el Calvario (Heb 7.27; 9.12; 10.10). Además, la pretensión de que el sacerdote ofrece a Cristo en el altar no puede sonar menos que cercana a ser blasfema a los oídos bíblicamente sensibles.

Otro aspecto no bíblico de la práctica católica romana es la "comunión de una sola especie", por la cual sólo el pan o la hostia se ofrece a la congregación y el vino se limita al sacerdote. Sin embargo, desde el Concilio Vaticano II, a comienzos de la década de 1960, se ofrece el vino al laicado en algunas ocasiones especiales.

El concepto luterano

Lutero rechazó la "transubstanciación" y afirmó que el Cuerpo y la Sangre de Cristo están presentes "en" y "bajo" los elementos del pan y el vino. No hay cambio alguno en la substancia de los elementos; pero cuando los comulgantes participan físicamente de ellos, en realidad reciben el cuerpo glorificado de Cristo que está presente en todas partes. Es decir, hay una verdadera presencia de Cristo en la Cena, localizada en los elementos, que sin embargo no cambian de naturaleza.

El concepto zwingliano

Esta posición sostiene que la Cena es puramente simbólica. Recuerda vivamente a los comulgantes de lo que Cristo ha hecho por ellos en la cruz, y llama a una rededicación de la vida a Dios a la luz del Calvario. Cristo está presente sólo en el sentido y en el grado en que siempre está presente para el creyente, por medio del Espíritu Santo que mora en él.

El concepto reformado

Calvino sostuvo que se participa realmente de Cristo en la Cena cuando el comulgante viene con verdadera fe. Aunque es el Cristo total, en carne y espíritu, de quien se participa, se hace hincapié en el aspecto místico y espiritual de la comunión con Cristo por medio del Espíritu Santo. Por el Espíritu la iglesia se eleva en la Cena a la experiencia de la comunión con su glorificada cabeza y Señor, y a alimentarse de Él para el sustento de su fe.

EN RESUMEN

La Santa Cena es uno de las herencias que Jesús legó a su iglesia. Es su regalo para nosotros y debe ser mantenido y celebrado desde ese punto de vista. El hecho de dárnoslo reflejó claramente cuán importante lo consideraba Él mismo para la vida de su pueblo a través de los siglos. A pesar de las controversias que han ocurrido tristemente, es necesario que vengamos a la Cena hoy con acción de gracias y en la convicción de que tiene mucho que contribuir a nuestro crecimiento cristiano. Una forma útil de recoger su significado es verlo en términos de los tres tiempos: pasado, presente y futuro.

El pasado. La Santa Cena señala hacia atrás al amor indecible de Dios en Cristo en el sacrificio de Jesús. Aquí encontramos el corazón mismo de Dios, y somos inducidos, una vez más por su "gracia increible", a rendirle culto, maravillarnos y adorarlo.

El presente. La Santa Cena es un lugar de encuentro con nuestro Señor resucitado. Afirma una vez más su amor hacia nosotros y el perdón que Él compró a tal costo, aviva nuestro amor recíproco, y profundiza nuestra fe y compromiso con Él. Se encuentra con nosotros también en los hermanos y hermanas que nos rodean en la mesa y a quienes abrazamos de nuevo dentro de la familia de Dios.

El futuro. La Santa Cena nos eleva más allá de los horizontes inmediatos de espacio y tiempo a la compañía más grande del cielo, y ensaya la gloriosa "cena de bodas del Cordero" cuando Él venga.

LA ORACIÓN

El Antiguo Testamento tiene numerosos ejemplos de la bendición de Dios sobre su pueblo en respuesta a sus oraciones (Gn 18.16–33; Éx 3.7–10; Nm 21.4–9; 1R 18.20; 39; Neh 1.1–11). Es profundamente instructivo observar el lugar destacado y constante que tenía la oración en el ministerio de Jesús (Lc 3.21; 5.16; 9.28s; Heb 5.7) y la manera en que los apóstoles, tanto en sentido colectivo como individual, siguieron su ejemplo (Hch 1.14; 2.42; 4.4–6, 23–31; Ef 1.16; Flm 4). Sin embargo, Jesús no dejó el asunto únicamente al ejemplo; instruyó a sus discípulos para que fueran hombres de oración, y les enseñó cómo proceder (Mt 5.44; 6.5–15; Lc 11.1–13; 18.1–18).

Hay asimismo repetidas exhortaciones en los escritos apostólicos posteriores (Ef 6.18; Col 4.2; 1Ts 5.17; 1Ti 2.1s; Stg 5.13–18). Por supuesto, no oramos simplemente porque nos hace bien; la oración equilibrada abarca la adoración y la acción de gracias a Dios y la intercesión por otros, además de la petición personal. Sin embargo, se nos insta claramente a acudir con frecuencia a Dios y a solicitar su ayuda y bendición ante el privilegio que significa vivir por Él y servirlo en este mundo.

Tampoco debemos descuidar la oración colectiva. Hay promesas de bendición especial asociadas a la intercesión colectiva (Mt 18.19s), como lo descubrió la iglesia primitiva (Hch 1.14; 2.42); para no mencionar de qué manera períodos regulares de oración con otros cristianos pueden insuflar nueva vida y fuerzas a nuestras intercesiones y peticiones a menudo débiles y vacilantes. Es dudoso que haya habido algún avivamiento genuino en la iglesia a través de los siglos que no haya sido precedido y acompañado por la oración personal y colectiva ferviente.

Las Escrituras prometen que Dios oye y se complace en contestar tales oraciones. La respuesta no siempre vendrá precisamente en los términos que desearíamos, pero debemos estar seguros de que será de acuerdo con nuestro mejor interés y una expresión de su profundo amor para nosotros. Además, aunque no la buscamos por esa razón, está esa gracia que nos llegará como resultado del tiempo que pasamos con Dios en oración. No es algo que se percibe inmediatamente, ni se puede calificar directamente, y con seguridad es para nuestro bien que sea así, para que no busquemos a Dios simplemente por lo que nos puede dar. Sin embargo, la historia cristiana confirma claramente que una vida en la que la oración es un ejercicio regular y serio es una vida que conocerá mucho de la paz y el poder de Dios.

LA COMUNIÓN

La comunión con otros en el cuerpo de Cristo es un medio de gracia poderoso para el pueblo de Dios. Dios nunca pensó en la vida cristiana como una vida aislada; en realidad, es una locura intentarlo (Jn 15.1–8; Ef 4.1–16). De vez en cuando aparecen circunstancias que privan a un cristiano de este medio de gracia; pero podemos confiar en que el Señor no dejará a ninguno de sus hijos despojados de su consuelo y su presencia en esas circunstancias (1R 19.1–18; Hch 23.11). Pero donde se nos ofrece esta comunión, el rechazarla implica exponernos al desastre espiritual. En este sentido es evidentemente significativo que la mayor parte de la enseñanza bíblica directa sobre la vida cristiana está dirigida a iglesias, es decir, a grupos colectivos de cristianos. Ese es el contexto (una comunión solícita, protectora y de oración) en que Dios pretende que se viva la vida cristiana. Con relación a esto, no simplemente debemos reconocer la obligación de otros cristianos de proveer este contexto para nuestra vida y crecimiento cristiano, sino que también debemos hacer nuestra parte en el apoyo y el sostén de los demás miembros de nuestra iglesia (1Co 12.14s; Gá 6.2; 1Ts 5.14).

EL SUFRIMIENTO

La iglesia está llamada a conformarse a su cabeza y Señor, en particular en Su sufrimiento y Su rechazo (Lc 14.25–33; Jn 12.23–25; Ro 8.17; Ap 1.9). Así como la cruz fue determinante en la vida y el ministerio de Jesús, debe serlo en la vida y la misión de su pueblo. La iglesia es la comunidad de la cruz (Mr 8.3–38; Hch 14.22; 2Ti 3.12). En consecuencia, el sufrimiento es un sello fundamental de un testimonio cristiano vivo según el Nuevo Testamento. La palabra griega para testigo es *martyr*, de donde se deriva el término mártir en español.

Para cumplir su propósito de conformar la iglesia a la imagen de su Señor y de liberar su testimonio más plenamente en el mundo, Dios utiliza el sufrimiento, tanto colectivo como individual (Job 23.10; Sal 119.67, 71; Jn 15.2; Ro 5.3; Heb 12.4–13; 1P 1.6s).

PASAJES BÍBLICOS

La Palabra de Dios: Dt 29.29; 2Cr 34.14–33; Neh 8.1–8; Sal 1.1–3; 19.7–11; Mt 4.1–10; Mr 12.24; Hch 17.11; 20.27–32.

El bautismo: Éx 19.14s; Lv 16.4; Mt 2.1–17; 28.19s; Mr 10.38s; Jn 3.22; 4.1; Hch 2.38, 42s; 8.16, 36; 9.18; 10.47; 16.15; 1Co 1.13–17; 10.2; 12.12; Gá 3.27s; 1P 3.21.

La Cena del Señor: Éx 13.1–16; Jer 31.31–34; Mt 26.17–30; Lc 22.7–23; 1Co 10.14–22; 11.17–34.

La oración: Gn 18.16–33; 32.9–32; Éx 17.4–16; 33.12–23; Jos 7.6–13; 2S 7.18–29; 1R 3.3–15; 18.20–39; 2R 19.14–37; 20.1–11; Neh 1.1–11; Dn 9.1–23; Mt 9.38; 26.36–44; Mr 1.35; 9.29; 11.22–25; Lc 3.21; 5.16; 11.1–13; 18.1–8; Jn 16.24; 17.1–26; Hch 1.14; 12.5, 9; Ro 1.9; 8.26; 10.1; 12.12; Ef 6.18; Col 4.2; 1Ts 5.17; 1Ti 2.1s; Heb 5.7; Stg 5.13–18.

La comunión: Gn 2.18; Éx 17.8–16; 1S 23.16; Lc 22.28; Jn 15.1–8; Hch 2.42–47; 4.32–37; Ro 1.12; 15.1–7; 1Co 12.24ss; 2Co 7.6; Gá 6.2; Fil 2.4; 1Ts 5.11, 14; Heb 3.13; 10.24s; Jud 20.

El sufrimiento: Job (varios); 23.10; Sal 66.10–12; 119.67, 71; Mr 8.35–38; Lc 14.25–35; Jn 12.23–25; 15.2, 18s; Hch 14.22; Ro 5.3; 8.17; 2Co 1.3–9; 4.10s; 12.7–10; Gá 6.14; Fil 1.29; 3.10; 2Ti 3.12; Heb 12.4–13; 1P 1.6s; 4.13; Ap 1.9.

PREGUNTAS

1. ¿Qué se entiende por "los medios de gracia"? Muestre por las Escrituras el papel que juegan en el crecimiento del pueblo de Dios.

2. Discuta la siguiente opinión: "La iglesia no puede estar por encima de la predicación expositiva que recibe".

3. Examine los beneficios y los problemas asociados con: (a) el estudio bíblico personal; (b) el estudio bíblico en grupo.

4. ¿Qué es un "sacramento"? Aclare la base bíblica para el concepto de que hay dos, y sólo dos, sacramentos.

5. ¿Qué lugar deben ocupar en la Cena del Señor: (a) la Palabra de Dios; (b) la comunión de toda la congregación; (c) el recuerdo del sufrimiento de Cristo en el Calvario; (d) la seguridad del perdón para el creyente arrepentido; (e) la expectativa del retorno de Cristo en gloria?

6. ¿Qué se puede aprender sobre el bautismo: (a) del Antiguo Testamento; (b) de Jesús?

7. ¿Cuáles son los principales argumentos bíblicos usados en apoyo del bautismo infantil? ¿Los considera convincentes? Investigue las posibilidades de genuina comunión y cooperación entre los que difieren en este asunto.

8. ¿En qué manera son "medios de gracia": (a) la comunión; (b) el sufrimiento? Ilustre su valor basándose en: (1) la enseñanza y las biografías bíblicas; (2) su propia experiencia; (3) la experiencia de otros cristianos que conoce.

BIBLIOGRAFÍA

Arts. 'Word of God', 'Sacrament', 'Baptism', 'Eucharist', 'Prayer', 'Fellowship' en NDT.

P. Adam, *Speaking God's Words* (IVP, 1996).

G. R. Beasley-Murray, *Baptism in the New Testament* (Paternoster, 1972).

G. C. Berkouwer, *The Sacrament* (Eerdmans, 1962).

H. Bonar, *When God's Children Suffer* (Evangelical Press, 1966).

D. Bridge and D. Phypers, *The Water that Divides* (IVP, 1977).

D. A. Carson, *A Call to Spiritual Reformation* (IVP, 1992).

M. Green, *Baptism* (Hodder, 1987).

O. Hallesby, *Prayer* (Hodder, 1961).

E. F. Kevan, *The Lord's Supper* (Evangelical Press, 1966).

D. Kingdon, *Children of Abraham* (Carey Publications, 1973).

E. Kreider, *Given for You* (IVP, 1998).

G. Kuhrt, *Believing in Baptism* (Mowbray, 1987).

D. M. Lloyd-Jones, *Preaching and Preachers* (Hodder, 1971).

R. P. Martin, *Worship in the Early Church* (Marshall, Morgan and Scott, 1964).

B. Milne, *We Belong Together* (IVP, 1978).

J. Murray, *Christian Baptism* (PRPC, 1952).

J. C. Ryle, *Knots United* (James Clarke, 1964).

R. C. Sproul, *Knowing God's Word* (Scripture Union, 1980).

C. H. Spurgeon, *Lectures to My Students* (Baker, 1977). *Discurso a mis estudiantes* (Mundo Hispano-CBP, 2003).

A. M. Stibbs, *Sacrament, Sacrifice and Eucharist* (Tyndale Press, 1962).

J. R. W. Stott, *I Believe in Preaching* (Hodder, 1982).

26

LA IGLESIA
EN LA HISTORIA

SISTEMAS DE ORGANIZACIÓN

Podemos distinguir cuatro modelos generales, aunque muchos grupos no caen estrictamente dentro de ninguno de ellos.

EPISCOPAL

Es el gobierno por obispos (*episkopoi*). Es el orden seguido por las iglesias anglicanas, luteranas y, con ciertas modificaciones, metodistas. Se reconoce un ministerio triple, que comprende obispos, presbíteros (principalmente clérigos locales que tienen dirección en el nivel parroquial y congregacional) y diáconos o diaconisas, que tienen un ministerio auxiliar en la iglesia. En la práctica, los diáconos son generalmente presbíteros novicios. Sólo los obispos pueden ordenar a otros en el ministerio, y su sucesión se remonta a siglos pasados. Este sistema no puede pretender ser bíblico, si con eso significamos que el Nuevo Testamento lo exige en forma incontrovertible. Ahora se acepta ampliamente entre los eruditos de todas las tradiciones que los términos griegos *epískopos* (obispo) y *presbyteros* (anciano) son equivalentes en el Nuevo Testamento (Hch 20.17, 28; Fil 1.1; Tit 1.5, 7). Por consiguiente, la interpretación nuevotestamentaria de "obispos" en general no es la que se encuentra en el sistema episcopal. Eran dirigentes de la iglesia local, varios de ellos operaban comúnmente en una congregación, siguiendo el modelo de los ancianos del Antiguo Testamento en la sinagoga judía.

Por otro lado, los episcopales señalan otros dos factores significativos en apoyo a sus procedimientos. Primero, la presencia en la iglesia primitiva de ministerios que trascendían aquellos basados en las congregaciones locales. Los apóstoles son el ejemplo más sobresaliente; aparentemente los profetas también actuaron algunas veces en esa forma. Timoteo, Tito y Santiago se consideran representantes de esta "tercera dimensión" del ministerio nuevotestamentario, ya que evidentemente estaban investidos con responsabilidades sobre varias congregaciones. Segundo, no hay dudas de que el ministerio triple se remonta casi hasta la era apostólica, y que hacia la mitad del siglo II era el modelo casi universal del ministerio cristiano. Cuando la iglesia tuvo que enfrentar la herejía desde adentro y la persecución desde afuera, reforzó la dirección oficial, particularmente el episcopado, para afrontar esas amenazas. En consecuencia, es un tipo de ministerio que puede anotarse el mérito de haber demostrado su valor para la iglesia a lo largo de los siglos.

PRESBITERIANO

El gobierno por ancianos (*presbyteroi*) caracteriza a las iglesias reformadas y presbiterianas en todo el mundo y, con ciertas modificaciones episcopales, también a las metodistas. Generalmente los ancianos se unen en un cuerpo central, como una asamblea nacional, y en presbiterios locales con jurisdicción sobre territorios geográficos menores. Un tipo de presbiterianismo también funciona donde una iglesia local está gobernada por un grupo de líderes designados: "el consejo supervisor" o una "reunión de ancianos" en algunas iglesias independientes. Este sistema afirma tener autorización bíblica directa basada en la norma nuevotestamentaria de nombrar a los ancianos en las congregaciones locales. Estos dirigentes aparecen en consulta con los apóstoles en el Concilio de Jerusalén en Hechos 15. Entre los ancianos de la congregación local, uno de ellos puede ser nombrado como "anciano docente" para ministrar la Palabra y los sacramentos, a diferencia de los otros ancianos "gobernantes" que comparten con el anciano docente el liderazgo efectivo (1Ti 5.17). En un nivel más general, el gobierno está normalmente ejercido por un sistema de comisiones o consejos nombrados por la iglesia, con autoridad graduada. El presbiterianismo también reconoce el derecho de toda la congregación de tener voz en la selección de ministros. Los diáconos actúan en un ministerio de apoyo, con relación a los asuntos cotidianos de la iglesia. A diferencia del episcopalismo, todos los ministros tienen el mismo rango formal.

Congregacionalista (independiente)

Es el gobierno por toda la congregación local; este modelo es seguido por las iglesias bautistas, congregacionalistas, pentecostales (generalmente), y otras iglesias independientes. La congregación local es la unidad fundamental: ningún dirigente individual o cuerpo eclesiástico puede ejercer derechos sobre ella. Todo lo que atañe a la conducción interna de la iglesia se somete en definitiva al juicio de toda la congregación en la que el ministro, los diáconos y los ancianos (si los hay) están al mismo nivel que los demás miembros. Cada congregación local tiene libertad para interpretar el pensamiento de Cristo sin interferencia de otras congregaciones o entidades, aunque en la práctica la mayoría de las iglesias independientes se unen con otras en asuntos de interés común. La ordenación para el ministerio se puede llevar a cabo sin comprometer a otras iglesias, aunque esa práctica es poco común; en realidad, muchos "congregacionalistas" ven que esa representación más amplia es esencial. El ministerio es generalmente doble, ministros (pastores) y diáconos, aunque en algunos casos el pastor comparte la responsabilidad espiritual con un grupo de ancianos. Algunas iglesias "congregacionalistas", como los Hermanos Libres, tradicionalmente han cuestionado la validez de señalar a un individuo para "ministrar" en la congregación local, aunque esta posición no se mantiene hoy con tanta regularidad.

Los partidarios apelan a la importancia de la iglesia local en el Nuevo Testamento. Como hemos visto, la Escritura usa el mismo vocabulario con relación a la naturaleza de la iglesia tanto en sentido local como total. Además, en el Nuevo Testamento faltan pruebas de una imposición sobre la vida de la congregación local por parte de cuerpos más amplios, o de un dirigente de fuera de sus filas, con la excepción obvia de los apóstoles o sus delegados personales, como Tito y Timoteo. En la base de este planteamiento está la convicción de que la jefatura de Cristo en la iglesia implica su presencia inmediata entre su pueblo y su poder para transmitir su voluntad sin la mediación de ningún otro agente, ya sea individual o de cuerpo.

En la práctica, el congregacionalismo reconoce el valor de la comunión y la cooperación mutua entre las iglesias, aunque no al punto de restringir la libertad definitiva del cuerpo local o actuar de acuerdo con la voluntad del Señor según la discierne.

El movimiento de iglesias en casa que se ha desarrollado en muchas partes del mundo, principalmente en asociación con el movimiento de renovación carismática representa otra forma contemporánea de organización congregacional. Así como otros grupos congregacionales, los vínculos entre iglesias varían desde una independencia total, donde ninguna referencia se hace a cualquier otro cuerpo cristiano, hasta una relación fuerte de tipo denominacional con límites de compromiso y asociación claramente establecidos. Algunos de estos grupos dan el nombre de "apóstol" a sus líderes, desde el punto de vista que este título tiene una validez perpetua hoy, o como parte de la obra de Dios en restaurar la iglesia a su realidad nuevotestamentaria original, o simplemente como un medio por el cual el Espíritu vivo sigue liderando a su pueblo en la verdad y realidad de Dios.

Católico romano

El catolicismo es fundamentalmente una expresión histórica particular del sistema episcopal. Ya hemos observado algunas distorsiones de las normas bíblicas en su comprensión de la iglesia. La característica singular de su organización es la primacía del obispo de Roma: el papa. También difiere de las iglesias reformadas en su concepto del clero sacerdotal, que se encuentra también en las iglesias ortodoxas de Oriente y entre algunos anglicanos.

De este breve resumen es obvio que ni el sistema episcopal, ni el presbiteriano, ni el congregacionalista pueden pretender el derecho exclusivo al apoyo de las Escrituras, aunque esto lo negarían algunos dentro de cada una de esas tradiciones. Esto no implica sugerir que el testimonio bíblico deba ser dejado de lado y el asunto determinado sobre bases pragmáticas. Pero, a fin de identificarnos con el cuerpo de Cristo, necesitamos integrarnos a alguno de estos grupos, y es esencial cierto grado de compromiso con sus sistemas para dar significado a esa afiliación. Sin embargo, debemos reconocer tanto los límites como el alcance de nuestras convicciones en asuntos que no contradicen claramente la enseñanza bíblica y ejercer aquella caridad que es la característica del pueblo de Dios (Jn 13.34s).

PERSPECTIVAS HISTÓRICAS

Los primeros siglos

En el período inmediatamente posterior a la era apostólica, la Iglesia se concebía como el pueblo de Dios, la nueva sociedad espiritual de creyentes en Jesús a la que se ingresaba por medio del bautismo. Era algo así como una tercera raza, en contraste con los gentiles y los judíos; se caracterizaba por sus elevadas normas morales y su estrecha vida comunitaria.

Durante el siglo II ocurrieron cambios perceptibles. El surgimiento de la herejía exigía límites claros; las tradiciones apostólicas autorizadas fueron protegidas por obispos que se consideraban sucesores de los apóstoles. Esta acción estimuló las estructuras centralizadas, y el carácter esencialmente "espiritual" de la iglesia cedió lugar a la idea de la iglesia como una institución externa. Esto no ocurrió sin resistencia: el montanismo (sigo II), el novacianismo (sigo III), y el donatismo (siglo IV) en diferentes formas intentaron recuperar la pureza espiritual y moral primitiva.

La jerarquía de la iglesia en general rechazó estos movimientos y la tendencia siguió. Así, para Cipriano, que escribió a mediados del siglo III, el apartarse de la iglesia visible cuya base es el episcopado implicaba perder el derecho a la salvación. Más de un siglo después Agustín aceptó que la iglesia es la compañía invisible de los escogidos, la comunión de los santos, que tienen el Espíritu y se caracterizan por el verdadero amor. Pero sostenía que la verdadera "iglesia" radicaba en la Iglesia Católica, que esgrimía la autoridad apostólica a través de su sucesión episcopal histórica; sólo dentro de su esfera es posible estar lleno del amor divino y recibir el Espíritu Santo por medio de los sacramentos. Durante los primeros siglos la iglesia se dividió entre el Oriente y el Occidente. Aunque las raíces de esa separación residen en las divisiones administrativas y políticas del Imperio Romano, eclesiásticamente surgió por no resolver los debates posteriores al Concilio de Calcedonia referentes a la persona de Cristo. Las iglesias de Oriente simpatizaban más con Nestorio (*cf.* "El nestorianismo", p. 224) y con el enfoque monofisista;[26] también estaban en desacuerdo respecto al Espíritu Santo, pues sostenían que el Espíritu procede sólo del Padre, mientras que el Occidente sostenía la doble procedencia del Espíritu: del Padre y del Hijo. Estas iglesias orientales se conocen actualmente como las Iglesias Ortodoxas.

---

26 El concepto de que en la encarnación habla sólo una naturaleza.

La Edad Media

En la época medieval la iglesia era la base de todo en la sociedad y de acuerdo con eso no requería ninguna justificación teórica. Se pueden observar en particular dos cambios.

Primero, la tradición de que a Pedro se le había dado primacía sobre los otros apóstoles y que había sido el primer obispo de Roma fue complementada con la afirmación de que esa autoridad superior se había transmitido a los sucesores de Pedro en el obispado de Roma. Hacia los comienzos del siglo VII, el papa fue aclamado como el "obispo universal". Este cambio en el papado fue resistido en Oriente, y aumentó la separación entre Oriente y Occidente.

Segundo, la Iglesia Católica visible se identificó más con el reino de Dios. Este punto de vista, basado en una mala interpretación del concepto de Agustín, fue apoyado por la circulación de dos documentos falsificados del siglo IX que pretendían que la idea tenía antigua autoridad. Como resultado se hacían cada vez más esfuerzos para poner los asuntos culturales y políticos bajo la influencia de la iglesia.

La Reforma

A principios del siglo XVI una discusión acerca de las indulgencias (certificados papales que garantizaban la absolución) se tornó pronto en un asunto relacionado con la naturaleza misma de la iglesia. Dirigidos por Martín Lutero, los reformadores desafiaron toda la estructura del catolicismo medieval en nombre del evangelio de salvación por sólo la gracia. Cuando la vía para la reforma interna fue bloqueada, salieron del redil romano y fundaron nuevas congregaciones reformadas de las que surgieron las iglesias protestantes. El concepto reformado de la iglesia implica prácticamente volver a escribir los libros de teología de siglos anteriores. La Reforma no produjo un enfoque común, sino un solo planteamiento que cubría varias interpretaciones relativamente diferentes.

Lutero rechazó las pretensiones romanas respecto a la infalibilidad de la iglesia bajo el gobierno del papa, el sacerdocio y el funcionamiento automático de los sacramentos (la pretensión de que automáticamente transmitían gracia, ya sea que hubiera o no fe por parte del receptor). Restauró la idea de la iglesia como una comunidad espiritual de creyentes, todos los cuales son sacerdotes de Dios, pero retuvo el bautismo infantil. Calvino agregó un énfasis en la disciplina y en la función educacional de la iglesia, y en Ginebra intentó reformar toda la sociedad por medio de la Palabra de Dios.

Un tercer concepto de la iglesia que se puso de manifiesto en la misma época se ha convertido cuestionablemente en el más influyente de todos. Era la idea de los anabaptistas, así llamados porque insistan en que el bautismo era sólo para los creyentes y, en consecuencia, re(*ana*)-bautizaban a los que habían recibido el bautismo en la infancia. A pesar de los pocos extremistas que desafortunadamente llamaron la atención del público en los libros de historia, generalmente eran gente de visión equilibrada y devoción destacada. Buscaban una reforma más completa que la de Lutero y Calvino, una iglesia "sectaria" constituida solamente por aquellos que profesaban fe y daban muestras de su realidad. Minimizaban las fórmulas eclesiásticas y las jerarquías en el ministerio, y lo central era la experiencia individual inmediata de la gracia de Dios. Enseñaban la estricta separación entre la iglesia y el Estado.

LA ÉPOCA MODERNA

De la Reforma han surgido las principales ramas del protestantismo histórico, que se han desarrollado junto a la tradición romana. Podemos observar algunos importantes factores del período reciente.

1. La identificación entre el Estado y la iglesia ha ido constantemente en retroceso. Por eso, la religión se ha convertido cada vez más en un asunto de convicción personal libremente determinada, aunque en la mayoría de las democracias occidentales se le ha dado a una de las iglesias reformadas, derechos y privilegios especiales como iglesia "nacional".

2. El movimiento misionero mundial ha llevado el evangelio cristiano a los confines de la tierra. De este esfuerzo visionario y profundamente sacrificado ha surgido el fenómeno de la comunidad cristiana internacional que es la Iglesia de Jesucristo hoy.

3. Relacionado con lo anterior en algunos puntos, está el desarrollo del movimiento ecuménico internacional, que condujo a la formación del Concilio Mundial de Iglesias (CMI) en 1948. El movimiento, aunque desaprueba la meta de unificación mundial de la cristiandad, ha promovido constantemente el movimiento en esa dirección. Durante los años '60 y '70, en particular, su camino se volvió un poco espinoso, debido a que el CMI defendió algunas

posiciones teológicas radicales y heterodoxas. Más recientemente ha tenido la tendencia de modificar estas posturas y ha expresado una apreciación renovada por la importancia de la misión en la vida de las iglesias, aunque esto último ha sido apagado en cierta forma por una deferencia mayor a otras religiones mundiales y diálogo con ellas. Las Iglesias Ortodoxas han llegado a desempeñar un papel más importante en los asuntos del CMI, y los vínculos con la Iglesia Católica Romana (que no es un miembro completo del CMI) han sido profundizados. Algunos evangélicos lo apoyan; otros, aunque ligados a él por su afiliación denominacional, no sienten mucho entusiasmo a su favor, en parte porque no ha estimulado el esfuerzo evangelístico y misionero fervoroso. Otros aún, recelosos de sus intenciones finales, y ahuyentados por su liberalismo teológico, se mantienen totalmente apartados.

Durante el último período los evangélicos han descubierto su propio sentido de solidaridad global, notablemente en el movimiento de Lausanna fundado en una reunión internacional grande en Lausanne en 1974, y promovido por un congreso global posterior en Manila en 1994. Se mantiene activo promoviendo conexiones y consultas entre evangélicos a nivel mundial en la promoción de la meta de evangelización mundial.

4. Hay señales de cambio en la Iglesia Católica Romana. Los tres siglos posteriores a la Reforma y al Concilio de Trento (1545–1563) vieron al catolicismo seguir su propio curso y rechazar conscientemente las ideas reformadas. Sin embargo, ha surgido un "nuevo catolicismo", particularmente con el Concilio Vaticano II (1962–65) convocado por el papa Juan XXIII. La nueva apertura a las influencias modernas ha continuado en los años desde este concilio, incluso un grado sin precedentes de contacto con los voceros y las iglesias protestantes. Ha llegado a desempeñar un papel cada vez mayor en el movimiento ecuménico mundial a pesar de no ser un miembro completo del CMI. El papado de Juan Pablo II ha visto una variedad de tendencias en juego. Los instintos básicamente conservadores del Papa han llevado al rechazo de dar cabida a los partidarios de la ordenación de la mujer, a un énfasis menor en María, a una más grande flexibilidad acerca del control de la natalidad, y algo de concesión en cuanto al celibato de los sacerdotes. Su propia personalidad carismática, su afición por los

peregrinajes internacionales y su sensibilidad a la influencia de los medios de comunicación, han traído nueva visibilidad a la iglesia. La disminución en el reclutamiento a la vocación sacerdotal sigue siendo preocupante.

5. En el otro extremo del ámbito eclesiástico, los últimos años han sido testigos del surgimiento altamente significativo de nuevas iglesias y grupos cristianos independientes en todas partes del mundo. Muchos, aunque de ninguna manera todos, son pentecostales en su experiencia y en su culto. Son fuertemente bíblicos y muchas veces manifiestan un gran fervor en pro de la evangelización, un espíritu de vida sacrificial, flexibilidad en cuanto a su estructura, y una premeditada apertura a lo que creen ser la guía directa de Dios. Estas iglesias y grupos muestran una correspondiente ausencia de compromiso vital con la tradición cristiana o las formas de fe representadas por las grandes ramas históricas de la iglesia. Si bien estos grupos son más evidentes en el Occidente y el Tercer Mundo, tienen sus equivalentes en los países del antiguo bloque comunista. Muchos cristianos han sostenido un testimonio desafiante y valeroso detrás de las cortinas de hierro y de bambú, donde los años de dominación comunista produjeron un considerable crecimiento en las iglesias, a menudo a un costo enorme y sostenido. Es necesario mencionar el papel heroico de liderazgo de la iglesia en derrocar varios de los regímenes marxistas en Europa Oriental, y al crecimiento asombroso en la China, mayormente a través de grupos no oficiales en casas. A pesar de que, por la naturaleza del caso, el número exacto de cristianos en China hoy no se puede saber, el crecimiento de la iglesia allí desde la expulsión maoísta de misioneros occidentales a principios de los años '50 se podría decir es la expansión numérica más grande de la cristiandad desde el primer siglo.

6. El materialismo, particularmente en las naciones industrializadas de Occidente, ha producido una secularización generalizada de la vida y una erosión correspondiente de las profundas convicciones cristianas de las generaciones anteriores. El impacto de este proceso se sigue sintiendo, especialmente entre los que abogan por formas "liberales" de cristianismo. No se puede ver ninguna posibilidad de recuperación en esos ambientes, con la desaparición del capital acumulado de generaciones de fe bíblica del que se nutren inconscientemente estas variedades de grupos religiosos.

En el mundo actual es mucho más probable que las personas que no están persuadidas por las reclamaciones totales de Jesucristo comprometan su vida con la religión de la Nueva Era, o una amalgama personal de diferentes tradiciones espirituales o aun un culto extraño de los últimos días, que optar por una versión diluida y "desobrenaturalizada" de la fe cristiana. Felizmente, muchas iglesias del Tercer Mundo mantienen una fe vibrante más claramente ligada al cristianismo de períodos anteriores. También ha habido un notable despertar de esperanza entre las iglesias más antiguas con el redescubrimiento, particularmente por parte de la gente más joven, de la autoridad de la Biblia y del cristianismo como una experiencia viva y presente de Dios y como una forma vital de vivir en el mundo. Aunque este renacimiento evangélico tiene ahora proporciones mundiales, es demasiado prematuro decir si es meramente una reacción ante el materialismo y las actuales crisis mundiales o si anuncia días nuevos y mejores entre el pueblo de Dios. Fuera de toda duda, los problemas masivos de la civilización internacional moderna hacen imprescindible un verdadero avivamiento.

EL FUTURO DE LA IGLESIA

Como obra del Espíritu Santo, la iglesia mira constantemente hacia el futuro. El Espíritu es la vida de la nueva era del reino pleno de Dios, el anticipo de la gloria venidera. Como tal imparte al pueblo de Dios un deseo de plenitud, en que la novia será unida a su novio celestial (Ef 5.25ss; Ap 21.1ss).

En consecuencia, no podemos limitar nuestro pensamiento a la iglesia como la vemos ahora, que con frecuencia es tan diferente de la esposa celestial que está llamada a ser. Debemos acordarnos de soñar en esa gloriosa compañía venidera con la que Cristo está destinado a compartir su herencia eterna. Ninguna exposición de la doctrina bíblica de la iglesia puede descuidar esta dimensión, la que trataremos en detalle en la Parte 7.

PASAJES BÍBLICOS

Nm 11.15s; Ez 34; Mt 18.15–20; Lc 5.1–12; 6.12–16; Hch 6.1–6; 15.1–29; 20.17, 28; 1Co 1.2; 4.1; Ef 4.1–16; Fil 1.1; 1Ti 3.1–13; 5.1, 17s; Tit 1.3, 5–9; Heb 13.17; 2Jn 1; Ap 21.1–22.5.

PREGUNTAS

1. Exprese y evalúe el apoyo bíblico para los sistemas episcopal, presbiteriano y congregacionalista en la organización de la iglesia. Discuta esta opinión: "En lo que se refiere al gobierno de la iglesia, el Nuevo Testamento, más que un modelo detallado, da principios".

2. ¿Cuáles son los beneficios que se pueden obtener del estudio de la historia de la iglesia a través de los siglos?

3. Identifique señales de esperanza en el desarrollo actual de: (a) su iglesia o grupo cristiano local, (b) el cuadro cristiano nacional; (c) el progreso del cristianismo a nivel mundial.

4. ¿Cuál es el destino de la iglesia? ¿Qué valores surgen de considerar ese prospecto?

BIBLIOGRAFÍA

J. Balchin, *What the Bible Teaches About the Church* (Kingsway, 1979).

T. Bradshaw, *The Olive Branch* (Paternoster, 1990).

O. Chadwick, *The Reformation* (Penguin, 1964).

E. Clowney, *The Church* (IVP, 1995).

I. Murray (ed.), *The Reformation of the Church* (Banner of Truth, 1965).

M. Noll, *Turning-points* (IVP, 1998).

A. M. Renwick and A. M. Harman, *The Story of the Church* (IVP, 2da ed. 1985).

M. A. Smith, *From Christ to Constantine* (IVP, 1971).

A. M. Stibbs, *God's Church* (IVP, 1959).

D. Watson, *I Believe in the Church* (Hodder, 1978).

APLICACIÓN

LA IMPORTANCIA DE LA IGLESIA

La unión con Cristo implica necesariamente la unión con su pueblo. La iglesia no es solamente un "medio de gracia" útil para nuestro crecimiento; es una parte necesaria de la experiencia cristiana que debemos tomar con tremenda seriedad. En este sentido todo cristiano ya está en la iglesia, que representa el contexto básico de su fe.

Fue el amor y la preocupación de Dios por la Iglesia lo que llevó a Cristo al Calvario (Ef 5.25). Por consiguiente, la medida de nuestra conformidad con la voluntad de Cristo será la medida de nuestra preocupación por la Iglesia, su vocación y su extensión, su vida y su fervor, su compresión y su convicción, su crecimiento y su unidad, su pureza y su santidad, tanto en sentido global como local.

LA FUNCIÓN DE LA IGLESIA

EL CULTO

La iglesia es una comunidad adoradora. Tenemos que afirmar nuestro compromiso con el culto público y examinar nuestras actitudes respecto a ello. Como sacerdotes nuevotestamentarios, es nuestro privilegio y responsabilidad reunirnos semana tras semana para traer a Dios nuestra ofrenda de alabanza (Heb 13.15). ¿Cómo estamos ejerciendo este ministerio de adorar?

LA COMUNIÓN

La iglesia es una comunión en el Espíritu. Tenemos que afirmar nuestro compromiso con la comunión de nuestra iglesia o grupo local y examinar nuestras actitudes para con nuestros congéneres cristianos. ¿Hay sentimientos de malicia, envidia u orgullo de los que debemos arrepentirnos? También puede que haya críticas, calumnias o chismes que debamos confesar; posiblemente una disculpa que pedir, o heridas pasadas que perdonar. Puede que sea necesaria una mayor generosidad en compartir en la hospitalidad, el tiempo y la amistad, o por medio de nuestro dinero y nuestras oraciones, o de alguna otra manera práctica.

EL MINISTERIO

La iglesia es una comunidad de servicio. Tenemos que examinar nuestras actitudes y afirmar nuestro compromiso de servir en la iglesia y el mundo en el nombre de Cristo. Esto implicará identificar el o los dones del Espíritu de Dios que Él quiere que usemos para el crecimiento de nuestra iglesia local, y el estar atentos a las oportunidades para servir en nuestro vecindario inmediato o lugar de trabajo. Para algunos, todo esto influirá profundamente en la elección de su profesión, y también del lugar donde la ejercerá.

EL TESTIMONIO

La iglesia es una comunidad testificante. Tenemos que afirmar nuestro cometido y examinar nuestras actitudes en cuanto a ser testigos de Cristo en el mundo. Esto implicará enfrentar honestamente ciertos asuntos. ¿Están mis oraciones dirigidas regular y fervientemente hacia la extensión del evangelio en el mundo? ¿Están inteligentemente dirigidas por medio del uso juicioso de la información sobre la oración que hay disponible? ¿Contribuyo regular y sacrificadamente a la obra de Cristo en el mundo? ¿Estoy comprometido en los esfuerzos de mi iglesia local para hacer que Cristo sea conocido en nuestro vecindario? ¿Procuro con la ayuda de Dios ser un testigo fiel y eficaz de Cristo entre mis vecinos, colegas, compañeros de estudio, o dondequiera que me haya puesto el Señor?

LA VIDA DE LA IGLESIA

Tenemos que examinar nuestras actitudes respecto a los medios de gracia y el uso que hacemos de ellos. Esto implicará el compromiso de leer y estudiar las Escrituras y de escuchar regularmente su exposición, ser bautizados si no lo hemos sido todavía, y compartir regularmente la Cena del Señor. Implicará dedicar tiempo a la oración y esperar en Dios, un genuino compromiso con la comunión de la iglesia local, y una disposición a aceptar nuestra parte en el sufrimiento por el evangelio y para el crecimiento nuestro y el de la iglesia.

ACORDÉMONOS DE SOÑAR

La iglesia, tal como la vemos y la experimentamos, puede resultar poco atractiva, ya sea en el panorama eclesiástico nacional o en nuestra comunidad cristiana local. En ciertas oportunidades tal vez encontremos dificultad en discernir y reconocer alguna semejanza con Cristo. Pero debemos resistir la tentación de desesperarnos o desilusionarnos por la iglesia que vemos en la actualidad. A pesar de toda su debilidad actual, la iglesia está destinada a ser gloriosa y bella. A veces tenemos que mirar deliberadamente hacia adelante, más allá de las realidades inmediatas, y acordarnos de soñar con la gran Iglesia venidera, el pueblo perfecto de Cristo, su novia sin mancha, que será presentada ante su esposo celestial a su regreso.

Esa misma visión reforzará nuestra determinación de invertir nuestro tiempo y nuestros recursos, de dirigir nuestras energías y nuestras oraciones, y de trabajar todos nuestros años para ayudar a que el actual cuerpo de Cristo, quebrantado e imperfecto, llegue a la plena madurez y esplendor que está destinado a reflejar en la presencia de su Señor retornante.

PARTE 7

Escatología:
las últimas cosas

27

EL REINO DE DIOS

El estudio de las últimas cosas se conoce técnicamente como *escatología*, término que viene de la palabra griega que significa último. Probablemente sea el término dominante en la teología actual. Es un tema más complejo de lo que podría suponerse, porque las "últimas cosas" no son simplemente los sucesos del fin de la historia.

La primera categoría en la escatología bíblica es el reino de Dios, un término común en boca de Jesús (Mt 12.28; Mr 1.14; 9.1; Lc 13.18–20; Jn 3.3). El significado básico es el gobierno o señorío de Dios, *no* un territorio geográfico. Es un concepto dinámico; el reino de Dios es su gobierno *en acción* (Sal 145.13; Dn 2.44).

ANTECEDENTES DEL ANTIGUO TESTAMENTO

En el Antiguo Testamento se ve a Dios como soberano sobre todas las cosas. *El Señor reina [...] gran Rey sobre todos los dioses* (Sal 93.1; 95.3) es la presuposición de toda la religión del Antiguo Testamento (Éx 15.18; Is 43.15). Pero el reino de Dios sufre resistencia y oposición. El diablo seduce a la humanidad a rebelarse contra Dios (Gn 3), las naciones viven en idolatría y perversidad (2R 17.29), y el mismo Israel entra en una declinación espiritual y es vencido por sus enemigos. A nivel personal, todo israelita experimenta la contradicción entre la voluntad de Dios y su propia realización moral.

De esta contradicción surge la convicción de que Dios vindicará su soberanía sin lugar a duda (Is 2.1–5; Sof 3.15; Zac 14.9s) en el futuro *[...]* *día del* SEÑOR *[...]* (Am 5.18s; Mal 4.1s), que estará relacionado con el Mesías (Is 4.2; 9.6s; 11.1s). Éste será un gran rey del linaje de David (1Cr 17.11-14; Sal 72) y por medio de Él vendrá el día de Jehová en juicio para las naciones y en liberación para Israel (Mal 3.1ss). A veces se subraya la continuidad con la historia terrenal (Is 11); en otras oportunidades este acto futuro de Dios se ve como venido desde más allá de la historia (Dn 7).

Después de concluido el Antiguo Testamento, esta esperanza se expresó como el "siglo venidero", en contraste con el "siglo presente". Para la época de Jesús esa ya era una diferenciación conocida (Mt 12.32; Mr 10.30), con la característica adicional de que el "siglo venidero" se mencionaba corrientemente como *[...] el reino de Dios* (Mr 10.23-30; Lc 18.29s).

JESÚS Y EL REINO

Este antecedente es fundamental para entender la afirmación central de Jesús de que *[...] El reino de Dios está cerca [...]* (Mr 1.15; Mt 4.17); el ansiado día de salvación anunciado en el Antiguo Testamento ya ha llegado.

La enseñanza de Jesús sobre el reino tiene dos aspectos. Por medio de su proclamación y ministerio, culminando en su muerte y resurrección, el reino de Dios es ahora una realidad en la historia humana. Cuando los hombres y mujeres confían en Él y lo siguen, entran al reino prometido (Lc 17.20s; 18.28-30). Sin embargo, el futuro cumplimiento de la promesa del gobierno de Dios llega más allá de la resurrección hasta su gloriosa aparición al final de la historia (Lc 21; 22.29s).

Estas dos afirmaciones son la clave para toda la enseñanza de Jesús acerca del reino de Dios: el reino ha llegado (Mt 12.28), pero todavía está por venir.

En el Evangelio de Mateo, escrito particularmente para los judíos, el "reino de Dios" aparece como el "reino de los cielos". En el siglo primero, cielo era un sinónimo común de Dios entre los judíos devotos que consideraban el nombre de Jehová demasiado sagrado para pronunciarlo. Jesús usó ambas frases. Es decir que la expresión "reino de los cielos" no implica diferencia alguna en el significado.

Otra idea claramente relacionada es "vida eterna", literalmente "la vida del siglo venidero". Este era un equivalente virtual del reino de Dios entre los judíos de la época de Jesús (Mr 10.17). Por supuesto, es eterno en cuanto a su duración; pero el verdadero asunto es su cualidad más que su duración; es la vida del reino de Dios anticipada en el Antiguo Testamento. Esta equivalencia se ve sobre todo en las enseñanzas de Jesús registradas por Juan (Jn 3.16, 36; 4.14; 5.24; 10.28).

OTRAS ENSEÑANZAS DEL NUEVO TESTAMENTO

Con el tiempo, el evangelio se extendió hasta las naciones gentiles donde todo el concepto de reinado probablemente sería malentendido, como lo reconoció Jesús mismo (Mr 10.42s). Entonces se usaron otros conceptos para transmitir la afirmación cristiana acerca de Jesús que estarían menos sujetos a equivocada interpretación. Ejemplos de esto son "salvación" (Hch 16.30s; Ro 1.16s) y la incorporación "en Cristo" (Ro 8.1; Fil 3.9s).

Cuando se hace referencia al reino, generalmente es en términos de su futuro cumplimiento al final (Hch 1.6; 1Co 15.24, 50). Cuando se habla de él como ya establecido, se entiende como el reinado de *Cristo*, al que se entra por medio del Espíritu Santo (Col 1.13; *cf.* Jn 3.1–8). Así el profundo sentido antiguotestamentario de la soberanía de Dios se transfiere en el Nuevo Testamento a la persona de Cristo, quien ejerce el gobierno de Dios a la derecha del Padre por medio del Espíritu Santo (Hch 2.33). Es decir que el reino se realiza ahora en la experiencia humana por medio del ministerio del Espíritu Santo, quien sobre la base de la obra de Cristo trae la vida del glorioso siglo venidero a la realidad actual.

EL REINO Y LA EXPERIENCIA CRISTIANA

La tensión entre estas dos dimensiones es el contexto de la vida cristiana. Por un lado, el cristiano es una nueva persona, unida a Cristo en su muerte, resurrección y reinado, y comparte los poderes de la nueva era del reinado en el Espíritu Santo; por el otro, la vieja naturaleza sigue siendo una realidad dolorosa y persistente, que arrastra a los cristianos más abajo de los logros morales a que los dirige su nueva vida.

Es decir, nos regocijamos en la venida del reino, en el hecho de la salvación eterna, en las bendiciones del siglo venidero en nuestra unión con Cristo; y a la vez ansiamos la liberación, la venida definitiva del reino, la consumación de nuestra salvación, y el pleno surgimiento del nuevo hombre en Cristo.

Siempre existe la tentación de escapar de esta tensión. Esto puede ocurrir en dos maneras. Una manera es cuando desesperamos tanto de la vida aquí y ahora que dejamos de esperar que Dios obre en el presente, tanto en nuestras propias vidas como en las de otros; Dios, si en alguna forma está presente, tendrá que hacerlo en el futuro. La otra manera es el intento de realizar plenamente el reino en el presente. Esto se expresa en declaraciones poco realistas y no bíblicas para la experiencia cristiana, ya sea en términos de la perfección moral (ver "La santificación", pp. 300–309) o la salud perfecta, o aun en términos del supuesto "derecho" del cristiano a la riqueza y la prosperidad.

Pasajes bíblicos

Éx 15.18; 1Cr 29.11; Sal 2.6; 99.1; 145.11–13; Is 9.6s; Jer 23.5s; Dn 2.44; 7.9–14; Am 5.18s; Zac 14.9; Mt 6.10; 11.2–5; 12.28; 13.16s, 24–30; 16.28; 19.28s; Mr 1.15; 10.23–30; Lc 17.20s; Jn 3.5; Hch 1.3; 14.22; 20.25; 28.23; Ro 14.17; 1Co 4.20; 6.9; 15.24, 50; Col 1.13; 1Ti 6.15; Ap 1.5s; 11.15.

Preguntas

1. ¿Qué se entiende por "reino de Dios"? ¿Cómo se relaciona con el Antiguo Testamento? ¿Cuáles son los principales puntos en la enseñanza de Jesús con relación a dicho reino?

2. Explique la afirmación de que "el reino de Dios se ha inaugurado pero no está realizado todavía".

3. ¿Cómo se relaciona el reino de Dios con: (a) la vida eterna; (b) la salvación; (c) la unión con Cristo; (d) el nuevo nacimiento; (e) la gloria final de la iglesia?

4. ¿Cómo influye la enseñanza de la Biblia sobre el reino en la respuesta cristiana a la sociedad humana y sus necesidades?

Bibliografía

Art. 'Kingdom of God' en IBD y NDT.

G. R. Beasley-Murray, *Jesús and the Kingdom of God* (Paternoster, 1986).

G. E. Ladd, *The Presence of the Future* (Eerdmans, 1974).

H. Ridderbos, *The Coming of the Kingdom* (Paideia Press, 1978).

G. Vos, *The Teaching of Jesus Concerning the Kingdom of God and the Church* (PRPC, 1972).

28

LA SEGUNDA VENIDA DE CRISTO

Aquí encontramos el meollo de la enseñanza bíblica sobre las "últimas cosas", la gloriosa aparición del Señor. Jesús mismo ve la culminación en estos términos: *Verán entonces al Hijo del hombre venir en las nubes con gran poder y gloria* (Mr 13.26). El resumen que da Pablo de la esperanza cristiana es similar: *[...] del cielo, de donde anhelamos recibir al Salvador, el Señor Jesucristo* (Fil 3.20).

TÉRMINOS DEL NUEVO TESTAMENTO

El término más común usado en el Nuevo Testamento griego para la Segunda Venida es *parousía* (Mt 24.3; 1Co 15.23; 2Ts 2.19; 2Ts 2.1, 8). Significa venida, llegada o presencia, y se usaba en el siglo I para la visita de un emperador u otra persona distinguida. Transmite la idea de que el regreso del Señor será una acción definitiva y decisiva de su parte. Vendrá Él mismo, con la misma certeza con que vino en la encarnación. Será el retorno del Rey (Lc 19.12).

Apokalypsis significa revelación o manifestación (1Co 1.7; 2Ts 1.7; 1P 1.7). La venida del Señor revelará quién es Él y qué es el mundo. Será la ocasión en que serán reveladas las cosas que ahora están escondidas.

Epifaneía significa manifestación (2Ts 2.8; Tit 2.13). También lleva la idea de correr un velo de manera que lo que está detrás se pueda ver claramente.

PASAJES BÍBLICOS

Numerosos pasajes del Antiguo Testamento hablan de las glorias del reino mesiánico en términos que no se cumplieron en la primera venida de Cristo (2S 7.16; Sal 2; 72; Is 2.1–5; 9.6s; 11.1–10; 40.3–5; 49.6; 61.2; Jer 33.15; Mi 4.1–3). Además, Daniel 7.13s se refiere directamente a la venida del Señor en gloria (*cf.* Mr 13.26; 14.62; 1Ts 4.17; Ap 1.7, 13; 14.14).

En el Nuevo Testamento hay más de 250 referencias claras al retorno del Señor (por ej., Mt 24; 25; Mr 13; Lc 21; Jn 14.3; Hch 1.11; 3.20; 17.31; 1Co 15.23ss; 1Ts 4.13–5.11; Heb 9.28; Stg 5.7; 2P 3.8–13; 1Jn 3.2s; Ap 1.7; 22.20). Estas referencias muestran sin duda alguna que el regreso del Señor se enseña en todas las principales divisiones del Nuevo Testamento.

Esto pone bien de manifiesto que la segunda venida de Cristo no está limitada a unos pocos pasajes oscuros y que la creencia en ella no depende de interpretaciones altamente imaginativas de visiones simbólicas. Aparece abiertamente en la Biblia, a la vista de todos. En consecuencia, la negación de la Segunda Venida sólo se puede considerar un rechazo básico de la autoridad de la Biblia.

LA NATURALEZA DE LA SEGUNDA VENIDA

Es imposible hacer una descripción completa del retorno del Señor. En este acontecimiento nuestro Señor glorificado se manifestará de una manera que será totalmente culminante para la existencia tal como la conocemos. Obviamente superará todos los sucesos del tiempo y el espacio que hasta ahora hemos experimentado. Por consiguiente, cualquier relato que pretenda contar toda la historia hasta el más mínimo detalle será contraproducente desde el comienzo.

Cristo mismo asemejó su venida a un relámpago (Mt 24.27), lo que transmitió a los oyentes del siglo primero su carácter esencialmente misterioso. La venida del Señor inevitablemente superará cualquier descripción "de este mundo" y nos vemos forzados a recurrir a los símbolos para imaginarla. Sin embargo, los símbolos bíblicos son dados por Dios y por eso podemos interpretarlos con la confianza de que, aunque no pueden decírnoslo todo, nos pueden decir lo que necesitamos saber.

Será una venida gloriosa, *[...] con poder y gran gloria* (Mt 24.30); *[...] Y todos lo verán con sus propios ojos [...]* (Ap 1.7). La primera venida de nuestro Señor se dio en medio de la oscuridad y la debilidad, causando aparentemente apenas una mella en la superficie de la historia humana. Por contraste, su segunda venida será universalmente manifiesta. Vendrá *[...] entre las nubes del cielo [...]* (Dn 7.13; *cf.* Mt 24.30; Hch 1.9, 11; Ap 1.7). Las nubes representan la gloria y la manifiesta presencia de Dios entre su pueblo (Éx 24.15–18; 2Cr 5.13s). En este sentido el retorno del Señor será el acto final de la revelación de la presencia divina, la manifestación culminante de la gloria trascendente y la majestad del trino Dios.

Será una venida decisiva*: Entonces vendrá el fin [...]* (1Co 15.24). La historia llegará a su punto final; la cortina caerá sobre el escenario del tiempo: ¡Cristo vendrá! Será un acontecimiento en la historia de todo el mundo. No está limitado a la iglesia ni a los cristianos que estén vivos en la tierra en el momento que ocurra. Ya sea que lo sepan o no, o les interese siquiera, la vida de cada hombre y mujer se está moviendo hacia la venida de Cristo. Todos se encaminan a encontrarse con el Señor.

Será una venida repentina*.* A pesar de los pasajes sobre las señales de los tiempos, la Biblia habla claramente de lo inesperado del retorno del Señor (Mt 24.34–44; 1Ts 5.1–6). Lo podemos resumir en un dicho de Jesús: *[...] porque el Hijo del hombre vendrá cuando menos lo esperen* (Mt 24.44). Incluso nuestro Señor mismo confesó desconocer el momento (Mr 13.32). Por lo tanto, nos dice a los cristianos *[...] ¡Manténganse despiertos!* (Mr 13.37).

Cualquier interpretación del cristianismo que carezca de esta esperanza futura está en desacuerdo con el testimonio bíblico. Un error es interpretar estos pasajes en términos de la primera venida de Cristo por la que se estableció el reino de Dios. Esto no tiene fundamento a la luz de la clara referencia futurista de alguno de los dichos del propio Jesús (Mt 13.24ss; 19.28; Mr 14.25), para no mencionar las enseñanzas inequívocas del resto del Nuevo Testamento. Igualmente errónea es la idea conexa de que las referencias a la futura vindicación de Jesús significan la "venida" de Dios a los hombres y mujeres durante el ministerio de Jesús y, posteriormente, por medio del evangelio. Aunque Cristo realmente "viene" a la gente por medio de la Palabra de Dios, esto ni siquiera empieza a agotar el significado de los pasajes en cuestión.

EL PROPÓSITO DE LA SEGUNDA VENIDA

PARA COMPLETAR LA OBRA DE REDENCIÓN

Con su venida, Cristo completará los propósitos redentores de Dios a lo largo de las edades. Todos los enemigos de Dios, el pecado, la muerte y el diablo serán quitados del mundo de Dios (1Co 15.22, 28, 42–57; Ap 12.7–11; 20.1–10) y se instaurará un nuevo orden en que los propósitos originales de Dios para la humanidad y la creación encontrarán su realización final (2P 3.1–13; Ap 22.1–15).

Es importante mantener los lazos esenciales entre la segunda y la primera venida de Cristo. No es que la primera haya sido inadecuada y necesite la segunda para completar bien la obra. Más bien, la obra de Cristo en su segunda venida es para hacer efectiva la conquista y la victoria ganada decisivamente en la primera (Jn 14.3; Ap 5.5–14). Este lazo esencial entre el logro pasado de la misión de Jesús y su culminación futura, ayuda mucho a explicar por qué la expectativa de un retorno inminente de Cristo aparece a todo lo largo de los escritos del Nuevo Testamento. El fin ya ha llegado, "se ha acercado"; en principio no falta nada para lograr su pleno triunfo. Ningún acontecimiento que intervenga puede afectar la victoria de Cristo en su resurrección y por eso podemos vivir en constante esperanza de su advenimiento.

PARA RESUCITAR A LOS MUERTOS

[...] todos los que están en los sepulcros oirán su voz, y saldrán de allí. Los que han hecho el bien resucitarán para tener vida, pero los que han practicado el mal resucitarán para ser juzgados (Jn 5.28s). Por el poder de Dios obrando por medio de Cristo en su venida, todos los que hayan vivido a través de los tiempos serán llamados a una forma de vida corpórea. Esta resurrección es en vista del juicio.

PARA JUZGAR A TODAS LAS PERSONAS

Cristo *[...] juzgará a los vivos y a los muertos [...]* (2Ti 4.1; *cf.* Hch 17.31). Su venida para juzgar se enseña tanto en el Antiguo Testamento (Sal 2.9; 110.5; Is 61.2; Mal 3.1–3) como en el Nuevo (Mt 16.27; Hch 10.42; Ro 2.3–16; 1Co 4.5; Jud 14s). Todos tendrán que comparecer ante Él a su retorno.

PARA LIBERAR A LA IGLESIA

Varios pasajes dan a entender que la persecución del pueblo de Dios será particularmente intensa en el momento del regreso del

Señor (Dn 7.21; Mt 24.12, 21ss). Con su venida, el Señor librará a su pueblo de sus enemigos y reunirá consigo a todos sus escogidos de todas las generaciones (1Ts 4.17; Ap 6.9ss).

EL MOMENTO DE LA SEGUNDA VENIDA

La pregunta de los apóstoles *[...] ¿cuál será la señal de tu venida y del fin del mundo?* (Mt 24.3) recibe una respuesta bastante extensa por parte de Jesús. Pablo da indicaciones similares sobre el momento de esta gran crisis del tiempo (2Ts 2.1–12) y el Apocalipsis, desarrollando las figuras del Antiguo Testamento, especialmente las de Daniel, parece revelar los acontecimientos que conducirán al retorno del Señor. Sobre la base de este material y otras pruebas de apoyo de secciones proféticas como Ezequiel 38, algunos maestros cristianos han desarrollado una superabundancia de "señales de los tiempos" que se presentan como un modelo de la escena política, moral y religiosa del momento del retorno de Jesús, incluso en algunos casos un relato detallado de los futuros conflictos internacionales entre ejércitos nacionales específicos. ¿Puede justificarse todo esto?

Jesús responde a la pregunta de sus discípulos hablando de un período anterior a su regreso, caracterizado por cuatro aspectos generales: la apostasía religiosa (Mr 13.5s), la persecución y el testimonio mundial de la iglesia (Mr 13.9–11, 13, 19), guerras y conflictos entre las naciones (Mr 13.7s), y perturbaciones del orden natural (Mr 13.8, 24s).

Pablo parece hablar en términos parecidos en 2 Timoteo 3: *[...] en los últimos días vendrán tiempos difíciles* (v. 1), producidos por un intenso egocentrismo con todas sus expresiones antisociales acompañantes en la familia y en la sociedad (vv. 2–4). En la vida religiosa habrá una apariencia superficial, pero ninguna realidad interior (v. 5). En 2 Tesalonicenses 2 afirma claramente que antes de la venida del Señor vendrá la "apostasía" y se manifestará *[...] el destructor por naturaleza* (v. 3) que se exaltará a tal punto de pretender ser Dios (v. 4). Será muerto por el Señor a su venida (v. 8).

¿Qué conclusiones podemos sacar de esta enseñanza? El velar (Mr 13.37), ¿significa que debemos estar constantemente averiguando si se cumplen estas señales durante nuestra vida, y debiéramos intentar, como hacen algunos, predecir el momento preciso del retorno de Cristo?

Algunos factores indican que debemos ser cautelosos en este sentido:

1. Debemos tener cuidado con la frase "los últimos días". Algunos pasajes (por ej., Hch 2.17; 1Co 10.11; Heb 6.5) se refieren claramente a todo el período entre las dos venidas de Jesús, cuando el reino de Dios ya ha venido de veras pero aún espera su plena manifestación. 2 Timoteo 3 enumera características principales de la vida en todo este período. Lo que Jesús nos da son señales de la presencia del reino. En este sentido el fin está siempre cerca, porque Jesús el Rey está cerca (Fil 4.5; Ap 22.20).

2. Jesús no fomentó una mentalidad adicta a "las señales de los tiempos". Afirmó: *[...] El reino de Dios no viene con señales visibles* (Lc 17.20, BLA) y se negó a dar señales o indicaciones con relación a su ministerio y su autenticación (Mt 12.38s; 16.4). Es cierto que en otras oportunidades habló más directamente acerca de las "señales", como cuando reprendió a los fariseos por no interpretarlas correctamente (Mt 16.3; Lc 12.56), y Juan ve los milagros de Jesús como señales de su persona singular (Jn 2.11, 23; 7.31; 12.37; 20.30s). La actitud negativa de Jesús tocante a las señales se explica por sus inferencias morales y espirituales. Los fariseos y los demás "buscadores de señales" no tenían ningún genuino interés en reconocer a Jesús ni en tener la respuesta moral necesaria a su presencia y su misión. El interés en las señales y en las profecías cumplidas puede quedar separado de un verdadero interés en la voluntad de Dios, y complacer los aspectos indignos de nuestra personalidad. Es conveniente recordar que estos mismos asuntos son de interés para las sectas no cristianas, como los Testigos de Jehová.

3. Hay pasajes que dejan en claro lo inesperado del regreso del Señor, cuando suceda. Ningún estudio de las señales podrá quitar el sentido de sorpresa, incluso entre los que son fieles (Mt 24.44). Los discípulos mismos desconocían el momento de la venida: *[...] no saben qué día vendrá su Señor* (Mt 24.42). En realidad *no nos corresponde* saberlo (Hch 1.7).

4. En Mateo 24.36 (Mr 13.32) Jesús afirmó que ni Él mismo, en ese momento, conocía la hora de su venida. Esto es sorprendente porque sigue a una afirmación en la que muestra una conciencia casi única de su divinidad (Mr 13.31). Si Jesús admite desconocer

el momento de su retorno, entonces es evidente que nadie debe atreverse a afirmar tal conocimiento. Por eso, no sólo es permisible y prudente una sincera confesión de desconocimiento, sino que refleja la mente misma de Cristo.

5. Pedro señala que la escala del tiempo de Dios es totalmente diferente a la nuestra: *[...] para el Señor un día es como mil años, y mil años como un día* (2P 3.8). Conviene tener en cuenta ambos lados de esta ecuación. El tiempo tiene para Dios una intensidad y una brevedad que están más allá de nuestra comprensión. En consecuencia tendríamos que pensarlo mucho antes de encasillar a Dios en nuestro concepto del tiempo.

6. A lo largo de los siglos muchos cristianos fervientes pensaban que las señales se estaban cumpliendo en el curso de su vida, y que el fin estaba para suceder. Esto incluye algunas de las personas más sabias y piadosas del pueblo de Dios en otros siglos; es evidente que debemos pensar antes de dogmatizar acerca de nuestra época. Tampoco podemos desconocer los peligros pastorales de una excesiva preocupación por este asunto. La convicción de que el fin del mundo está cerca está muy difundida actualmente.

¿Podemos entonces llegar a la conclusión de que Jesús podría volver en cualquier momento? Pablo enseña que habrá algunos acontecimientos en la historia que precederán al retorno de Cristo (2Ts 2.3ss); no puede simplemente "suceder" en cualquier momento. En general, la maldad se intensificará en el período anterior a la venida del Señor. Pero incluso esto no es tan preciso como para poder identificarlo sin lugar a dudas, como lo muestra la historia de los intentos fallidos ya mencionados.

¿Qué podemos decir entonces, a modo de resumen? El factor verdaderamente importante es nuestras actitudes morales: lo que somos, nuestro deseo de hacer la voluntad del Señor y de estimular a otros a una obediencia similar. No debemos intentar proyectar los detalles de los sucesos de los últimos días ni tratar de predecir la fecha ni la hora del retorno del Señor. Sin embargo, el otro extremo, dar la espalda a todo el asunto de las "señales", también es erróneo. La actitud correcta es de vigilancia, reconociendo que el conflicto entre el bien y el mal se agudizará antes del fin, aunque ni eso escapará tampoco a la ambigüedad de la historia. El Señor está siempre preparado para venir. El momento preciso está en la perfecta programación de Dios.

ASUNTOS RELACIONADOS

Hay una serie de temas relacionados con la vuelta de Cristo que siguen estimulando el debate. Es importante no permitir que asuman una importancia indebida: son claramente secundarios al hecho primordial de la venida de Cristo. Aquí sólo podemos resumirlos.

EL ANTICRISTO

Uno de los principales personajes asociados con el retorno del Señor es el anticristo. Las referencias bíblicas con relación a esto aparecen claramente en las cartas de Juan, quien afirma que el anticristo ya está presente y activo; en realidad *[...] muchos son los anticristos [...]*, la aparición de los cuales es una señal clara *[...] de que ésta es la hora final* (1Jn 2.18). El anticristo se conoce por sus enseñanzas: *[...] niega al Padre y al Hijo* (2.22); *[...] no reconoce a Jesús [...]* (4.3); ni reconocen *[...] que Jesucristo ha venido en cuerpo humano [...]* (2Jn 7). En su mayoría, los intérpretes consideran que la alusión de Pablo al "hombre de pecado" en 2 Tesalonicenses 2 se refiere al mismo tema.

Otro y más controvertible elemento de la enseñanza bíblica acerca del anticristo aparece en Daniel y en el Apocalipsis. Daniel 7.20ss habla de un cuerno que *[...] tenía ojos y hablaba con insolencia [...] este cuerno libró una guerra contra los santos y los venció. Entonces vino el Anciano [...]*. Apocalipsis 13 se considera una alusión análoga, donde una bestia grotesca sale del mar (vv. 1–4), blasfema el nombre de Dios y recibe autoridad universal (vv. 5–7). Tiene *[...] número de hombre [...]*, seiscientos sesenta y seis (v. 18, RV60). Es derrotada finalmente por la Palabra de Dios y los ejércitos del cielo (19.19–21).

Sobre la base de estos pasajes se han hecho muchos intentos a lo largo de los siglos por identificar a este "hombre de pecado" o "anticristo". Al interpretar esta enseñanza bíblica, es prudente recordar que las referencias más claras al anticristo aparecen en los escritos de Juan. Allí el anticristo no está confinado a una figura única, sino que es un espíritu asociado a un grupo de personas cuya presencia es una amenaza en la totalidad del "último tiempo".

Sobre la base de 2 Tesalonicenses 2 es correcto prever una personificación final y culminante del espíritu del anticristo, previa al regreso del Señor. Pero es dudoso que debamos perder tiempo tratando de identificarlo, en vista de los errores que se han cometido tan frecuentemente en el pasado. Hasta qué punto las citas de Daniel y el Apocalipsis son pertinentes, y qué es exactamente lo que podemos aprender de ellas, son asuntos en que no cabe el dogmatismo.

¿Qué hacemos, pues, con este asunto? Usamos el principio de interpretación que afirma que lo oscuro debe interpretarse a la luz de lo que está claro. Lo claro aquí son las citas de las cartas de Juan. Entonces la idea del anticristo se convierte en un llamado a la vigilancia en la iglesia de hoy en contra de todo lo que niegue la verdad de Dios y, en particular, la plena divinidad y la verdadera humanidad de su eterno Hijo.

Israel

La Biblia muestra claramente que Dios escogió a esta nación para ser el medio de sus propósitos para el mundo. De ellos *[...] son la adopción como hijos, la gloria divina, los pactos, la ley, y el privilegio de adorar a Dios y contar con sus promesas. De ellos son los patriarcas, y de ellos, según la naturaleza humana, nació Cristo [...]* (Ro 9.4s). A Israel vino el Salvador del mundo, Jesucristo. En este sentido, *[...] la salvación proviene de los judíos* (Jn 4.22). A pesar de todo esto, la mayoría de los judíos rechazó el llamado de Dios al crucificar al Mesías. La salvación de Dios se volcó hacia los gentiles, en lo que Pablo llama *[...] el misterio que se ha mantenido oculto por siglos y generaciones [...]* (Col 1.26s), que *[...] los gentiles son, junto con Israel, beneficiarios de la misma herencia, miembros de un mismo cuerpo y participantes igualmente de la promesa en Cristo Jesús mediante el evangelio* (Ef 3.6).

¿Quiere decir, entonces, que Dios ha terminado con Israel? Algunos creen que sí. Sin embargo, otros no están tan convencidos, y ven a Israel con un papel futuro en los propósitos de Dios, particularmente en los acontecimientos inmediatamente anteriores a la venida de Cristo.

Estos últimos ven tres sucesos políticos del siglo xx como de tremendo significado. El primero fue la Declaración de Balfour de 1917, que prometió apoyar la creación de un suelo patrio para el pueblo judío. El segundo fue la fundación del Estado de Israel en 1948, supuestamente en cumplimiento de una serie de predicciones del Antiguo Testamento (Is 11.11ss; Am 9.14s; Zac 8.1–8). El tercero fue la toma de Jerusalén por los judíos en junio de 1967, durante la Guerra de los Seis Días, lo cual se relacionó con las palabras de

Jesús en cuanto al cumplimiento *[...] tiempo señalado para ellos [...]* cuando *[...] Los gentiles pisotearán a Jerusalén* (Lc 21.24). Como "señal de los tiempos", estos tres cambios relacionados tienen tremendo significado en apoyo a la proximidad de la segunda venida.

Pero ¿es correcto todo esto? Ciertamente muchos pasajes que predicen la restauración de los judíos parecen referirse al contexto histórico inmediato en el Antiguo Testamento, es decir, su regreso del cautiverio en Babilonia (Dt 30.1–10; Ez 36.17–24; Os 11.10s). Estas promesas fueron hechas a un remanente de toda la nación, que tenía fe en el Señor, una condición realmente no cumplida en los eventos políticos de este siglo, pero sí por aquellos que regresaron de Babilonia (Esd 3.4s; 7.10; Neh 1.4–11). Asimismo, las palabras de Jesús en Lucas 21.24 pueden sencillamente indicar que los judíos serán retirados de su lugar central en los propósitos redentores de Dios hasta el final del período actual, el período durante el cual el evangelio está siendo llevado a los confines del mundo gentil. Sin embargo, algunas de las profecías del Antiguo Testamento parecen, al menos superficialmente, cubrir más que la restauración desde Babilonia (Jer 29.1; Ez 36.24–28; Am 9.15; Zac 8.1–8), y Lucas 21.24 está ubicado en referencia a una ocupación militar.

La discusión sobre el futuro de los judíos en los propósitos de Dios está muy ligada con la interpretación de varios pasajes del Nuevo Testamento, entre los cuales Romanos 11.26, *[...] todo Israel será salvo [...]*, es enormemente significativo. Su significado se explica de diversas maneras:

1. Al final, toda la raza de los judíos será salva. Esto retiene el sentido que Pablo le da a "Israel" en todo el pasaje, pero contradice directamente el argumento del mismo Pablo en Romanos 9–11, que Israel ha sido juzgado por Dios porque no lo ha buscado sobre la base de su gracia. La salvación por la identidad nacional es precisamente lo que Pablo está preocupado por negar aquí. Una modificación de esta interpretación sostiene que antes del regreso del Señor, únicamente por la gracia de Dios habrá un retorno universal de los judíos a su Mesías, lo que a su vez será el medio de una gran bendición mundial para la iglesia y su misión (*cf.* 11.12–15).

2. Se refiere a todos los que creen dentro de Israel. Pablo está afirmando, entonces, que por la gracia de Dios hay un remanente salvo entre los judíos que como nación han rechazado a Cristo.

3. "Todo Israel" es la totalidad del pueblo de Dios, tanto judíos como gentiles que creen en Cristo. Es decir, aquí "Israel" sería un sinónimo de iglesia (*cf.* Gá 6.16).

4. Finalmente, ¿está realmente pensando Pablo en el futuro? Todo el asunto se relaciona con sus esperanzas y motivaciones como evangelista cristiano, que anhela la salvación de su pueblo (9.1–3). Romanos 11.26 expresa su esperanza con respecto a su testimonio entre ellos y su confianza en la capacidad de Dios para restaurar a su antiguo pueblo.

Una evaluación más extensa requeriría todo un libro, por lo tanto nos hemos limitado sólo a estas observaciones. Equiparar las referencias bíblicas a Israel con el actual estado de Israel secularizado parece claramente cuestionable. La posibilidad de un futuro reconocimiento significativo de Cristo por parte de los judíos es admisible sobre la base de Romanos 11.11–24. Sin embargo, las interpretaciones 2 y 3 dadas arriba también son enteramente posibles.

EL MILENIO

Este es uno de los temas más acaloradamente debatidos en todo el campo de la escatología. La palabra viene de Apocalipsis 20.2, 7 donde se dice que Cristo reinará por mil años con *[...] los que habían sido decapitados por causa del testimonio de Jesús [...]* (v. 4); durante este período el diablo será "encadenado" (v. 2). Después de este tiempo el diablo será liberado en anticipación del conflicto y la derrota final del diablo y todos sus aliados (20.7–10). El milenialismo, la creencia literal de un reinado de mil años, también se conoce como "quiliasmo", del griego *kilías* (mil).

¿Cómo debemos entender esta enseñanza bíblica? No podemos dejar denotar que la frase aparece únicamente en un capítulo de toda la Biblia, en un libro de interpretación muy debatida, llena de números simbólicos. La idea de un reinado de mil años de Cristo en la tierra al final de la era actual aparece en los escritos de algunos de los Padres apostólicos. El concepto fue resucitado por los montanistas en el siglo II y defendido por muchos anabaptistas durante la Reforma. Sin embargo, otros padres apostólicos no hacen referencia alguna al mismo, ni siquiera cuando tratan temas escatológicos.

San Agustín (354–430) se sintió atraído por el enfoque milenialista al principio, pero luego llegó a interpretar el pasaje de Apocalipsis 20 como todo el período entre las dos venidas de Cristo; la "atadura" de Satanás en este período era la autoridad conferida a la iglesia para "atar" y "desatar" pecados (Jn 20.22).

Las ideas milenialistas fueron casi universalmente rechazadas por los principales reformadores; Calvino habla de ellas como "demasiado infantiles incluso para merecer refutación". La posición fue reafirmada en el siglo xix, y actualmente muchos cristianos evangélicos de todas partes del mundo, especialmente de los Estados Unidos, la sostienen en diversas formas.

Se pueden distinguir tres principales escuelas de interpretación del milenio.

EL POSMILENIALISMO

Este enfoque ve al milenio como un reinado terrenal de mil años; la parusía es posterior al milenio. El período de mil años es una época de gran prosperidad en la predicación del evangelio, el que se extiende por la tierra ganando reconocimiento universal de Cristo, previo a su gloriosa venida y el establecimiento del orden eterno. Algunos ven la promesa de esto en Romanos 11.

Este concepto tiene menos defensores hoy en día que en los fines del siglo xix, cuando surgió el movimiento misionero mundial (en parte debido al propio posmilenialismo) y el optimismo caracterizaba la sociedad occidental. El pesimismo actual y el sentido general de crisis en la cultura humana exigen más fe para creer en la recuperación universal del evangelio de la que la mayoría se siente capaz de tener sin bases bíblicas más claras.

Las pruebas bíblicas citadas en apoyo incluyen Mateo 28.18–20, considerada una promesa de la evangelización de las naciones, y la declaración de Jesús sobre el triunfo de la iglesia (Mt 16.18). Se citan otros pasajes (Mt 13.31–35, 47s; 24.14; Ro 11.11–16; 1Co 15.25), incluso referencias al reinado universal del Mesías (Nm 14.21; Sal 2.8s; 72; Is 11.9; Zac 9.10). Esto tendría que concordar con el testimonio bíblico de que el fin de esta era será una época de intensa persecución, cuando la marcha del evangelio aparentemente estará en un punto bien bajo (Mt 24.6–14; Lc 18.8; 2Ts 2.3–12; Ap 13). También es difícil reconciliarlo con las repetidas advertencias de Jesús de estar vigilantes frente a lo inesperado de su retorno.

El premilenialismo

Este es el concepto de que el regreso de Cristo *precederá* el reinado milenial de Cristo en la tierra. La venida de Cristo será el final decisivo de la historia humana sometida a la maldición de la caída; posteriormente a ese retorno, el anticristo será muerto y el diablo y todas las fuerzas del mal serán eliminados de la tierra. Después de esto habrá aproximadamente mil años de paz y felicidad en la tierra cuando Cristo reinará sobre su pueblo, incluyendo a muchos judíos convertidos por su venida.

Aunque todavía presente, el mal será muy restringido. Incluso la naturaleza compartirá la bienaventuranza de ese período. Hacia el final, Satanás será liberado y reunirá sus huestes para un conflicto final con los santos. Será derrotado por fuego del cielo y luego vendrá la resurrección general de los muertos, el juicio universal y la inauguración de la era eterna en el nuevo cielo y la nueva tierra.

El apoyo bíblico para esta posición se obtiene de pasajes que describen el reinado mesiánico en términos de un orden terrenal perfecto (Is 2.2–5; Mi 4.1–3; Zac 14.9, 16s). También recurre a citas que presentan la era venidera en formas materiales (Mt 19.28) o admiten un espacio de tiempo entre el retorno de Cristo y la era eterna (1Co 15.23–25; 1Ts 4.13ss). Pero el apoyo principal es evidentemente Apocalipsis 20.

Sin embargo, la interpretación de Apocalipsis 20 no es un asunto claro. Por ejemplo, ¿a quiénes comprende el reinado milenial, sólo a los mártires decapitados? La lectura más natural del griego apoyaría esta posición, aunque la afirmación de que los mártires representan a todo el cuerpo de los santos no se puede descartar totalmente tampoco.

Otro problema al referirse el capítulo a un reinado terrenal de Cristo con sus santos es si este reinado será ejercido realmente en la tierra o no. Todo el libro del Apocalipsis trata de realidades que se dan entre bastidores, en el orden celestial (4.2; 11.9; 12.7ss; etc.). Los que participan en el reinado milenial son *[...] almas [...]* (Ap 20.4), palabra que indica un estado incorpóreo. Aunque estas objeciones no son absolutamente concluyentes, es muy inquietante encontrar dificultades de esta magnitud que surgen del único pasaje en que se basa todo el argumento.

Preguntas semejantes surgen de los otros "pasajes comprobatorios" del premilenialismo (por ej., 1Co 15.22–28; 1Ts 4.13ss); la lectura premilenial no es el sentido más obvio de las palabras de Pablo. Otros pasajes (por ej., Dn 12.2; Mt 13.37–43, 47–50; 24.29–31; 25.31–46; Hch 24.15; Ap 20.11–15) parecen sugerir que los sucesos ubicados en ambos lados del milenio ocurrirán en realidad simultáneamente. El principal problema con esta posición es que exige la continuación del mal y el pecado, incluso su manifestación culminante final, *después* del retorno de Cristo en gloria. La idea de santos glorificados que vuelven a la tierra donde el mal todavía está presente ofrece la misma dificultad.

Por otro lado, algo como el esquema premilenial es la lectura más evidente del pasaje de Apocalipsis 20. Además, los términos del futuro reino de Dios en el Antiguo Testamento son en algunos puntos francamente de este mundo (*cf.* Is 11.1–10; 35.1–10; Mi 4.1–3, etc.); y posiblemente haya algunos testimonios de un surgimiento del mal *después* del establecimiento y la restauración del reino eterno de Dios; en Ezequiel 36–39, quizá existe algo de testimonio de una erupción de maldad *después* de la restauración y establecimiento del reino eterno de Dios, aunque es muy débil la afirmación de que aquí hay una secuencia temporal. Parte de la antipatía hacia el premilenialismo, tanto en la iglesia primitiva como en la actualidad, surge de su identificación con tendencias exageradas que han usado la idea milenaria para desarrollar puntos de vista claramente no bíblicos en cuanto a la ética y la política. Sin embargo, el abuso de una posición no debe ser la razón de su rechazo. Aquí, como siempre, el asunto determinante debe ser, ¿qué enseñan realmente las Escrituras?

EL AMILENIALISMO

Este planteamiento sostiene que el milenio es simbólico y que no hay tal milenio en sentido literal (gr, *a*, sin). Esta posición busca seguir el principio de interpretación que permite que lo oscuro y simbólico sea interpretado por lo que está claro y es didáctico. Luego, como el consenso de la enseñanza nuevotestamentaria parece tomar la segunda venida como un acto único y polifacético de Dios, el amilenialismo rechaza la idea de mil años de intervención en que Cristo reinará visiblemente en la tierra. La mención en Apocalipsis 20 se toma como un símbolo del gobierno de Cristo que destaca su perfección y totalidad.

Muchos amilenialistas ven la "atadura" de Satanás como resultado de la obra redentora de Cristo (Mt 12.29). Ese gobierno de mil años es ejercido no en la tierra sino en el cielo con Cristo, y se refiere a la era del evangelio entre las dos venidas de Cristo; el poder de Satanás está limitado por la obra de Cristo, quien reina en las esferas celestiales. Otros no se sienten obligados a hacer una interpretación detallada del pasaje. Lo ven como que afirma simbólicamente, sin interferencias cronológicas, el señorío de Cristo sobre el mal; incluso los mártires, desamparados y derrotados, en realidad vencen con Cristo, como se manifestará al fin de esta era, cuando Cristo aparezca en gloria.

El peligro de este enfoque es que puede fácilmente perder *todo* interés en los acontecimientos finales, y también puede conducir a una superespiritualización. El reino de Dios se vuelve tan celestial y trascendente que no afecta nuestras realidades actuales y deja de ser una palabra de gracia y de juicio entre las realidades concretas del mundo actual. Además, tiene que enfrentar preguntas exegéticas también. ¿Se puede interpretar satisfactoriamente Apocalipsis 20 en esa forma simbólica? Las promesas a Israel, ¿se cumplen esencialmente con la restauración en tiempos de Esdras y Nehemías? ¿Cuál es el elemento de continuidad entre el concepto bíblico del reino y su relación con el orden actual del mundo?

La esperanza cristiana no es exclusivamente espiritual. La perspectiva bíblica es de cielos nuevos y una *tierra nueva*. Si juzgamos que las consideraciones exegéticas y teológicas dejan de lado cualquier idea de un reinado de mil años de Cristo entre dos venidas y dos resurrecciones, no podemos arrojar por la borda el "espíritu" de ese enfoque: la vindicación total del Creador en la revelación final del Redentor. Todos los propósitos originales de Dios para su creación tienen que cumplirse. Es significativo que el apoyo para estas versiones respectivas de la esperanza cristiana ha variado según el aparente avance o retroceso de la obra cristiana. Si bien el estado de salud de la iglesia nunca debería ser el factor determinante, es un hecho ineludible que ha influido regularmente en la simpatía ya sea por interpretaciones optimistas o pesimistas.

Además, en la práctica las tres posiciones milenaristas han sido, y siguen siendo, tanto un estímulo a la fe y al esfuerzo de la iglesia como un estorbo para lo mismo. Esto último debe ayudarnos a mantener estos asuntos en su perspectiva adecuada. El centro de la esperanza cristiana es Cristo mismo y su gloriosa venida. Jamás debemos permitir que la división de opiniones sobre el milenio separe a los que están unidos en su esperanza del Señor Jesucristo y su amor por Él.

PASAJES BÍBLICOS

El retorno de Cristo: Gn 3.15; 2 S 7.16; Sal 21; Is 2.1–5; 11.1–10; 53.10–12; 66.15–23; Mal 4.1s; Mt 24; 25; Lc 21; Jn 5.28s; 14.3; Hch 1.7, 11; 2.17; 3.20; 17.31; Ro 8.18–23; 1Co 15.22–57; Fil 3.20s; 1Ts 4.13–5.11; 2Ts 1.7ss; 2.3s, 7–12; Heb 9.28; Stg 5.7; 2P 3.8–13; 1Jn 3.2s; Ap 1.7; 22.8–21.

El anticristo: Dn 7.20s; 2Ts 2.1–11; 1Jn 2.18–22; 4.2; 2Jn 7; Ap 13.

Israel: Dt 30.1–10; Esd 6.16–22; Neh 1.4–11; Jer 30.24–31.6; Ez 36.17–28; Am 9.14s; Zac 8.1–8; Mt 19.28; Lc 21.24; Jn 4.22; Ro 4; 9.6–13; 11.17–26; Gá 6.16; Ef 2.14–22; 3.6.

El milenio: Ap 20.2–10.

PREGUNTAS

1. Enumere los principales pasajes tanto del Antiguo como del Nuevo Testamento que se refieren a la segunda venida de Cristo. ¿Por qué es errado procurar una descripción detallada de ella? ¿Cuáles serían sus principales características generales?

2. ¿Cómo respondería a afirmaciones de que los pasajes bíblicos con relación al retorno de Cristo implican: (a) sólo su primera venida; (b) su venida espiritual a las personas en la actualidad mediante la predicación del evangelio?

3. ¿Qué enseñan las Escrituras acerca del momento de la venida de Cristo? ¿Qué implica esto para nuestra vida ahora?

4. ¿Qué enseña la Biblia sobre el papel: (a) del anticristo y (b) de Israel con relación al fin?

5. ¿Qué concepto del milenio considera más consecuente con la enseñanza bíblica? ¿Cuáles son las inferencias para: (a) la vida de la iglesia; (b) su discipulado personal; (c) la evangelización; (d) la preocupación cristiana por los asuntos sociales?

BIBLIOGRAFÍA

Art. 'Escatology' en *IBD* y *NDT*.

G. C. Berkouwer, *The Return of Christ* (Eerdmans, 1972).

W. Hendriksen, *Israel in Prophecy* (Baker, 1968).

W. Hendriksen, *More than Conquerors* (Baker, 1981). *Más que vencedores* (Libros Desafío, 1991).

A. A. Hoekema, *The Bible and the Future* (Paternoster, 1978). *La biblia y el futuro* (Libros Desafío, 2000).

R. Kykle, *Awaiting the Millennium* (ivp, 1998).

G. E. Ladd, *The Blessed Hope* (Eerdmans, 1956).

G. E. Ladd, *Crucial Questions About the Kingdom of God* (Eerdmans, 1977).

B. Milne, *What the Bible Says About the End of the World* (Kingsway, 1979).

S. Motyer, *Israel in the Plan of God* (ivp, 1989).

S. Travis, *End of Story?* (ivp, 1997).

29

EL ESTADO FINAL

Queda todavía un grupo de verdades, principalmente en relación con el futuro del individuo.

LA MUERTE

[...] está establecido que los seres humanos mueran una sola vez [...] (Heb 9.27). Debe haber pocas afirmaciones bíblicas menos expuestas al desafío. En toda su vida, el hombre es "un ser hacia la muerte" (Heidegger).

EL PECADO Y LA MUERTE

La Biblia siempre relaciona la muerte con el pecado (Gn 2.17; Sal 90.7–11; Ro 5.12; 6.23; 1Co 15.21; Stg 1.15). La muerte no es natural para los humanos; ha surgido a causa de nuestra rebelión contra Dios. Es una forma de juicio divino. Sin embargo, para la Biblia, aunque la muerte sea inevitable, no es definitiva, ya que somos por naturaleza seres inmortales (Heb 9.27).

¿RESURRECCIÓN O INMORTALIDAD?

La idea bíblica de la vida del creyente más allá de la muerte se expresa a menudo en la frase "la resurrección del cuerpo" (1Co 15.35–58), lo que refleja el testimonio bíblico sobre la unidad fundamental de la persona humana (ver "Unidad de la persona", pp. 148–149). Esto contrasta con la "inmortalidad del alma", el estado futuro desde la perspectiva de la filosofía platónica. El cristiano espera la vida con un cuerpo nuevo resucitado con el que Dios vestirá a su pueblo cuando Cristo vuelva (1Co 15.42–44).

LA ESPERANZA CRISTIANA

La fe en Cristo implica que compartimos su muerte y su resurrección; los hechos de la primera Pascua se convierten también en hechos de *nuestra vida* (Gá 2.20; Col 3.1). En consecuencia, el cristiano ya ha pasado por el valle de la muerte con Cristo y ha surgido a una nueva vida que es eterna.

Si la segunda venida se demora, el creyente por supuesto enfrentará la "muerte" en el sentido de que dejará esta existencia inmediata de espacio y tiempo. Aunque sigue siendo un enemigo (Ro 8.34, 38; 1Co 15.26), no es la muerte en el sentido pleno y terrible en que la Biblia la menciona a menudo, como el juicio sobre el pecado (Lc 12.4s; Heb 2.14s; 9.27). El cristiano ya comparte la vida eterna en unión con Cristo y se adelanta irresistiblemente hacia los cielos nuevos y la nueva tierra. Sin embargo, la enseñanza bíblica hace surgir la pregunta de cómo entendemos la condición de los creyentes en el "estado intermedio" entre la muerte física y el regreso del Señor.

EL ESTADO INTERMEDIO

LA ENSEÑANZA BÍBLICA

Un estado anormal

Hay más de una indicación en el Antiguo Testamento de que la vida después de la muerte es menos sustancial de la que experimentamos aquí y ahora (*cf.* Job 8.9s; 10.20s; Sal 6.5; 30.9). En ese sentido, no es la "norma" en lo que respecta al propósito de Dios para nosotros.

¿Un estado intemporal?

Una manera de salir de la dificultad creada por la idea de una existencia incorpórea es afirmar que salir de esta vida implica salir completamente del orden temporal. Entonces, desde la perspectiva de la experiencia de los que mueren, su próximo momento consciente es la venida del Señor y la resurrección. Obviamente es imprudente dogmatizar referente a lo que podría significar del tiempo más allá de la muerte. Parece que hubiera una incongruencia al considerar que es virtualmente igual a lo que hemos conocido aquí. Por otro lado, el testimonio bíblico con el que contamos se aparta de esta solución (Lc 9.30s; 20.37s; 23.43; Hch 7.55s).

"Estar dormido"

Un término bíblico para referirse al estado de los muertos es "dormir". No es difícil entender cómo el término llegó a ser de uso común, ya que la muerte evidentemente implica algunas de las características del dormir: descanso del trabajo, liberación de la responsabilidad, separación de cualquier participación inmediata en los hechos, una clase diferente de conciencia (Hch 7.60; 1Co 15.51; 2Ts 4.14). Sin embargo, vale la pena observar que dormir podría ser una ocupación bastante significativa (Gn 28.10–17; 41; Dn 2; Mt 1.20s; 2.13).

Algunos van más allá y afirman que en las Escrituras este término implica que la muerte lleva a la cesación de toda conciencia hasta el regreso del Señor y la resurrección. Sin embargo, esto es difícil de reconciliar con otros pasajes que se refieren a una existencia consciente durante el estado intermedio (Lc 16.22s; 2Co 5.8; Fil 1.23). *[...] partir y estar con Cristo [...]* (Fil 1.23) parece tener particular significado aquí, como también la referencia de Jesús sobre los fieles muertos como "vivos" para Dios (Lc 20.37s) y las numerosas escenas del Apocalipsis, de los creyentes que han partido y que están adorando al Padre y el Cordero.

"Estar con Cristo"

Esta es la descripción más importante (Lc 23.43). Estar *[...] ausentes del cuerpo [...]* (2Co 5.8, RV60) es estar "en casa con el Señor". Morir es ir a estar *[...] con Cristo [...]*, lo cual es *[...] muchísimo mejor [...]* (Fil 1.23).

"Estar esperando"

Aunque sea "muchísimo mejor", no es la realidad total. No podemos saber cómo experimentan el tiempo los muertos. Sin embargo, las Escrituras describen a los mártires bajo el altar de Dios, como si también estuvieran esperando la venida del Señor en la nueva era: *[...] ¿Hasta cuándo, Soberano Señor [...]?* preguntan (Ap 6.9s). La tensión que experimenta la iglesia suspendida entre los dos períodos, también rige en alguna medida para los muertos.

Otras teorías

El purgatorio

La idea católica romana del purgatorio afirma que, en el período entre la muerte y la plenitud de la nueva era, las almas de los creyentes están sujetas a experimentar la purificación para prepararse para la visión final de Dios.

No hay ninguna base bíblica para tal idea. 1 Corintios 3.15, que a menudo se cita con relación a esto, se refiere al juicio sobre el servicio y el ministerio del cristiano. Otros pasajes que se citan en apoyo de la idea del purgatorio (Is 4.4; Mal 3.2s; Mt 12.32; 18.34) de ninguna manera enseñan tal concepto en una interpretación clara.

También cabe rechazar el purgatorio porque está fundamentalmente en desacuerdo con la doctrina bíblica de la justificación. Morir en fe, incluso cuando la fe se ha ejercido en los últimos momentos conscientes (Lc 23.43; Ro 5.1; 8.1, 33s), es morir justificado, vestido de la perfecta justicia de Cristo y seguro de la plena absolución en el juicio de Dios.

Una segunda oportunidad

La idea de una "segunda oportunidad" para responder al evangelio durante el estado intermedio a menudo se incorpora en algunas afirmaciones del universalismo (ver "El universalismo", pp. 418–419). No hay base bíblica para esta idea. *[...] está establecido que los seres humanos mueran una sola vez, y después venga el juicio* (Heb 9.27). Esto es tan claro como el relato de Jesús sobre el rico y Lázaro (Lc 16.19–31).

LA RESURRECCIÓN

Según el Nuevo Testamento un acompañamiento importante del retorno del Señor será la resurrección de los muertos. Todos los que han vivido en la tierra compartirán este tremendo acto de renovación.

A veces se afirma que en el Antiguo Testamento no hay ninguna esperanza de resurrección. Tal afirmación es infundada, como lo demostró Jesús (Mt 22.29–32). Si bien la claridad en la convicción sobre la resurrección se desarrolla y profundiza durante todo el período del Antiguo Testamento, su presencia es inequívoca (Job 19.25–27; Sal 49.15; 73.24ss; Pr 23.14; Is 26.19; Ez 37.1–14; Dn 12.2). La resurrección de los muertos se enseña explícitamente en el Nuevo Testamento (Mt 22.29–32; Jn 5.23–29; 6.39, 40, 44s; 1Co 15). Es la verdadera plenitud de la redención (Ro 8.23).

¿Cómo será? Podemos señalar dos características generales.

Primero, será diferente de nuestra existencia actual. La vida en los cielos nuevos y la nueva tierra estará libre de las limitaciones ocasionadas por la caída y el pecado. Seremos cambiados; la carne y la sangre como las conocemos ahora *[...] no pueden heredar el reino de Dios [...]* (1Co 15.50s). Tomando como modelo el cuerpo resucitado de Jesús, vemos que tiene propiedades nuevas y desconocidas (Lc 24.31, 36ss; Jn 20.19–29). Será diferente como lo son el tallo y la espiga maduros de la pequeña semilla desnuda y rugosa que cae a la tierra (1Co 15.35–38).

Segundo, la resurrección retendrá cierta continuidad con nuestra existencia actual. Algunos han expresado incertidumbre con respecto a esta enseñanza debido a la magnitud cabal que implica referente a la disolución y descomposición física. Hacemos bien, entonces, en considerar las palabras de Jesús a los oídos escépticos de su tiempo: *[...] Ustedes andan equivocados porque desconocen las Escrituras y el poder de Dios* (Mt 22.29). Si recordamos que todo lo que ahora existe en el universo fue creado de la nada por el poder de Dios, nos libramos de preocuparnos por las "dificultades" de la resurrección para un Dios omnipotente.

EL JUICIO

En el Antiguo Testamento Dios aparece a menudo como el Juez (Gn 18.25; Dt 1.17; Sal 50.4; 75.7) que encausa una acción enérgica contra el mal. Su compasión y su ira se muestran en la historia humana (Dt 10.18; 28.15ss; Os 1.10). A medida que el Antiguo Testamento llega a su fin, el juicio de Dios se va identificando con el futuro *[...] día del* SEÑOR *[...]* que acompañará a la manifestación de su reino (Am 5.18ss; Mal 4).

El Nuevo Testamento también ve el juicio de Dios como algo intrínseco a su naturaleza (1P 1.17). Ya está en acción en la vida humana (Ro 1.18–28) y está particularmente relacionado con Cristo, quien ejerce los juicios del Padre (Jn 5.30). El énfasis cae sobre el "juicio venidero" que vendrá con el retorno de Cristo (Mt 25.31–46). Todos serán juzgados (2Ti 4.1), incluso los cristianos (1Co 3.12–15; 2Co 5.10).

La base del juicio será la respuesta de la persona a la voluntad revelada de Dios. Se tomarán en cuenta los diferentes grados de conocimiento de esa voluntad y, por tanto, la capacidad para cumplirla (Mt 11.21–24; Ro 2.12–16). El juicio será totalmente justo y completamente convincente (Ro 3.19). Ante las frecuentes injusticias de la vida actual, podemos descansar en la confianza de que Dios lo sabe todo, que no será burlado, y que ha señalado un día en que juzgará al mundo con toda justicia (Hch 17.31).

Si se entiende correctamente, entonces, el juicio de Dios es buenas y malas noticias a la vez. Lo negativo ciertamente surge para aquellos que han perpetrado maldades y han rehusado arrepentirse. Pero, también, hay algo glorioso y positivo aquí, porque el juicio de Dios significa nada menos que el establecimiento de su reino justo y gozoso, el arreglo de todo lo que ha salido mal, y la liberación de todas las cosas del reino usurpador de maldad. Ésta es la perspectiva que permite al salmista celebrar los juicios de Dios: *¡Alégrense los cielos, regocíjese la tierra! [...] ¡Canten alegres los campos [...]! ¡Canten jubilosos todos los árboles del bosque [...] delante del Señor, que ya viene [...] para juzgar la tierra! Y juzgará al mundo con justicia, y a los pueblos con fidelidad* (Sal 96.11–13). Y a nivel personal para todos los aplastados y oprimidos, los que han sido abusados y explotados, los engañados y victimizados, los juicios venideros de Dios significan nada menos que una vindicación gloriosa y una recompensa jamás imaginada, plenitud y paz (Gá 6.7–9; Ro 12.17–19; Ap 21.1–4).

¿POR FE O POR OBRAS?

Aunque las Escrituras relacionan claramente nuestra justificación ante Dios con nuestra fe en Cristo solamente, aparte de las buenas obras (Ro 3.28), está establecido que el juicio será sobre la base de las obras humanas (Ro 2.6). La discrepancia es más aparente que real.

Ser justificado significa ser exonerado en el juicio de Dios; la obediencia perfecta de Cristo en su vida y en su muerte está adjudicada a los cristianos aquí y ahora, para quedar a cuenta de ellos para el día del juicio (Ro 5.1). En otras palabras, las "buenas obras" de Cristo están puestas a nuestra cuenta. Los pasajes bíblicos que relacionan el juicio con nuestras "obras humanas" no cuestionan esta verdad fundamental.

La parábola de las ovejas y los cabritos (Mt 25.31–46) se cita a menudo con relación a esto. Algunos afirman con base en esta parábola que las personas que rechazan explícitamente a Cristo, debido a sus "buenas obras" (como ayudar a los necesitados, alimentar a los hambrientos, incluso participar en las guerras de liberación) serán absueltos en el juicio porque mediante esas "buenas obras" han ministrado inconscientemente a Cristo mismo. Esta interpretación pone un solo pasaje francamente en contra del resto de las enseñanzas de Jesús y de todas las Escrituras. Es completamente posible interpretar este pasaje en armonía con otros aspectos de las enseñanzas de Jesús. Las "buenas obras" que realizan los "justos" van dirigidas a sus "hermanos" (v. 40). Son actos de compasión para con los discípulos de Jesús, una señal de la fe viva: *[...] sabemos que hemos pasado de la muerte a la vida porque amamos a nuestros hermanos* (1Jn 3.14–17; *cf.* Mt 10.42). (Ver también "El Juicio de los Cristianos", pp. 416–417).

La incredulidad y el juicio

A veces se insiste en que la única base sobre la que una persona será expuesta a la condenación final de Dios es el rechazo explícito del evangelio de Cristo. Algunos afirman que diversos pasajes de las Escrituras (por ej., Jn 3.18, 36; Ro 10.9–12; Ef 4.18) presentan la incredulidad como base para la condenación. En respuesta a eso observamos que:

1. Estos pasajes sólo demuestran que la fe en Cristo es el único camino para la salvación. Eso no es lo mismo que sostener que el rechazo consciente de Cristo es la *única base* para la condenación.

2. La Biblia describe a las personas como ya bajo condenación, incluso antes de que el evangelio les sea predicado. Es precisamente para esta condenación previa que el evangelio de Dios es una respuesta misericordiosa (Ro 1.16–18).

3. Si el rechazo deliberado del evangelio produce la condenación, y si —como lo muestran las estadísticas— la mayoría de los que escuchan el evangelio no lo aceptan, sobre bases puramente utilitarias no deberíamos predicar en absoluto el evangelio. Esta conclusión absurda muestra lo errado de la premisa original.

Las personas que no han escuchado el evangelio

El germen de la verdad en la posición discutida arriba es que el mayor conocimiento y las mayores posibilidades implican un incremento de la responsabilidad. Las Escrituras reconocen claramente que no todas las personas disfrutan de las mismas oportunidades para conocer a Dios. Este factor será tomado en cuenta cuando Dios ejerza el juicio (Mt 11.20–24; Ro 2.1–24; 2P 2.21). Aquí es aplicable el principio de *[...] A todo el que se le ha dado mucho, se le exigirá mucho [...]* (Lc 12.48). Los que nunca han oído el evangelio serán juzgados según la luz que tuvieron. Sin embargo, Dios no se ha dejado a sí mismo sin testimonio (Hch 14.17). Se ha dado a conocer a todas las gentes por medio del universo que ha creado (Ro 1.19–32) y, más concretamente, por medio de su ley moral de la que todos tienen algún conocimiento gracias a la conciencia (Ro 2.14–16).

Por tanto, debemos concluir junto con la Biblia que todos los hombres se han apartado de la luz de Dios, cualquiera sea la forma que haya asumido esa luz en su caso particular. "Todos han pecado" y están bajo condenación (Ro 3.9–23). Sólo en Jesucristo hay esperanza de salvación (Jn 14.6; Hch 4.12).

EL JUICIO DE LOS CRISTIANOS

Los cristianos también tendrán que enfrentarse a un juicio (2Co 5.10). Pero esto no puede poner en peligro la salvación eterna del cristiano, porque *[...] ya no hay ninguna condenación para los que están unidos a Cristo Jesús* (Ro 8.1). Si creemos en el Señor Jesucristo, el veredicto final de Dios ya ha sido pronunciado a base de la perfecta justicia de Cristo que nos ha sido acreditada. Nuestro juicio será en relación con nuestra mayordomía sobre los dones, talentos, oportunidades y responsabilidades recibidos en esta vida. Será un juicio paternal (1P 1.17), con toda la compasión y la comprensión de un padre; pero no por eso debemos tratarlo con descuido o dejarlo de lado. Este juicio paternal será ejercido por el Señor a su regreso.

Dos pasajes importantes del Nuevo Testamento hablan de creyentes que reciben recompensas en la otra vida. En 1 Corintios 3.10–15 el valor del servicio del cristiano se relaciona con la relativa durabilidad de diversos materiales de construcción. Habrá algún tipo de juicio en *[...] ese día [...]* (v. 13, DHH), cuando el servicio de cada uno será probado "por fuego". Si la obra de alguien no soporta esa prueba, *[...] recibirá su recompensa* (v. 14). No se nos dice en qué consistirá la recompensa, pero podemos inferir con bastante certeza que el valor será relativo a la durabilidad de la obra realizada.

Lucas 19.11–26 debe interpretarse con cuidado, ya que en general las parábolas se relatan para afirmar algún punto central y no debemos presionar detalles secundarios. En este caso la obra de los siervos es sometida a examen y aquellos cuya obra resulta confirmada reciben recompensas. Las diferencias en las recompensas son diferentes grados de responsabilidad después de que el rey haya vuelto.

En consecuencia, nuestra mayordomía de los dones, talentos, oportunidades, ministerios, testimonio, servicio, y demás, estará sujeta a algún tipo de evaluación ante el Señor en su venida. Según hayamos demostrado ser siervos "buenos y fieles" recibiremos una "recompensa" apropiada en términos de la satisfacción de ver nuestra obra preservada en el reino eterno, y también tal vez en términos de niveles de responsabilidad adicionales en la era celestial. Sin embargo, la base de todo esto sigue siendo la gracia de Dios. Calvino lo expresa adecuadamente cuando observa que las "recompensas" no son como "el jornal de un sirviente", sino como "la herencia de un hijo".

EL INFIERNO

La Biblia enseña claramente que habrá una división en el juicio final entre los que son absueltos y los que son condenados (Dn 12.2; Mt 13.39–43; Jn 5.28s). La palabra bíblica común para el destino de los que no resisten el juicio de Dios es "infierno". La terrible idea de un castigo eterno se refleja claramente en varios pasajes (Mt 5.29s; Mr 9.43; Ap 14.11). La enseñanza de la Biblia en esto es totalmente inequívoca y de pavorosa seriedad. Los que siguen sin arrepentirse cuando se enfrentan a las demandas de Dios, que rechazan su voluntad cuando se les ha dado a conocer, y que continúan a lo largo de la vida en la blasfemia y la rebelión que implica el propio pecado, tendrán que enfrentar la ira justa de Dios.

Sin duda, parte del lenguaje usado para describir el infierno es necesariamente simbólico, de la misma manera que lo es el lenguaje que describe el cielo. Sin embargo, el hecho de que tengamos que recurrir a los símbolos no significa que podamos dejarlos de lado ni restarles valor. Son dados por Dios, y aunque no pueden decirnos todo, no nos harán errar tampoco. No se puede evadir el testimonio bíblico en este asunto. El infierno es una realidad de tremenda solemnidad (Jn 3.18–20, 36).

Por supuesto, necesitamos tener una reserva adecuada al hablar sobre el infierno. También aquí necesitamos la guía de Jesús y de la Biblia. Jesús vio la necesidad de hablar con gran severidad a veces con relación al juicio venidero (Mr 9.43–49; Lc 12.4s). Si lo llamamos Señor de nuestra vida, también debe ser el Señor de nuestra comprensión del evangelio y de la manera en que lo exponemos (Jn 13.13). Sencillamente no servirá de nada pretender fidelidad a Jesús y, sin embargo, dejar de lado un punto muy significativo de su enseñanza.

Sin embargo, debemos tener cuidado de intentar tomar el juicio final en nuestras manos, adjudicando personas al infierno o al cielo. Hay más de una indicación en la Biblia de que habrá sorpresas en el día del juicio (Mt 7.21–23; 25.37–46). En aquel día la misericordia de Dios abarcará todo el alcance de la misericordia divina. Si realmente confiamos en Cristo, no debemos temer respecto de nosotros mismos. En cuanto a los demás, debemos dejar las cosas en manos de Dios e insistir en la tarea de extender por el mundo la única esperanza para los pecadores: el evangelio de Cristo.

EL UNIVERSALISMO

Este punto de vista sostiene que al final todas las personas serán salvas. La misericordia de Dios y el mérito del sacrificio de Cristo son tan grandes que, insisten, todos serán eventualmente perdonados y entrarán al nuevo cielo y la nueva tierra. Se citan algunos pasajes bíblicos en apoyo de esta idea (por ej., Ro 5.18; 2Co 5.19; Ef 1.10; 1Ti 2.4; 4.10). Actualmente el universalismo está muy difundido.

En cuanto a la enseñanza bíblica, esto sencillamente no sirve. Está muy claro que la diferencia entre cristianos y no cristianos es fundamental en la vida, y seguirá siéndolo después de la muerte (Jn 3.36). Ninguno de los "pasajes comprobatorios" de los universalistas apoya su punto de vista cuando se examina de cerca. Se deben tomar en cuenta cuatro factores.

Primero, cuando las Escrituras hablan de que "todos" reconocerán a Cristo como Señor al final, no significa que lo harán voluntariamente. Ninguna doctrina del universalismo se puede construir basada en el hecho de que Cristo está destinado a revelarse como Señor sobre todo cuando venga.

Segundo, el evangelio fue predicado en el siglo I en un ambiente de grupos que limitaban la salvación a su grupo racial particular (los judíos), o a sus comunidades monásticas (los esenios), o a los que eran iniciados a ritos particulares (las religiones paganas de misterios). Contra estos grupos exclusivos, el evangelio cristiano presenta un *llamado* universal. "Todo el que quiera puede venir" (*cf.* Ap 22.17).

Tercero, está perfectamente claro que Pablo, de cuyas cartas se extraen casi todos estos pasajes, no era universalista (1Co 1.18–24; Ef 5.4–6; Fil 1.28).

Cuarto, las enseñanzas de Jesús son muy difíciles de interpretar en términos universalistas. En realidad tanto sus parábolas (Mt 12.37–50; 22.11–14; 25.40–46) como sus declaraciones directas presentan más advertencias sobre la realidad de la destrucción futura del impenitente que cualquier otra parte de las Escrituras.

Tomamos el pecado demasiado a la ligera y somos rápidos para encontrar circunstancias atenuantes para excusarlo. Pero Dios no puede hacer lo mismo. El pecado se resiste a su señorío en el universo, contradice sus propósitos amantes, y ofende su gloria. La seriedad con que Dios toma el pecado se ha puesto de manifiesto en los horrores del Calvario.

A veces se afirma que el hecho de que Dios tome tan seriamente el pecado en la cruz no es incompatible con el universalismo, porque al morir, Cristo llevó la condenación que toda la humanidad merecía. Pero esta forma de universalismo confronta la misma dificultad a que nos hemos referido arriba; es imposible encuadrar su conclusión con las muchas citas claras de la Biblia sobre los que estarán expuestos al futuro juicio de Dios a pesar de la cruz. También niega el lazo esencial entre la salvación y la fe personal (Jn 3.36; Hch 16.30s; Ro 1.17; 5.1; 10.9s).

Esta crítica no implica confundir el triunfo definitivo y cósmico de los propósitos de Dios, ni de la plenitud y la perfección de la obra redentora de Cristo. Al final roda rodilla se doblará (Fil 2.10) y Dios será *[...] todo en todos* (1Co 15.28). En esa perfección estará también el sino de todos los que doblarán sus rodillas sólo por obligación, no en entrega gozosa y adoradora.

Inmortalidad condicional

Este enfoque enseña que los condenados sencillamente pasarán al olvido, ya sea al morir o en el tribunal de Jesús. Sostiene que todas las personas fueron creadas mortales; la inmortalidad es un don de Dios en Cristo para todos los que creen en Él. Al rechazar el evangelio, los incrédulos pierden la posibilidad de recibir la inmortalidad.

Aniquilacionismo. Es un punto de vista aliado estrechamente, distinto de la inmortalidad condicional en que mientras éste enseña que la inmortalidad es un regalo impartido a los creyentes en el momento de su regeneración, y por lo tanto no recibido por los que no se arrepienten, el primero sostiene que todos fueron creados inmortales, pero que aquellos que siguen en pecado son privados de su inmortalidad y así pasan al olvido en la muerte.

Históricamente, maestros conservadores de la Biblia han repudiado estas posiciones con frecuencia, hallando apoyo primordial en fuentes tales como el Socinianismo a fines del siglo XVI y entre los Adventistas del Séptimo Día y los Testigos de Jehová en la época moderna. Hoy en día, la inmortalidad condicional es considerada por algunos como un entendimiento bíblico viable del estado futuro del impenitente.

Se debe reconocer, sin embargo, que no es fácil interpretar los textos bíblicos en cuestión para que apoyen este punto de vista. La enseñanza de Jesús registrada en varios pasajes parece muy explícita en cuanto a la duración "eterna" de las penas del impenitente (*cf.* Mt 25.41, 46; 18.9; *cf.* Mr 9.44, 48 citando Is 66.24). Parece que Pablo sostiene un punto de vista idéntico en 2 Tesalonicenses 1.7–9, y Judas 7, 13 parecen enseñar algo similar, así como Apocalipsis 14.9–11 y 20.10, aunque se admite que el lenguaje es altamente gráfico. La idea de que "eterno" lleve solamente el sentido literal de "pertenecer a la edad venidera" (es decir, el reino de Dios) sin matices en cuanto a duración, enfrenta dificultad en el hecho de que "la era venidera" tal como Jesús y los judíos lo entendieron, iba a ser sin fin, además del hecho de que es el mismo término que se usa para expresar la duración de la felicidad de los redimidos.

Partidarios del punto de vista condicionalista apelan al pensamiento que otros términos que hacen referencia al destino del impenitente, tales como destrucción, ruina o perecer, pueden insinuar alguna terminación eventual de vida (Mt 7.13; 10.28; Jn 3.16; 10.28; Ro 2.12; 1Co 1.18; 15.18; 2Co 2.15; 4.3; 1Ts 5.3; 2Ts 1.9; 2.10; 2P 3.9). *Cf.* También referencias a la *[...] muerte segunda* (Ap 20.14–15; 21.8). Se argumenta también que la angustia continua de los malos no es compatible con la naturaleza de amor de Dios y con su triunfo final en la eternidad, además de ser (en anticipación) difícil desde la perspectiva de la felicidad que disfrutarán los redimidos. Estas consideraciones, sin embargo, parecen algo especulativas.

No hay duda, sin embargo, que la idea de juicio *eterno* es una idea imponente y abrumadora, pero en todo esto no debemos olvidar que *[...] vemos de manera indirecta y velada, como en un espejo [...]* (1Co 13.12). Lo que tenemos son palabras e imágenes dadas por Dios, las cuales debemos sostener tenazmente y vivir a la luz de ellas, creyendo que Aquel quien nos las dio no puede mentir. Nuestra paz y la de otros se encuentra al someternos a su Palabra.

LA VIDA VENIDERA

La meta final del pueblo de Dios y la realidad hacia la que se están moviendo todos los propósitos de Dios se conoce como *[...] un cielo nuevo y una tierra nueva [...]* (Is 65.17; 66.22; 2P 3.13). Aunque ahora, en principio, sólo podemos lograr "reflejos borrosos" (1Co 13.12, DHH), podemos aventurar algunas afirmaciones acerca del destino del pueblo de Dios.

UNA VIDA CORPÓREA

La "nueva tierra" será evidentemente distinta de este mundo cuya *[...] forma actual, está por desaparecer* (1Co 7.31). En realidad *el cielo y la tierra [...]* como los conocemos *[...] pasarán [...]* según Jesús (Mt 24.35). Sin embargo, el hecho de que la creación actual espera compartir la gloriosa libertad de los hijos de Dios (Ro 8.19–25) implica cierto grado de continuidad entre la antigua y la nueva tierra. De manera similar, aunque nosotros mismos volveremos a ser polvo de la muerte, nuestra carne también descansará con esperanza (Job 19.26). Nos levantaremos del polvo de la tierra en los nuevos cuerpos resucitados e inmortales que Dios nos dará (1Co 15.35–37). En consecuencia, esperamos una vida en que nuestra existencia corpórea consciente continuará, aunque obviamente a un nuevo nivel y con muchos poderes nuevos y acrecentados.

UNA VIDA SOCIAL

Todas las descripciones bíblicas de la vida del mundo celestial son colectivas. Se percibe como una ciudad (Heb 13.14), un reino (Heb 12.28), un templo santo (Ez 40–48), y una fiesta de bodas (Ap 19.7). La vida venidera es, entonces, interpretada mal cuando se la presenta como un peregrinaje personal, solitario, hacia alguna visión exaltada de Dios. Es más bien el cumplimiento de todos los propósitos de Dios para sus criaturas, no menos en las relaciones mutuas. Los cielos nuevos y la nueva tierra tendrán posibilidades insospechadas en nuestras relaciones sociales. Si tantos de los gozos reales y los placeres duraderos del presente se nos dan por medio de nuestros cónyuges y prójimos humanos, cuanto más será en la sociedad de gloria.

UNA VIDA RESPONSABLE

La base bíblica de esta afirmación es menos clara, pero uno o dos versículos sugieren que la vida venidera implicará notables responsabilidades nuevas. *[...] Sus siervos lo adorarán* (Ap 22.3). La parábola en Lucas 19.11–26 evidentemente transmite la idea de que la responsabilidad en esta vida se traspasará a la nueva era, y Pablo habla de santos destinados a juzgar al mundo y a las huestes angélicas (1Co 6.2s).

UNA VIDA PERFECTA

En la nueva era la humanidad llegará a la plenitud de vida para la que fue originalmente creada. Encontraremos una relación perfecta con Dios, con nuestros prójimos, con nuestro ambiente, y con nosotros mismos. Glorificaremos perfectamente a nuestro Hacedor, y encontraremos la plena satisfacción final (Gn 1.28; Sal 8.4–6).

UNA VIDA SIN FIN

El cambio en las condiciones de existencia con la venida de la nueva era implica también que se alterará la secuencia del tiempo. No podemos ni siquiera intuir lo que significará el tiempo en el mundo celestial. Ahora apenas comprendemos lo que podría ser la existencia "eterna"; pero creemos que al referirnos así a ella, no la interpretamos mal, y en lo demás podemos confiar en el amor y la infinitud de Dios.

UNA VIDA CENTRADA EN DIOS

Esta es la principal característica de la vida venidera. Todo lo demás que podamos decir es secundario a esta realidad y surge de ella. La manifestación de Dios mismo, la sensación de estar como nunca antes en su presencia, caracterizará la nueva vida por encima de toda otra cosa. En consecuencia el Señor mismo es el templo de la nueva Jerusalén (Ap 21.22). Las Escrituras se refieren a esto como ver a Dios. *[...] cara a cara [...]* (Ap 22.4; *cf.* Mt 5.8); *[...] lo veremos tal como Él es* (1Jn 3.2).

Ver y conocer a Dios es la esencia de la vida celestial, la fuente de toda felicidad: *[...] me llenarás de alegría en tu presencia, y de dicha eterna a tu derecha* (Sal 16.11). Podemos estar seguros de que la suprema maravilla de nuestra experiencia en el reino celestial será la exploración interminable de la inexpresable belleza, majestad, amor, santidad, poder, gozo y gracia que es Dios mismo.

PASAJES BÍBLICOS

El futuro del individuo: Gn 2.17; 3.19; Job 19.25–27; Sal 49.15; 73.24ss; Pr 23.14; Is 26.19; Mt 22.29–32; Mr 8.38; Lc 12.4s, 33; 16.19–31; 23.43; Jn 6.39s; 17.24; Ro 6.23; 8.28–39; 1Co 15.51–55; 2Co 5.8–10; Fil 1.23; 2Ti 2.11; Heb 2.14s; 9.27; Ap 5.13.

El juicio: Gn 18.25; Is 30.18; Dn 12.1–3; Sof 1.14ss; Mal 2.17–3.5; 4.1ss; Mt 3.7, 11s; 5.29s; 11.20–24; 13.37–43; 16.27; 22.13; Lc 13.1–5; 19.12–27; Jn 3.19, 36; Ro 1.18–28; 3.5ss, 19; 8.1; 14.10–22; Ef 2.3; 1Ts 1.10; Heb 12.23; Stg 3.6; 2P 2.4, 9; 1Jn 4.17; Ap 6.16s; 20.11–15.

La vida venidera: Sal 16.8ss; 23.6; Zac 14.5; Mt 5.8; 6.19–21; 22.1–14; 25.34; Lc 14.16–24; 19.11–26; Hch 2.26; Ro 8.19–25; 1Co 6.2s; Heb 11.10; 13.14; 2P 3.13; 1Jn 3.2; Ap 19.7; 21, 22.

PREGUNTAS

1. ¿Por qué debemos preferir la resurrección del cuerpo a la inmortalidad del alma para describir la esperanza futura del cristiano?

2. ¿Cuál es la base de la esperanza cristiana frente a la muerte? ¿Qué diría a alguien que recientemente ha perdido a un ser muy querido?

3. ¿Qué enseña la Biblia acerca del "estado intermedio"? ¿Por qué se deben rechazar las teorías sobre: (a) el purgatorio; (b) "la segunda oportunidad"?

4. ¿Cómo se puede reconciliar la importancia de las "obras" en el juicio final con la enseñanza bíblica de la salvación por la fe solamente?

5. ¿Qué enseñan las Escrituras acerca del infierno? ¿Es compatible con el amor eterno de Dios?

6. ¿Apoya la Biblia el universalismo o la inmortalidad condicional/aniquilacionismo?

7. ¿Qué enseña la Biblia acerca de las recompensas en el cielo?

8. ¿Cuáles son las principales características de la vida venidera? ¿Cómo debería la creencia en ella afectar: (a) el discipulado diario; (b) las relaciones familiares; (c) las relaciones en la iglesia; (d) la evangelización; (e) nuestras actitudes respecto a la sociedad?

Bibliografía

Arts. 'Heaven', 'Hell', 'Judgement' en *IBD* y *NDT*.

R. Baxter, *The Saint' Everlasting Rest* (Epworth Press, 1961).

G. C. Berkouwer, *The Return of Christ* (Eerdmans, 1972).

P. Cotterell, *What the Bible Says About the Death* (Kingsway, 1979).

B. Milne, *What the Bible Says About the End of the World* (Kingsway, 1979).

L. Morris, *The Biblical Doctrine of Judgment* (Tyndale Press, 1960).

J. A. Motyer, *After Death* (Hodder, 1965).

J. O. Sanders, *What of the Unevangelized?* (OMF, 1966).

S. Travis, *Christian Hope and the Future of Man* (IVP, 1980).

S. Travis, *End of Story?* (IVP, 1997).

30

LAS ÚLTIMAS COSAS EN EL PENSAMIENTO CRISTIANO

LOS PRIMEROS SIGLOS

En el período posapostólico la importancia de la escatología se mantenía hasta cierto punto por la persecución constante de los cristianos. A medida que pasaron los siglos y la iglesia se estableció, inevitablemente disminuyó el interés en las últimas cosas. En general, los esfuerzos teológicos de la iglesia en los primeros cinco siglos tuvieron otro enfoque. Hay pruebas de que mucho del pensamiento primitivo al respecto era milenarista (quialístico), la esperanza de un reino terrenal de Cristo.

LA EDAD MEDIA

En el período medieval, el cambio gradual del enfoque del futuro al presente encontró su desarrollo final en la Iglesia Católica, "la ciudad de Dios", que se identificaba con el reino de Dios. Se le dio mucha importancia a la dominación de la iglesia sobre el mundo entero y el destino humano. La iglesia pretendió dispensar el "tesoro del mérito", una especie de "cuenta general" de méritos espirituales que los santos de la iglesia habían acumulado mediante sus obras justas. El concepto del purgatorio fue un fenómeno muy significativo de este período y para el siglo XVI había conducido hacia una burda materialización y comercialización de todo el asunto del destino futuro. Probablemente esto, más que ninguna otra cosa, provocó a Lutero y trajo la Reforma protestante. La Edad Media también fue testigo de periódicos brotes de especulación milenarista.

LA REFORMA

La preocupación de la Reforma se centraba principalmente en el significado de la salvación y cómo obtenerla. Las preocupaciones escatológicas eran entonces secundarias. Las últimas cosas se trataban principalmente como el futuro y último paso en la salvación individual y colectiva. Durante la Reforma algunos grupos entre los anabaptistas reavivaron la escatología milenarista.

EL SIGLO DIECINUEVE

La crítica racionalista de la doctrina bíblica, los enfoques superficiales del pecado estimulados por la tradición humanista iluminada, la reacción contra los intentos excesivamente celosos de empujar a la gente al reino de Dios haciendo hincapié en los terrores del infierno, y el problema complejo de la responsabilidad despertado por las discusiones sobre la herencia biológica y la mente inconsciente, todos se juntaron para disminuir el interés teológico en la escatología durante este período. Jesús era sencillamente el supremo exponente de la especie, la gran personificación del destino moral de la humanidad.

Sin embargo, entre los evangélicos hubo un gran resurgimiento del interés en las últimas cosas. Se defendían los enfoques milenaristas y la esperanza en la pronta venida del Señor ardía con fuerza. Todo esto tuvo considerable influencia en provocar los grandes esfuerzos misioneros y evangelísticos del siglo XIX, así como la preocupación evangélica por el mejoramiento social.

HOY EN DÍA

Con el amanecer del siglo XX, el concepto protestante liberal que se tenía de Jesús fue atacado cuando se demostró que la enseñanza de Jesús acerca del reino de Dios y la expectativa de su llegada no era algo periférico, sino que pertenecía a la esencia de su pensamiento y misión. Este enfoque estableció la dirección de la teología posterior. Actualmente la escatología se ha vuelto dominante en una forma que era totalmente inimaginable en el siglo XIX.

Hay un consenso generalizado hoy en día de que el reino proclamado por Jesús tenía que entenderse como presente y a la vez futuro:

ha venido y todavía tiene que venir. Hay diversidad de opiniones, sin embargo, en cuanto al peso que se debe dar a estos dos términos y cómo se relacionan el uno con el otro en la mente de Jesús, en la enseñanza de la iglesia primitiva, y para nuestra experiencia hoy.

Entre los cristianos evangélicos, luego de una tregua ocasionada por el fin de la Guerra Fría, existe un nuevo despertar de expectativa en cuanto al regreso inminente de Cristo, lo que fue alimentado por la llegada del nuevo milenio. Hay la constante necesidad, sin embargo, de evitar el literalismo excesivo al tratar la profecía bíblica, de mostrar caridad genuina cuando discrepamos con otros cuyo entendimiento escatológico no está de acuerdo con el nuestro, y, quizás sumamente, de llevar la enseñanza bíblica sobre las últimas cosas a sus implicaciones morales en nuestra experiencia actual.

APLICACIÓN

Nuestra preocupación porque las doctrinas cristianas se apliquen éticamente es aquí más pertinente que en cualquier otra parte. A diferencia de los "contempladores de la bola de cristal" (tanto cristianos como no cristianos), la enseñanza de la Biblia es siempre *moral*. No sólo alimenta nuestra curiosidad, sino que nos llama a la entrega y la obediencia (Dt 29.29). Podemos reunir las inferencias de las enseñanzas bíblicas sobre las últimas cosas en torno a ocho palabras.

LA ESPERANZA

La venida del Señor es nuestra *[...] bendita esperanza [...]* (Tit 2.13). Esto es altamente pertinente en vista del pesimismo relativo de nuestros tiempos. Aunque el período inmediato que rodea la llegada del nuevo milenio probablemente se acompañará por expresiones de optimismo visionario y celebraciones espléndidas de los logros de nuestra raza a través de los siglos pasados, cuando haya terminado la fiesta milenaria, el mundo volverá a despertar a un futuro profundamente incierto. La población creciente, los recursos limitados, la aparición de nuevos y mortíferos virus, la accesibilidad relativa de armas nucleares, y la seria crisis ecológica que va en aumento sirven para socavar nuestra esperanza a largo plazo. Seguramente es saludable notar que nuestros hombres y mujeres más sabios actualmente están entre los más preocupados.

En esta era de desesperanza relativa, el cristiano tiene otra posición. Nuestra esperanza no surge como la del humanista, de un punto de vista idealista de la naturaleza humana, o de la creencia del científico social en la habilidad de cambiar la conducta humana por medio de la transformación de su ambiente social, o de la creencia del seguidor de la Nueva Era en el surgimiento de una nueva conciencia universal. Más bien, el cristiano es una persona de esperanza a causa de su fe en Dios, y en particular en un Dios que ha creado el mundo dentro del cual ha producido la vida humana para un propósito, que Él cumplirá indefectiblemente.

Este mundo no va a la deriva camino al desastre. Dios es el Señor del mundo y no permitirá que este se escape de sus manos. El Señor viene. ¡Eso sí que es una "bendita esperanza"!

EL CONSUELO

Las convicciones del creyente acerca de la venida del Señor tienen importancia para nuestra actitud respecto a la muerte (1Ts 4.13–18). No debemos entristecernos *[...] como esos otros que no tienen esperanza* (v. 13). Nuestro destino, ya sea que muramos antes de que regrese el Señor, o estemos entre los vivos en la tierra en el momento de su venida, es que *[...] vivamos junto con Él* (5.10). En consecuencia, las verdades acerca de las últimas cosas son consuelo para los cristianos frente a la muerte y todo lo que ella implica en la rotura de nuestras relaciones más entrañables.

LA SANTIDAD

Del hecho de las últimas cosas surgen tres líneas de pensamiento con relación a nuestro carácter moral en la vida presente.

Primero, el fin venidero de todas las cosas muestra la realidad esencialmente pasajera de este mundo actual y la insensatez de vivir para este mundo como si fuera la realidad suprema (Heb 11.13–16).

Segundo, el cristiano y la iglesia están destinados a una eternidad santa y sin pecado. En consecuencia, todos estamos llamados a movernos en la dirección de nuestro destino a través del arrepentimiento diario del pecado y el aumento de la conformidad con la santa voluntad de Dios (2P 3.13; 1Jn 3.2).

Tercero, en su venida deberemos rendir cuentas ante Cristo (2Co 5.10). Si realmente creemos en la venida del Señor y la esperamos, haremos cualquier esfuerzo por "buscar la santidad" (Heb 12.14).

LA ACCIÓN

La idea de que la creencia en el retorno del Señor conduce a la irresponsabilidad y la ociosidad, no recibe ningún estimulo en la Biblia (1Ts 5.14; 2Ts 3.6). Las verdades acerca de las últimas cosas deben conducir a la *actividad*, no a la pasividad.

EXTENDER EL EVANGELIO

Algunos vinculan la evangelización con la venida del Señor en términos de nuestra tarea de advertir a las personas y estimularlas a volverse a Cristo para escapar del juicio venidero. Las Escrituras, y Jesús en particular, no desaprueban dar la nota de advertencia (Mt 3.7–12; Lc 13.1–5). Sin embargo, el vínculo se establece más claramente en otro punto.

El propósito de Dios en el período entre la primera y la segunda venida de Cristo es escoger de entre el mundo *[...] un pueblo para honra de su nombre* (Hch 15.14). Jesús vincula este propósito con el fin de la era: *Y este evangelio del reino se predicará en todo el mundo como testimonio a todas las naciones, y entonces vendrá el fin* (Mt 24.14). Es decir, Dios retiene el fin hasta que el evangelio sea proclamado universalmente y todo su pueblo sea incorporado. En consecuencia, aunque no se puede concebir la idea de forzarle la mano a Dios, la venida del Señor está ligada con la extensión universal del evangelio. Entonces debemos comprometernos íntegramente a la evangelización en todo el mundo y en cada sector de la sociedad, con la convicción de que la evangelización, y la salvación de los hombres y las mujeres como resultado de ella, es uno de esos factores de los que Dios se vale para realizar su triunfo final.

CONSTRUIR LA IGLESIA

Uno de los grandes símbolos nuevotestamentarios de la iglesia es la esposa de Cristo (Ef 5.21–23). Al volver Jesucristo, la iglesia, que comprenderá todo el pueblo de Dios de todos los tiempos, será presentada al Señor como una esposa a su marido (Ap 21.2). De acuerdo con esto, debemos trabajar para edificar la iglesia, para santificar su vida, para limpiarla de todo lo que mancha y estorba su testimonio y su pureza, para que cuando Cristo venga esté preparada para Él, *[...] irreprochable para la venida de nuestro Señor Jesucristo* (1Ts 5.23).

Servir a nuestro prójimo

La verdad sobre las últimas cosas también tiene importantes consecuencias para nuestro compromiso con los problemas de la sociedad. Las Escrituras dan testimonio de un nuevo mundo en el que, incluso dando por sentado el lenguaje simbólico, habrá algún tipo de sociedad humana perfeccionada. Los grandes valores sociales de la paz, la justicia, la igualdad, la tolerancia, la compresión, la compasión, la preocupación por los débiles y desamparados, el verdadero amor por el prójimo, el uso de todos los recursos para el bien del todo, etc., encontrarán su plenitud y verdadera expresión. Aunque este sueño no se realizará antes de la venida del Señor, es profundamente pertinente en dos sentidos.

Primero, da una idea general de la forma de sociedad humana que está de acuerdo con la voluntad de Dios y que, por lo tanto, concuerda con su honor. Por eso, cualquier medio por el que nuestra actual sociedad se acerque a ese ideal bíblico contribuye a la gloria eterna de Dios, y en consecuencia, es de valor duradero.

El orden perfecto venidero es pertinente en un sentido segundo y relacionado: el cristiano nunca es arrastrado a la desesperación definitiva, incluso cuando se ve enfrentado con la aterradora intensidad y profundidad de los problemas sociales y políticos que nos confrontan. Toda posición tomada a favor de la justicia social y todo esfuerzo hecho hacia la renovación social, a pesar de las apariencias, está en línea con el propósito y la meta final de la historia (Ap 21.24).

LA ORACIÓN

Si creemos en la venida del Señor y en el fin de esta era, debemos orar por ello. Jesús colocó una petición a favor de la venida del fin precisamente en medio de su oración modelo: "Venga tu reino". Hay otros ejemplos en el Nuevo Testamento (1Co 16.22; Ro 8.19; Ap 22.20).

LA VIGILIA

Una de las indicaciones e inferencias más claras de creer en las últimas cosas es una actitud vigilante (Mt 24.42; 25.13). Las personas que esperan el fin serán sobrias y estarán alertas, no tan absorbidas por los asuntos de esta era como la gente de la época de Noé (Mt 24.37–39);

la venida del Señor no la tomará por sorpresa. Tal vez no venga durante nuestra vida y no osaremos afirmar que debe hacerlo, pero sí puede que venga, y se nos insta a estar preparados.

EL AMOR

La venida del Señor y del reino eterno significa que las relaciones que compartimos en la iglesia son eternas. Esto es en sí mismo un gran argumento para amar a nuestros hermanos cristianos. Si estamos destinados a esa gloria futura en la unidad del grande, único e indestructible pueblo de Dios, con seguridad podemos sentimos impulsados a recibirlos ahora, y amarlos, a medida que Dios derrama su amor en nuestros corazones por medio de su Santo Espíritu (Ro 5.5).

LA ALABANZA

Una expresión final de nuestra convicción relativa al triunfo venidero de Cristo es la gozosa alabanza y adoración. En este sentido es significativo que las huestes celestiales y la iglesia triunfante estén descritos en Apocalipsis como dedicados a la adoración y la alabanza a la luz de la llegada del fin (Ap 5.12ss; 7.10–12; 11.17s; 15.3; 19.1–5). *[...] ¡Al que está sentado en el trono y al Cordero, sean la alabanza y la honra, la gloria y el poder, por los siglos de los siglos!* (Ap 5.13). Toda alma cristiana puede decir "Amén" a esta frase, esperando el futuro triunfo de Dios.